看護医療学校受験

オープンセサミシリーズ 問題集 アクセス ❶

国語

平成30年告示 学習指導要領対応

東京アカデミー｜編

東京アカデミー七賢出版

はじめに

オープンセサミ・シリーズは、看護・医療系学校入試に完璧に対応できるよう、入試問題を分析し作成した看護・医療系専用の問題集です。この問題集をマスターすることで、基礎を確実に固めながら、同時に自然に入試傾向をつかむことができるよう構成されています。

あなたがこのシリーズを十分に活用し、目的を達成されることを念願します。

東京アカデミー看護医療試験研究室スタッフ一同

目次

評論・論説

1 三木清『人生論ノート』 2
2 小川和佑『桜の文学史』 4
3 日野啓三『都市という新しい自然』 8
4 森本哲郎『世界への旅』 11
5 加藤周一『日本人とは何か』 14
6 宮坂静生『季語の誕生』 18
7 松田道雄『育児の百科』 26
8 福井謙一『学問の創造』 28
9 保阪正康『人は痛みからどう解放されるか』 32
10 鷲谷いづみ『天と地と人の間で』 37
11 小此木啓吾『対象喪失』 44
12 遠藤周作『日本的感性の底にあるもの』 49
13 茂木健一郎『疾走する精神』 58
14 古田亮『美術「心」論』 65
15 玉木正之『スポーツとは何か』 73
16 外山滋比古『日本語のレトリック』 79
17 林屋辰三郎ほか『日本人の知恵』 82
18 「朝日新聞」社説 85
19 メアリアン・ウルフ『プルーストとイカ』 90
20 森三樹三郎『無の思想』 94
21 保坂和志『世界を肯定する哲学』 102
22 福岡伸一『生命と食』 112
23 内田樹『日本辺境論』 115
24 マイケル・サンデル『これからの「正義」の話をしよう』 125

小説

25 芥川龍之介『手巾』 130
26 堀辰雄『菜穂子』 134
27 中島敦『山月記』 137
28 竹西寛子『蘭』 140
29 大屋研一『むかしの少年も闘っていた』 143
30 吉村昭『蛍の舞い』 148
31 有島武郎『生れ出づる悩み』 151
32 山川方夫『他人の夏』 153
33 薄田泣菫の文 158
34 南木佳士『冬への順応』 161
35 大江健三郎『新しい人よ眼ざめよ』 169
36 梶井基次郎『闇の絵巻』 176
37 山崎光夫『国宝』 181

38 川端裕人『今ここにいるぼくらは』……184
39 小川国夫『物と心』……187
40 三島由紀夫『金閣寺』……189
41 伊藤整『海の見える町』……192
42 辺見庸『星を見る顔』……196

随筆

43 江藤淳『旅のこころ』……201
44 向田邦子『霊長類ヒト科動物図鑑』……203
45 木村治美『こころと技術革新』……207
46 寺田寅彦『科学と文学』……210
47 小林秀雄『お月見』……212
48 斎藤清衛『芝草』……214
49 幸田文『季節のかたみ』……217
50 高田保『ブラリひょうたん』……221
51 中島義道『私の嫌いな10の人びと』……224
52 重松清『命の重さ』……226
53 石田衣良『組に分かれず』……229
54 出久根達郎『たとえばの楽しみ』……234
55 阿川佐和子『いい歳　旅立ち』……236

詩歌

56 村野四郎『体操詩集』……240
57 室生犀星『抒情小曲集』……241
58・59 短歌……242
60・61 俳句……243

漢字・語句

62・63 読み……245
64・65 書き……246
66・67・68 四字熟語……249
69・70 ことわざ……252

文学史

71～80……254

古典

81『枕草子』……259
82『平家物語』……261
83 和歌……262
84『枕草子』……264

85 『沙石集』 266
86 『宇治拾遺物語』 269
87 『徒然草』 270
88 和歌 272
89 『大鏡』 273
90 『大和物語』 274
91 『伊勢物語』 276
92 『無名草子』 278

■解答・解説は別冊

看護医療学校受験参考書オープンセサミシリーズ①国語の準拠問題集です。
あわせてご利用いただくと、より効果的です。
Aは基本問題、**B**は標準問題、**C**は応用問題となっています。

評論・論説

●この章では論理的文章の読解を練習する。この種の文章は、日ごろ接する機会も少なく難解に感じられるが、実は論理的なだけに、かえって点を取りやすい分野である。

A

1 次の文を読んで、あとの各問いに答えよ。

人生は旅、とはよく言われることである。芭蕉の（　A　）の有名な句を引くまでもなく、これはだれにも一再ならず迫ってくる実感であろう。人生について我々が抱く感情は、我々が旅において持つ感情と相通ずるものがある。アそれはなぜであろうか。

どこからどこへ、ということは、人生の根本問題である。我々はどこから来たのであるか、そしてどこへ行くのであるか。これが常に人生の根本的な謎である。そうであるかぎり、人生が旅のごとく感じられることは我々の人生感情として変わることがないであろう。いったい人生において、我々はどこへ行くのであるか。我々はそれを知らない。人生は未知のものへの漂泊である。我々の行き着く所は死であると言われるであろう。イそれにしても死がなんであるかは、だれも明瞭に答えることのできぬものである。どこへ行くかという問いは、翻って、どこから来たかと問わせるであろう。①過去に対する配慮は未来に対する配慮から生じるのである。漂泊

評論・論説とは、筆者の考えが論理によってきちんと筋道を立てて書かれている文章である。したがって、読解問題においては、論証の過程について問われるものが大半を占める。

1 **読解のために**

問一 江戸時代の作品。

問二 「過去」＝今までのこと
「未来」＝これからのこと
と考えてみよう。

問三 消去法を使うのが得策。
接続語の働きは、
「しかし」＝逆接
「しかも」＝累加
「または」＝選択
「すなわち」＝換言
これを踏まえて各空欄の前後の内容を検討し、あてはまらない選択肢を消去していく。

問四 ユートピアンとは、夢想家の

の旅には常にさだかに捉えがたいノスタルジアが伴っている。人生は遠い、（ａ）人生は慌ただしい。人生の行路は遠くて、（ｂ）近い。死は刻々に我々の足もとにあるのであるから。（ｃ）かくのごとき人生において人間は夢みることをやめないであろう。我々は我々の想像に従って人生を生きている。人はだれでも多かれ少なかれ②ユートピアンである。（Ⅰ）は（Ⅱ）の姿である。旅において我々は日常的なものから離れ、そして純粋に③観想的になることによって、平生は何か自明のもの、既知のもののごとく前提されていた人生に対して新たな感情を持つのである。旅は我々に人生を味わさせる。あの遠さの感情も、あの近さの感情も、あの運動の感情も、わたしはそれらが客観的な遠さや近さや運動に関係するものでないことを述べてきた。④旅において出会うのは常に自己自身である。自然の中を行く旅においても、我々は絶えず自己自身に出会うのである。（Ⅲ）は（Ⅳ）のほかにあるのでなく、むしろ（Ⅴ）そのものの姿である。

〈三木清『人生論ノート』による〉

問一　（Ａ）には「月日は、百代の過客にして、行きかふ年も、また旅人なり。」で始まる紀行文の名が入る。その作品名を記せ。

問二　――線部①の**ア**「過去に対する配慮」、**イ**「未来に対する配慮」について、具体的かつ簡潔に述べている部分をそれぞれ本文中より抜き出せ。

問三　（ａ）～（ｃ）には同じ接続語が入る。次の**ア**～**エ**の中から適切なものを一つ選び、記号で答えよ。

ア　しかし　**イ**　しかも　**ウ**　または　**エ**　すなわち

問四　――線部②「ユートピアン」の意味を本文中の語句を使って十五字以内で答えよ。

問五　（Ⅰ）～（Ⅴ）には、**ア**人生、**イ**旅のどちらかの語が入る。適切なものの

こと。語句の意味を知らなくても、直前の文で大方の意味はわかる。

問五　（Ⅰ）と（Ⅱ）は対であり、それぞれ別なものが入るはず。（Ⅲ）と（Ⅳ）も同様に考える。（Ⅴ）は直前の文にヒントがある。

問六　直前の「純粋」に注目して考える。

問七　――線部④は、この段落の中で説明されている事柄を、表現を変えてまとめた記述である。

「旅」→どうすることか。

「自己自身に出会う」→どういうことか。

問八　それぞれ直前の文の内容を受けている。

を選び、それぞれ記号で答えよ。

問六 ――線部③はどうすることなのか。次の**ア**～**エ**の中から適切なものを一つ選び、記号で答えよ。

ア 深くものに感じて心を動かすこと。

イ 心を集中して深く考察すること。

ウ ものの真偽・善悪などを、きちんと見定めること。

エ 旅だけに自分の目を向けること。

問七 ――線部④で、旅において「自己自身」に出会うとはどういうことか。これを具体的に示している部分の初めと終わりの五字をそれぞれ抜き出せ。

問八 ――線部**ア**「それ」、**イ**「それ」が指している内容を簡潔に答えよ。

問九 本文中には、反対語にあたる熟語が二組ある。それぞれ記せ。

2 次の文を読んで、あとの各問いに答えよ。

正岡子規は、その歌論（Ａ）（一八九八）によって切り捨てた『古今和歌集』の紀貫之とともに、勅撰集のさくらをも見捨てさせてしまったが、子規の衣鉢をアツグ『アララギ』派の歌の流れと全く別な世界で、和歌のさくら美を歌い続けていたのは若山牧水だった。明治も末期、二十世紀の初頭、北原白秋と並び称されたこの歌人は、①放浪と懐郷を主題にその浪漫歌を美しく歌いあげたが、短い生涯の晩年に、伊豆湯ヶ島のさくらにイソウグウすることによって、近代文学では稀《まれ》なさくらの歌びとの名を残した。

その牧水の第十四歌集『山桜の歌』は大正十二年（一九二三）世に送られた。書名となった二十三首は次のような詞書《ことばがき》が付されている。

---

2 **読解のために**

問二 文学史との複合問題は、文芸評論に多く見られる。正解肢以外についても、これを機会に作者を確認しておこう。

問三 若山牧水の作で、「放浪と懐郷を主題」にした歌を選ぶ。「懐郷」＝故郷を懐かしむ気持ち。

問四 歌の詞書などから季節を考え、それにふさわしくないものはまず除外する。「うろくづ」は「うろ三月末より四月初めにかけ天城山の北麓《ほくろく》なる湯ヶ島温泉に遊ぶ。
付近の渓《たに》より山に山桜甚だ多し、日毎に詠みいでたるを此処《ここ》にまとめつ。

うすべにに　葉はいちはやく　萌《も》えいでて　咲かむとすなり　山桜花
うらうらと　照れる光に　けぶりあひて　咲きしづもれる　山ざくら花
②瀬瀬走る　やまめうぐひの　うろくづの　美しき春の　山ざくら花

大正十一年、三十八歳の牧水は独り飄然《ひょうぜん》と伊豆湯ヶ島を訪れ、湯本館に(ウ)タイザイ、「山桜」二十三首を得た。三年前、大正九年二月、彼は下田から天城街道をたどって、天城峠を越えて修善寺への旅をしている。そのとき、春の雪に濡れた三椏《みつまた》の花が咲いていた。彼の伊豆再訪はこの旅の印象が深かったからだった。彼は狩野川渓谷のまだ固い蕾《つぼみ》のヤマザクラを記憶に留めていた。その花を見ようと彼は再び湯ヶ島を訪れたのだった。

牧水のさくら愛はこのときにはじまったのではない。彼は九州延岡に近い東臼杵《うすき》郡東郷村の耳川渓谷の坪谷に生まれた。椎葉の里を源流としたこの渓谷にもヤマザクラは多かった。彼にとってはこのさくらは故郷のさくらだったのだ。

母恋し　かかる夕べの　ふるさとの　桜咲くらむ　山の姿よ

は第一歌集『海の声』（一九〇八）に収められたさくらの歌だった。この郷愁の歌には一茶の句の故郷のさくらの詩情と同じものがある。牧水のさくらは都市の花ではなかった。どこまでも故郷につながるさくらだった。その故郷の耳川渓谷に似た狩野川渓谷が牧水をひき寄せたのだろう。彼は故郷の花ゆえに、里桜を愛さず山桜をのみ愛した。

明治の文明開花の中で一度は截《たち》切《き》られたさくらの歌は、こうして牧水のかぼそいさくら愛につながって大正歌壇に甦《よみがえ》りを見せた。牧水はソメイヨシノに眼を奪われ

こ」のこと。

問六　問われているのは、二つの桜の「咲き初めたばかり」の様子の違いであることに注意。ヤマザクラについては、「嫩葉とともに開花する」とある。

問七　筆者が本文で最も力を入れて述べているのは何についてか。

ない。③嫩葉《わかば》とともに開花するヤマザクラにさくら美を再発見している。「私は山桜の花を好む。すべての花のうち、最もこれを愛する。」とは彼の「自歌自釈」の言葉だった。

牧水の「山桜」二十三首は湯ヶ島温泉のさくら美のすべてを歌い尽くしているが、ことにここに挙げたものは近代短歌中のさくらの秀歌だろう。④咲き初めたばかりのヤマザクラの美しさは、ソメイヨシノ出現以来久しく忘れられていたさくら美だった。

〈小川和佑『桜の文学史』による〉

問一 ――線部**ア**～**ウ**の片仮名を漢字に直せ。

問二 （A）には、次の**ア**～**オ**の中のどれを入れたらよいか。最も適当なものを一つ選び、記号で答えよ。

ア 新体詩抄　**イ** 天地有情　**ウ** 歌よみに与ふる書

エ 赤光　**オ** 近代秀歌

問三 ――線部①の「放浪と懐郷を主題にその浪漫歌を美しく歌いあげた」歌人にふさわしい歌はどれか。最も適当なものを次の**ア**～**オ**の中から一つ選び、記号で答えよ。

ア 白鳥は哀しからずや空の青海のあをにも染まずただよふ

イ 春の鳥な鳴きそ鳴きそあかあかと外の面の草に日の入る夕べ

ウ 夕焼空焦げきはまれる下にして氷らむとする湖の静けさ

エ 人の住む国辺を出でて白波が大地両分けしはてに来にけり

オ ふるさとの尾鈴の山のかなしさよ秋もかすみのたなびきてあり

問四 ――線部②の歌を「優しい管楽器の音色のような惜春の情感」の感じられる歌と解するならば、次の鑑賞文の（**a**）～（**d**）の中には、どのような語句を入れたらよいか。最も適当なものをあとに列挙する**ア**～**シ**の中から選び、それぞれ記号で答えよ。

ここにあるのはあの狩野川の渓流に架《か》かる、西平橋の橋上からのぞいた（ **a** ）花の美しさだ。（ **b** ）水の中にはヤマメやウグイの姿が走る。それは（ **c** ）の中で、きらりと銀色の腹を見せて水中に翻る。水面には（ **d** ）が音もなく散りかかる。

ア　咲き初めの　　**イ**　満開の　　**ウ**　散る　　**エ**　冷たい
オ　濁った　　**カ**　透き通る　　**キ**　冬の光　　**ク**　春の光
ケ　星あかり　　**コ**　花びら　　**サ**　雪　　**シ**　落葉

問五　――線部③の「嫩葉とともに開花するヤマザクラ」の美しさが鮮やかに詠みあげられているのは、本文中のどの歌か。該当する歌の冒頭部五字を答えよ。

問六　――線部④に「咲き初めたばかりのヤマザクラの美しさは、ソメイヨシノ出現以来久しく忘れられていた」とあるが、咲き初めたばかりのヤマザクラの様子と、咲き初めたばかりのソメイヨシノの様子との間には、どのような違いがあるのか。本文中の範囲内で考えて説明せよ。

問七　本文の表題としては、次のうちのどれがよいか。最も適当なものを次の**ア**～**オ**の中から一つ選び、記号で答えよ。

ア　ヤマザクラとソメイヨシノ　　**イ**　正岡子規と若山牧水
ウ　若山牧水と旅　　**エ**　若山牧水とヤマザクラ
オ　故郷の花ヤマザクラ

③ 次の文を読んで、あとの各問いに答えよ。

私はこれまでの生活のほとんどを都市ですごしてきた。そして都市が好きだ。戦後あわただしく建てられた形だけの無神経なビルや、色彩感覚など全くない看板の列はおぞましいが、この数年来の高層建築の工夫をこらされたデザインや材質は眺めるだけで快い。高架高速道路が商店の並ぶ通りの頭上を走っているのは重苦しいが、場所によっては二重三重にアコウサクするカーブの曲線がダイナミックな感動を与える。

自然という言葉から、もはや私は（Ａ）だけを思い浮かべることはできない。自然を実感するのは、すでに鉄とコンクリートとビニールとガラスと蛍光灯を、深く組みこんでしまった世界である。

生きものが嫌いというわけではない。息子が小さかったころ、水族館や昆虫館によく行った。息子が少し大きくなってからはグァム島の珊瑚礁内で、シュノーケルをつけて並んで泳ぎながら、熱帯魚をのぞく。南海の壮大な夕焼け。日本の海岸で好きなもの、砂丘の風紋。

星、風、砂、様々な生きもの、そして様々な人工物――どれが主役でも背景でもなく、ひとしく並びイカラみ合って、刻々に変容し、壊れては生まれ、そして一瞬静まり返る色とにおいと音と感触と陰影と気配のふしぎな総体。それが私にとっての自然だ。

いわゆるウシンザンユウコク的、花鳥風月的、田園牧歌的自然を純粋な自然と呼ぶとすれば、私の自然はもはや純粋ではない。いわば合成自然とでも名づけるべきものだろう。①そんな自然像はキメラ（合成怪物）的だといわれるかもしれない。

だが純粋に熱エネルギーだけだった宇宙で、最初の原子は（Ｂ）ではなかったろうか。純粋に物質だけの世界に生まれた最初の生命は、怪物ではなかったろうか。

---

③ 読解のために

問二 文章の流れをしっかりと把握して、空欄の前後の内容に注意しよう。

問三 昔の田園牧歌的自然を「純粋な自然」、現代の自然を「合成自然」と筆者は考えている。

問四 ――線部②の前後から、筆者が現代の自然をどのように捉えているかが理解できる。

問五 自然は人の手が繰り返し加えられたものであることが読み取れれば容易である。

問六 内容合致問題は、文中に述べられていないことを一つずつ消去していけばよい。筆者の自然観を理解しよう。

単純な生物から見れば人間の意識は（　C　）かもしれぬ。

自然は本来怪物的なのではあるまいか。これまでの仕方で容易に（　D　）できるような自然の形だけを自然と呼び、そういう自然だけをひたすら懐かしむことは、私は好きではない。②純粋に永遠な自然の形などありはしないのだ。郷愁の中にしか。

いまこれが純粋な自然だと思われているものも、実は過去の人工のあとが加わったものであることが多い。とくに日本の場合、二千年前に鉄器とコメの生産技術が導入されて以来、縄文時代の森が営々と切り開かれてきた（　E　）である。少なくとも旅客機の窓から眺めおろし、列車の窓から眺め渡す限り、③この島国の風景はどこも人間のにおいがする。人間の加工のあとが見える。

〈日野啓三『都市という新しい自然』による〉

注　キメラ　ギリシア神話に出てくる、ライオンの頭、羊の体、蛇の尾をもつ怪物。

問一　——線部**ア**～**ウ**の片仮名を漢字に直せ。

問二　（A）～（E）に入る最適な語句を次の**ア**～**オ**の中からそれぞれ選び、記号で答えよ。

ア　狂気　**イ**　キメラ　**ウ**　第二次自然　**エ**　感情移入

オ　山河田園

問三　——線部①はどんなことを言っているのか。最も適当なものを次の**ア**～**エ**の中から一つ選び、記号で答えよ。

ア　現代の自然は、純粋な自然にさまざまに人の手を加えて合成された、新たな自然と言うべきものだ。

イ　現代の科学は、遺伝子工学その他を駆使して、怪物的な植物や動物を生み出している。

ウ　怪奇映画やSFなどの影響で、人びとは自然の中に、怪奇なイメージを見る傾向がある。

エ　現代の自然の中には、奇形化されたさまざまな植物や動物が見られる。

問四　――線部②はどんなことを言っているのか。最も適当なものを次の**ア**～**エ**の中から一つ選び、記号で答えよ。

ア　郷愁の中にしかない自然を懐かしむことを止めて、現代の自然に眼を向けねばならぬ。

イ　われわれが郷愁を失ったことによって、純粋に永遠な自然も失われてしまった。

ウ　現代のように機械化された時代であればこそ、各自のうちの郷愁を大切にする必要がある。

エ　われわれは、郷愁によって純粋に永遠な自然と合体することが必要である。

問五　――線部③はどんなことを言っているのか。最も適当なものを次の**ア**～**エ**の中から一つ選び、記号で答えよ。

ア　わが国全体が観光地と化し、どこへ行っても人間のにおいにあふれ、奇抜な設備が作られている。

イ　もはやわが国には、純粋な自然を楽しめるような場所はどこにもない。

ウ　現在のわれわれが見るわが国の風景は、長年にわたる人間の関与によって生み出されたものである。

エ　われわれは、人間の手の加わらない純粋な自然に立ち戻るようにつとめなければならない。

問六　本文の主旨に合致するものを次の**ア**～**エ**の中から一つ選び、記号で答えよ。

ア　高架高速道路が商店街の頭上を走っている姿を、重苦しくみにくいものとして拒否する美的感覚が必要である。

イ　戦後の形だけの無神経なビルや色彩感覚など全くない看板も、一つの自然として受け入れる感性が必要である。

ウ　何も手を入れない純粋な自然のみを認め、合成自然とでも言うべき自然を排除することは現実的でない。

エ　自然に対する柔軟なとらえ方を否定し、狭くとらえて、子どもたちの自閉症的傾向をつくっているのは、心ないおとなたちである。

④　次の文を読んで、あとの各問いに答えよ。

人は何より、経験に学ぶ。しかし、経験をどのように生かすか、その学び方次第で、それぞれの人生は大きく変わる。だから、経験そのものが貴重なのではなく、①そこから②何を、どのように学ぶか、が肝要なのだ。

経験とは、何も自分の経験だけに限らない。「前車のア覆るは後車の戒め」と中国の故言にあり、「（Ａ）」と日本のことわざにもある。それを動物の姿に託して、子どもにもわかるように説いた「哲人」こそ、古代ギリシャのイ寓話作家アイソポス、すなわち、イソップの名で知られる不思議な人物であった。

不思議な人物と言ったが、それは、これほど有名な存在にもかかわらず、彼のウショウタイが一向に定かでないからである。本当にいたのかどうかさえ、はっきりしていない。しかし、いずれにしても、イソップほど世界の人々に、生き方の知恵をエ授けてくれた人物はいない。その何よりの証拠は、『イソップ物語』を持たない国はないほど、③彼の寓話が現代にいたるまで愛読され続けてきたという事実である。

二千数百年も前の古代ギリシャに生きた人間の残した「教訓」が、洋の東西を（Ｂ）、古今を通じて、少しも人気を失っていないという事実は、彼の「知恵」が、

---

④ 読解のために

問三　指示語の基本（＝直前を探す）である。

問四　――線部②を含む一文が「だから」という順接の接続詞で始まっていることに着目する。

問五　「少しも人気を失っていないという事実は…を証してあまりある」の箇所に着目する。

問六　本文中に同義の言葉として挙げられた、中国の故言や日本のことわざに共通する教えである。

問七　AとDは、どちらも「前車の覆るは後車の戒め」と同義である。

問八　「洋の東西を……」は慣用句である。

問九　イソップの教えを述べた一節

いかに普遍性を持っているかを[オ]証してあまりある。

イソップの残した数多くの寓話から、人はそれぞれに教訓を読みとることができるが、物語全体を通して彼が説いたのは、④経験を生かす知恵といっていい。ここに語られているのは、ほとんどが、みじめで、[カ]オロかな失敗譚である。イソップは、さまざまなしくじりを動物に託して[キ]レッキョし、こうした経験に学べ、と教えているのだ。この意味で、私は『イソップ物語』を代表するのは、[ク]「獅子の分け前」として知られている有名な話だと思う。

改めて紹介するまでもないが、こんな寓話である。

――ある日、ライオンがロバとキツネを誘って猟に出かけました。たくさんの[ケ]エモノがあったので、ライオンはロバに、それを分けるように命じました。ロバは苦心して三等分し、どうぞ、おあがり下さい、と言いました。すると、ライオンは怒ってロバに襲いかかり、食い殺してしまいました。それからキツネに向かって、今度はおまえが分けてみろ、と命じました。そこでキツネは大半をライオンの分として差し出し、残りのわずかを取ったので、ライオンが「ほう、だれがおまえにこんな分け方を教えたのかね」と聞きますと、キツネはこう答えました。

「ロバの災難です。」

そして、イソップは、これには次のような「教訓」をつけ加えているのである。

「この話は、人間は他人の不幸を見て賢くなる、ということを明らかにしています。」

この「獅子の分け前」という言葉が示しているように、日本では、強者が弱者を働かせて、その成果を独り占めしてしまうたとえとして解されているようである。たしかに、そうした諷意がここに込められている。すなわち、強者は力にものを言わせて、どんな[コ]オウボウ、勝手な振る舞いもできるのだ、という非道を（　C　）もの、

である。直後の「他人の経験からも十分に学ぶことができる」がヒントになる。

というわけである。

しかし、イソップが、⑤こうした話を語りながら、いつも頭に置いていたのは、「教訓」のあるように、経験に学べ、ということのように思われる。むろん、この場合の「経験」とは、自分自身のそれではなく、他人の、つまり、ロバの気の毒な身のサハメツであるが、経験を生かす、とは、［ I ］。他人の経験からも十分に学ぶことができる、とイソップは教えているのである。

古代の中国人は、それを「（ D ）」と言った。『詩経』に収められているこの言葉の意味は、よその山の粗悪な石でも、自分の持っている玉を磨くのに役に立つ、ということであり、どんなシ些細な出来事、自分には全く関係ないと思われるような他人の経験からも、処世に役立ち、生き方の参考になるヒントは、いくらでも取り出すことができる、という教えである。

〈森本哲郎『世界への旅』による〉

問一 ――線部**ウ・カ・キ・ケ・コ・サ**の片仮名を漢字に直せ。

問二 ――線部**ア・イ・エ・オ・ク・シ**の漢字の読みを答えよ。

問三 ――線部①「そこ」、――線部⑤「こうした話」とは、何を指しているか、それぞれ書け。

問四 ――線部②「何を、どのように学ぶか、が肝要なのだ。」とあるが、なぜか、その理由が述べられている一文を本文中から抜き出し、初めの五字を書け。

問五 ――線部③「彼の寓話が現代にいたるまで愛読され続けてきた」のは、なぜか、本文中の語句を用いて説明せよ。

問六 ――線部④「経験を生かす知恵」とはどういう知恵か、最も適当なものを次の**ア**～**エ**の中から一つ選び、記号で答えよ。

ア 自分の経験を生かしながらうまく生きていく方法。

イ　昔の人の貴重な経験を自分の人生に活かしていく方法。

ウ　自分や他人が失敗した経験から自分の生き方を学ぶ方法。

エ　人生におけるすべての経験を教訓にしてしまう方法。

問七　（Ａ）、（Ｄ）に該当する語を次の**ア**〜**カ**の中から一つずつ選び、それぞれ記号で答えよ。

ア　人事を尽くして天命を待つ　**イ**　覆水盆に返らず

ウ　人のふり見てわがふり直せ　**エ**　漁夫の利　**オ**　他山の石

カ　濡れ手で粟

問八　（Ｂ）、（Ｃ）に入る適当な言葉を次の**ア**〜**カ**の中から一つずつ選び、それぞれ記号で答えよ。

ア　知らず　**イ**　分けず　**ウ**　問わず　**エ**　なじった

オ　責めた　**カ**　押しつけた

問九　[Ｉ]に入る言葉を、本文中から十五字以内で抜き出せ。

B

[5]　次の文を読んで、あとの各問いに答えよ。

すべての文化は伝統的であり、伝統的でない文化は存在しなかった。なぜならば文化とは一国民の中で次第に**ア**ジュクする意識に他ならないからである。文学・芸術もまたそれ以外のところからは生まれないだろう。伝統的でない文化が存在しないという意味は、源氏を読みかえせというようなことではない。それならばせいぜい翻訳文学に対する反動にすぎまい。そういうことはすでに繰返されて、そこからは

---

[5]　**読解のために**

問二　「ない」を、「ず」「ぬ」に言い換えられるかどうかで判断する。

問三　（Ｉ）は直前の「農村とのつながり」の部分に注目して考える。

何も生れてこなかったのだ。

　しかし、一般に日本の文化を意識的に西洋化しようとする努力は、主として、都会の知識階級のものであった。伝統の断絶という意識もそのことと[イ]ミッセツにからんでいる。[a]それは、都会のものであって農村のものではない。都会の中でも殊に知識階級のものであって、大衆のものではない。敏感なある外国人が、日本の国内を旅行して、私にこういったことがある。東京の人間には、自分のすることに対する自信がない。初めはそれが日本人の[ウ]トクチョウかと思われたが、農村へ行ってみると事情がまったく違う。外国人に対し、いうことなすことのすべてについて、農村の人々には自信と落着きがある。その程度は西洋の農民と少しも変らない、とその外国人は言った。私もそう思う。それは、古来の風俗習慣が、都会に少なく農村に多く残っているということではない。そういう事もあるが、直接にそのことではなく、①古いものも新しいものも含めて自分と自分の子供たちの在りように対する考え方がちがうということだ。農村は断絶を意識していない。自分たちがそのなかで暮している文化の持続に信頼を持っているということになる。都会の大衆についても同じことは、ある程度まで通用するだろう。しかし、大学で西洋の学問を学び、翻訳の小説を読む人々がちがうのだ。私は都会人にとって、農村とのつながりが、同時に（Ⅰ）文化とのつながりを回復する道であろうとは、必ずしも考え[エ]ない。ところが、一般に知識階級にとって大衆との意識の上でのつながりを強めることは、同時に日本の過去の文化とのつながりを強めるために、唯一の確実な基礎をあたえるだろうと考える。（Ａ）、唯物史観が正しいとすれば、明治維新が不完全なブルジョア革命であり、その後の社会の基礎構造に多くの封建的なものを残しているという命題と、その上部構造である文化現象がまったく過去と断絶して営まれているという命題は、当然両立しないはずである。（Ｂ）第一の命題は、（Ⅱ）事実で

（Ⅱ）は直後の「疑う余地がない。」の部分に着目して考える。
（Ⅲ）は直前部分「おくれたもの」と同等・同類の語と推測する。

問四　（Ａ）はあとの「〜とすれば」の受け方に注目。
（Ｂ）は文の前後の関係をよく考える。
（Ｃ）の前の部分から、（Ｃ）のあとの考えが導き出されている。
（Ｄ）は結びの「〜はずである。」に注目。

問五　ここでは（Ｅ）と並んで、「生活程度の向上」は文明の真の姿でないと否定されている。また、（Ｅ）は、その直後に書かれている文明の定義に反するものである。

問六　**ａ**は「都会のもの」と言われているもの。
ｂは、「変える」のに、「大衆からのコリツを打ち破る」しかないもの。

問七　都会と農村を対比して述べている部分に注目しながら、――線部①の根拠となる記述を探す。

問八　カギは――線部②の直前部分

あって、疑う余地が(オ)ない。（C）第二の命題がまちがいだと考える他はなくなるだろう。文化は断絶しているのではなく、断絶したものとして意識されているのである。しかし、こういう意識が、本人の気の持ちようで簡単に変らないだろうことはいうまでも(カ)ない。変るとすれば、本人と社会との関係そのものが、あらかじめ変らなければならない。どうすれば(b)それを変えることができるか。大衆からの(キ)コリツを打ち破る他に、どんな可能性も(ク)ないだろうと私には思われる。X

それならば大衆のなかにある持続的なものの内容は何かということが、（D）次の問題になるはずである。Y おくれたもの、（Ⅲ）なものが、そこにあることは確かだが、そういう歴史的発展段階に応じた要素の他に民族的なもののあることも確かである。文明を地域的な差別から考察することのほんとうの意味も、はじめてここで出て来るのだ。文明は「（E）」と生活程度の向上では(ケ)ない。価値の――感覚的または精神的価値の創造である。Z ②キリスト教世界は個人の価値を確立したから、文明なのである。そうでなければ一個の文明が人間の歴史の全体にとって意味をもつことはできない。

〈加藤周一『日本人とは何か』による〉

問一 ――線部**ア**・**イ**・**ウ**・**キ**の片仮名を漢字に直せ。

問二 ――線部**エ**・**オ**・**カ**・**ク**・**ケ**の「ない」の中から、一つだけ品詞の異なるものを選び、記号で答えよ。

問三 （Ⅰ）～（Ⅲ）を補う最も適切な語を次の**ア**～**カ**の中からそれぞれ一つ選び、記号で答えよ。

ア 主観的　**イ** 客観的　**ウ** 伝統的
エ 近代的　**オ** 封建的　**カ** 革命的

問四 （A）～（D）を補う最も適切な語を次の**ア**～**カ**の中からそれぞれ一つ

にあり、ここで言われている文明の定義をよく考える。

問九 文を挿入する形態の問題では、まず何をおいても挿入文の内容を把握することが大事である。

ここでは、「たとえば」という語で始まっているので、何かの具体例である。したがって、その「何か」のあとに入ることになる。

選び、記号で答えよ。

ア　当然　**イ**　また　**ウ**　したがって
エ　もし　**オ**　ところが　**カ**　むしろ

問五　（Ｅ）を補う最も適切な語句を次の**ア**〜**カ**の中から一つ選び、記号で答えよ。

ア　よりよい伝統　**イ**　よりよい価値
ウ　よりよい知識　**エ**　よりよい暮し
オ　よりよい芸術　**カ**　よりよい文学

問六　――線部**ａ**・**ｂ**の「それ」が指している内容を、それぞれ本文中から十字以内で抜き出せ。

問七　――線部①「古いものも新しいものも含めて自分と自分の子供たちの在りように対する考え方がちがうということだ。」とあるが、そういう「考え方のちがい」はどうして出てくるのか。その説明として最も適切なものを次の**ア**〜**ウ**の中から一つ選び、記号で答えよ。

ア　古来の風俗習慣が少ない都会の大衆は伝統を意識することなく物事を考えるが、農村の人々は伝統の持続に信頼を置く考え方をするから。

イ　都会の知識階級は伝統の断絶という意識を持ち、自分のすることや考え方に自信がないが、農村の人々は文化の持続に信頼を持ち、生活態度や考え方にも自信と落着きがあるから。

ウ　都会の知識階級は西洋の学問を学び、翻訳の小説を読み、その考え方も西洋的であるが、農村の人々は古来の風俗習慣の中で生活し、その考え方も純日本的であるから。

問八　――線部②「キリスト教世界は個人の価値を確立したから、文明なのである。」とは、どういう意味か。その説明として最も適切なものを次の**ア**〜**ウ**の中から一つ選び、記号で答えよ。

ア　文明は価値の創造であり、キリスト教の生み出した個人の価値は、例えば個人主義という形で、キリスト教を離れても生き続けていること。

イ　文明は歴史的発展段階に応じた民族的なものであるという意味で、キリスト教世界が伝統文化を確立したといえること。

ウ　文明は大衆とともにあり、大衆の持つ持続的なものの内容を考察するときに、キリスト教の確立した個人の価値が中心をなしていること。

問九　本文中には次の一文が脱落している。[X]～[Z]のいずれかの場所に入るが、どこが最も適切か。記号で答えよ。

「たとえばマヤは一つの形をつくりだしたから、文明であった。」

⑥　次の文を読んで、あとの各問いに答えよ。

歳時記は歌語の伝統を踏まえた季題と俳諧・俳句の場から生まれた季語との集成である。美学者大西克礼が言うように「和歌の「美」に適合するやうな題材が長い伝統の間に自然に選択され」歌語となり（『風雅論』昭和一五年）、山本健吉が言うように「歌に対して俳諧の世界が、素材的に[a]ヒゾクで自由な世界に立ち、日本の風土の季節現象なら、すべて取りこもうとする方向にある」（『最新俳句歳時記　新年』）ことは周知のとおりである。その上で、歳時記の検討が行われ、現実にいくつかの歳時記が編まれていることもよく知られている。

歳時記は日本人の感受性の歴史的遺産であるが、同時につねに検討されるべき流動的な性格をもったものとの意識をもつことは、たいへん大事な観点ではないか。俳人は歳時記を座右に置き、俳句を作っている。が、いまの歳時記が（Ａ）では

---

⑥　**読解のために**

問二　c両文化が「相俟って」感じ方や考え方が培われたという文脈に着目。

問三　Ａ「つねに改編され、書き改められるべきもの」、つまり変化しつづけるべきものなのだから、「いまの歳時記」が絶対的なものではないということ。

問四　「現代」⇔「原初的」、「自然科学が発達」⇔「超自然観を説く」がポイント。

ない。歳時記はつねに改編され、書き改められるべきものなのである。

どのように書き改められねばならないか。かつて柳田国男が時雨や霞を例に『雪国の春』で説いたように、日本の和歌や俳諧では、京都の時雨や霞だけが時雨であり、霞であったのである。極論すれば、信州や東北には時雨も霞もなかったのである。風景ばかりでなく人情も恋もすべて、京都中心なのが、今日までの歳時記編纂の基本姿勢であった。そこで、おのずから、これからは、一様に京都や東京中心ではなく、各地域の特徴が明快に提示された歳時記が作られなければならない。

さらに、私は途方もないことをｂムソウしている。季語の起源を平安貴族の歌語からではなく、もっと遡って縄文人の生活意識から探ることはできないかということだ。近年の縄文遺跡の発掘は、弥生人の末裔たる日本人の稲作農耕文化の原型に狩猟・採集・焼畑耕作文化が存在したことを明らかにしている。両文化がｃ相俟《ま》って、長い間に培われた感じ方や考え方が今日の我々の暮らしの基になっているのである。

ところで、季語の見直しにとって、何が本当に必要なのか。あえて端的にいうと、季語が生み出された、あるいは生み出される感動の原点に立ち返り、実体に触れることが必要なのではないか。日本人の山川草木に関わる感動はアニミズムから生まれるものだと私は思っている。自分を包む自然の清冽《せいれつ》な大気に触れて、自分自身はｄミジンにうち砕かれる。注1先に述べた私の蕨狩《わらびがり》は感動の場に身を置く体験であった。極めて稀なことである。私は省みて、自然に感動する機会が年々少なくなり、日頃ものに感動する心を失っていると思う。

自然科学が発達した現代に、①原初的な超自然観を説くことは（Ｂ）との批判があろうが、俳人が「われ思うゆえに我あり」と頭を抱え、自我意識にがんじがらめになることは、感動から遠ざかることになっているのではないか。それは暗いｅ袋小路に入ったようなものだと思う。

問五　第八段落に――線部①と同義の語句がある。

問六　筆者の「もの言い」の何と何が「矛盾」しているのか。

問七　「沃野」は地味の肥えた平野の意味。

問八　志貴皇子の早蕨の歌の響きについての「後述」部分を確認する。

問九　「アニミズム」とは、自然界のあらゆる事物に霊魂があると見なし、諸現象はその意思や働きによるものと考える信仰のこと。

問十　季題と季語の違いを捉えよう。

問十一　文章の初めと終わりに着目。筆者の問題提示と、その答えを捉える。

石田波郷がいう「私は一句の主人公は常に「われ」でなければならないと考へてゐる」（『俳句哀歓』）とは、長く私が拘泥してきたことばであったが、それは気持を自然に向かって開き、感動を招き入れる態度とは違うようだ。

現代に生きる俳人にとり、深くものを考える「思索知」を重視することはもとより大切である。しかし、②矛盾したもの言いを承知でいうのであるが、そのためにも、一方で、原初的なアニミズムへの志向をもつことが、いっそう必要なのではないかと思う。私の縄文時代への関心は、考古学、人類学、民族学、民俗学、歴史学、言語学などの諸学問が拓いた「思索知」の成果をかりて、そこにアニミズムの世界が感知される期待に基づいている。「思索知」をアニミズムへ開放したところに、従来の季語観を見直す③沃野があると考えている。縄文時代の土偶の中には、東日本に多い遮光器土偶のように、蝦蟇《がま》を連想させる女性像や新生児の誕生をリアルに造型したみごとな深鉢の土器などがある。いずれも地母信仰と深く関わる月の存在を思わせるものだ。

蕨は、いま我々が住んでいるこの注2花綵《かさい》列島で、縄文時代以来、いやもっと古くから列島人の食用となり、関わりの深い植物であった。くず、てんなんしょう（まむしぐさ）、うばゆり、まんじゅしゃげなども同様であるが、ここでは蕨に関し触れたい。蕨が春の季題と決まるにも、いかにも実体と懸け離れた早合点や誤解がｆトウシュウされている。季題の決定はときに、そのようないい加減さをもっている。季題・季語の成り立ちは一様ではないのである。そのことは、かえって、季語を用いるにはつねに実体に即した生活の場からの検証が必要なことを暗に示唆しているといえよう。

「早蕨《さわらび》」は平安貴族の美意識によって、いち早く季題として選ばれた歌語である。ところが、大和の土と関わった生活から離れ、山城盆地に居住し都市生活者と化した貴族は、蕨がいつ芽生え、どのように摘み取るのか、その実体を知らなかった。事実に即して考えることよりも、世の暗黙の規範のようなものを尊重した。それで蕨ひとつにも、いつごろの植物なのか、季節に関する誤解が生じたのである。

　早蕨が初めて詠われた『万葉集』巻第八巻頭の短歌がそれである。後世に影響を及ぼした周知の歌である。たいへんいい歌だと思う。私が④すばらしいと思う所以は後述したい。

　　岩走《いわばし》る垂水《たるみ》の上のさわらびの萌え出づる春になりにけるかも　　志貴皇子

　当代の勅撰集『古今和歌集』などの巻頭には正月あるいは立春の歌が置かれるのが慣例であった。早蕨の短歌は部立「春の雑歌」のはじめに出るので、勅撰集と同じ配列から、平安歌人が、早蕨は正月のもの、と考えたのであろうか。

　蕨の季題成立に関わりの深い『能因歌枕』では早蕨が正月の歌語として出ている。『源氏物語』でも新年早々、雪解けに宇治山中で摘まれた蕨が阿闍梨《あざり》から宇治の大君、中君のもとへ届けられる場面が描かれている。ただし、清少納言だけは『枕草子』に蕨は五月に手ずから摘み取るものと記しているので、蕨の実体を知っていたと思う。彼女には特有の実証精神があったのであろう。

（中略）

　志貴皇子の早蕨は、春を告げるものとして詠い上げられている。春を迎える歓びを早蕨の一点に絞り、全身で寿いでいる。雪解けの水が溢《あふ》れ、山の滝は生き物のように躍動している。が、その滝と張り合うように蕨は芽を吹いたのだ。数多ある春の景物の中から早蕨に目を留め、季節の到来を代表させた。なぜ蕨なのか。

　何回も唱しながら、私がはたと気付いたのは、早蕨の歌の響きである。この歌は志貴皇子の個人詠ではなく、宴の場で唱われたものという。これは個人の声ではない。たくさんの地の民の声が集まって朗々と詠われているのではないか。この声には万葉人ばかりではなく、もしや遠く縄文人の声の谺《こだま》も混じっているのではないかと、幻想を抱かせる。

志貴皇子は早蕨に地霊を感じていたのではないか。すでに私たちが失ってしまったものの霊気を感知する歓びを、皇子は知っていた。この歌に「志貴皇子の懽《よろこ》びの御歌」と記した『万葉集』の編者は、皇子の深い歓びを知っていたようだ。早蕨の歌は万葉人のアニミズムの（Ｃ）から生まれたものと私は推察している。

正倉院文書には「(四月)十四日九文買蕨卅六把」というように、食物として蕨を買った記録が頻出するという。蕨はなによりも春を待って摘んで食べる野草として珍重されたのだ。萌え出る蕨への期待に切実さがこもり力が入るのも、民の暮らしがそこに掛かっていたからではないか。

ところが、蕨はこの段階ではまだ季題にはならない。わらびという[g]コショウに平安貴族が興味をもち、『古今和歌集』にこんな歌を残している。

煙たちもゆとも見えぬ草の葉を誰《たれ》かわらびとなづけ初《そ》めけむ　真静法師

「『萌』(燃)えているが煙は立っていない。そうであるのに、『蕨』(藁火)と誰が名付けたのでしょう」とは、巧みに掛詞を駆使したことば遊びである。蕨の実体から離れ、わらびということば遊びが可能となり、はじめて、季題が誕生する。季題は文字通り季節の題目であるが、題目がいかなる季節に相応しいか、その決め方はかなり適当なものであったようだ。ことばを愉しむ貴族にとっては、蕨が正月に萌えても立春に萌えてもよかったのだ。おおよそ蕨とはこんなものだという概念があれば、ことば遊びには事足りたのである。

しかし大事なことは、季題「蕨」が生まれるには志貴皇子の蕨の名歌が必要であった状況をきちっと承知することだ。その結果、後の世の私たちには季語「蕨」を介して、さまざまな想像が拡がる。ときには志貴皇子の声も遥かな縄文人の声も聴くことができるのだ。

季語を完成されたものと絶対視するのではなく、創りあげられた過程を知ることにより、季語を深く理解することになる。このような当たり前のことが、いままでは俳人の共通理解になっていなかったのではないか。

〈宮坂静生『季語の誕生』による〉

注1 **先に述べた私の蕨狩**　筆者は六月初旬の妙高高原において蕨狩の体験をし、湧き出るように萌える蕨に、いのちを感じた。

2 **花綵列島**　花綵《はなづな》（花を編んでつくった飾り綱）のような形に配列している列島。日本列島の美称。

問一 ――線部**a・b・d・f・g**に使用する漢字として最も適当なものを、次の**ア～オ**の中からそれぞれ一つずつ選び、記号で答えよ。

a ヒゾク　**ア** 属　**イ** 俗　**ウ** 賊　**エ** 族　**オ** 続

b ムソウ　**ア** 想　**イ** 捜　**ウ** 双　**エ** 相　**オ** 走

d ミジン　**ア** 身　**イ** 実　**ウ** 御　**エ** 未　**オ** 微

f トウシュウ　**ア** 習　**イ** 集　**ウ** 修　**エ** 襲　**オ** 捨

g コショウ　**ア** 古　**イ** 故　**ウ** 呼　**エ** 孤　**オ** 誇

問二 ――線部**c・e**の語句の意味として最も適当なものを、次の**ア～オ**の中からそれぞれ一つずつ選び記号で答えよ。

c　相俟って
ア　競争し合って。
イ　反発し合って。
ウ　作用し合って。
エ　追いかけ合って。
オ　謙遜し合って。

e　袋小路
ア　何も見えない状態。
イ　沢山並んでいる状態。
ウ　行き詰まった状態。
エ　静かに落ち着いた状態。
オ　美しく入り組んだ状態。

問三　（Ａ）に入る四字熟語として最も適当なものを、次の**ア**〜**オ**の中から一つ選び、記号で答えよ。

ア　森羅万象　**イ**　白砂青松　**ウ**　不易流行　**エ**　金科玉条
オ　唯我独尊

問四　（Ｂ）に入る四字熟語として最も適当なものを、次の**ア**〜**オ**の中から一つ選び、記号で答えよ。

ア　懐古趣味　**イ**　旧態依然　**ウ**　牽強付会　**エ**　支離滅裂
オ　時代錯誤

問五　――線部①「原初的な超自然観」とは何か、二十五字以内で説明せよ。

問六　――線部②「矛盾」とあるが、どういうことか。「矛盾」の関係の対照を明確にして説明せよ。

問七　――線部③「沃野」の対義語として最も適当なものを、次の**ア**〜**オ**の中から一つ選び、記号で答えよ。

ア 平野　イ 広野　ウ 荒野　エ 原野　オ 在野

問八 ――線部④「すばらしいと思う」とあるが、なぜか。その理由として**適当でない**ものを、次の**ア**～**オ**の中から一つ選び、記号で答えよ。

ア 春を告げるものとして詠い上げられ、春を迎える歓びを早蕨の一点に絞り、全身で寿いでいるから。

イ 数多ある春の景物の中から早蕨に目を留め、季節の到来を代表させたから。

ウ 個人詠ではなく、宴の場で唱われたものであり、たくさんの地の民の声が集まって詠われたから。

エ 志貴皇子の歌ではなく、遠く縄文人が詠い上げた歌であるから。

オ 早蕨に地霊を感じ、それを感知する歓びを詠ったものであるから。

問九 （Ｃ）に入る語句として最も適当なものを、次の**ア**～**オ**の中から一つ選び、記号で答えよ。

ア 感受力　**イ** 影響力　**ウ** 生命力　**エ** 忍耐力　**オ** 継続力

問十 本文の内容と合致するものを、次の**ア**～**オ**のうちから一つ選び、記号で答えよ。

ア 歳時記は歌語の伝統を踏まえた季題と俳諧・俳句の場から生まれた季語との集成であり、固定的なものである。

イ これからの歳時記は、一様に京都や東京中心ではなく、各地域の特徴が明快に提示されたものでなければならない。

ウ 季語は平安貴族の歌語から発生し、長い間に培われた感じ方や考え方が培われて加味され、今では我々の暮らしの基になっている。

エ 自然に感動する機会が年々少なくなり、日頃ものに感動する心を失っているので、自我意識に目覚める必要がある。

オ　平安貴族が巧みに掛詞を駆使したことば遊びによって、「蕨」（藁火）という季語が成立した。

問十一　本文の見出しとして最も適当なものを、次の**ア**～**オ**の中から一つ選び、記号で答えよ。

ア　季題と季語の関係について　　**イ**　縄文人の生活意識を探る

ウ　アニミズムへの志向　　**エ**　季題「蕨」の誕生と名歌

オ　季語の見直しにむけて

7　次の文を読んで、あとの各問いに答えよ。

子どもが、どれだけのことばを話せるかということは、子どもがどれだけかたい人間的つながりをもっているかということである。

①ラジオやテレビをかけっぱなしにしておいても、子どもは絶対にことばをおぼえるものではない。ことばよりさきに人間同士のつながりがなければならない。2歳ちかくなったら、子どもは自然に成長して「友だちや保母の名まえが言えるようになる」のではない。保母さんが子どもにことばを必要とする人間関係をつくるから、話せるようになるのだ。

朝、お人形をかこんで3～4人のグループをつくり、保母さんがひとりひとりに、名をよんで、話しかけるから、子どもは誰が何という名かをおぼえる。20人の子を一部屋において、保母さんが出欠をとるために名をよんでいては、1歳半の子は仲間の名をおぼえない。いつも、いっしょにあそべるアキンキョリに好きな友だちがいるから、名をよぶのである。

発音するために、子どもがどんなに熱心に相手の口をみていることか（おおくの

7　読解のために

問二　空欄補充の問題は、空欄の前後の内容から考えるのが原則。Aは三箇所にあるから、ヒントも多いことになる。特に有力なヒントになるのは、二つ目のAの一つ前の文である。

問三　――線部①で始まる段落は、前の段落の内容を、更に詳しく説明し直している。

問四　――線部②を含む文が前提としているのは、どの箇所か。本文中、大人が子どもに与えてやるべき「信頼」のあり方を述べている箇所は、さほど多くない。

問五　本文は九つの段落から成るが、

母親が2歳になった子のイナンチョウを発見できないのは、子どもが母親の唇のうごきだけで、命令を承知するからだ）。子どもが、発音をおぼえるためには、相手の唇の動きをよみとれるキョリにいなければならぬ。

子どもにことばをおしえるとき、大切なのは[A]をおぼえさせることではない。自分の思っていることを、はっきり表現させるようにすることである。家庭にいる子どもが、母親にたいして、自分の思っていることを何でも表現するのは、母親にたいして遠慮がないからだ。この人には何を注文してもいいのだという信頼感がある。

保育園で子どもが、自分の思っていることを、何でも保母さんに表現するようになるのには、子どもが保母さんに信頼をもっていないといけない。保母さんは子どもに人間としてのウミリョクを感じさせていなければならぬ。おしっこをしくじるたびにエタイバツをくわえるような相手に、子どもは信頼をもたない。子どもはこわがって、顔色ばかりうかがっている。そういうところでは、子どもは保母さんに、自分の思っていることをいわない。

②保母さんを信頼していれば、子どもは保母さんにいろいろ注文をする。だが、子どもの注文がことばになるためには、その注文にいつでもこたえるところに保母さんがいなくてはならぬ。子どもが、何を注文しても、「まっててね」「あとからね」という保母さんにたいして、子どもはことばで注文してもむだだと思って、ものをいわなくなる。

この年齢の子どもに、ことばをおしえる方法として、袋のなかから、いろんなものをとりだして、その名前をいわせるあそびがある。だが、[A]ばかりたくさん知っていて、自分の注文を表現できない子は、ことばがいえるとはいえない。ことばは人間の創造とむすびついた行動のために必要なのだ。

そのことばによって、保母さんと子ども、子どもと子どもとが、おたがいの生活

これを内容の面から三つの大段落に整理すれば、前の二つの大段落が、子どもがことばを話せるようになるための必要事項を述べていることになる。まず、本文の中から、内容上の区切れを見付けて、本文を三つに分け、前の二つの部分から、子どもがことばを話せるようになるための必要事項を、一つずつ見付けよう。この二つの必要事項は、実は重複する内容を持っているので、少し考えれば、一つにまとめることができる。

問六　本文を内容の面から三つの大段落に整理した場合、最後の大段落で、ことばの役割が明確に述べられている。

をつなぐことができれば、ことばはその役をはたしている。［A］を正確に発音させることのために、子どもの発音をいちいち矯正(オ)することは、この時代では、ことばを話す意欲へのブレーキとなる。

〈松田道雄『育児の百科』による〉

問一 ――線部**ア**～**オ**の片仮名は漢字に直し、漢字は読みを答えよ。

問二 ［A］に入る語として最も適切なものを、次の**ア**～**キ**の中から一つ選び、記号で答えよ。

ア 名詞　**イ** 動詞　**ウ** 形容詞　**エ** 形容動詞　**オ** 副詞
カ 感動詞　**キ** 助詞

問三 ――線部①の理由を、本文中の語句を用いて、二十字以内で説明せよ。句読点は、字数に含める。

問四 ――線部②で、「信頼」とは、具体的には、この場合どういうものか。その説明に当たる箇所を、本文中から二十五字以内で抜き出せ。

問五 筆者は、子どもがことばを話せるようになるためには、何が必要だと考えているか。本文中の語句を用いて、三十字以上三十五字以内で説明せよ。句読点は、字数に含める。

問六 筆者は、ことばは何に役立つと考えているか。本文中から十五字以内で二つ抜き出せ。

⑧ 次の文を読んで、あとの各問いに答えよ。

ノーベル賞のメダルの表には、「アルフレッド・ノーベル、一八三三年に生まれ、一八九六年に死す」というラテン語の文字が、ノーベルの横顔とともにきざまれて

---

⑧ **読解のために**
問三 （A）～（C）について

いる。裏には、

——技芸の発見によって生を豊かにすることは益がある

という意味のノーベル・モットーといわれる字句がアキザまれていて、さらに（Ａ）の女神が（Ｂ）の女神のベールをはがそうとしている図柄が彫られている。私はこの（Ｃ）の①女神の表情が気になる。金色に輝くそれは、喜んでいるようでもなく、さりとてイウラめしそうでもなく、まことに深遠な表情をしているように見えるのである。この顔は自然と科学、自然と人間のかかわりについて何か大切なことをウシサしているのではなかろうか。時おりその表情に見入って、そんな思いにはせるのである。

なぜ学び、なぜ創造しなければならないか。科学の女神と自然の女神は、その正しい答えを秘めているに違いない。が、自然科学におけるささやかな自分の体験からそのうちのたった一つの答えをいわせてもらえるのなら、その答えはこうである。人間は、利便や安楽のためではなく、自然を含む地球の遺産の保全と、人類の持続的な生きながらえのために学び、創らなければならない。私はそう思うのである。

このためには何が大切になるか。この本の中でたびたびくり返してきた先見性である。自分の勉強していることが、その大目的とどんな関係をもっているかを見抜く、エスルドい先見性である。特に②この大目的を果たすのに効果のある科学を志す人は、その先見性を養うように努力しない限り、本当の意味での創造はできないであろう。

科学者がその視野を広げるためには、人間に深い関心と知識をもつことが先決である。科学者が（Ｄ）の過信者になってはならないのは当然である。かつて科学は人間から離れて成長することができた。科学を取り巻く環境条件がきわめてゆるやかだったから、それで済んだのである。

は、「科学」と「自然」の関係、すなわち、どちらがどちらに働きかけているかを考える。（Ｅ）の直後の「良能」は、生まれながら持っている才能のこと。

問四　選択肢はすべて逆接を表す言葉という点で共通しているが、用法や厳密な意味に違いがある。そこを見抜けるかどうかがポイント。

問五　このような問題では、挿入する文章中の接続詞と指示語が大きなヒントとなる。

問六　「女神」について述べられた部分に絞って考えればよい。

問七　指示語の鉄則に従って、順にさかのぼって探す。

問八　直前の「これを考えれば」の「これ」の指示内容が理由にあたるが、その内容をさらに「わかりやすく」説明する必要がある。

（１）、現代は、科学に対する環境条件が非常に厳しいことは、縷々《しばしば》述べてきた通りである。科学者はその厳しい条件の中で困難な方程式を解かなければならない。これから科学を志そうとする人たちもその心の準備をしておかなければならない。これを考えれば、③科学への過信が許されるはずがない。

唐突であるが、哲学者の田辺元先生は生前、相対性理論と量子力学に深い関心をしめされ、これを熱心に勉強されていた。哲学者でありながら最先端の科学に何かを求め、逆に何か物言いをつけたかったのであろう。

「物理学と哲学」の著作を読むと、先生は科学が自然のモデルについての論理的思考によって自然の手を離れて進展していく傾向を、この当時すでに見通しておられたのではないかと思われる。そして自然科学のこうした欠陥を補うものとして哲学の必要をひそかに予感しておられたのではないかと推測するのである。

人間の問題を考える哲学者、宗教家など、「人間学」に熟達されている人たちの中には、このように早くから科学を勉強し、その中から人間の問題を解く何かを得ようと努める人もいるわけである。私は哲学や宗教にたずさわる人たちに、このことについて深く考えていただくことを望む一方、（２）、科学者に対して、人間を勉強する必要を強調しておきたい。

人間に幸福をもたらし、災害をもたらさないようにする、と口でいうのは容易である。地球の遺産の保全、人類の存続を目標にカカげるのは簡単である。（３）、そのために人間は何をなすべきか。そして、科学者は……。

これからは自然科学者が人間を勉強し、人間やその集団を対象とする学問にたずさわる人、人間学者が自然科学を勉強し、お互いにその影響をおよぼし合うことが何よりも必要になるだろう。そして、理想をいわせていただければ、そういう自然科学者と人間学者のいうこと、為すことを人間全体が見守り、相撲の行司のように軍配団扇をもってキ捌いてほしい、批判してほしいと願うのである。そのためには、たとえ学問の専門の道を歩かないでも、やはり自然科学、人間学の区別なく広く関心をもつことが必要になろう。

　人間の良能は、学習経験によって変化を受ける。科学化された社会にク浸って生活する人間は、科学のもたらすものを見通し、嗅ぎ分ける能力を備えるに至るであろう。それは人間が自然の一部であり、生物の一つであることを自覚すれば納得されよう。（Ｅ）の良能こそ、真のケ叡智である。人間を無限の欲望、際限なき競争にコ駆り立てる科学を人類自ら規制し、科学の普遍的価値を保持し続けるためには、自己規制の目標をあたかも「倫理規範」のように受け取る人間の良能に期待するほかないのである。

〈福井謙一『学問の創造』による〉

問一　——線部**ア・イ・ウ・エ・カ**の片仮名を漢字に直せ。

問二　——線部**オ・キ・ク・ケ・コ**の漢字の読みを答えよ。

問三　（Ａ）～（Ｅ）の中には、**ア**科学、**イ**自然のどちらかが入る。それぞれ適切なものを選び、記号で答えよ。

問四　（１）～（３）の中に、次の**ア**～**ウ**の中から適切なものを選び、文意が通るようにしたい。それぞれ記号で答えよ。

ア　が　**イ**　逆に　**ウ**　しかし

問五　次の〔　〕の中の文は、本文のどこに入れるのが適切か。前の文の最後の十字を抜き出せ。（句読点も一字と数える）

〔では、この先見性は何によって養われるのか。それは広く学ぶことからだ、と私は考えるのである。〕

問六　——線部①「女神の表情が気になる。」とあるが、なぜか。文中の言葉を用いて答えよ。

問七　――線部②「この大目的」とあるが、どのようなことを指しているのか。文中の言葉を用いて答えよ。

問八　――線部③「科学への過信が許されるはずがない。」とあるが、なぜか。わかりやすく説明せよ。

⑨　次の文を読んで、あとの各問いに答えよ。

「痛い」という語は形容詞である。悲しい、美しい、暗い、などと同じ形容詞である。しかし、それ自体で独立して明確な意味をもつものではない。事物や事象の外枠は示すことはあっても、その内容や質を的確にあらわしているわけではない。

表現に慣れていない人は、しばしば「広い庭に美しい花が咲いた」といった類の一文を書く。広い庭とはどの程度の広さなのか、どこと比べて広いというのか、美しい花とはどのような花をさすのか、その実体は必ずしも明確ではない。このような[ア]雑駁な表現は、実はそうした一文を書く人の感受性や感覚が問われることでもある。

だがたとえば、①夏目漱石や志賀直哉、そして三島由紀夫などが、もしこのような表現を用いたとするなら――彼らの作品にはこういう表現がないのはむろんだが――、その意味はわからないわけではない。彼らの作品を通じて明かされている感受性を通して、「広い庭」とはこのような広さをさしているのだろう、とか「美しい花」とはこうした花をさしているのだろうと理解することが可能だからである。彼らの人間的性格や事物、事象を見つめる目を前提にして、彼らの用いる形容詞の

---

⑨ 読解のために

問四　――線部②の前で述べられている内容を、形容詞の怖さという観点から二つにまとめる必要がある。

問五　「自然科学としての発展原則をそのまま忠実になぞる形」を示しているのは、二つ前の段落の「医学という体系は、……その技術が医学の知識や情報を進歩させる」の部分である。医学は自然科学の一分野であることに留意しよう。

問六　指示内容は、「決して大きなうねりを生むに至っていない」ことである。

問七　医学という学問体系は、「病いの発生理由、その治療を理論化」することで成り立っている。

意味がわかってくるといいかえてもいい。

[②]形容詞はきわめて怖い用言である。

医学・医療は自然科学の[イ]チュウスウにある学問体系であり、技術領域とされている。医学・医療は確かにそれが成りたったころは、人間の病いを治し、外傷の手当てを行ない、つねに健康状態に置くことを目的としていた。ただ多くの医師が指摘するように、このような行為自体はすべての動物が日常行動として行なっている。犬や猫を見ても、外傷を受けるとそこをなんども舐めているし、ときに親が子の傷を[ウ]執拗に舐めている光景など容易に見ることができる。しかし、人類は、その病いの発生理由、その治療を理論化して、医学という体系をつくりあげたという点で特質がある。

紀元前四世紀の医師ヒポクラテスがまとめた医学体系、そして医師としての[エ]セキムを説く「ヒポクラテスの誓い」は、少なくとも十八世紀医学までは重みをもち続けたが、そこには「私の能力と判断に従って医術の療法を、病める人間を助けるために用いますが、決して人を傷害したり悪いことをする考えで悪用はいたしません」とあるように、合理的な思考をもって身につけた医療を害をなすように用いることはないと誓っているのである。

医学という体系は、現実の治療に還元されているうちに、医療技術そのものを高めていく。するとこんどはその技術が医学の知識や情報を進歩させる。十九世紀にはいって顕微鏡が[オ]フキュウし、細胞の変化がより[カ]セイミツにわかるようになって、医学の知識はさらに進んでいったのである。

細胞病理学の進歩は、医学そのものを大きく変えた。同時にそれは、[注1]パストゥールや[注2]コッホに代表されるように、自然科学としての医学・医療を不動にする役割を果たした。

しかし、医学・医療をこのような「学問体系での枠内で見ている限りでは」、患者の「痛い」という状態を救うことはできない。（A）・（B）を含む最後の一文は、その改善策の「土台」を示していることをまず押さえる。

③自然科学としての発展原則をそのまま忠実になぞる形で、医学・医療は現在に至っている。むろんこの領域にとどめておくという発想に抗して、宗教などを含め人文科学の目から検証することが必要との動きもいつの時代にもないわけではない。だが④それは決して大きなうねりを生むに至っていないのは、医学史を一目見ただけで容易に納得できることである。

　自然科学として最先端を走っている医学・医療の原点は、医学知識・情報をもちその技術を有する専門家（医師）と病いをもつ人びと（患者）が治療室でむかいあうという図式からはじまる。その図式のなかで、「痛い」という形容詞がまずは医療のはじまりにあるのはきわめて皮肉なことだ。加えて、病いに全身を冒され、やがて死をむかえなければならないときに、「痛い」という状態が理解されぬままに死に至るというのは、これもまたきわめて皮肉なことだ。

「痛い」という形容詞を自然科学がどのように救えるのかは、医療の基本的な問題であり、それに現在の医学・医療も充分な答を見いだしていない。そして結局はそれには答を見いだすことができないのでは……と私は疑問をもっているが、その一方でできるだけ理解しようと努めている医師たちが存在していることを、私は語っていきたいと思う。

　医学・医療を単に学問体系での枠内で見ている限りでは、病いは治ったが、患者は命を落とした、あるいは苦しんでいるだけ、という光景がくり返されることになる。医師に必要なのは（Ａ）、そして患者には（Ｂ）こそがまずは土台にあるのではないか、と思う。

〈保阪正康『人は痛みからどう解放されるか』による〉

注1　パストゥール　「細菌学の開祖」と言われるフランスの細菌学者。腐敗や伝染病が微生物によって起こることを明らかにするとともに、炭疽菌や狂犬病ウイルスの弱毒化ワクチンの開発に成

功し、現在の予防接種の基礎を築いた。

2 コッホ 「現代細菌学の父」と呼ばれるドイツの細菌学者。結核菌の発見、ツベルクリンの開発、細菌の染色や純培養方法の考案などの業績を残した。

問一 ――線部**イ・エ・オ・カ**の片仮名を漢字に直せ。

問二 ――線部**ア・ウ**の漢字の読みを答えよ。

問三 ――傍線部①「夏目漱石や志賀直哉、そして三島由紀夫」について、次の各問いに答えよ。

(1) 「夏目漱石」の作品の冒頭部を次の**ア**～**エ**の中から一つ選び、記号で答えよ。

ア 山の手線の電車に跳飛ばされて怪我をした、その後養生に、一人で但馬の城崎温泉へ出掛けた。

イ 山路を登りながら、こう考えた。智に働けば角が立つ。情に棹させば流される。意地を通せば窮屈だ。

ウ 木曽路はすべて山の中である。あるところは岨づたいに行く崖の道であり、あるところは数十間の深さに臨む木曽川の岸であり、あるところは山の尾をめぐる谷の入口である。

エ 恥の多い生涯を送って来ました。自分には、人間の生活というものが、見当つかないのです。

(2) 「志賀直哉」の属する文学流派を漢字で答えよ。

(3) 「三島由紀夫」の作品を次の**ア**～**オ**の中から一つ選び、記号で答えよ。

ア 『砂の女』　**イ** 『李陵』　**ウ** 『憂国』

エ 『野火』　**オ** 『津軽』

問四 ――線部②「形容詞はきわめて怖い用言である」とあるが、どのような点で怖いのか。各二十字以内（句読点を含める）で二つ答えよ。

問五 ――線部③「自然科学としての発展原則」とは、どういうことか。簡潔に答えよ。

問六 ――線部④「それ」の指示内容を簡潔に答えよ。

問七 （Ａ）・（Ｂ）に入る語句の組み合わせとして最も適当なものを、次の**ア**～**オ**の中から一つ選び、記号で答えよ。

ア Ａ―形容詞を理解する素養と人間性
　Ｂ―的確な表現力を養うといった日常の生き方

イ Ａ―痛みを緩和・除去する治療
　Ｂ―痛みは克服するものではないという認識

ウ Ａ―痛みを医学的見地から読み解く能力
　Ｂ―症状を明確に伝えられる素養や語彙力

エ Ａ―痛みを理解しようとする努力や思いやり
　Ｂ―痛みを理解してもらおうとする積極性や主体性

オ Ａ―形容詞を受けとめる姿勢や態度
　Ｂ―豊かな感性や表現力を身につける努力

問八 本文の内容に合致するものを次の**ア**～**オ**の中から一つ選び、記号で答えよ。

ア 現代の医療は、高度な医学知識や技術を使いこなす専門家としての医師に支えられているところが大きいため、医師は患者の痛みを理解する時間的余裕を奪われがちである。

イ 医学・医療は自然科学として最先端を走っているが、患者の「痛い」という状態を救うには、形容詞を理解するという人文科学的な営為が必要である。

ウ ヒポクラテスが人文科学としての医学・医療に寄与したのに対して、パストゥールやコッホは自然科学としての医学・医療に多大な功績を残した。

エ 「痛い」という形容詞が医療のスタートラインに介在するという皮肉な状況が、医師と患者との意思疎通を阻み、結果的に患者を苦しめる要因となっている。

オ 「痛い」という形容詞を自然科学がどのように救っていくかが医療の根本的な問題であり、この問題を解決することが、患者の立場からの医学・医療の発展にとって重要である。

10 次の文を読んで、あとの各問いに答えよ。

暖かい日射しが霜柱を溶かす。湿った黒い土の独特の匂《にお》いと足裏に感じるその感触がなつかしく、オギやヨシがまだ芽をだしていない河原に出かけてみる。土から双葉をのぞかせる草の芽生えがあちらこちらで目につく。何の変哲もない黒い土つぶが次々と緑の芽生えに姿を変え始めたようにもみえるが、土の中で眠っていた種子がいっせいに目覚めの時を迎えているのである。

今では町中の地面のほとんどがアスファルトやコンクリートや芝生などで被覆されているから、人々はほとんど土を意識することなく暮らしている。かつての町では、土はぬかるみ、泥水となってはね、埃《ほこり》となって舞う、やっかいな代物であった。土を覆う技術は、都市の発達になくてはならないものであった。総じて「汚いもの」として、土は近代的な都市から排除された。

植物と土は本来切っても切れない関係にある。土から水や栄養を吸収して成長し、枯れればその遺体は土にかえる。かつて農の基本は「土づくり」でもあった。科学は土をいくつかの要素に分解し、そこから「必要なもの」「有益なもの」「有害なもの」を抽出した。近代的な農業では、要素に[a]カンゲンされた土から、さまざまな得

---

10 読解のために

問三 X「必要なもの、有益なものだけを残す」のだから、「得体の知れないもの」はどうするのか。Y「必要なもの、有益なものだけを残す」目的は何か。

問四 傍線部の後の「この結果」の内容を第七・八段落から読み取る。

問五 二つあとの段落に、「好都合な条件が与えられるやいなや目を覚まし…」と類似する表現がある。

問六 土のもつ機能は前段落から述べられている。

問七 第五段落で「工場の中での農業」について触れている。

問八 設問にある「著者の考え」でない記述で、しかも本文の記述に

体の知れないものを X して、必要なもの、有益なものだけを残し、それらを Y することがめざされる。

　そんな見方で肥料分と水分を除いてしまえば、土は植物に病気を起こす微生物の[b]ソウクツにすぎないということにもなる。必要なものだけを与える方が、管理しやすく効率もよい。水耕栽培、あるいはより単純な基質を用いて栽培するのが理想であるということになる。

　近代的な農業の現場でも、土はどちらかといえば[c]ウトまれる存在になっている。やっかいな土などを使わず、作物の成長に役立つものだけを根に与え、お天気に左右される太陽光も人工照明に代えた「明るく清潔な」工場の中での農業を、もうすぐ実現する夢としてとらえている人々もいる。

　土が水を浄《きよ》める効果についても、近代的な技術開発は、要素に分けて[注1]機能が明瞭に特定されるものだけを抽出して利用する方向に進んだ。浄化技術は、活性汚泥処理から[注2]好気生物膜処理へと高度化がなされた。

　そんな流れのなかで、東京都の環境研究所で実施された合併浄化槽実験装置をもちいた実験の結果は[d]シサに富むものである。その実験では、土壌生物による処理（単に土の層を通すだけの処理）、好気生物膜処理、および活性汚泥処理による三タイプの水の浄化能力が比較された。

　その結果、有機物の分解活性は土壌生物処理が他の二タイプの処理よりも格段に高く、処理水の[注3]エストロジェン様物質の濃度が低く抑えられた。また、処理水が水道水として使用されることを想定して測定した[注4]トリハロメタン生成能も、土壌層処理においてもっとも低いという結果が得られた。

　[①]ハイテクに対してローテクに軍配があがったともいえるこの結果は、生態学的に見れば至極当然の結果であるといえる。それは、システムをばらばらにせずまるご

そぐわない肢が一つある。

問九　筆者の主眼は「土」の何にあるか。

と利用する、ローテクの強みともいえるであろう。土は、膨大な種類の「微小なもの」がつくるきわめて複雑なシステムである。そのシステムをさまざまな鉱物や有機物とともに構成しているのは、多様な生物、すなわち、細菌、菌類、藻類、小動物、植物の生きた種子などである。

それら微小なものの大多数は、ひっそりと暮らしていて目立つことはない。それらの多くが休眠しており、潜在的な力を隠している。しかし、それぞれの増殖に[②]好都合な条件が与えられるやいなや目を覚まし、にわかに活動を開始する。種子が芽生えとなって私たちの目の前に突然姿を表すように。そして、自身の作用によって条件が変化すればまた休眠してしまう。

土を浄化に利用するということは、多様な微生物からなるシステムがもつ潜在的に大きな力を利用するということである。

土の中には、おびただしい種類の微生物が含まれている。どんな微生物が含まれているかを調べるには、微生物の栄養となる糖などを含んだ寒天培地などで増殖させなければならないが、そのような方法で把握できるのは、微生物相のごく一部にすぎない。土の中では、そこにどのような栄養分が含まれているかによって、休眠から目覚めて増殖する微生物の種類が変わる。ある微生物の働きで有機物が分解されると、今度は分解産物を栄養にする微生物が増えてくるというように、[e]ユウセンする微生物の種類は時間とともに変化する。

微生物は世代時間が短く、それぞれの種類に適した条件のもとでは急速に増殖する。そこに汚水が加えられると、汚水に含まれる有機物を栄養にして増殖できる微生物が増えて、その分解が加速度的に進むことが期待できる。薬剤耐性の進化にもみられるように、微生物の[a]自然淘汰による進化のスピードは、驚くほど速い。自然淘汰は、そこでの汚水の浄化に適合した微生物群集の発達を、さらに強化するはずである。土は（Ｚ）機能をもっているということもできる。微生物は短期間のうちに環境を変え、変えた環境に適応して、さらに環境を変えていく。何の変哲もなく見える土だが、システムとしてのその潜在力には測りしれないものがある。

かつては「三尺流れて水清し」というｂ経験則がなりたっていた。それは、水ではなく、土のもつ浄化の機能ゆえである。昔ながらの土水路や底にコンクリートが張られていないせせらぎでは、汚れた水も、土に触れながらしばらく流れていくうちに、土のもつ浄化力のおかげでその清浄さを取り戻すことができたのである。

土の中で休眠している多様な微生物をはじめとする生物が失われれば、当然のことながら土のもつさまざまな潜在的機能も失われる。最近では、農地においても都市においても、土壌汚染が相当に深刻化しているようだ。土をウトんじた結果であるともいえるだろう。

浄化力に限らず土のもつ潜在的な力は果たしてどのくらい保たれているのだろうか。土という私たちにとってまだまだ謎の多いシステムの健全性が大いに気になる昨今である。特に農地の土が気がかりである。③工場で生産される野菜よりは、太陽の光と健全な土の力で育つ元気な野菜を食べ続けたいと思うからだ。

〈鷲谷いづみ『天と地と人の間で』による〉

注1　**活性汚泥処理**　下水に生育する微生物を廃水処理に利用する技術で、生物反応槽で攪拌《かくはん》・曝気《ばっき》することで有機物の酸化を促進する。

2　**好気生物膜処理**　微小な孔のある膜を使い好気的条件で微生物による有機物分解をうながす廃水処理法。

3　**エストロジェン様物質**　女性ホルモンのエストロジェンに類似した物質、環境ホルモンとしての作用が疑われる。

4　**トリハロメタン生成能**　水道水の殺菌に使われる塩素が、原水に含まれているある種の有機物と反応して生成する有毒物質。

問一 ——線部**a**～**e**に該当する漢字として適切なものを、次の**ア**～**オ**の中からそれぞれ一つずつ選び、記号で答えよ。

a カンゲン　**ア** 完　**イ** 監　**ウ** 環　**エ** 敢　**オ** 還

b ソウクツ　**ア** 層　**イ** 槽　**ウ** 巣　**エ** 藻　**オ** 窓

c ウトまれる　**ア** 厭　**イ** 恨　**ウ** 妬　**エ** 疎　**オ** 忌

d シサ　**ア** 査　**イ** 唆　**ウ** 差　**エ** 詐　**オ** 些

e ユウセン　**ア** 占　**イ** 先　**ウ** 選　**エ** 専　**オ** 潜

問二 ＝線部**a**・**b**の意味として適切なものを、次の**ア**～**オ**の中からそれぞれ一つずつ選び、記号で答えよ。

a 自然淘汰

ア 生物学的に優位な遺伝子をもつ生物ほど世代時間が長いということ。

イ 自然界のすべての生物は、隆盛と衰退のサイクルをもっていること。

ウ 生存競争を繰り返した結果、種の保存が危うくなること。

エ 生物のうち、外界に適応したものは栄え、適応しないものは滅びること。

オ 環境の変化に柔軟に対応できる生物が、徐々にはびこっていくこと。

b 経験則
ア 実際に調査を進めて、初めて知った人間社会の規則。
イ 理論の裏づけは乏しいが、経験を通して自然につかんだ法則。
ウ 自然破壊が進行する以前、自然界で成立していた真理。
エ 理論に基づいて試行錯誤した結果、見出された原則。
オ その道の専門家が、長年の経験から導いた本質。

問三 [X]、[Y] に入る語として適切なものを、次の**ア**〜**オ**の中からそれぞれ一つずつ選び、記号で答えよ。

X
ア 補足
イ 操作
ウ 調節
エ 導入
オ 排除

Y
ア 拡大
イ 減少
ウ 強化
エ 放出
オ 退化

問四 ——線部①「ハイテクに対してローテクに軍配があがった」とはどういうことか、説明せよ。

問五 ——線部②「好都合な条件」とあるが、具体的には何を指すか、適切なものを、次の**ア**〜**オ**の中から一つ選び、記号で答えよ。

ア 太陽光　**イ** 熱　**ウ** 水分　**エ** 酸素　**オ** 有機物

問六 （Z）に入る語句として最も適切なものを、次の**ア**〜**オ**の中から一つ選び、記号で答えよ。

ア 微生物に水や栄養分を吸収させる
イ 鉱物や有機物とともに、多様な生物を内包して活性化する
ウ 有機物分解を自在に調節し最適化する
エ 有機物を有効な基質に単純化し供給する

オ　有機物をシステム化して有効に働かせる

問七　——線部③「工場で生産される野菜」は何で育つのか。文中の言葉を用いて具体的に説明せよ。

問八　本文の著者の考えにあてはまらないものを、次の**ア**〜**オ**の中から一つ選び、記号で答えよ。

ア　土をいくつかの要素に分解、抽出する科学の手法は、近代農業に大きな影響を与え、栽培方法に変化をもたらしはじめている。

イ　都市の近代化とともに土は人々の前から姿を消していったが、それは人々の中に「土は汚いもの」という意識があったことが一因と考えられる。

ウ　土が潜在的に大きな力を保っているか否かは、多様な生物からなるシステムの健全性にかかっている。

エ　昔ながらの土水路や底にコンクリートが張られていないせせらぎの浄化システムは、現在の汚水浄化技術である好気生物膜処理法に活用されている。

オ　浄化力のみならず、植物を健全に育成する力も土のもつ潜在的な力といえる。

問九　この文章のテーマとしてタイトルをつけるとすれば、適切なものはどれか。次の**ア**〜**オ**の中から一つ選び、記号で答えよ。

ア　土と水　**イ**　土の力　**ウ**　生活と汚水処理

エ　都市の近代化と環境汚染　**オ**　微生物の潜在能力

11 次の文を読んで、あとの各問いに答えよ。

悲哀を失ったモラトリアム[注]人間

すでに私は、現代は「モラトリアム人間の時代」であると定義している。モラトリアム人間は自分自身を常に仮の自分と思い、本当の自分は、どこか別のところか、これから先の未来にあると思う。一時的、[ア]暫定的な状態に身をおき、予期される変化への適応にそなえ、何事に対しても、当事者になることを避け、どんなかかわりもそれが深まりすぎて傷つくことを恐れる。[A]この心性は、いまや親子、夫婦、男女、師弟、上司と部下……あらゆる対象との関係にもあてはまるようになった。住居、近隣、職場をはじめすべての生活環境に対しても同様である。彼らは、対象と深くかかわることによって起こる愛と憎しみのもつれ、つまり山あらしディレンマにまきこまれることを嫌う。その中にまきこまれて、傷つくことや、自分を失うことを恐れる。そしてその深層には、対象を失ったときの悲哀を事前に回避しようとする心理が働いている。またそれが「くったり、くわれたり」「のみこんだり、のみこまれたり」という対象関係を避けるモラトリアム人間のやさしさとつめたさ、ひいてはしらけの心理的性格を生みだしている。

もちろん、この心理的性格は、個々人がはじめから好んでつくりあげたものではなかった。敗戦時の国民的な[B]対象喪失を原点とし、おびただしい悲嘆のどん底から立ち上ったはずのわれわれは、いつのまにか管理社会とか、先進産業社会とかよばれる現代社会の高度成長の中で、悲しむことを忘れた。

社会のもの的な急速な変化は、自分がすでに一体化していた古い生活様式や生活感覚に関するモデルチェンジを次々にひき起した。情報化社会は、人びとが同一化する思想や価値観を相対化し、多様化させてしまった。新しく生まれる技術革新は、

---

11 読解のために

問三 H君の体験を引用して筆者が述べていることは何か。章の末文に着目。

問四 「この心性」が指すのは前文の内容である。このような行動をとる心理を説明する箇所はどこか。

問六 「若者文化の時代」における「モラトリアム人間の自己主張」であることに留意する。

問七 「ぞうはん」と読む。

問八 ――線部は前章の末文の内容を受けている。

問十 「H君」の事例は、第二章前半で示された「悲哀を知らない子どもたち」（=「対象喪失を知らない世代」=現代社会の「モラトリアム人間」）の実態である。

人びとが拠り所にする職業的役割を次々に変えた。ポルノグラフィや避妊技術の普及は、男女関係の自由化をひきおこした。そして高齢化社会は、古典的なライフ・サイクルのあり方を変え、人生設計に革命的な変化を強いることになった。これらの社会変革が進行するプロセスの途上で、戦前派から戦中派世代の人びとに、おびただしい対象喪失の悲哀が大量生産され、葬り去られていった。やがて「戦争を知らない子どもたち」は、次第に、「対象喪失を知らない世代」を形成するようになった。これらの青年たちの若者文化の時代を迎え、モラトリアム人間の自己主張が顕在化した。やがて古典的な人間たち、親や教師、職場の中高年層のモラトリアム人間化がはじまる。学園紛争の時代には、教え子たちの造反に、学生への親心と一体感を裏切られ、うつ状態に陥って受診した大学教師たちがあとを絶たなかった。それにひきつづいて中堅管理職のうつ病がマスコミをにぎわせた。さらに、会社への一体感と献身を生き甲斐にしてきた中高年層の減量問題は、わが国に生き残った最後の日本的マゾヒストたちに深刻な対象喪失を味わわせ、彼らをも、モラトリアム人間化しようとしている。

ひとたびモラトリアム人間化してしまった人びとは、対象喪失に出会うことのない生き方を身につけていく。失うべきイデオロギーも目標ももたない。失っても傷つかない範囲の師弟関係や職場の人間関係しかもたない。退職してもうつ病などに陥らない程度にしか、会社にかかわらない。愛しても、失恋の悲しみは味わわないですむようにつきあう。

X

現代社会にふさわしい適応様式が成立するとともに、このモラトリアム人間の世界から、いつのまにか「悲哀の仕事」は排除されていった。この心理構造の中で人となった「悲哀を知らない子どもたち」の時代がきた。親離れ、失恋、受験の失敗をはじめ、いまもなお、外的な出来事としての対象喪失は日常的におこっている。しかし、悲哀を知らない子どもたちは、この経験を内面化された心の体験として体験することがない。またそれに対処する術(ウ)を知らない。彼らに欠けているのは、悲しむ能力である。いたずらに不安になり、自分の全能感がみたされぬ怒りをもてあまして、親をうらみ、教師を責め、自らを傷つけ、軽躁的なロック音楽への耽溺《たんでき》に逃避し、さまざまのタンラクテキ(エ)な行動に奔《はし》る。家庭内暴力、青少年の自殺が、マスコミを騒がす時代になった。

あるいはまた、外的な出来事としてはあきらかに対象喪失がおこっているにもかかわらず、対象喪失を対象喪失として経験する代りに、なぜかフカカイ(オ)な無気力状態に陥る。不当に自分が虐げ(カ)られて、ひどい目にあっているとか、身体のぐあいが悪くなった、感情がなくなってしまった、自分が空っぽだ、といった自己喪失体験だけを、ひたすら訴える青年がふえている。彼らは失った対象に自分がどんなに頼り、その愛情で自分がどんなに支えられていたかを知らない。彼らはその対象に向いていた感情、欲望が、なくなってしまったこととしか意識しない。〈対象喪失―悲哀〉という体験の心理構造が準備されていないために、その意味がわからないままその結果だけに気づき悩む。

大学四年のH君は、一年ほど性関係をもっていたガールフレンドと別れた直後に、神経性の心臓発作をおこした。その後大学に行けば疲れ、頭がぼんやりし、肩がこり、無理に勉強しようとすると心臓がドキドキしてくる。ときどきむしょうに腹が立ち、母親に当ってしまう。急にアルコールが飲みたくなり、酔っぱらう。まったく無気力で、[Y]の感情もなくなってしまった。話をきくと、彼のほうが彼女に頼っていたようにみえる。彼女といるとき、ちょうどかつて母と二人でおしゃべりしあっていたのと同じ生き生きした感情状態を取り戻すことができた。しかし、彼女の存在意義を知らなかった彼は彼女と結婚する気はなかった。もっと自由にしていたいという気持が強かった。別のガールフレンドのことも思っていた。一人の女の子にしばられるのはいやだ。彼のセックスの機能に変調が生じたのは、彼女が結婚を口にしたときからである。彼女にとりこまれる不安が起きてしまったのである。性生活がうまくいかなくなって、しだいに二人の仲はさめて、別れることになった。彼は彼女からうまくぬけだすことができたと思った。どうしても彼女でなければという強い愛情は、意識していなかった。彼はこれ以上深いかかわりをもつことなしに、自分の自由が得られたように思った。しかし、その直後、心臓発作が起り、自分の感情や欲望を失ってしまった。すでに失恋という言葉さえ色あせている現代社会では、このH君のようなE悲哀を失った、あるいは対象喪失体験そのもののない対象喪失が、さまざまな精神病理現象をひきおこす時代を迎えている。

〈小此木啓吾『対象喪失』による〉

注　モラトリアム人間　自己形成の状態にとどまり、既成の大人社会に同化できないでいる人間。

問一　——線部**エ**・**オ**の片仮名を漢字に直せ。

問二　——線部**ア**・**イ**・**ウ**・**カ**の漢字の読みを答えよ。

問三　[X] に入る章題として最も適当なものを次の**ア**〜**エ**の中から一つ選び、記号で答えよ。

ア　悲哀のない対象喪失　**イ**　悲哀の心理過程
ウ　悲哀を排除した現代社会　**エ**　排除された悲哀の世界

問四　——線部A「この心性」を端的に説明している箇所を文中から二十五字で抜き出せ。

問五　——線部B「対象喪失」の説明として最も適当なものを、次の**ア**〜**エ**の中から一つ選び、記号で答えよ。

ア どんなに人間があがいても、その対象に勝ることができないという、人間の絶対的敗北感への直面。

イ どんなに人間があがいても、望む対象を得ることができないという、人間の絶対的無力感への直面。

ウ どんなに人間があがいても、自分の全能感を満たす対象などないという、人間の絶対的宿命性への直面。

エ どんなに人間があがいても、その対象を再生することができないという、人間の絶対的有限性への直面。

問六 ――線部Ｃ「モラトリアム人間の自己主張」とあるが、その内容として最も適当なものを、次の**ア**～**エ**の中から一つ選び、記号で答えよ。

ア 保守的で固定的な価値観を否定し、価値観を相対化、多様化させる。

イ 全能感が満たされない怒りから他者を責めたり自分を傷つけたり、あるいは自己喪失体験だけをひたすら訴える。

ウ 古い生活様式や生活感覚をモデルチェンジして、新しいライフスタイルを生み出す。

エ 個人の自由や権利を主張し、権力に抗議して、従来の体制を変革しようとする。

問七 ――線部ａ「造反」の意味を答えよ。

問八 ――線部Ｄ「現代社会にふさわしい適応様式」とあるが、その内容を、本文中の言葉を用いて説明せよ。

問九 ［Ｙ］に入る人間の感情を一語で表す四字熟語を漢字で書け。

問十 ――線部Ｅ「悲哀を失った、あるいは対象喪失体験そのもののない対象喪失」とは何か。わかりやすく説明せよ。

12 次の文を読んで、あとの各問いに答えよ。

基督《キリスト》教徒であり、日本人であり、しかも作家である私には、いつもこの三つの条件の関係、その対立が念頭にある。三つの条件は残念なことには未《いま》だ私の裡《うち》で調和、統一されず、むしろ多くの場合に矛盾をしめすのである。悪の世界から身をまもらねばならぬ基督者としての義務と、［ X ］作家としての義務との矛盾を、私は今日まで『カトリック作家の問題』その他の評論で考えてきた。また神の系統のない日本的な世界に生れながら、而《しか》も西欧精神の地下水ともいうべきカトリシスムにふれた自分の悩みは、私をして①『黄色い人』という小説を書かしめた。

日本人の作家であり、同時にカトリックである私は、当然自分の信じている宗教が芸術について、どう考えているか、美的感性をどのように定義しているかについて無関心ではいられない。

芸術についてスコラ哲学者[注1]は多くを語っていないし、美については聖トマス[注2]の"id quod visum placet." つまり「見ることによって悦びをうけるもの」と言う簡明な定義を越えるものはないが、けれどもこの言葉は多少の註解《ちゅうかい》を要するのである。聖トマスの言葉は美とはまず、抽象的な認識ではなく、直観的な認識を通して、悦《よろこ》びを与えるものでなくてはならぬことをしめしている。［ A ］、注意しなければならぬことに、この悦びとは、たんなる感性的な快感だけではなく、②存在の本質にふれる悦びを意味している。すぐれたカトリック哲学者、ジャック・マリタン[注3]は、この聖トマスの言葉から、美をあたえる要素とは、充足・均整、そして最後に光と

---

12 読解のために

問一 Xには、基督者の立場とは矛盾する作家としての立場が入る。

問二 戦時中の生体解剖事件を取材した『海と毒薬』のほか、信仰の真実を追求した作品が有名。

問三 A前の内容を前提としつつも「注意しなければならぬこと」を述べているので、「そうではあるが」という意の言葉がくる。B「二つの態度に共通していること」を述べているのだから、相方を示す者の言葉が入る。C「…にすぎない」というつきつめた言い方にかかる。D前の内容（湿潤的な感性に日本的な汎神性の一特徴をみる）の根拠があとに述べられている。E直後の「花の匂い」は前の内容を言い換えた語。

問四 「だが」で始まる次段落では、「この悦び」をどのようなものだと述べているか。

問五 各肢の内容に相当する箇所を確認してみよう。

赫《かがや》きだと言っているのだが、この最後の光と赫きとはつまり、存在の内部的本質が発する光であり赫きなのだ。泥土の中から、突然、光彩を発する宝石を見出した時のように、我々は美を通して、芸術を通して、存在の生命にふれる。この光、この赫きこそ人間の眼に悦びをあたえるものだと聖トマスは言っているのである。

だが、この存在の光、赫きとも言うべき美は、神の美の部分的な投影なのである。なぜならカトリシスムの考えによれば、すべて被造物（神に創られたるもの）の存在はそれ自身では善であるが、限界のあるものであり、神の存在に依存してはじめて完成するものだからである。したがって被造物の美もまた、何等かの形で相対的なもの、限界のあるものだと言えよう。

私はこれ以上身のほど知らぬ難解なスコラ論理を述べるつもりはない。だが、日本人としての私を常に悩ましている問題はここから始まるのである。と言うのは美の定義をこのように限界づけたあとで、③西欧の芸術家たちの感性は、私たちと大きく隔たりはじめるからだ。

それは、まず、このように神の美の投影としての被造物の美の限界と条件とを認めながら、西欧の芸術家は決してこれに屈服しないのである。むしろ、この限界を意識し、それに戦いを挑むことを芸術とさえ考えているのである。「芸術家は」とマリタンは続けて言っている。「美の世界において神に嫉妬《しっと》する」なぜなら、芸術とは［　Y　］であるからだ。しかし、芸術家はその時、人間である自分と描くべき対象との持つ被造物としての限界にぶつかる。ここで彼は二つの態度をとらざるをえない。第一の態度はこうした被造物の有限的美の彼方《かなた》に、神の美を夢み、憧憬《しょうけい》するという姿勢である。第二は、こうした神に嫉妬しその美をあくまで簒奪《さんだつ》せんものとして闘うか、あるいは神の美ならざるものの中に新しい美（たとえば悪の美）を見出して、神に挑もうとする態度である。

問六　西欧の芸術家たちは、「美の限界」に屈服せず、「戦いを挑むことを芸術とさえ考えているのである」。

問七　西欧の美的感性が、神や超越的な美に対して限界を意識し、対立し、能動的であるのは、Zのような基督教的な考えに拠るというのである。

問八　次段落以後にその根拠が示されている。

問九　「ボードレールの詩」は「西欧的感性」の、「我々の抒情詩のもつ世界」は「日本的感性」の代表としてあげられている。

問十　「眠りであり閉鎖的であり、袋路であり、…物憂い虚無に覆われている」さまは、西欧的感性とはまさに対照的である。

この二つの態度に共通していることは、 B 、神の美にたいし、つまり絶対的な美にたいして、能動的であり対立的であると言うことだ。たとえば第一の場合における芸術家にしろ、それは決して憧憬や夢のなかに自分を包み、甘やかすと言うだけで終ってはいない。「いやしがたい美の渇き」と注4ボードレールは言っている。言いかえれば、それは地上的なものの限界と条件とに苦しみ、その限界をこえたものに対立しているのである。たとえば基督教の芸術作品である大聖堂をみるとよい。聖堂はそうした人間の限界や条件をそのまま象徴している。その尖塔《せんとう》のむこうに大いなる灰色の空が拡がっている。尖塔の先はその空を志向しているが、空にたどりつくことはできぬ。それはむしろ、空に訴え、超自然的な世界に対立し、自然的世界の最後の限界をしめしているのである。

私がいつも考える西欧の美的感性とは、このように注5メタフィジックであり、然《しか》し、神や超自然的な美にたいし限界を意識し、対立し、能動的であると言う特徴をもっているのである。なぜなら、基督教的な世界では Z からである。

ながながと私が生半可な基督教と美との関係を考察したのは、 C 、今、言った西欧の美的感性の、（一）境界の区分意識、（二）対立性、（三）能動的という三つの特徴が、日本人としての私たちの感性に非常に不足していることを指摘したかったからにすぎない。そして、その代りに④日本的感性は汎神《はんしん》的風土を母胎としてうみだされたものであるために、（一）個と全体との区分や境界を感じない、（二）したがって対立を要求しない、（三）受身的である、この三つに還元されると思われるのだ。

日本人の美的感性はまず、西欧のそれのように、被造物の限界を美意識によって捉《とら》え、はっきりと意識するということがない。この感性が好むものは、極端にいえば「限界や境界をぼかしたもの、曖昧《あいまい》にしたもの」である。それは時には灰色にぼかされた春雨や、時雨《しぐれ》の風景であり、あるいはおぼろな夕霧からはじまるのである。注6和辻博士は名著『風土』のなかで、この湿潤的な感性を風土的なものから考察されたが、私は、ここに日本的な汎神性の一特徴をみるのである。

D、言うまでもなく汎神性とは全（神や自然）と個との限界を消すものであり、全体は何らかの意味で個の延長か、集積なのである。したがって全と個との間には量的な差はあっても質的な限界はない。これにたいし基督教のごとき一神的な世界ではさきほども言ったように、神は人間の延長でも集積でもない。人間は天使にもなれないし、神にもなれないのだ。

ここから汎神性に養われたわが日本的な感性は一切の限界や境界をしめすものを嫌った。対比、相違、区別の検証を拒絶した。対比、相違、区別のある所では、おのずと距離が生れ、距離は抵抗を生じ、そこから論理と運動とが発する。人間と自然との間に存在的な差別や対立を設けず、外界と自己との境界線をすべて薄めようとする欲望、これが、灰色の雨にふりこめられた風景や霧にぼかされた景色にたいする異常な嗜好《しこう》をうみだしたのである。

たとえば注7神西《じんざい》清氏は「花が匂う」と言う、最も日本人的な表現にたいし、次のような説明を加えている。「桜の花びらはあまりに身が薄いので、その淡紅色は一種、微妙な半透明さを帯びている。そうした花びらの集合から成るところの、さながらほのかな靄《もや》のごとく、霞《かすみ》のごとく、もはや色としては存立しがたい仄《ほの》かな淡い色合い。そして、それを外から内へ透すともなく、さりとて内から外へ透すのでもなく、その表面に反射するともなく、さりとて外側からふわりと包んでいるのでもなく、ただしっくりと互いに他を含みながら一つの釣合いを保って共存しているかに見えるところの、これまた光が光るための基本条件である進行や滲透力《しんとうりょく》や屈折性をほとんど無に近いまでに弱められている仄明り、――すでに個性も実在性も極度に失ってもはや一人歩きできなくなっている色と光とを、あるか無きかのゆるやかな一つの発散作用として表象したもの」が、[E]、「花の匂い」なのである。

この「花の匂い」を捉える日本人の美的感性は一言でいえば花の色とそれにあたる光との截然《せつぜん》たる境界やはっきりした対比を認めないのである。ここにも、また私たちは微妙な、しかし微妙であるだけでほとんど閉鎖的で袋路の美を感じるのである。

全は個の拡大、もしくは延長であるという汎神性は一神性のように立体的、空間的な構造をもたない。なぜなら立体的、空間的な構造は運動を要求するが、汎神性は運動の必要をみとめないからだ。

ここから我々日本人の美的感性が全的なるもの（自然や宇宙）にたいしてメタフィジックな憧憬をいだいた時にも、それはおおむねの場合、受身的であり、積極的な姿勢や戦いを促さず、むしろ全的なるものへの吸収化の慾望にしか、とどまらないのである。

それは人間と全的なもの（自然や宇宙）が本質的に同一であるからである。基督教世界では人間は神ではない以上、人間は神を肯定するか、否定するか、あるいは神に従うか、反逆するか、いずれにせよ、能動的な運動や闘いが必要なのだが、本質的に全体と個とが同じである我々の感性では、こうした能動的な姿勢や、はげしい闘いは必要ではない。

その憧憬の底にあるのは地上的存在の苦闘に裏づけられた超己の意志や、悲痛な呻《うめ》きや祈りではなく、やわらかな一種の郷愁と吸収されたいという願いなのである。ここに我々の感性のもつメタフィジカルな憧憬と彼等のそれとの大きな違いがあるのだ。我々の抒情《じょじょう》詩のもつ世界とボードレールの詩とでは、一見おなじように遥《はる》かなもの、もう一つの世界をあこがれながら、⑤本質的にことなるものがある。

境界や区分の意識、対立性、能動的という三つの特徴をその底にもった西欧の美的感性と、これらのものを持たぬ代りに、受身的であり、はっきりとした区別や境界を嫌い、全的なるものへ、そのまま吸収されたいという郷愁をもった我々の、感性とのちがいを私が今、ここに大ざっぱに述べたのは、結局、この後者の感性がカトリックに帰依した後もたえず、私を誘惑し、その世界にひきずりこもうとしているからにほかならない。私はこの感性が生みだした詩や芸術にたまらなく魅せられ、魅せられては、はっとしてある恐怖を感じるのである。

恐怖を感じるのは、この世界が、それ自身においてはいかにも微妙にして、繊細、ある仄あかるさと仄暗さとの細かなニュアンスのなかに私を眠らせてくれるからであるが、その世界はたしかに眠りであり閉鎖的であり、袋路であり、そして物憂い虚無に覆われているからだ。この⑥日本的感性が孕《はら》む虚無は時として私を慄然《りつぜん》とせしめるのである。

〈遠藤周作『日本的感性の底にあるもの』による〉

注1　**スコラ哲学**　基督教会の教理の体系化を目指した哲学。
2　**聖トマス**　トマス・アクイナス。イタリアの神学者で中世スコラ哲学の大成者。
3　**ジャック・マリタン**　フランスのカトリック哲学者。
4　**ボードレール**　シャルル・ピエール・ボードレール。フランスの批評家、詩人。
5　**メタフィジック**　形而上学、抽象論。
6　**和辻博士**　哲学者・倫理学者の和辻哲郎。
7　**神西清**　ロシア文学者、小説家。

＊　問題作成上の都合により、原文の一部に手を加えてある。

問一　[X]を補うのに最も適当なものを、次の**ア**～**オ**の中から一つ選び、記号で答えよ。

ア　人間の本質をえぐり出してあるがままに描かねばならぬ

イ　大衆を喜ばせるような斬新な作品を書かねばならぬ

ウ　人におもねることなく孤独に我が道を貫かねばならぬ

エ　人間の悪の世界にも敢えて眼をむけねばならぬ

オ　真理を追求し善の理想を作品に顕現させねばならぬ

問二　――線部①「『黄色い人』」は遠藤周作の作品の一つであるが、同じく彼の作品であるものを、次の**ア**～**オ**の中から一つ選び、記号で答えよ。

ア『こころ』　**イ**『沈黙』　**ウ**『焼跡のイエス』

エ『破戒』　**オ**『人間失格』

問三　[A]～[E]を補うのに最も適当なものを、次の**ア**～**オ**の中からそれぞれ一つずつ選び、記号で答えよ。ただし、同じものを二度以上選んではならない。

ア　いずれも　**イ**　結局　**ウ**　けれども

エ　すなわち　**オ**　なぜなら

問四　――線部②「存在の本質にふれる悦び」とあるが、これはどういうことか。その説明として最も適当なものを、次の**ア**～**オ**の中から一つ選び、記号で答えよ。

ア　想像力によって神の美ならざるものを創造する悦び。

イ　愛なる神が与え給うた生命の尊さを実感する悦び。

ウ　被造物に反映された神の美を部分的に感受する悦び。

エ　芸術的創作によって生命の輝きを表現する悦び。

オ　美的認識を通して超自然的な存在を確信する悦び。

問五　――線部③「西欧の芸術家たちの感性は、私たちと大きく隔たりはじめる」

とあるが、その「隔たり」に関する説明として**適当でないもの**を、次の**ア**〜**オ**の中から一つ選び、記号で答えよ。

ア　基督教文化圏の芸術家は、神の存在あるいは神の絶対的な美を否定することによってはじめて能動的な創作活動を展開しえた。

イ　西欧の芸術家は神の美の投影としての被造物の限界と条件を美意識によって捉え、はっきりと意識することを基本としている。

ウ　基督教の芸術は地上的なものの限界に屈服することなく、その限界を超える存在に挑戦しようとする点において対立的である。

エ　日本人のメタフィジックな感性は、超自然的なものと個との対立を前提としないために西欧人のそれと比べると極めて受動的なものとなる。

オ　個と超自然的なものとの間に質的な差異はないと考える日本古来の宗教観からは、対立や区別を嫌う感性が培われた。

問六　Y を補うのに最も適当なものを、次の**ア**〜**オ**の中から一つ選び、記号で答えよ。

ア　美のすべてを貪欲《どんよく》にもとめる烈しい営み

イ　自らの衣食住の基本となる営利的な営み

ウ　神聖不可侵な領域に関与する特権的な営み

エ　無の状態から有を生み出す創造的な営み

オ　物質世界における美の儚《はかな》さを知る悲しい営み

問七　Z を補うのに最も適当なものを、次の**ア**〜**オ**の中から一つ選び、記号で答えよ。

ア　人間は人間を支配することはできない

イ　人間は神と本質的に同等である

ウ　人間は神には絶対になりえない

エ　人間は神に虐げられている

オ　神は実際には存在しない

問八　――線部④「日本的感性は汎神的風土を母胎としてうみだされた」とあるが、これはどういうことか。その説明として最も適当なものを、次のア～オの中から一つ選び、記号で答えよ。

ア　日本人は常に地震や津波などの自然の脅威に晒《さら》されながら生きてきたという歴史的な背景があるので、自然に対する批判的な姿勢が発達し、全体の輪郭をはっきりと捉える認識能力が養われたということ。

イ　西欧の乾燥した気候と違い日本は四季を通じて湿潤であるため、自然を観察する人間の視界がはっきりとせず、そうした感覚的認識から発達した美的感性も曖昧なものを嗜好するようになったということ。

ウ　神という超越者を認めることで人間の美的感性に限界を与えてしまった西欧に対して、日本の宗教観は個々の創造性を束縛する何者も存在しなかったため、変化に富む自由な美意識が発達したということ。

エ　日本人の好む「ぼかし」や「淡い」などの独特の美意識は、自然を自らの延長線上に捉え全体と個の同化と調和を重視する感性から培われたものであり、西欧の感性とは構造的に異なるということ。

オ　全体を個の延長または集積として捉える感性からは、超自然的な現象もまた人為的な何かの延長として考えられてきたため、抽象的な概念よりはむしろ具体的な事物の観察が必要とされてきたということ。

問九　――線部⑤「本質的にことなるものがある」とあるが、どういうことか。ことなる二つのものを比較して答えよ。

問十 ――線部⑥「日本的感性が孕む虚無」とあるが、これはどういうことか、その説明として最も適切なものを、次の**ア**～**オ**の中から一つ選び、記号で答えよ。

ア 能動的、解放的な感性の発露が制限されてしまうということ。
イ 汎神論的な主義思想しか受け入れられなくなるということ。
ウ 基督教の教えを土着信仰に吸収し変質させてしまうということ。
エ 物質の色や匂いを曖昧にしか認識できなくなるということ。
オ 淡泊な色彩感覚によって過剰に眠くなってしまうということ。

⑬ 次の文を読んで、あとの各問いに答えよ。

「偶有性」は、現在脳科学において重要性を増しつつある概念であり、私たちが生きている中で出会う、半ば［甲］で、半ば偶然の出来事を指す。

脳は、偶有性を好む。なぜならば、偶有性は、最もすぐれた「学習」の機会を与えるからである。生きるという現場は、予想できることと、予想できないことの双方に満ちている。出会うものが全て予想できてしまっては、学習のプロセスはむしろ行き詰まる。一方、全くミャクラク（ア）がなければ、そこには学習の余地がなく、脳は意欲を失う。

サイコロの出目をいくら眺めていても、そこには確率論で記述されるランダム性以上の事象はない。一方、他者との会話は、半ば予想できるとともに意外性にもあふれている。規則性と不規則性が適度に入り交じっている「偶有性」の状態が、脳にとっては最も学習機会に満ちている。学ぶことの快感を与えてくれるのである。

偶有性には、「今、ここ」の状態が、他の形でもあり得たのに、なぜか現状のようになっている、そんな不条理のガンイ（イ）もある。私たちは、自分の親を選んで生ま

---

⑬ **読解のために**

問一 ウ「ショウサ」は「しょうこ、あかし」、**オ**「コウデイ」は「こだわること」の意味。

問二 甲「規則性と不規則性が適度に入り交じっている『偶有性』の状態」とある。乙「といっても」は、前述にやや対立・矛盾する意を表す。「全て思いのままになるわけではない」と矛盾する語はどれか。丙「不条理」に並ぶマイナスの言葉が入る。

問三 a「偶有性」は「学ぶことの快感を与えてくれる」ものだが、「時にはそれに足をすくわれる」という両面を受ける言葉が入る。

れてくるわけではない。人生を［乙］に選ぶといっても、全て自分の思いのままになるわけではない。

ジョン・レノンは、自らが作った『ビューティフル・ボーイ』の中で、「人生とは他の計画を忙しく立てている間に起こってしまうことである」と歌う。何の必然性もないのに、「今、ここ」に「まさにこの私」として存在する。他の生き方を夢見ていたとしても、その間にも人生の時は流れていってしまう。これこそが人生の偶有性の真実である。

私たちの脳は、生きる上で避けられない偶有性が時にいかに［丙］で不条理でも、それを引き受けて進化してきた。生涯を通した学びのプロセスは、まさに人生の偶有性への適応である。①私たちは、偶有性を糧にして育っていく。そして、時にはそれに足をすくわれる。ロシア遠征で冬将軍に見舞われそれまでの快進撃が止まったナポレオンや、天下統一を前に明智光秀に裏切られて無念の死を遂げた織田信長のように。

［a］、よりよく生きようと思ったら、私たちは偶有性の本質を真剣に考えなければならない。その芯についての洞察は、しばしば日常の中で思わぬ瞬間に訪れるふとした気づきによって与えられる。

ある時、私は大学の講堂でパネリストの一人として壇上にいた。

自分が一人で講演する時に比べて、②パネル・ディスカッションは暇である。もちろん、他の演者の話を聴いてはいるが、それだけでは、自分の脳が学習のために適切な課題上の負荷を求める「負荷欲求」に応えることができないことが多い。

そのような時、私はしばしばノートにイラストを描く。他人からは熱心にメモを取っているように見えるらしいが、実は絵を描いている。他の人の話をきちんと聴きながらでも、文字を書くより、「内職」ができるからだ。脳のモダリティとして、

---

b脱線した話と、「件のパネル・ディスカッション」の話題とをつないでいる。c自分が他の誰かだったらと想像して喜びを感じてはいるが、自分の人生も愛しているということは変わらないという文意である。d前の内容を受けて、「それは、……ではない」と否定する文脈である。e後の内容は、前の内容を言い換えている。

問四 「生涯を通した学びのプロセスは、まさに人生の偶有性への適応」なのである。

問五 他の演者の話を聴いているだけでは「自分の脳」の「『負荷欲求』に応えることができない」とはどういうことか。

問六 後に続く二つの段落に着目。

問七 「何とも言えない喜び」という表現から、次元の高い意識であると推測できる。

問八 「私たちは、偶有性を糧にして育っていく」のである。

問九 「件のパネル・ディスカッション」の折に、筆者はどんな「偶有性の本質」を垣間見たのか。

聴くことに用いる言語野と描画の回路はお互いに干渉しにくいので、同時並列の都合がよいのである。

もっとも、度が過ぎることもある。ある会議でパネリストの一人だった時など、セッション中に二〇も鯨の絵を描いたことがある。そんな風にしてものした「火山鯨」と自分で呼んでいるイラストが、今私の名刺の裏を飾っている。

[b]、件のパネル・ディスカッションは、テーブルにおけるパネリスト同士の間隔が狭く、偉い先生も多かったので、イラストを描くのは憚《はばか》られた。それで、他の人たちの発言を聴きながら、私は会場の一人ひとりの顔を見ていた。

いろいろな姿があった。若い人、お年寄り。綺麗な人。個性的な顔だちの人。熱心に肯《うなず》く人。たくさん髪の毛のある人。派手な服を着ている人。眼鏡をかけた人。お金を持っていそうな人、貧乏そうな学生。

③日本人には個性がない、などと世に言われるが、よく観察した経験事実に基づけば、そんなことは嘘っぱちである。実際には、めくるめくような彩りの、誠にさまざまな人たちがいる。昔から、「蓼《たで》食う虫も好きずき」とか、「十人《じゅうにん》十《と》色《いろ》」などと言う。日本がいかに個性豊かな国であったかというショウサであろう。会場を埋めた人々の多彩さが、そのことを裏づけていた。

日本人に個性がないというのは、おそらく、西洋人が日本人を見て皆同じに見えるとか、そんな「外からの目」の受け売りだろう。もっとも、こっちから向こうを見れば同じことである。気をつけないと、アメリカ人もフランス人もそれぞれ一色だと思ってしまう。しかし、よく見れば、もちろんいろいろな個性がある。個性がないなどとは、自分のことでも他人のことでも実に失礼である。

何のことはない。日本人は個性的にならなくてはダメだなどと言うが、今のままで十分に個性的ではないか。資源はすでに豊かにある。あとはそれをどう「発掘」

するかであろう。埋もれたものを掘る仕事は楽しいゾ。大判小判がざっくざく。そんなたくらみに胸をわくわくさせているうちに、不思議なカンガイ[エ]にとらわれた。

もし、私が、会場にいる実にさまざまな顔をした人々のうちの、誰か一人だったとしたら。今の私の生活ではなく、その人の人生を生きるのだとしたら。顔かたちも違っていて、背格好も異なり、素質も別で、家庭環境も一変する。今の私からは縁もゆかりもないかに見える人たちを「お父さん」「お母さん」と呼び、妹と思い、兄さんと見上げる。

今の私には思いもかけない人を愛し、人生のパートナーと決める。人生が順風満帆かもしれないし、あるいは苦境に立たされているかもしれない。美人でプライドが高いかもしれないし、田舎育ちでのんびりしているかもしれない。

それがどのような人生であれ、もし、そのような境遇に置かれたら、私はその運命を背負って生きることを、きっと心から楽しむことだろう。苦しいならばそれなりに、楽しいならばなおさらに、その人生の一瞬一瞬を、慈しみ、愛するだろう。そんな風に直観された。

そう思ったら、④何とも言えない喜びが存在の奥底からこみ上げてきて、私は壇上で密かに動揺した。他のパネリストに悟られないかと、思わず座りなおした。

[c]、自分の人生は大切である。今までの生き方は、私の生まれて以来の固有性と、偶然の成り行きとの目眩《めまい》がするようなカクテルによって彩られている。もう一度同じ人生を歩むかと聞かれれば、私はそうしたいと答えるだろう。我は自らの運命を心から愛す、と答えるだろう。

[d]それは、自分の生の個別性にコウデイ[オ]したり、それを墨守《ぼくしゅ》するということではない。どんな生き方でも、いったんその境遇に置かれさえすれば、懸命に生きるに値する。ハリウッド映画のスタアだけが生きるに楽しいのではない。飛ぶ鳥を

落とす勢いのベンチャー創業者だけが、人生の醍醐味を知るのではない。

　名も知らぬ土地で、畑を耕し、作物を市場で売ってなにがしかのお金を得て、かつかつに生き、たまには夕餉《ゆうげ》に晩酌の贅沢をする。テレビを見て安価な娯楽を味わい、友への便りをハガキいっぱいに丹念に時間をかけて書く。自分の器量にちょうどふさわしい、地味な人と結ばれて平凡な生活を送る。そんな人生に私が置かれれば、脳はやはり自分の生の中にあふれる偶有性を呼吸してありありと喜ぶことであろう。学習し続けることだろう。偶有性は、貧富、貴賤、美醜、老若を問わず、どんな人生にも平等に訪れるのである。

〈中略〉

もちろん、偶有性はよいことばかりではない。時には足をすくわれ、死に至ることさえある。それでも、偶有性の海に飛び込んでみなければ、生きる甲斐はない。

　個性や資質というものは、遺伝子によって全て決まっているわけではない。遺伝子によって決まっていることがあるとすれば、それは「X」ということだけであろう。

　生きるということの中で出会う偶有性の海の中で、私たちは容易には予想することのできない軌跡をたどる。「学ぶ」とは、古い自分が少しずつ壊れていくことを意味する。e、学習し、発達するということは自分が失われること、死んでしまうことにほんの少し似ている。「私」という体制がかろうじて維持されたまま続いていくことが「学習」であるならば、「死」においてはその「私」という体制自体が解かれ、消えてしまうのである。

　長生きしたほうがよいに決まっている。それだけ経験を蓄積できるからである。現代社会の目下の課題である「持続可能性」は、あるシステムが長く続かなければその中に多様性を育めないという厳然たる事実と関連している。

しかし、持続するということが、単に結晶化するということを意味するのであってよいはずがない。偶有性と行き交う持続可能性こそが、私たちの生を輝かせる。

〈茂木健一郎『疾走する精神』による〉

問一 ——線部**ア**〜**オ**の片仮名の部分を漢字に直す場合、最も適切なものを、次の各群の①〜⑤の中からそれぞれ一つ選び、記号で答えよ。

ア ミャクラク ①酪 ②楽 ③落 ④洛 ⑤絡

イ ガンイ ①眼 ②含 ③願 ④元 ⑤頑

ウ ショウサ ①差 ②左 ③査 ④唆 ⑤作

エ カンガイ ①該 ②外 ③慨 ④骸 ⑤概

オ コウデイ ①講 ②更 ③拘 ④行 ⑤興

問二 本文中の 甲 〜 丙 に入る語として最も適切なものを、次の**ア**〜**オ**の中からそれぞれ一つ選べ。ただし同じものを二度以上用いてはならない。

ア 暴力的 **イ** 本能的 **ウ** 受動的 **エ** 規則的 **オ** 主体的

問三 本文中の a 〜 e に入る語として最も適切なものを、次の**ア**〜**オ**の中からそれぞれ一つ選べ。ただし同じものを二度以上用いてはならない。

ア さて **イ** いずれにせよ **ウ** つまり **エ** もちろん **オ** しかし

問四 ——線部①「私たちは、偶有性を糧にして育っていく」とあるが、それはどういうことか。「人生」「学習」の二語を用いて答えよ。

問五 ——線部②「パネル・ディスカッションは暇である」とあるが、それはどういうことか。その説明として最も適切なものを、次の**ア**〜**オ**の中から一つ選べ。

ア パネル・ディスカッションは、討議テーマが自分の関心のある内容であることが少ないので、知的好奇心が駆り立てられることがなく退屈であるということ。

イ　パネル・ディスカッションは、自分の脳の知的欲求にこたえるだけの高度な内容ではないので、のんびりと緊張感をもつことなく過ごすことができるということ。

ウ　パネル・ディスカッションは、つねに自分が発言しているわけではないので、討議テーマ以外のことを考えたり、行ったりする余裕が脳にはあるということ。

エ　パネル・ディスカッションは、脳の働きを通常よりも活性化させるものであるので、話を聴きながら絵を描くというゆとりをもたらすことができるということ。

オ　パネル・ディスカッションは、自分が発言しているとき以外は何をしていてもかまわないので、自分のやりたいことを自由におこなうことができるということ。

問六　――線部③「日本人には個性がない」とあるが、それについて筆者はどのように考えているか。「日本人に個性がないというのは、～」に続けて答えよ。

問七　――線部④「何とも言えない喜びが存在の奥底からこみ上げてきて」とあるが、それはなぜか。文中の言葉を用いて答えよ。

問八　X に入る表現として最も適切なものを、次の**ア**～**オ**の中から一つ選べ。

ア　人は長生きを望んでいるものである

イ　人は他の人の人生を倣うものである

ウ　人は安定した生き方を選ぶものである

エ　人は自分らしさを求めるものである

オ　人は学び、変わっていくものである

問九　〰〰線部「偶有性の本質」を述べた一文を本文中から探し、初めの七字を抜き出せ。

⑭ 次の文を読んで、あとの各問いに答えよ。

美術作品を見るとは、どういうことなのか。そのことを近代日本美術の歴史を振り返りながら考えてきた。

本書を締めくくるにあたって、最後に、もう一度、漱石とともに考えてみたい。

漱石は、「文芸の哲学的基礎」から七年後の大正三年（一九一四）十一月に、「私の個人主義」と題する講演を行っている。亡くなる前々年、四十七歳の時に学習院で行われたものだ。晩年の漱石が、その思想と境地とを若い世代に伝えたいという気持ちの伝わる、平易な表現が特徴となっている。

その冒頭に、漱石は興味深いエピソードを語っている。講演の出だしは、例によって、講演は引き受けたものの何を話すのかを考えるのが面倒で「ずるずるべったりにその日その日を送っていた」のだという前置きである。ついに二～三日前になって何か考えなければならない時になったというのに、「やはり考えるのが不愉快なので、とうとう絵を描いて暮らしてしまいました」という。

そうして自ら描いた絵を壁に貼って眺めていると、ある人が、この絵は面白い気分の時に描いたらしく見えると言ってくれた。漱石は、自分は愉快だから描いたのではない、不愉快だから描いたのだといって自分の心の状態をその人に説明した。

世の中には愉快で凝《じっ》としていられない結果を画にしたり、書にしたり、また文にしたりする人がある通り、不愉快だから、どうかして好い心持になりたいと思

---

⑭ 読解のために

問一　a「タイカン」は大病、症状の重い病気、c「ヨギ」は専門以外のわざの意。

問二　甲趣味とはいえないレベルなのである。乙自己表現を言い得た文言である。丙「どんな人にとっても分かちあえる」のである。

問三　A後の内容は、「二つの起源をもつ思想」を説明している。B前には「心をひとつに」というスローガン、後では「無理矢理心をひとつにする必要はない」とある。C「心に優劣などはない」ことを改めて述べている。

問四　漱石の「自己本位」の考え方に類似する現象を選ぶ。今日の美術を根底で支えるものでもある。

問五　漱石と南画について述べた箇所の最後に着目する。

問六　「漱石の救いとなった『自己本位』の思想」は、二つの起源をもつ思想が重なっている。また、

って、筆を執って画なり文章なりを作る人もあります。そうして不思議にもこの二つの心的状態が結果に現われた所を見ると能《よ》く一致している場合が起るのです。しかしこれはほんのついでに申し上《あげ》る事で、話の筋に関係した問題でもありませんから深くは立ち入りません。――何しろ私はその変な画を眺めるだけで、講演の内容をちっとも組み立てずに暮らしてしまったのです。

（夏目漱石「私の個人主義」）

ここに述べられているのは、漱石自身の絵画制作にまつわる体験談である。①晩年の漱石は絵筆を執って着彩の南画山水を描くことを楽しみにしていたことはよく知られている。やはり晩年、いわゆる修善寺の[a]タイカンを乗り越えた漱石が書いた闘病記に「思い出す事など」という作品がある。その「二十四」に、少年の頃、自宅の蔵には五十～六十幅の絵があったという回想があり、「画のうちでは彩色を使った南画が一番面白かった」と記している。これを書きながら、漱石の弱った心は、少年時代の晴れやかな気分を懐かしんでいたことだろう。

漱石が大正二年（一九一三）頃から趣味とはいえ、かなり［甲］に南画山水を描き出したことと、この講演の本筋である個人主義とは、実は深いところで関係している。ちょうどこの頃、日本はがむしゃらな近代化に一息ついて自らを見つめ直す時期を迎えていた。そして、漱石は大正元年の第六回文展の批評の冒頭に「芸術は自己の表現に始まって、自己の表現に終るものである」という［乙］な文言を持ち出し、自己表現の時代が到来したことを宣言した。明治前半期までの日本人の価値観には国のためという国家主義が浸透していた。漱石の南画への[b]ケイトウとは、どうしても閉塞的になりがちな国家中心の社会から逃れるためのひとつの方便であったということができる。つまり、本来中国では士大夫《したいふう》という、国政にも関わる立場

「自己本位」をいい換えている箇所に着目しよう。

問七 前文の内容を受けている。

問八 次文に述べられている理由をわかりやすく説明する。また、次段落に「美術作品を見ることによって……自分自身の心のありように気づかされる」とある。

問九 現代美術において「自己本位」は最終局面に達している。

の人たちのヨギ[c]であるところの文人画（のち日本の南画）は、政争に疲れ傷ついた心を癒すためのものでもあった。漱石の南画制作は、西洋化と近代化という大きな国家施策を遁《のが》れて、再び個を取り戻そうとするためのレッスンだったともいえるだろう。

個人主義への芽生えは、かなり早い時期から漱石を苦しめてきた。それは、近代という大きな渦の中で、ひとりだけ風に向かい帆を張るようなものである。「私の個人主義」によれば、ロンドン留学中に自分の行くべき方向について悩み、煩悶を繰り返していた時期に②「自己本位」という考え方に至ったのだという。その様子を漱石は次のように語っている。

私はこの自己本位という言葉を自分の手に握ってから大変強くなりました。彼ら何者ぞやと気概《きがい》が出ました。今まで茫然《ぼうぜん》とジシツ[d]していた私に、此処《ここ》に立って、この道からこう行かなければならないと指図《さしず》をしてくれたものは実にこの自我本位の四字なのであります。（同書）

漱石の救いとなった「自己本位」の思想とは何か。おそらくそこには、二つの起源をもつ思想が重ねあわされている。［A］、ひとつは西洋起源の個人主義である。近代市民社会の発達によって、個人の権利を社会契約上合理的に位置づける必要が生じて発展した西洋型の個人主義である。西洋合理主義を受容していく過程で、日本におけるこの個人主義は「自由」「個性」そして「民主主義」の立脚する根本思想として受け取られている。

もうひとつは、漱石がわざわざ「私の」個人主義と断りを入れたことにも関連するが、漱石の居場所を起源とする「自己本位」の考え方である。漱石は、冒頭の南画のエピソードを「ほんのついでに申し上る事で、話の筋に関係した問題でもありません」と断っているが、実は、漱石の「自己本位」が単なる西洋思想の受け売りとは違った側面を含みもっていることを暗に示す意味があったように思われる。やがて、創作者として自己の表現をモサクするにあたって、「自己本位」がたいへん重要な拠り所となったことは想像に難くない。中国文化の文学的、思想的影響を受けて形成されている漱石の芸術観にとって、文人たちのように理想郷に憧れ、俗を離れようとする離俗の精神を求めることこそが、芸術の根底を支えるものと解されていたのではないだろうか。

漱石の芸術観が生み出す、そのような「自己本位」の考え方は、ちょうどこの講演が行われた大正期の美術界においても、[X]にあらわれていたことでもあった。そしてそれは、時代を超えて、かたちを変えながらも今日の美術を根底で支えるもののひとつになっているのである。

しかし、もちろん百年前の状況と、今日の状況を同一視することはできない。漱石に勇気を与えた「自己本位」の四字が、はたして今でも私たちに同じように勇気を与えてくれるかどうか、それは甚だ怪しいと言わざるを得ない。

近年の現代美術に共通する問題のひとつに、どんな人にとっても分かちあえるような[丙]なテーマが見失われがちとなり、個人的なあるいは個別的なテーマが作品成立の根底となっている。別の言い方をすると、グローバル化を続ける世界では、「個」を単位とした価値観の積分的な世界観が広がっており、お互いに無関心でも構わないという関係性が前提になったところに作品が成立しているところがある。ある意味ではそれは「自己本位」の最終局面なのかもしれない。そして、注意すべき問題として、おそらく漱石の時代には感じることができた「他者」の存在（隣人の視線、国家という規範）が、今日の社会においてはますます稀薄になっていることが挙げられよう。

　そのような時代の中で、私たちは平成二十三年（二〇一一）三月十一日の震災を経験した。その後、一時的にではあれ、人類、生命、自然、愛といった、もちろんこれまでも繰り返し問われてきた問題に、私たちが改めて向きあわざるを得なくなったということは確かである。そして、美術作品を見る側の心に、③そのことが自ずと深く入り込んでいったことも否定できない。「心をひとつに」というスローガンも聞こえてきた。［B］、こと美術に関する問題に限っていえば、無理矢理に心をひとつにする必要はない。〈美術の現在〉は、つねにある意味において「自己本位」をもとめ続けているものだからである。

　今日、「自己本位」といういい方は、利己主義や自分勝手というニュアンスにも聞こえるので、「ひとつひとつの心の尊さ」といい換えてみることにしよう。たったひとつでもなく、またバラバラでもなく、ひとつひとつの心が「自分本位」に立脚した強さをもつことこそが、美術を支えているのだと考えたいのである。

　④不愉快な気分の時に描いた南画であっても、見る人には愉快な気分を誘う、という先の漱石のエピソードは、実は本書の話の筋にも大いに関係のある問題ということができる。美術は人の心がつくるもの。そして、美術は人の心が見るものだからである。どちらの心もひとつ、ということはありえない。ひとつひとつ、すべて違っていて当然なのだ。ある人は感動したというけれど、私はそうは感じない。それでよいのである。

　本書のはじめに書いたことを繰り返そう。美術の心とは、人間の心そのものなのだ。晴れやかな心、塞いだ心、傷ついた心、病んだ心もある。あるいは世の中を変えようとする心もあるだろうし、無心になろうとする心だってある。美術作品を見るということは、そのようなひとつひとつの心のありようと向きあうことだといってよい。と同時に、美術作品を見ることによって、その時の自分自身の心のありように気づかされるということも大事なことに違いない。

本書のまとめとして、美術作品を見るときのヒントを二つ提示しておくことにしよう。ひとつは、今述べてきたように、その作品の心は何かを感じること。知的に理解したり、感情で味わったり、その意図に納得したり、あるいはそのリズムに酔ったり、はたまた無意識に受け入れたりと、その方法はさまざまでよい。

もうひとつは、伝えようとしているものがどういう心か、ということとは別に、優れた作品は、その心を伝える力を持っている、ということに気づくことだ。[C]、心に優劣などはないのだから、作者がどんな心を作品化しようとしているかは、美術の問題ではなく倫理あるいは人格に帰すべきことといえよう。もちろん、それも含めて美術作品は成り立っているのだが、美術作品がどう見えるかは、その心を伝える表現の巧みさ、強さ、豊かさ、深さによって大きく違ってくるはずである。

美術の心とその表現力。それを眼で見て、感じて、言葉にしてみる。静かに心に刻まれることもあれば、解釈の違いで誰かと大ゲンカになることもあるかも知れない。いずれにしても、美術作品は鑑賞者の心と触れあうことで、はじめて作品というべきものとなる。誰にも見られなければ作品は作品にならない。ひとりひとりが美術館や画廊に足を運び、作品と向きあってはじめて、その作品は作品としての心を持つのである。

〈古田亮『美術「心」論』による〉

問一 ――線部a～eの片仮名の部分を漢字に直す場合、最も適切なものを、次のア～オの中からそれぞれ一つ選び、記号で答えよ。

a **タイカン**　ア 患　イ 感　ウ 寒　エ 汗　オ 憾

b ケイトウ　ア 踏　イ 倒　ウ 到　エ 党　オ 当
c ヨギ　ア 儀　イ 義　ウ 犠　エ 技　オ 宜
d ジシツ　ア 自　イ 慈　ウ 事　エ 辞　オ 持
e モサク　ア 索　イ 作　ウ 錯　エ 搾　オ 策

問二 甲 ～ 丙 に入る語として最も適切なものを、次の**ア**～**オ**の中からそれぞれ一つ選び、記号で答えよ。ただし同じものを二度以上用いてはならない。

ア 普遍的　**イ** 現実的　**ウ** 観念的　**エ** 本格的　**オ** 象徴的

問三 A ～ C に入る語として最も適切なものを、次の**ア**～**オ**の中からそれぞれ一つ選び、記号で答えよ。ただし同じものを二度以上用いてはならない。

ア しかし　**イ** そもそも　**ウ** さらに　**エ** あるいは
オ すなわち

問四 X に入る表現として最も適切なものを、次の**ア**～**オ**の中から一つ選び、記号で答えよ。

ア 理性と感性の紐帯という理想
イ 美術と文学の対決という潮流
ウ 自己と他者の差異という認識
エ 西洋と日本の折衷という観点
オ 個性と自由の尊重という思潮

問五 ――線部①「晩年の漱石は絵筆を執って着彩の南画山水を描くことを楽しみにしていた」とあるが、なぜ、漱石は南画山水を描くようになったと考えられるか。これを説明する最も適切なものを本文中から探し、初めの五字を抜き出せ。

問六 ――線部②「『自己本位』という考え方」とあるが、ここでの「自己本位」

とは、どのような考え方か。その説明として最も適切なものを、次の**ア**～**オ**の中から一つ選び、記号で答えよ。

ア　国家や社会とのつながりを断ち切り、一人で生活を行い、自らの芸術的理想を追い求めることを第一義とする考え方。

イ　ひとりひとりは平等であるとする民主主義的な考え方でありつつ、自己のことだけを念頭に置いた利己主義的でもある考え方。

ウ　近代市民社会の発達に伴って生まれた西洋型の個人主義を踏まえた、ひとつひとつの心のありようを大切にする考え方。

エ　明治になって流入してきた西洋思想をそのまま受容するのではなく、日本社会の歴史的背景に基づき、日本を尊ぶ考え方。

オ　「個」というものを価値の中心に置き、社会的にも他者の存在に一切関心をもつことなく、自己表現に終始する考え方。

問七　――線部③「そのこと」とは何を指すか。本文中の言葉を用いて答えよ。

問八　――線部④「不愉快な気分の時に描いた南画であっても、見る人には愉快な気分を誘う」とあるが、なぜ、そのようなことが起こるのか。本文中の言葉を用いてわかりやすく説明せよ。

問九　本文の内容と**合致しないもの**を、次の**ア**～**オ**の中から一つ選び、記号で答えよ。

ア　ひとりひとりが美術館や画廊に足を運び、美術作品を見るということは、その時の自分の心のありようを見つめ直すことでもある。

イ　時代を越えて美術を根底で支えつづけているのは、ひとつひとつの心が「自己本位」の考え方に基づく強さをもつということである。

ウ　創作者として自己の表現を探し求めていた漱石にとって、「自己本位」の考え方を手にしたことは、大きな意味があることだった。

エ グローバル化を続ける世界を舞台に作品を創造する現代美術においては、もはや「自己本位」の考え方は通用しなくなっている。

オ 美術作品の心を感受するとともに、優れた作品は、その心を伝える力をもつということに気づくことも、作品を見る上で重要である。

15 次の文を読んで、あとの各問いに答えよ。

いま、スポーツが、暴走している。

テレビのスイッチをひねると、いつでも、どこかのチャンネルで、必ずスポーツ番組が放送されている。世界のニュースのトップ項目が、スポーツの話題であるというのも、けっして珍しいことではなくなった。ビッグ・スポーツ・イベントが、国内大会、国際大会ともに、［X］開催され、新聞にも雑誌にも、スポーツ情報がつねに①マンサイされている。

これほどスポーツが繁栄した時代は、過去にない。

おそらく将来も、スポーツはA「暴走」といえるほどに繁栄しつづけることだろう——。

社会生活からすべての②カヘイが消滅し、あらゆる金銭関係がすべて電子カード・システムで③ケッサイされる世の中になっても、Bスポーツは、断じて消滅しない。月世界にコロニーが建設される時代が訪れても、おそらくスポーツが廃れることはあるまい。人工心肺や人工肝臓などの人工臓器が、安価で大量に売り出され、多くのひとびとの体内に埋め込まれるようになったり、ほとんどの病気が遺伝子治療で完治する時代になっても、スポーツが消滅するとは思えない。ロボットがすべての仕

---

15 読解のために

問二 スポーツ・イベントがあちらこちらで次々と開催されている様子を表す語が入る。

問三 「暴走」といえるほどの繁栄とはどういうものか。最後から一つ前の段落に着目。

問四 次の段落に着目。また、「スポーツは断じてそうはならない」と繰り返す最後から一つ前の段落も重要。

問五 Yには身体の軽視、Zには身体の重視を意味する語が入ることは明らか。

問六 「そのような」は、前の二つの段落の内容を指す。

問七 「自然」に言及しているのはどの段落か。

問八 a未来社会のスポーツの変化

事を代行し、人間がいっさいの肉体労働から解放され、どんな娯楽も実体験と変わらないヴァーチャル体験として楽しめるような時代になっても、ひとびとはスポーツで汗をかくことを、やめないだろう。そして、汗を流してスポーツに挑むひとびとに、熱い視線を注ぎつづけるにちがいない。いや、そのような人工化の進んだ未来社会になればなるほど、ひとびとは、よりスポーツに注目するようになるはずだ。

そう断言できるのは、スポーツが、人間の「身体」に依拠した「文化」だからである。

人間の身体とは、人間そのもののことである。すなわち、われわれ自身のことである。人間は、身体を伴わなければこの世に存在することができない。身体を用いなければ、物事を考えることも、何事かを行うこともできない。自分自身に対する認識も、自分以外の外界に対する認識も、他者とのコミュニケーションも、すべて、身体が存在してはじめて可能なことである。そして、身体機能が停止すれば、われわれは死ぬ。すなわち存在しなくなる。

ところが、われわれ人間は、それほど重要な身体という存在を、じつに長いあいだ軽んじつづけてきた。プラトンやアリストテレスが「Y」を説き、釈迦が「身体は煩悩を生む源」と説いて以来、「われ思う、ゆえにわれ在り」（デカルト）「人間は考える葦である」（パスカル）といった具合に、洋の東西を問わず、われわれ人間は、「精神」を高く評価し、「身体」を精神よりも下位に属するものとして、軽視しつづけてきた。あるいは、邪魔者あつかいしつづけてきたのである。

しかし、二〇世紀になってようやく、われわれ人間は、身体そのものの存在に目を向け、その重要性に気づくようになった。「肉体はひとつの大きな理性である」（ニーチェ）「Z」（メルロ＝ポンティ）といった考えから、ひとびとは自分自身の身体に目を向けるようになったのである。

についていくつかの仮説をあげている中で、前の内容と後の内容をつなぐ語が入る。**b**未来社会でのスポーツの大きな変化の予想に対し、空欄の後では、スポーツの本質的な部分は変化しないと述べている。

問九　——線部までの主張を検討する。

問十　消去法で選択肢を検討してみよう。

今日「スポーツ」と呼ばれる多くの競技が、その頃（十九世紀末頃）から世界的な発展をはじめるのは、Cそのような思想の変遷とけっして無縁ではない。それまで、「神々のために捧げる身体」（古代オリンピアの祭典や、神事としての相撲）、「食物を得るため（働くため）に動かす身体」「（戦争で）闘うために動かす身体」といったことにしか意義を見つけることのできなかった人間が、「ただ動く身体」「気持ちよく動かす身体」すなわち「スポーツする身体」に価値を見出すようになったのである。

【Ⅰ】産業革命以降、人工化の進んだ社会のなかで、最も身近にある（そして最後まで残される可能性の高い）正真④ショウメイの自然が見直されるようになり、それを用いる文化、すなわちスポーツが注目されるようになった、という言い方もできるだろう。

【Ⅱ】そうして、スポーツは、二〇世紀も終わりに近づいた今日、他のあらゆる文化以上に多くのひとびとの関心を集めるようになり、世界共通の文化として、国際政治のうえでも、国際経済のうえでも、無視できないほどの隆盛を見るようになったのである。

【Ⅲ】われわれの暮らす地球上の世界が、将来どれほど変化しようと、われわれの身体が消えてなくなることはない。われわれの身体が消えてなくなるということは、人間が存在しなくなるということである。ならば、人間が存在しつづけるかぎり、そして単に労働をするだけでなく、生存すること以上の文化的付加価値のある営為と取り組みつづけるかぎり、人間社会からスポーツ文化がなくなることは考えられないのである。

【Ⅳ】未来社会のスポーツは、今日われわれがスポーツと呼んでいるものとは、考え方やルールが大きく変化するかもしれない。サッカーがいつまでも世界で最も人気のあるスポーツでありつづけるかどうかはわからない。超人的なスポーツマンが活躍するオリンピックよりも身体障がい者のパラリンピックのほうがより高い人気を集めるようになるとも考えられる。 **a** われわれの想像もつかないようなニュー・スポーツが生まれるかもしれない。スポーツマンの人工的身体改造が認知されるようになる時代が訪れるかもしれない。 **b** 身体を動かして汗をかくという、今日われわれがスポーツと称しているものの本質的な部分は変わらないまま引きつがれるはずである。そしてDスポーツは、社会的にさらに大きな価値が見出され、政治を動かし、経済を動かし、さらに人間の思考（哲学）に新たな影響をおよぼすほどの重要な意味を持つようになるにちがいない。

現在、殷賑《いんしん》をきわめながらも、将来、時代の⑤スイイとともに消えてゆくと思われるものは数多くある。が、スポーツは、断じてそうはならない。それどころか、今後も、ますます繁栄する。そして、「暴走」といえるほどに数多くの問題を生起させ、人間は、未来社会においても現在と同じように、それらスポーツから生じた難問の解決に頭を悩ましつづけながらも、スポーツを愛しつづけることだろう。一部のスポーツ競技やスポーツ・イベントの衰退、消滅といった事態は当然起こりうるだろうが、スポーツ界全体としては、右肩あがりの発展を、おそらく永久に（人類が滅亡するまで）つづけるはずである。

スポーツとは、それほど重要な価値を持つ文化なのである。

〈玉木正之『スポーツとは何か』による〉

問一　――線部①～⑤は熟語の一部であるが、これに当たる漢字を、それぞれの語群の**ア**～**エ**の中から一つずつ選び、記号で答えよ。

① マンサイ　**ア** 催　**イ** 裁　**ウ** 栽　**エ** 載

② カヘイ　**ア** 蔽　**イ** 弊　**ウ** 幣　**エ** 柄

③ ケッサイ　ア 済　イ 債　ウ 採　エ 才
④ ショウメイ　ア 銘　イ 明　ウ 名　エ 命
⑤ スイイ　ア 衰　イ 垂　ウ 遂　エ 推

問二 X に入る語として最も適当なものを、次の**ア**〜**エ**の中から一つ選び、記号で答えよ。

ア 鵜の目鷹の目で　**イ** 猫の目のように　**ウ** 目白押しに
エ 脱兎の勢いで

問三 ――線部A「暴走」とはどのような事態か。その説明として最も適当なものを、次の**ア**〜**エ**の中から一つ選び、記号で答えよ。

ア スポーツがあらゆる文化をおしのけて隆盛するという事態。
イ スポーツの繁栄が数多くの問題を生起させるという事態。
ウ スポーツが人類の滅亡まで永久に発展しつづけるという事態。
エ スポーツが時流に反して発展しつづけるという事態。

問四 ――線部B「スポーツは、断じて消滅しない」とあるが、なぜそう言えるのか。「身体」「文化」「存在」の三語を用いて説明せよ。

問五 Y 、 Z に入る語の組み合わせとして最も適当なものを、次の**ア**〜**エ**の中から一つ選べ。

ア Y 理性の優位　Z 私とは、私の身体のことである
イ Y 身体という牢獄からの解放　Z 身体は神々からの授かり物である
ウ Y 人間の内なる自然の重要性　Z 健全な肉体は健全な精神に宿る
エ Y 肉体の悪魔　Z 人間の労働は利潤の源泉である

問六 ――線部C「そのような思想の変遷」とはどのようなことか、説明せよ。

問七 次の一文を挿入する箇所として、【Ⅰ】〜【Ⅳ】のどの段落の冒頭が最も適

当か。後の**ア**～**エ**の中から一つ選べ。

　身体とは、われわれ人間の最も身近にある「自然」である。

ア　Ⅰ　**イ**　Ⅱ　**ウ**　Ⅲ　**エ**　Ⅳ

問八　[a]、[b]に入る語の組み合わせとして最も適当なものを、次の**ア**～**エ**の中から一つ選べ。

ア　a　また　b　さらに

イ　a　あるいは　b　しかし

ウ　a　ところが　b　きっと

エ　a　おそらく　b　つまり

問九　――線部D「スポーツは、社会的にさらに大きな価値が見出され、政治を動かし、経済を動かし、さらに人間の思考（哲学）に新たな影響をおよぼすほどの重要な意味を持つようになるにちがいない」とあるが、なぜそう言えるのか。その説明として最も適当なものを、次の**ア**～**エ**の中から一つ選べ。

ア　精神から身体の重視へと思想がうつったことによって、発展しはじめたスポーツが、さらなる発展によって人間社会や精神を大きく左右させる可能性をもっていると予想されるから。

イ　スポーツは、文化的付加価値を持つ営為として繁栄しつづけるとともに、数多くの問題を生起させ、社会全体に多大な害をもたらすかもしれないから。

ウ　スポーツは、身体の重要性に目が向けられて以来今日に至るまで、世界共通の文化として様々な分野に影響をおよぼすほど急速に発展しつづけてきたから。

エ　身体を動かして汗をかくというスポーツの本質は継承されるはずなので、スポーツの身体性が人工化の進行に歯止めをかけることが期待されるから。

問十　本文の内容と合致するものとして最も適当なものを、次の**ア**～**エ**の中から一つ選べ。

ア　運動選手の人工的身体改造が認められる時代が訪れても、身体が人間の営みの基盤であることには変わりない。

イ　人工化が進む未来社会においても、あらゆるスポーツ競技が文化的営為の一つとして発展しつづけると考えられる。

ウ　産業革命以降、人工化の進行する社会の中で身近な自然環境で行われるスポーツが注目を浴びるようになった。

エ　精神の優位から身体の優位へという身体回帰の思想は、主に二〇世紀のヨーロッパ世界で生起したものであった。

C

⑯　次の文を読んで、あとの各問いに答えよ。

日本のような社会では、自然、人間関係がうるさくなる。狭い所に大勢の人間がひしめいていれば、どうしてもぶつかりやすい。

島国言語の社会では、人々は相手との言語的距離に敏感になっているものである。そしてこの言語的距離の調整のために敬語のような語法が発達する。いいかえると、相手に（Ａ）すぎると、〝失礼〟であると感ずる。失礼になってはいけないから、相手を〝敬し遠ざける〟敬語を用いるのである。①心理的にも物理的にも相手から距離をとることが、相手を尊重することになるという感覚が根づよく生きている。これは外国人と比較してみるとすぐ気づくことである。

---

⑯　**読解のために**

問一　「言語的距離」「敬し遠ざける」などの語から判断する。

問二　設問では、特に「心理的に」と限定していることに注意しよう。

問三　人称代名詞も指示代名詞の場合と同様の探し方をする。

相手の名を呼ばないようにするのは誰か、という形で考える。

問四　同段落の冒頭の「日本人の名

欧米人は会話でゼスチャーたっぷりな話し方をするが、日本人が目上の人に身振りを入れた話をするのはやはり、いくらか失礼な感じを与えるようである。また、ヨーロッパ人が「おはよう、ジョージ」「さようなら、ビル」「君はどう考えるか、ディック」というように、たえず相手の名前を呼び合っているのは、相互の心理的距離を小さくして、親しさの距離に維持しようとする無意識の活動である。ところが、②われわれはなるべく、相手の名前を呼ばないようにしている。第二人称を「君」といったらよいか、「さん」づけにすべきか、迷うということはしょっちゅうである。きめられないから、第二人称をさける。日頃、第二人称を用いるのにテレるから、いつまでたっても第二人称への呼称が安定しない、という循環がはじまるのである。

日本人の名前は「見る」べきものであって、口にすべきものではない、とすらいうことができる。ことに男の名前はしかりである。男性名が漢字になっているのは、その証拠だといってよい。外国人が名刺を使わないからといって、名刺に抵抗を感ずる③〝合理的〟日本人がビジネスマンなどにふえているのは笑止である。日本の男の名前は名刺を必要とする。見てわかってもらう名前だからである。

名前を呼び合わぬくらいだから相手に直接ふれる、接吻、抱擁、握手などにつよい④恥らいを覚えるのは当り前である。とにかく、物理的、心理的に相手に（Ｂ）すぎては失礼だと感じるのが日本人の伝統的感覚で、これは言語生活にも色濃く影を投げている。

ズケズケものをいうのは、元来、はしたないこととされている。ちょっぴりあてこすれば十分につよい刺激になるだけのデリケートなことばの意識が前提になっている。会って話したほうが話がよくわかるとはかならずしも考えない。電話で話したほうが手紙よりも意をつくすとも思わない。含蓄のふかい手紙でかえって本当の

前」の定義に注目しながら、日本人にとって名刺がどのような役割を果たしているのかを考える。

問六　「手紙」の使用は、「島国言語」の特徴を示す代表例である。

問七　直後の内容に合った「ことわざ」を選べばよい。

問八　「心理的な筒」は当然たとえである。何のたとえとして使用されているのかを、「筒」の形や同段落の内容から推測する。さらに、「心理的な筒が大きい」とあることに着目し、「大きい」の意味を考える。

問九　設問中の「ことわざ」の内容と同様の人間関係を表現している部分も参考にするとよい。

ことが伝わるということがあるのも⑤島国言語である。やはり、手紙によって近距離伝達を遠距離伝達へ移すことにより、好ましい関係が生れることを認めているのであろう。とにかく、なれなれしくしたり、されたりすることを嫌う。

　これは当然、人間関係でも、さっぱりしたつき合い、すこし距離のある親しさを美しいと思うことにつながってくる。「（Ｃ）」というのは、礼儀（心理的な間合いをとること）が親しい人同士にも必要だと教えているのである。さらにいえば、親しい人同士であればあるほど、（心理的距離がなくなりがちだから）礼儀を忘れてはいけないといっているようにも思われる。

　淡々たる水のような君子の交わりが、実は、もっとも相手を尊重し、もっともお互いが美しく見えるような人間関係であるということになる。別の角度から見ると、日本語の中で育ってきたわれわれは、欧米人に比べて、めいめいのまわりにもっている目に見えない⑥心理的な筒が大きいということである。人間はだれでもこの心理的筒をもっているのだが、性格の差によってその大きさはまちまちである。しかし、言語的特質がある社会の人々の心理的筒の共通要素を決定していることも考えられる。日本語は、少なくとも、これまでの日本語は、敬語がよく発達していることからしても、日本人の心理的筒がかなり大きいことを裏付けている。⑦淡交如水を好むのは、その心理的筒がみだりに侵されることを喜ばない証拠である。外国風の人間関係をなんとなく〝あさましい〟ように感じる。

〈外山滋比古『日本語のレトリック』による〉

問一　（Ａ）・（Ｂ）にはそれぞれ同じ語が入る。次の**ア**〜**エ**の中から一つ選び、記号で答えよ。

ア　敬い　**イ**　冷酷　**ウ**　近づき　**エ**　深入りし

問二　――線部①について、日本人が「心理的」に「相手から距離をとること」の例として筆者が具体的に述べている内容を本文中より三つ挙げよ。

問三 ――線部②「われわれ」とは誰を指しているのか。本文中より抜き出せ。

問四 ――線部③で、わざわざ「〃　〃」という引用符号が使われているのには、筆者のどんな意図が表れているか。六十字以内で説明せよ。

問五 ――線部④「恥らい」と同じ意味の語を本文中より三字以内で抜き出せ。

問六 ――線部⑤「島国言語」の特徴を簡潔に述べよ。

問七 （Ｃ）に入る最も適当なことわざを次の**ア**～**オ**の中から一つ選び、記号で答えよ。

ア 三顧の礼　**イ** 鼎《かなえ》の軽重を問う

ウ 遠くの親類より近くの他人　**エ** 地獄で仏

オ 親しき仲にも礼儀あり

問八 ――線部⑥「心理的な筒」を四十字以内でわかりやすく説明せよ。

問九 ――線部⑦は、「君子の交わりは淡き水のごとし」ということわざに基づいている。これを参考に、このことわざの意味を説明せよ。

17 次の文を読んで、あとの各問いに答えよ。

花見とならんで、月見と雪見――この三つが日本人の自然カンショウ(ア)の基本になっているが、月・雪・花、そのいずれもが［Ｘ］という共通点がある。月はいつも満月ではありえないし、雪はいつか融けて消え去る。花の生命は短い。満開だと思っていたら、一夜の雨風ですぐ散ってしまう。そうだからこそ、［Ｘ］を惜しむ心が、時候に合わした会合の珍しさを貴ぶのだ。自然の（Ａ）をながめては、人の生命のはかなさだけでなく、社会もつねに移り変わってゆくのだという気持が、日

---

17 読解のために

問一 アは、同音異義語に注意。

問三 設問文の指示が複雑なので、早合点しないようにしよう。

問四 頻出のことわざである。直後に、そのことわざの示す内容が書かれている。

本人の心のどこかに絶えず潜んでいるのである。

だいたい日本人は「見る」ということに重要な意味を与える。「（Ｂ）」ということわざの示すとおり、いくら本を読み頭で理解していても、現場を見たものにはイ太刀うちできないのだ。自分の目で見なければ、認識の根拠としてすこぶる薄弱だとする意識がある。いうなれば現場主義であり、体験主義であり、実証主義である。日本人のカメラ好きも、絵葉書では満足できぬ「自分の目で見て確かめる」実証主義のなせるわざであろう。

さらにいえば、日本の社交の基本は「見る」ことで成立する。若い男女の恋人同士が愛の告白をするとき、西洋人のように、

「私はあなたを愛しています（I love you）」

などとはけっしていわない。そんなことばを口に出さなくとも、満月を仰ぎ見て、

「いいお月さんですね」

そして二人でじっと空を見上げるだけで、意思は十分通じるのだ。「月が鏡であったなら」という歌の文句があるように、この場合、お月さんは二人の心のリフレクターの役割をする。つまり、日本では、ことばでなく、物理的対象物をともに見ることで、社交が成り立つのだ。そう考えてくると、月見、花見、雪見といった集団的なカンショウ行為は、じつは、日本文化のなかでのコミュニケーションの方法でもある、といわなければなるまい。月、雪、花は人と人をむすびつけるウショクバイなのである。西洋のように、しゃべることが社交の基本になっているところでは、話がとぎれるとなにか気まずい思いをしなければならない。①日本人なら、だまってなにかをながめることでも、会話は進行しうるのだ。

芝居を「総見」するなどというが、これも舞台で演じられているエ所作を、みながいっしょに見ることに意味がある。見ることに力点をかけた社交の場が、芝居の総

問五　「月・雪・花」の「共通点」である。

問六　本問のような形式の問題では、空欄に入る語句＝キーワードであることが多い。

問七　――線部②の「それ」は、「劇場がザワザワしている」こと、つまり、観客同士の私語を指す。日本ではそのような私語が、どのような「機能をもっている」のかを明らかにする必要がある。――線部②を含む段落をよく読み、西洋の観劇と日本の芝居の総見の違いを踏まえたうえで考えてみよう。

問八　設問を言い換えると、花見が多くの日本人に愛されている理由を三つ答えよ、ということである。

問九　キーワードを見つけることが正解への近道である。

見なのである。おしゃべり一本だと、話題がとぎれたときに、白々しい感じがのこる。共通の「見る」対象物を一つおいておけば、そういう緊張感はなくなる。しゃべりたくなったらしゃべればいいし、しゃべることがなくなったら、見ているだけでいい。日本の劇場がザワザワとしているのは、西洋観劇エチケットからすれば、たいへん不作法なことかもしれぬが、②それはそれで、ちゃんと機能をもっているのである。

③花見が最も庶民的なマス・レジャーであるのも、オ故なしとしない。

〈林屋辰三郎・梅棹忠夫・多田道太郎・加藤秀俊『日本人の知恵』による〉

問一　——線部**ア**・**ウ**の片仮名を漢字に直せ。

問二　——線部**イ**・**エ**・**オ**の漢字の読みを答えよ。

問三　（Ａ）に入る最も適当な四字熟語を次から一つ選び、その読みを答えよ。

変幻自在　有為転変　栄枯盛衰　千変万化　雲散霧消

問四　（Ｂ）に入る最も適当なことわざを答えよ。

問五　[Ｘ] に入る最も適当な語句を次の**ア**～**オ**の中から一つ選び、記号で答えよ。

ア　美しいもの　**イ**　風流なもの

ウ　変化に富んだもの　**エ**　うつろいやすいもの

オ　人の力の及ばぬもの

問六　——線部①「日本人なら、だまってなにかをながめることでも、会話は進行しうる」のはなぜか。それを説明した次の文の（ａ）～（ｄ）に入る最も適当な語句を、本文中からそれぞれ二字か三字で抜き出して答えよ。

日本人のコミュニケーションの基本は、西洋人のように（ａ）ではなく（ｂ）を（ｃ）ことにあるので、（ｃ）だけでも（ｄ）が通じて（ａ）したのと同じことになるから。

問七 ——線部②「それはそれで、ちゃんと機能をもっている」と言えるのはなぜか。西洋の観劇と日本の芝居の総見との対比において答えよ。

問八 ——線部③「花見が最も庶民的なマス・レジャーであるのも、故なしとしない」とあるが、どのような「故」があるというのか。箇条書きで三つ答えよ。

問九 本文の主題として最も適当なものを次の**ア**〜**オ**の中から一つ選び、記号で答えよ。

ア 自然と日本人の関わり方
イ 日本人の風流心
ウ 日本人のレジャー
エ 日本人にとっての「見る」ことの意義
オ 日本人と西洋人の社交のあり方の違い

⑱ 次の文を読んで、あとの各問いに答えよ。

ファストフード店の店頭で。「お持ち帰りですか」「いや、持ち帰りでなくて……」「店内でお召し上がりですね」「でも、店の中、混雑しているから……」「はい、お持ち帰りですね」「この店先で食べようかな」「では、お持ち帰りになります」「はあ、そうなりますか」

少々戯画化しはしたが、日常しばしば出合う風景だ。マニュアル（手引書）通りの対応なのだろう。マニュアルにはいたって ア チュウジツ、ただし、相手のことは考えていない。

こちらから見ると、向こうはロボットのようだし、向こうからも、こちらが生身の人間とは見えていないのだろう。

---

⑱ **読解のために**

問二 筆者は、「静かに進行している危機」につながる状況の具体例として、「マニュアル人間」と「仮想現実を泳ぐ端末人間」の出現を挙げている。では、「マニュアル人間」や「仮想現実を泳ぐ端末人間」は、どのような人間なのか。

問三 仮想現実の世界は「だれかが設定した空間」であり、そこでは「あらかじめ入力された感覚を体こんな身近な対人関係の奇妙さは、実は①静かに進行している危機につながっているのではないか。どこか変だ。根本的に変だと感じさせられることが多い。

何のためのものか？　だれのためのものか？　この根本的な問いが忘れられているのではないか。

身近なマニュアルからその裏にある組織、制度、社会の仕組みまで、もう一度この問いにさらしてみるべきだろう。

仮想現実（バーチャルリアリティー）が広がっている。こちらは、人工の映像や人工の刺激で、あたかも現実であるかのような別世界に入っていく。私たちの世界が異空間に大きく広がろうとしている。

ただし、あくまで人工の世界である。あらかじめ入力された感覚を体験するにすぎない。だれかが設定した空間を仮想遊泳させられるわけだ。

この技術が今後、どこへ向かうかはまだよくわからない。利用価値は大きいだろう。しかし、②人間のロボット化の一面と見ることもできる。

先端社会におけるマニュアル人間や仮想現実を泳ぐ端末人間。いずれも、（Ａ）を奪われた私たち現代人の一面だ。

知らず知らず、私たちは人間の変容に直面しているような気がする。「個人」というものの存続の危機である。としたら、まず、そのことを自覚するところから始めなければならない。

注1ジョージ・オーウェルの描いた逆ユートピア『一九八四年』は、権力の意志が築いた究極の全体主義社会、管理社会だった。いまも地球上で、それに近い体制はある。将来に向けても、その恐れは去ってはいない。しかし同時にいま、異質の逆ユートピアが忍び寄っているのではないか。

だれかれの意志によるのではなく、なだらかな順化が進む社会だ。順応人間の大

験するにすぎ」ず、「仮想遊泳させられる」のである。

問四　「先端社会におけるマニュアル人間や仮想現実を泳ぐ端末人間」は、現代人のどのような一面を物語っているのか。「（Ａ）を奪われた」という状況が、両者の共通点であることに着眼する。

問五　「人間がつくった様々な秩序への疑問」の身近な例として、「身の回りのマニュアルについて、何のためのものかを考えてみる」ことが挙げられているが、「身の回りのマニュアル」では、設問の「大本」とは言えない。

問六　「本末転倒」とは、根本的なこととそうでないことが反対になること。ここでは、「何のためのもの」「だれのためのもの」であるはずの手段が、根本である「何」や「だれ」よりも「強大になってしまった」社会を、「本末転倒社会」と称している。つまり、「何」や「だれ」に該当するのが「本」であり、手段である「もの」に該当するのが「末」である。

問七　挿入文に「空洞」という語があることから、早とちりしないよ

量生産である。ソフトな全体主義への地ならしである。先にあげたマニュアル人間と仮想現実は一例にすぎない。

　振り返ってみると、ここに至る歴史の流れはあった。

「もはや主役はいない。舞台にいるのはただ合唱隊のみである」。そう言ってオル[注2]テガ・イ・ガセットが大衆の時代を論じたのは一九二〇年代のことだ（『大衆の反逆』）。彼はこうも言っている。

「われわれの時代は、信じがたいほどの実現能力があるのを自分に感じながら、何を実現すべきかが分からないのである。つまりあらゆる事象を[イ]セイフクしながらも、自分自身の主人になれず、自分自身の豊かさのなかで自己を見失っているのだ」

　そのまま現代に適用できる言葉であろう。個人が大衆のなかで自己を見失う「大衆社会化」は、[ウ]キョクセツを経ながらも、そのように進んできたのだった。

　マスメディアの発達がそれを加速させた。まず、ラジオ、そしてテレビ。その[エ]コウザイは分かれるだろう。独裁者がそれらを利用したこともあった。独裁者を倒すきっかけをつくったこともあった。

　ただし、一方的に情報のシャワーを[オ]アびる受動性に変わりはない。固有名詞をもった個人にではなく、無名の大衆に向けて発せられる情報を、私たちは日々受け取ってきた。その繰り返しを重ねてきた。

　もう少し歴史をさかのぼってみよう。個人の尊厳が唱えられたのは近代以降のことだ。それが理念として「確立」し、拡大したのが近代の歴史でもあった。その理念は人類共有とまで言われるようになった。

　しかし一方で、十九世紀以来の産業社会の発展、さらには情報社会の進展で、個人の「空洞化」も進んだ。先の「大衆社会」もその表れの一つだ。高度情報社会と

うに。

問八　本文の内容を的確に把握できているかを試す問題。選択肢の文言をよく吟味すること。

言われるいま、その空洞化の速度はさらに急である。

　組織の「溶解」も進む。家族から企業、国家に至るまで、個人が帰属すべき組織が強固な単位ではなくなろうとしている。そうしたボーダーレス化、あるいはグローバリゼーションの流れもまた、急だ。

　こうした変化の急流のなかで、もがいているのが、いまの私たちではないか。

　少し立ち止まって考えてみよう。

　そもそも近代の始まりに、いきなり個人が登場したのではない。哲学者デカルトをあげるまでもなく、まず疑うことから始まった。懐疑精神があった。自明のものとされてきた秩序を疑うことから始まった。

　この懐疑精神を取り戻すことから始めた方がよさそうだ。あのころは神がつくったとされる秩序への疑問だった。いまは③人間がつくった様々な秩序への疑問だ。

　何のためのものか？　だれのためのものか？

　深遠な問いかけである必要はない。たとえば、身の回りのマニュアルについて、何のためかを考えてみる。

　「何かのためのもの」であるはずの手段が独り歩きをし、強大になってしまったこの社会、「④本末転倒社会」への批判もそこから始まるだろう。これからのコンピューター社会で、人間が単なる端末にならず、生き生きとした個人であるために。

〈「朝日新聞」（平成十二年一月九日）社説による〉

注1　ジョージ・オーウェル　イギリスの小説家（一九〇三～一九五〇）。

2　オルテガ・イ・ガセット　スペインの哲学者・文明評論家（一八八三～一九五五）。

問一　――線部**ア**～**オ**の片仮名を漢字に直せ。

問二　――線部①「静かに進行している危機」の要因となっている人間の変容を最も端的に表している言葉（漢字二字）を、本文中から抜き出して答えよ。

問三　――線部②「人間のロボット化の一面と見ることもできる」とあるが、どのような点からそう言えるのか。最も適当なものを次の**ア**～**オ**の中から一つ選び、記号で答えよ。

ア　ロボットと同様に、仮想現実という非現実的な世界に身を置いているにすぎないという点。

イ　仮想現実の世界では、自分があたかもロボットになったような錯覚にとらわれるという点。

ウ　仮想現実の中では、前もって指示された以上のことはできないロボットと同じ境遇に置かれるという点。

エ　仮想現実の中では、ロボットのように、設定された空間内しか動けない不自由さがつきまとうという点。

オ　仮想現実の世界では、ロボットと同じように、利用される立場に置かれるという点。

問四　（Ａ）に入る語として最も適当なものを、次の**ア**～**オ**の中から一つ選び、記号で答えよ。

ア　人間性　**イ**　自立性　**ウ**　個別性　**エ**　主観性　**オ**　自発性

問五　――線部③「人間がつくった様々な秩序」の大本として挙げられているものを、本文中から十五字以内（句読点を含める）で抜き出して答えよ。

問六　――線部④「本末転倒社会」とあるが、ここでの⑴「本」に該当するものを一つ、⑵「末」に該当するものを二つ、それぞれ本文中から一語で抜き出して答えよ。ただし、⑵はより具体的なもので答えること。

問七　本文中から次の段落を抜き出してあるが、どの段落の後に入れるのが適当か。その段落の最後の五字（句読点を含める）で答えよ。

対抗するように、さまざまな伝統的価値が呼び覚まされる。たとえば宗教や民族である。そうした何かに属することで「空洞」を埋めようとする。たとえ個人の喪失という代償を払わされるとしても。

問八 次の**ア**〜**オ**の記述の中から、筆者の見解に合致するものを**二つ**選び、記号で答えよ。

ア 秩序に対する懐疑精神を取り戻すことが、ソフトな全体主義へと向かう社会に抗するための糸口となる。

イ 産業化や情報化の進行による個人の「空洞化」は、オルテガ・イ・ガセットが論じた「大衆社会化」の範疇《はんちゅう》に入るものである。

ウ 現代の社会では、個人の尊厳という理念の確立・拡大が、かえって「個人」というものの存続の危機を招くという逆説を出現させている。

エ 現代では、マニュアル人間や端末人間が知らず知らずのうちに作り出されており、権力による管理社会とは異なった逆ユートピアが到来しつつある。

オ 個人の「空洞化」や組織の弱体化などの急激な変化についていくためには、むしろ立ち止まってゆっくりと考えることが必要である。

19 次の文を読んで、あとの各問いに答えよ。

突き詰めて言うなら、ソクラテスは読字を恐れていたわけではない。彼が恐れたのは、過剰な知識とそれが必然的にもたらす結果——表面的な理解しかできないことである。正しい教育を受けていない者が文字を読むのは、知識を使いこなす能力をいつの間にか、取り返しの付かない形で失ってしまうことにほかならないからだ。「物事をひとたび書き留めてしまうと、書かれた文

---

19 読解のために

問一 **イ**は同音異義語に注意。

問四 「ソクラテスももはや……手立てを持たなかった。」とあるので、読字の普及をハバもうとするソクラテスの戦いの結末を述べた

章は、いかなるものであろうと、至るところに漂い出して、それを理解できる者だけでなく、関わりのない者の手にまで渡ってしまう。文章には、それを読むにふさわしい者とふさわしくない者をどうやって見分ければよいか、知る由《よし》もないからだ。（Ａ）、誤用されたり、悪用されたりしたら、文章自体には防御する術《すべ》も自力で切り抜ける術もないのだから、必ず、その生みの親が救いの手を差し伸べることになる」（プラトン『パイドロス』からの引用）。

ソクラテスのいつもながらのユーモアとスパイスの効いた皮肉の裏には、教師や社会の指導を受けずに得たリテラシー[注1]が知識への危険なアクセスを許してしまうことへの深い懸念[ア]が隠されている。読字はソクラテスに、新バージョンのパンドラ[注2]の箱を与えた。書記言語がパンドラの箱から飛び去ってしまったら、何を書こうと、誰がそれを読もうと、読み手がどう解釈しようと、おかまいなしになってしまうのだ。

知識へのアクセスに関する疑問は、知恵の木[注3]の実からGoogleに至るまで、人間の歴史に絶えずついて回っている。コンピュータを使えば誰でも、事実上、いつでも、どこでも、何でも〝教師不在〟の画面であっという間に学べるようになった今、[①]ソクラテスの懸念は著しく増幅された。その即時性と無限に思われる情報とバーチャル・リアリティという三種の神器は、ソクラテスとプラトンとアリストテレスが重んじた類の知識と徳にとって、これまでで最大のキョウイ[イ]となるのだろうか？

現代の好奇心は、止めどなくキーボードを叩《たた》き続けてコンピュータの画面に表示させる、ややもすれば浅薄な情報によって十分満たされるのか、それとも、より深く知りたいという知識欲につながるのだろうか？　継続的な注意力の断片化と多重課題《マルチタスク》（訳注：同時に複数の作業をすること）を特徴とする現代の学習に、言葉、

箇所を探そう。

問五　「ソクラテスの懸念」を記している箇所は、第一・二・五・六段落にある。

問六　「私たちの文化における情報収集合戦」つまり、コンピュータ及びインターネットによって「言語を使いこなす能力」が失われることに対する筆者の不安である。

問七　コンピュータの特性をとらえた言葉に着目する。

問八　(ⅰ) 読字の普及による「多大な進歩」とは何か。(ⅱ) ソクラテスが恐れていたことは何か。

思考、真実および徳の掘り下げた吟味は広く根付くだろうか？　高画質の動画でたくさんのことが学べるようになっても、言葉や物事や概念の本質は重要であり続けるのか？　自分を取り巻く世界のますますリアルになる画像に見慣れた子どもたちの想像力は乏しくなるのか？　写真や映画、ビデオ、リアリティＴＶ（訳注：アメリカのケーブルテレビ、衛星放送向けのチャンネル）で視覚的に描き出されるものをいつも目の当たりにしていたら、それの真実ないし現実を理解していると思いこむ可能性は増大するのだろうか？　ソクラテスが映画版『ソクラテスの対話』や、[注4]Wikipedia に投稿された自分の記事、[注5]YouTube のスクリーン・クリップを知ったら、どんな顔をすることだろう？

　私の二人の息子がインターネットで宿題を片付け、「全部わかったよ」と言うのを聞くにつけ、私たちの文化における情報収集合戦を予言したソクラテスの言葉が耳について離れない。息子たちを見ていると、はるか昔に不毛に終わったソクラテスの戦いとの共通項が見えてきて、不安になる。二五〇〇年前、次世代の者たちは何をどう、どこまで深く学ぶのかとソクラテスが懸念したほどに、②私たちは言語を使いこなす能力を失いつつあるように思えてならないのだ。（Ｂ）、プラトンが書き残したソクラテスの反論をはじめとして、多大な進歩があったことも、同じように確かではある。

　最後の分析で、ソクラテスはリテラシーの普及を[ウ]ハバもうとする戦いに敗れた。その理由はふたつ、彼が書記言語の能力が完全に開花した姿を見られなかったことと、これらの新しい形のコミュニケーションと知識が登場する前の状態には戻れなかったことだ。人類共通のさがである知識追求の故に、なるべくしてそうなったのである。（Ｃ）、脳とその読字との動的関係に取り組むからには、ソクラテスの主張を考慮することに大きな意味がある。プラトンは気付いていたが、ソクラテスの真の敵はけっして、文字を書き留めることではなかった。（Ｄ）、ソクラテスは、私たちが言語の多様な能力を吟味せず、〃持てる知力を尽くして〃使いこなそうとしていないことに対して戦いを挑んだのだ。

　この戦いでは、ソクラテスは当時でさえ、孤独ではなかった。世界には同志がいた。紀元前五世紀のインドでは、知識と精神の成長につながる本当の媒体として音声言語を重視していたサンスクリット語の学者たちが、（Ｅ）書記言語を非難している。彼らは、自分たちのライフワークである言語分析を省いてしまいかねない文書に依存することに疑念を抱き、キュウダンしたのである。

〈メアリアン・ウルフ『プルーストとイカ』による〉

注1　**リテラシー**　読み書きの能力。

2　**パンドラの箱**　ここでは、悲惨な結果をもたらす、発明された能力のたとえ。

3　**知恵の木の実からGoogleに至るまで**　ここでは、最初の人類の出現から現在に至るまで、を意味するたとえ。

4　**Wikipedia**　自由に書き込みや閲覧ができる世界有数の百科事典サイト。

5　**YouTubeのスクリーン・クリップ**　YouTubeは、自由に投稿された動画などを配信する世界的規模のサイト。スクリーン・クリップは、この場合、YouTubeから配信され、コンピューター等で閲覧できる動画。

問一　――線部**イ・ウ・オ**の片仮名を漢字に直せ。

問二　――線部**ア・エ**の漢字の読みを答えよ。

問三　（Ａ）～（Ｅ）に適する語を次の**ア**～**オ**の中からそれぞれ一つ選び、記号で答えよ。

ア　しかし　**イ**　しかも　**ウ**　やはり　**エ**　もっとも　**オ**　むしろ

問四　次の文が入るのに適当なところはどこか、その直前の文末七字を本文から抜き出して記せ。句読点は含めない。

私たちがどんどん高度化するテクノロジーを使わないではいられないように、ソクラテスもはや、読字の普及を食い止める手立てを持たなかった。

問五　——線部①「ソクラテスの懸念」を、「リテラシー」「知識」「能力」の三つの言葉を用いて説明せよ。

問六　——線部②「私たちは言語を使いこなす能力を失いつつあるように思えてならないのだ」とあるが、その理由として最も適当なものを次の**ア**〜**オ**の中から一つ選び、記号で答えよ。

ア　教師よりも機械に頼ることで、対話に基づく思考を深められないため。
イ　高画質の動画ばかりを長時間みることで、言語の使用機会がないため。
ウ　情報の即時性のために、言語化して考える前に答えが与えられるため。
エ　インターネットに熱中して、そこに表示された語彙《ごい》しか分からないため。
オ　氾濫《はんらん》する情報のために、情報収集することだけが重要と錯覚するため。

問七　本文中で「コンピュータ」の持つ特性を何と表現しているか。三十三字で抜き出して答えよ。

問八　本文の内容を踏まえて、みんなが読める文字の普及が人類にもたらした(ⅰ)利点と(ⅱ)欠点を、それぞれ四十五字以内で、わかりやすく記せ。なお、句読点や括弧なども字数に含める。

⑳　次の文を読んで、あとの各問いに答えよ。

自然ということばは、日常の会話にもしばしばあらわれる。それだけに、自然とは何かと開きなおられると、返答に窮するのが普通である。しかし、これは今に始

---

⑳　**読解のために**

問一　ア蒼風の話の中のまちがいを

まったことではない。ギリシア語の自然《ピュシス》という言葉も多義あいまいで、哲学史家をなやませつづけている問題の一つになっているらしい。

思うに人間の生活に深くはいりこんでいる言葉ほど、よけいに多義あいまいになっているのではなかろうか。人間的《ヒューマン》という語をとりあげてみても、動物的で本能的なものを指すことがあるかと思えば、正反対の高い道徳的なものを意味することもある。おそらく長い歴史のなかで、さまざまな方向にゆり動かされてきた結果であろう。

古い話になるが、週刊朝日に[注1]徳川夢声《とくがわむせい》の「問答有用」が連載されたことがあった。あるとき対談の相手だった[注2]勅使河原蒼風《てしがわらそうふう》は「吉田弦二郎の随筆に、自分は床の間に花をいけるとき、あれこれと手をいれるような不自然なことをせず、庭に咲いたままの姿にする、というのがあった。これにたいして、私はこれこれしかじかの反論をした」という意味のことを述べた。

この話を聞いていた夢声は、こう批評した。

「[ア]それは素人のおちいりやすいまちがいですよ。もし自然とか不自然ということを問題にするならば、そもそも庭に咲いている花を切って床の間にいけること自体が不自然です。床の間という人工的な環境に調和させるためには、人工を加えることこそ、自然ではないでしょうか。もっとよい例は、舞台によっぱらいが出る場面がありますが、これが自然だというので役者がほんとうに酒を飲んで出演したとすれば、これほど不自然なことはありませんよ」

この夢声のいう自然は、有為自然のうちにはいる。[①]この場合、[注3]免許皆伝を受けたのは勅使河原蒼風のほうであった。

よく「薬を飲むのは不自然だから、私は絶対に薬を飲まないことにしている」という人がある。それなら、その人は日が昇るとともに起き、日が入るとともに寝て

指摘しているのである。**イ**直前に着目する。

問二　勅使河原蒼風は吉田弦二郎に反論しているので、床の間に生ける花には手を入れるべきという意見になる。

問四　反対語を置いてみる考え方を、筆者はのちに「対立概念」と呼んでおり、これによる思考のやり方を何と言い換えているか。

問五　ミズカラとオノズカラの共通点と相違点を述べているが、ここでは共通点を指している。

問六　直前の内容を指すと判断できるが、六十字以内という字数を考え、同段落の内容をまとめよう。

問七　床の間という人工的（不自然）な環境に調和させるためには、人工（不自然）を加えることこそ自然というのが夢声の考え方である。これと同じ考え方はどれか。

問八　次段落の三つの表現に合致する考え方を選ぼう。

問九　「有為自然」の例は徳川夢声のいう自然であり、「無為自然」は老荘が説いた思想である。

問十　「有と無との対立についても、同じことがいえる」がヒント。

いるかとたずねると、たいていは夜ふかしをして朝寝をするという答えが返ってくる。これなども［ A ］ということになりそうである。

　このように、日常の生活で用いている自然や不自然という言葉は、すこし角度を変えてみると、すぐ逆転する可能性をもっている。ということは、自然という言葉自体がそれほど明確な内容をもっていないということである。

　自然の「然」は、そのようであること、または、そのようになること、をあらわす助辞にすぎないから、意味の中心になっているのは「自」である。

　昔漢文の時間、「この自はミズカラか、それともオノズカラか」という質問を先生からよく受けたことがある。それは、自に二つの意味があるという理解があったためである。

　ミズカラのほうは、自分で手を下して何ごとかをするばあいに使う。これにたいしてオノズカラは、自分が手を下さないでも、そのことが自動的に運ぶばあいに用いられる。もうすこし詳しくいえば、ミズカラには意識や努力がともなうのにたいして、オノズカラはそうした意識や努力を必要としないことをさす。もしそうだとすれば、ミズカラとオノズカラとは正反対の意味をもつことになる。

　ところが、この自はミズカラかオノズカラかという質問を中国人にすると、いくら日本語のうまいものでも、何のことやらさっぱりわからないのが普通である。つまり中国人は、そのような区別をしていないのである。いや、中国人でなくても、すこし広く漢文を読んでいると、ミズカラとよんでもイ具合が悪く、オノズカラとよんでも具合の悪いような「自」に出会うのである。つまりそれはミズカラでもなく、オノズカラでもないわけである。

　それでは「自」の本来の意味は、どのようなものであるか。②いちばん手っとり早いのは、その反対語である「他」という語をおいてみることである。つまり自とは

「他ではない」ということである。もう少し親切にいえば、自とは「他者の力を借りないで、それ自身に内在する働きによること」であるはずである。これが自の第一義にほかならない。

ひるがえって、さきのミズカラとオノズカラを、この自の第一義から見るとどうなるか。実はミズカラもオノズカラもどちらも自の第一義を共通の地盤としているのである。ただ異なるのは、ミズカラでは自身に内在する働きがあらわれるときに意識や努力をともない、オノズカラでは同じことが意識や努力をともなわないのである。もし意識や努力の有無ということを除外するならば、両者の区別がなくなってしまう。漢語の「自」というのは、③本来このような意味のものである。

自然という熟語についても、まったく同じことがいえる。それは「他者の力を借りないで、それ自身に内在する働きによって、そうなること、もしくはそうであること」である。

しかし、ここにあげた自然の第一義だけで、実際に使用されている自然という語の意味を完全に説明できるかといえば、それはそうではない。実は「他者の力を借りないで」というが、その他者が具体的に何であるかは、その場その場で異なっている。したがって自然の具体的な内容は、何を他者としておくかによって決定される。他者が変われば、自然の内容もそれにしたがって変わる。自然の多義であるのは、実はこれに対応する他者が動くためである。

この第一義を忠実に守って自然を解釈し、それを自己の哲学としたものに、[注4]晋《しん》の郭象《かくしょう》がいる。

郭象のいいたいことは、こうである。もし万物の主催者とか、造物主といったものが存在するとすれば、万物はその規定に従わなければならないことになる。つまり万物は、主催者や造物主という他者の規定を受ける結果、他然となってしまい、自然ではなくなる。したがってもし万物がそれぞれに自然であるとすれば、万物を生じさせる原因といったものは存在しないことになる。たとえそれが宇宙の主催者であろうとも、あるいは万物を生み出す造物主であろうとも、それが万物にとって他者であるとすれば、その存在を許すことはできない。

すなわち、自然の第一義を忠実に守る郭象は、まず万物の主催者（造物主）の存在を否定した。しかし、否定はそれだけにとどまらない。さらに進んで、B と独特の主張をするのである。

したがって物の生成を説明するさいには「いきなり、自得し独化す」「突然にして此の生を自得す」「みな忽然《こつぜん》として、自《みずか》ら爾《しか》るなり」などといった表現を用いている。

自然とか、無為自然とかいう語は、老荘の書にはじめてあらわれるもので、もともとは老荘学派の専用のものであった。それでは、なぜ老荘は無為と自然を結びつけて説いたか。先の自然の第一義の「他者」を、人為または意識的な作為としてとらえるとき、そこに無為自然の思想があらわれる。この人為を対立者として排除する自然が、すなわち無為自然である。

学問という人為は、日々に知識を増すというプラスの方面をとるが、これに反して自然の道は、人為をなくすというマイナスの方向をとり、日々にへらして最後には完全な無為（自然）に到達するのである。

それではなぜこのように老子は人為をいやしみ、自然をとうとぶのであろうか。老子の時代は明確でないにしても、すくなくとも戦国の乱世を背景にしていることには疑いがない。この退廃と無秩序をもたらした原因を、老子はひとえに人為に求めるのである。

自然の道徳が失われたところに、人為の道徳仁義が生まれる。礼はこのような人為文化の象徴ともいえるものであるが、それだけに自然の真心の喪失をしめすものであり、世の混乱を引き起こす根本原因となるものである。

人間の知恵は、ものを理解しようとするとき、必ずその物を二つに分け、対立を設けるものである。このことを証明するためには、日常の用語を反省するだけでよい。彼《あそこ》と此《ここ》、是《ぜ》と非《ひ》、善と悪、美と醜、生と死というように、人間の思考は無数の対立概念から構成されている。対立をつくり、分別をするのであるから、これを相対差別といいかえてもよい。人間の言葉、したがって人間の思考は、この相対差別を離れてはありえないことがわかる。

そこで問題になることは、このような相対差別にもとづく認識が、はたして事物のありのままの姿をとらえるものであるか、ということである。人間は分別という人為によって、ありのままの物の姿——自然を損《そこ》なってはいないだろうか。ここに人為と自然という問題が、認識と真理というかたちになってあらわれる。

まず此と彼という対立差別についてみよう。此というのは、現在の私の身体がある場所をさしている。これにたいして彼というのは、現在の私の位置から離れた場所のことである。われわれの常識は、場所に彼と此との区別があることを信じて疑わない。

しかしこの常識をゆるがすことは、さほど困難ではない。私がすこし身体を移動させただけで、いままで此であった場所が彼になり、いままで彼であった場所が此になる。つまり彼此という差別は、私の身体に対してのみ存在するのであり、④その意味で、相対的なものである。

人間の身体という限定から切り離された空間、いわば絶対的空間においては、彼此という差別が存在するはずがない。分別という人為が加わらない自然のままの空間には、彼此という差別はない。われわれ人間は、差別という人為によって、ほんらい一であるべき自然の世界を無理に二分しているのである。

有と無との対立についても、同じことがいえる。われわれ人間の常識は、存在のありかたを二つに分けて、有と無との差別をする。しかし⑤ありのままの自然の世界には、はたして有と無の区別があるのだろうか。

〈森三樹三郎『無の思想』による〉

注1 **徳川夢声**　現在でいうマルチタレント。問題文にある「問答有用」は、週刊朝日に8年間400回に及んで掲載され、菊地寛賞を受賞している。

2 **勅使河原蒼風**　生け花作家。草月流初世家元。国際的にも評価高く、61年レジオン・ドヌール（仏）受賞。

3 **免許皆伝**　武芸、芸道などの世界で、師から弟子にその奥義を伝授すること。

4 **晋の郭象**　3世紀ころの人。当時流行した『荘子』の注釈書『荘子郭象註』（現存する荘子注釈書の最古の物）を著した。

問一　——線部**ア**・**イ**はそれぞれ何を指しているか。その指している事柄を書け。

問二　徳川夢声の批評は、勅使河原蒼風の意見に賛成したか、それとも反対したか。そう判断した理由も付けて答えよ。

問三　——線部①「この場合、免許皆伝を受けたのは勅使河原蒼風のほうであった。」とはどういうことか。説明せよ。

問四　——線部②は、ものを考えるとき一般的によくつかわれているやり方である。著者はこのようなやり方を何と言い換えているか。本文中から抜き出せ。

問五　——線部③「このような」の指している内容を本文中から抜き出せ。

問六　——線部④「その意味」を六十字以内で説明せよ。

問七　［**A**］からは故意に文章が抜いてある。文意が通るように入れるべき最もよい文章を、次の**ア**〜**オ**の中から一つ選び、記号で答えよ。

ア　そういう不健全な生活を送っている人は、薬を飲む以前に問題があり、薬を飲むことが不自然だなどというのは、この際何の関係もないのだ

イ　薬だからといって、すべてが不自然なわけではないのだから、早く薬を飲んで体調を整えることが自然の理にかなっているのだ

ウ　勅使河原蒼風の考え方からいうと、日常生活のなかにおける自然というものは、人が手を加えてなりたっているから、薬は飲むべきだ

エ　夢声風の自然の考え方からいえば、そういう不自然な生活には、不自然な薬を飲むことが、かえって自然だ

オ　自然、不自然ということは、周囲の状況によっていかようにも変化するものであるから、そのことをよく認識してかからなければならないのだ

問八　B に入れるべき最もよい文章を、次の**ア**〜**オ**の中から一つ選び、記号で答えよ。

ア　一般にものの生成には原因が存在しない

イ　この世のすべては、人力を除いては考えられない

ウ　すべての存在は天の意志のみにより下された

エ　この世のものはすべて、遥かなる宇宙から飛来した、

オ　この世の生成は、人為を越えた不思議による

問九　本文中、〰〰線の付いた二つの語、「有為自然」と「無為自然」の違いを簡潔に説明せよ。

問十　——線部⑤は「はたして有と無の区別があるのだろうか。」と疑問のかたちで終わっているが、その答えは既に用意されている。そのことについて説明せよ。

21 次の文を読んで、あとの各問いに答えよ。

生きていることは歓びなのだと思う。生きていることの中に歓びや苦しみがあるということではなくて、まずは生きていることそれ自体が歓びなのだ。

こう書くとすぐに①反論が予想される。「生きている」という状態は、たんに生体の中での化学的な反応や電気的な反応が恒常的に継起している状態にすぎない。おまえが軽率にも書いた「歓び」という状態も、脳の中の特定の部位が反応している状態にすぎなくて、人間はそれを「歓び」と言っているけれど、将来の進化したコンピュータやいつか出会うかもしれない宇宙人に言わせたら、それはあくまでも客観的に「××が反応している」ということだけであって、「歓び」というような〝判断〟は人間のローカリズムの証明にしかならないだろう――というようなものだ。

人間はまず肉体のレベルで存在していて、そこに言語が上書きされることで「人間」となる。別の言い方をすると、人間とは肉体のレベルでだけ存在しているのではなくて、そこに言語が上書きされなければ「人間」とはならない。しかしまた別の言い方をすると、言語だけがあっても肉体がなければ人間は存在することができない。

偶然見つけた新聞の記事にこんなことが書いてあった（読売新聞二〇〇〇年七月九日朝刊）。石橋幸緒という十九歳の女流棋士は先天性の腸閉塞で生後九ヵ月で手術したが、医者からは元気に育つのは難しいと言われた。

「栄養補給はすべて点滴で、口から取るのは薬だけ。苦い粉薬さえ〝食べられる〟のがうれしくて、すぐに飲み込むのがもったいなくて、水も飲まずに、『おいしい』と口の中でもぐもぐ味わっていたのを覚えています」

②ここで、「おいしい」という言葉は、「まずい」と対になる〝判断〟を意味してい

---

21 **読解のために**

問二 同段落末尾に「――というようなものだ。」とあるので、ここまでの要旨が答えとなる。「ローカリズム」は一般には「地方主義、偏愛主義」のことだが、ここでは人間という限定された立場を指す。

問三 同段落の内容から読み取る。

問四 同段落末尾に「というものだ」とあるので、まずここまでが構造主義の考え方の説明となる。二つ後の段落に「構造主義が言うように、……かもしれない」とあるのも見逃さないようにしよう。

問五 「存在することのリアリティ」は、「差異の体系」としての「言葉」以前、つまり差異の体系の外にある。

問六 「見える」ことは対象を特定しないが、「見る」ことは個別の対象を見ることである。

問七 「これらの例が何を表わしているかというと…」に着目する。

問八 逆の考え方とは、「言語とははじめから〝差異の体系〟として人間に与えられたもの」であるとする構造主義の考え方を指す。

ない。「味がある」という事実、さらには「食べる」という行為それ自体を指し示している。人間は――ここでは「動物は」とも言い換えられると思うが――「おいしいから食べる」のではなくて、「食べることがおいしいから食べる」のだ。口に物が入り、その大きさ硬さ柔らかさ甘さ苦さ……etc.を感じ、それを舌や歯や顎の連携で噛み砕いたり捏《こ》ねるようにしたりしたあとに飲み下していく……という、一連の行為それ自体が「おいしい」ということで、原初的には味に対する〝判断〟は介在しない。「生きていることは歓びなのだ」と言うときの「歓び」とは、この「おいしい」と同じ次元で起こっていることだ。

（Ａ）、言葉の用法として、この「歓び」や「おいしい」は間違っている。なぜなら、〈人間＝肉体＋言語〉という構図を想定した場合、いま私が主張している「歓び」や「おいしい」は、肉体において起こっている事態なので、それに言語をあてはめることはできないのだから。――これは本当だろうか。

〈人間＝肉体＋言語〉という式のようなものを書くと、人間という現象が肉体と言語という二つの要素に分解可能なような錯覚を与えかねないけれど、本当は、人間とは肉体と言語がガチッとセットになっているというか相互に浸透し合う入れ子構造のようなものになっていて、二つに分けて考えることはできない。人間において、肉体とは言語と不可分で、言語もまた肉体と不可分だ。つまり、〈肉体＝肉体＋言語〉という式と〈言語＝肉体＋言語〉という式をうちに含み込んだ上で、ようやく、〈人間＝肉体＋言語〉という式を想定することが可能になる。

③構造主義は言語をたんに〝差異の体系〟と考えた。その場合、「歓び」とは「苦しみ」と対になった「歓び／苦しみ」の片側であり、「おいしい」とは「まずい」と対になった「おいしい／まずい」の片側の状態ということになってしまう。また、構造主義は言語を〝完成されたもの〟と考えた。（Ｂ）言語とははじめから〝差

問九　顔や頭のよし悪しは〝社会的な価値の網目〟の一つ。また、「物が見える」という事例が示しているものは何だろうか。

異の体系〟として人間に与えられたものであって、言語の発生の瞬間など考えようとしてみても意味がないし、そんなものはロマンティックなフィクションでしかない、というものだ。

　しかし言語は根底のところで強固に人間の肉体と結びついている。存在することそれ自体と結びついている、と言い換えてもいい。肉体という基盤がなかったら、言語は発生しなかったし、人間のものにもならなかった。言語の発生を事実として確認することは不可能に近いだろうけれど、それを理由に「フィクション」や「空想」と言って切り捨てることは、むしろ思考の放棄だと私は思う。言語は発生において肉体を必要とした。存在していることのリアリティがなかったら、言語は生まれなかった。言語には存在することのリアリティが裏地として息づいている。石橋幸緒女流棋士の「おいしい」はまさにそういうものとして、言語の発生と結びついている。

　言語をただ〝差異の体系〟と考えるのではなくて、言語から、その裏に息づいている肉体や存在することのリアリティを発見し直すことが必要なのだ。構造主義が言うように、人間は「人間」への進化の入り口に立ったときにすでに、完全に〝動物性〟から断ち切られて、自然との連絡をいっさいなくしていたのかもしれない。そういう考え方もできないわけではないが、この考え方の方がむしろ科学性を欠いた迷信か独断だと思う。

　人間だって特殊な状態に置かれると、「おいしい」が「おいしい／まずい」という〝差異の体系〟の内側での〝対〟ではなくて、④言葉に先行する存在することのリアリティを取り戻す。（Ｃ）、ことさら特殊な状態に置かれていなくても、人間は進化の系の末端に位置する種として、鳥や虫たちが花や木の実を発見するメカニズムと同質のメカニズムを人間的に変形させて、花や木の実を見て「美しい」と思う。

人間は自然と完全に断ち切られているわけではなくて、動物と同じ自然への感受性（＝神経細胞の発火）を濃厚にとどめている。人間が木の実を好んで食べる理由を、「サルが食べているのを見て学習したから」と考えるより、「サルだったときから食べつづけていたから」と考える方が、ずっと自然だし論理的だ。

あるいはまた、恋愛の真っ只中にいるとき、その相手は〝差異の体系〟の外にいる。好きな相手は他の誰かとの比較やそれ以前に恋した相手との比較を超える。いま好きなその人が〈私〉の心の動きのすべてを見ていて、〈私〉の判断は〈私〉の心に住むその人に委ねられる。つまり、〝絶対化〟する（というか、絶対化した相手だけが〝恋人〟になる）。思春期に恋愛の破綻が引き金となって分裂病を発症するケースが、稀にとはいえ確実にあるのは、恋人が〈私〉の精神の活動の根源を支えるような錯覚をもたらすからだ（これほど深刻ではないにしても、誰でも失恋したときには、「世界が終わる」ように感じるものだし、しばらくは世界が輝きを失って見えるものだ）。

親子の関係ももちろん、〝差異の体系〟の外にある。親が子どもをかわいいと思うのは、「自分に似たところがあるからかわいい」わけではなく、（Ｄ）「他の子どもよりも姿形がいい（頭がいい…etc.）からかわいい」のではなくて、「自分の子どもだからかわいい」。それ以外に理由はないし、それ以外の理由を求める必要もない。逆に子どもの立場からすれば、自分が親にかわいがられる理由が「親子だから」という単純極まるものだけが安心できる理由で、「顔がかわいいから」だの「頭がいいから」だのといったもっともらしい理由が出てきたとき、子どもの安心は奪われる。そういう評価にまつわる理由が出てきたとき、子どもは親の〝社会的な価値の網目〟の一画を占める存在にすぎないものになってしまう。

（Ｅ）「現代社会の病理」ということを言うなら、子どもは早すぎる時期に幼児教育などの価値の網目に投げ入れられて、親はその〝網目性〟を隠蔽するために、電車などの公共の場で子どもを叱らないという愛を演じる、という逆転が病理の原因となっている。愛は〝差異の体系〟の外にあるものなのだから（つまり、〝差異の体系〟の外にあるものしか〝愛〟とは呼ばないのだから）、親子の関係の根底で駆動していないかぎり〝愛〟でない、ということを子どもは明確に認識している。

そのような一見〝高度〟な認識が子どもに可能になる理由も、愛が言語に先行するものだからで、言語的な認識力や理解力がなくても愛を認識することはちっとも難しいことではない。

話が飛躍してしまった。言語の発生においても、言語の習得においても、人間は肉体なしに、言語を発生させることはできなかったし、言語を習得することもできなかった。

言語と人間は同時に生まれたのではなくて、人間の肉体が言語に先行して存在した。何より肝心なのはここだ。私がこだわっている、存在することの驚異や不可解さ、「死」を記述することの可能性、「生」と「死」にまつわる通念の否定と書き換え、……というようなことへの突破口（?）のようなものが、人間の肉体が言語に微差で先行していることへの注意の喚起によって、可能になるのではないかと思う。

この世界は、思考の結果によって「ある」のではない。この世界が「ある」のは、世界にあるものが見えて、世界で鳴っている音が聞こえているからだ。⑤世界とは部分の総和ではない。存在が存在者の総和ではないのとまったく同じ意味で、世界とは部分の総和ではない。「見える」ことと「聞こえる」こととは、最も原初的な意味では対象を特定しない（つまり、対象がない）。「見える」ときに見ているものは、個別の対象ではなくて、世界それ自体だ。

「見える（see）」によって世界が存在をはじめるから、「見る（look）」という行為が可能になる。「見る」（たとえば、視界を横切る鳥）によって世界は個別の対象として分節化され、同時に人間の中に注意なり意識なりが生まれる。逆に、うわの空でただ何か（＝世界）が見えているとき、注意なり意識が戻ってきた途端に「見える」が「見る」に転化して、世界は姿を隠して個別の対象になる。

「見る」と「注意（意識）」は、どちらが先とも決められないけれど、「見える」ことは「見る」と「注意（意識）」に先行して起こっている。「見える」こと（「聞こえる」こと）が言語の裏地であり、起源であり、根拠である。「見える」が「存在」＝「ある」をもたらす。「見える」は「見えない」と〝対〟ではなく、「ある」は「ない」と〝対〟ではない。

言語というのは、⑥肉体に遅れて、肉体を起源として生まれたものだから、あちらこちらでほつれがある。〈目―見える・見る〉〈耳―聞こえる・聞く〉〈鼻―匂う・嗅ぐ〉という関係を並べていくと、肌は「感じる」となって、「感じる」には「見える／見る」のような、注意（意識）をともなわない状態とともなう状態の二種類の使い分けがない。

また、「見える」は「物が見える」と言うが、「聞こえる」では「物が聞こえる」とは言わずに、「音が聞こえる」となる。これは「見る」「聞く」のときにも変わらない。しかし「音」と「物」は〝対〟の関係ではない。「聞こえる―見える」を対とするなら、「音」に対しては「光」となるはずだけれど、「物が見える」ではなくて「光が見える」と言ってしまったら、見えているのは〝世界〟ではなくて〝個別の対象〟になってしまう。

これらの例が何を表わしているかというと、言語は人間の肉体の感受性の濃淡が影を落としているために、論理的に整合性のあるきれいな一覧表に配置することができない、ということだ。

言葉を一覧表に並べて人間の感覚器官と対応させてみれば、間違いなく視覚に関わる言葉が一番多く、使用法も細分化されていて、嗅覚や触覚となるとかなり大雑把になるはずだ。

　言語と人間は同時に生まれたのではなく、まして言語があったから人間が人間になったわけでもないことは、この言葉と感覚器官との対応でも明らかで、言語は肉体を裏地として持っている。⑦肉体がなければ言語は生まれなかった。――だからと言って、「肉体があれば言語が生まれる」わけではないのは、犬やトカゲから言語が生まれなかったことで簡単にわかることだけれど、もしも犬が言語を持ったとしたら、聴覚と嗅覚に関わる言葉が人間にはとうてい理解できないほどに多岐にわたって細分化されて意味の深みも増して、反対に視覚と前足（＝手）に関わる言葉はかなり大雑把なものになるだろう。

〈保坂和志『世界を肯定する哲学』による〉

問一　（Ａ）～（Ｅ）に当てはまるもっとも適当な語を次の**ア**～**カ**の中から一つずつ選び、記号で答えよ。

ア　つまり　**イ**　まして　**ウ**　たしかに　**エ**　また　**オ**　しかし

カ　あえて

問二　――線部①「すぐに反論が予想される」とあるが、この「反論」の主旨としてもっとも適切なものを次の**ア**～**オ**の中から一つ選び、記号で答えよ。

ア　言語だけがあっても肉体がなければ人間は存在することができないのだから、軽率に「歓び」と言うことはできない。

イ　生きていることそれ自体が歓びなのではなく、生きていることの中に歓びや苦しみがあると考えるべきだ。

ウ　「歓び」は、肉体において起こっている事態なので、それに言語をあてはめることはできない。

エ　「生きている」という状態は、たんに生体の中での化学的な反応や電気的な反応が恒常的に継起している状態にすぎない。

オ　客観的に見ると「××が反応している」という以外のなにものでもないのに、それを「歓び」と結びつけるのは人間の立場からの〝判断〟にすぎない。

問三　――線部②「ここで……〝判断〟を意味していない」とあるが、その理由としてもっとも適切なものを次の**ア**～**オ**の中から一つ選び、記号で答えよ。

ア　「おいしい」か「まずい」かは主観的な判断であり、人それぞれなので、それを客観的に決めることはできないから。

イ　「食べる」という行為それ自体を「おいしい」と表現しているのであって、食べた後にそれが「おいしい」ないし「まずい」と〝判断〟しているわけではないから。

ウ　口から取れるのは薬だけで、苦い粉薬さえ〝食べられる〟のがうれしくて、すぐに飲み込むのがもったいないほどおいしかったから。

エ　人間はまず肉体のレベルで存在していて、そこに言語が上書きされることで「人間」となるから。

オ　生きていることそのものが「歓び」であるというときの「歓び」と「苦しみ」が対とならないのと同じように、あくまで「おいしいから食べる」のであるから。

問四　――線部③「構造主義は言語をたんに〝差異の体系〟と考えた」とあるが、この「〝差異の体系〟」とはどのような考え方か。その説明としてもっとも適切なものを次の**ア**～**オ**の中から一つ選び、記号で答えよ。

ア　人間は「人間」への進化の入り口に立ったときにすでに、完全に〝動物性〟

から断ち切られていたのだから、言語の発生の瞬間など考えても意味がないという考え方。

イ　言語は根底のところで強固に人間の肉体と結びついていると考え、言語から、その裏に息づいている肉体や存在することのリアリティを発見し直そうとする考え方。

ウ　愛を言語に先行するものと見なし、自分の恋人や子どもを〝絶対化〟することで、〝社会的な価値の網目〟の外にあるものとする考え方。

エ　言語の発生を「フィクション」や「空想」と言って切り捨てることなく、言語は発生において肉体を必要としたとする考え方。

オ　〈肉体＝肉体＋言語〉という式と〈言語＝肉体＋言語〉という式をうちに含み込んだ上で、〈人間＝肉体＋言語〉という式を想定するような考え方。

問五　――線部④「言葉に先行する存在することのリアリティ」の具体例として**合致しない**ものを次の**ア**～**オ**の中から一つ選び、記号で答えよ。

ア　石橋幸緒女流棋士の「おいしい」という言葉

イ　「自分の子どもだからかわいい」ということで成立する親子関係

ウ　鳥や虫たちが花や木の実を発見するメカニズム

エ　他の誰かと比較したり、それ以前に恋した相手と比較した上で成立する恋愛関係

オ　言語的な認識力や理解力がなくても認識される愛

問六　――線部⑤「世界とは部分の総和ではない」とあるが、これはどういうことか。「見える」と「見る」という語を用いて、百字以内で具体的に説明せよ。

問七　――線部⑥「肉体に遅れて、肉体を起源として生まれたものだから、あちらこちらでほつれがある」とあるが、この「ほつれ」について本文中で説明して

いる箇所を六十字以内（句読点等含む）で抜き出し、その最初と最後の五字を記せ。

問八　――線部⑦「肉体がなければ言語は生まれなかった」とあるが、これと**逆の**考え方を筆者はどのように評価しているか。本文中から十五字以内で抜き出して記せ。

問九　次の各文のうち、本文の内容と**合致しない**ものを**ア～キ**の中から**二つ**選び、記号で答えよ。

ア　人間が木の実を好んで食べる理由は、「サルが食べているのを見て学習したから」ではなく、鳥や虫たちのメカニズムと同質のメカニズムをもっているからである。

イ　人間において肉体と言語は相互に浸透し合う入れ子構造のようなものになっているので、肉体において起こっている事態を「歓び」や「おいしい」と言語で表現しても間違いではない。

ウ　「顔がかわいいから」とか「頭がいいから」といった理由で、子どもをかわいがっても、それでは親の〝社会的な価値の網目〟の一画を占める存在とはなれないので、子どもは安心を得ることができない。

エ　人間では、嗅覚や触覚に関する言葉は視覚に比べるとかなり大雑把だが、かりに犬が言語を持ったとしたら、聴覚と嗅覚に関わる言葉は多岐にわたって細分化されると思われる。

オ　「生きていることそれ自体が歓びなのだ」という主張に対して、生体の中での恒常的な反応にすぎない「生きている」という状態を「歓び」に結びつけるのは人間だけであるという反論が予想される。

カ　「見える」ことや「聞こえる」ことが言語の裏地であり、起源であり、根拠であるが、「物が見える」という事例からも明らかなように人間にとって視覚が聴覚よりも根源的であるのは疑いない。

キ　構造主義は言語を〝完成されたもの〟と考えたので、言語の発生について考察することは無意味であり、そんなものはロマンティックなフィクションでしかないと切り捨てる。

㉒　次の文を読んで、あとの各問いに答えよ。

ファミリーレストランに行ってメニューを開くと、たとえば「ハンバーグ定食、八九三キロカロリー」などと書いてあります。体重が気になる人は、できるだけカロリーの少ないものを選ぶかもしれません。けれども、食べ物をカロリーに[ア]カンサンすると、生命現象の非常に大事な側面を見失ってしまうことになります。

食べものはカロリー源であり、私たちはそれを燃焼させて熱エネルギーにし、体温や運動エネルギーに変える。私たちの体内には自動車のエンジンのようなものがあって、ガソリンを注ぎ込めば、それを燃やして運動エネルギーに変えて、自動車つまり体を走らせることができる。この見方は、とりもなおさず、[イ]タンテキな機械論的生命観です。

ワトソンとクリックが二重ラセン構造を解いたのは、一九五三年のことでした。しかし、それに先立つこと一〇年以上前に、ルドルフ・シェーンハイマー（一八九八―一九四一）というドイツに生まれアメリカに[ウ]ボウメイした一人のユダヤ人科学者が、もっと重要なことを発見していました。彼は、[a]食べものというのは、単なるカロリー源ではないということを明らかにしたのです。

シェーンハイマーの実験は非常にシンプルなものでした。ネズミに食べものを食

㉒　読解のために

問一　ア「カンサン」はある単位の数量を別の単位の数量に計算し直すことなので、「置きカえて計サンする」と覚えよう。**エ**「ドウイタイ」は、原子番号が同じで原子量が異なる元素のこと。

問三　五つ後の段落に「つまり、食べものの分子は、単にエネルギー源として燃やされるだけではなく……」とあるのに着目。その後の体全体の分子の流れも含めて一〇〇字以内にまとめる。

問四　筆者は初めに「動的平衡」を「生命現象の非常に大事な側面」と述べている。

問五　「臓器移植」はどちらの考え方に基づいているものか。また、予衡とはどのような状態を意味す

べさせて、その食べものの分子がネズミの体の中に入ったあと、どこへ行き、どうなるかを追跡していったのです。彼はドウイタイ[エ]（アイソトープ）標識法という方法で元素に目印を付け、その元素を含むアミノ酸を作り、ネズミに三日間、食べさせました。

　最初はシェーンハイマー自身も、食べものは体内で燃やされて、何時間か、あるいは何日かあとに、目印を付けた元素を含む燃えかすが、呼吸や糞尿の中に排泄[オ]されると予想していました。

　ところが実験の結果は、シェーンハイマーの予想を見事に裏切りました。目印を付けたアミノ酸は全身に飛び移り、その半分以上が、脳、筋肉、消化器官、骨、血管、血液など、あらゆる組織や臓器を構成するタンパク質の一部となっていました。食べものは、ネズミの体の一部となって、その場に留まっていたのです。

　しかし、その三日間で、ネズミの体重は増えていませんでした。このネズミは大人のネズミだったので、成長しないで、ほぼ同じ体重で留まっていたのです。食べものには重さがあります。食べものがネズミの体の一部になったのならば、その食べものの分の重さがネズミの体重に加わるはずです。なのに、体重が増えないということは、なにを意味しているのでしょう。

　このことから、食べものは体の中に入って、体の一部に変わるけれど、もともとそこにあった分子は分解され、体の外に捨てられた、ということが考えられます。つまり、食べものの分子は、単にエネルギー源として燃やされるだけではなく、体のすべての材料となって、体の中に溶け込んでいき、それと同時に、体を構成していた分子は、外へ出て行くということです。

　実際に、実験の次の段階で、目印を付けていない普通の食べものをそのネズミに与えると、今度は、その食べものがネズミの体の一部となり、その前にネズミの体

るか。

の一部となっていた目印を付けた分子は、分解されて、排出されました。

　このようにして、食べものは体の中を通り抜けていく。しかし、「通り抜けていく」という言い方は正確ではありません。何か実体があって、その中を通り抜けていくわけではなく、食べものの分子そのものが体を（カ）イッシュン作り、それが分解されて、また流れていく。体というふうに見えているものは、そこにずっとあるわけではなくて、絶え間なく合成され分解されていく、流れの中にあるのです。

　そして、それはどんな分子でも例外ではありません。分裂しない脳細胞でも、生まれたときから死ぬときまで、たとえば八〇年間、そこに同じ原子があるわけではないのです。細胞としてはずっと同じ位置にありますが、細胞の中のタンパク質もDNAも、ものすごく速い速度で、すべて入れ替わっています。

　皮膚や髪は、（キ）剥落したり抜けたりするので、入れ替わることが実感できますが、硬くてかっちりした印象を与える骨や歯のようなものでも、その中身は入れ替わっています。体のすべての分子は食べものの分子と絶え間なく入れ替わり、全体として流れているのです。

　このようにして、シェーンハイマーは、 X を明らかにし、その有りように「（ク）動的平衡」という名前を付けました。

　私たちの体内に自動車のエンジンのようなものがあるとするなら、動的平衡状態では、ガソリンは燃やされるだけでなく、その成分がエンジンのネジや金属板やパイプなど、あらゆる部品へと変わってエンジンを構成し、やがて分解されて出て行く、ということになります。これは、機械論的生命観と、まったく異なる生命観です。

〈福岡伸一『生命と食』による〉

問一　――線部**ア・イ・ウ・エ・カ**の片仮名を漢字に直せ。

問二 ――線部**オ・キ・ク**の漢字の読みを答えよ。

問三 ――線部**a**はどんなことを意味しているか。文中の言葉を用いて一〇〇字以内で説明せよ。

問四 X にあてはまる語句として最も適切なものを次の**ア**～**オ**の中から一つ選び、記号で答えよ。

ア 食べものは単なるカロリー源ではないこと
イ 食べものは体の一部となって生命あるものへと変化すること
ウ 食べものは体の中を通り抜けてゆくこと
エ 生命が絶え間のない流れにあること
オ 食べ物の分子は常に入れ替わっていること

問五 「臓器移植」という観点から、この文章で述べられている「機械論的生命観」と「動的平衡」という二つの考え方を比較した場合、どんなことが言えるか。一二〇字以内で説明せよ。

23 次の文を読んで、あとの各問いに答えよ。

「学び」という営みは、それを学ぶことの意味や実用性についてまだ知らない状態で、それにもかかわらず、これを学ぶことがいずれ生き延びる上で死活的に重要な役割を果たすことがあるだろうと先駆的に確信することから始まります。「学び」はそこからしか始まりません。私たちはこれから学ぶことの意味や有用性を、学び始める時点では言い表すことができない。それを言い表す語彙や価値観をまだ知らない。その①「まだ知らない」ということがそれを学ばなければならない当の理由なのです。そういうふうな順逆の狂った仕方で「学び」は構造化されています。

---

23 読解のために

問一 **b**「カンキャク」はいい加減に放っておく意、**d**「センセイ」は隠れていて表面に現れない意味。

問二 空欄の前後の内容から考える。**A・B・C**がかぎ括弧つきであることもヒントになる。

問三 「自分が人間であることを自覚する」とき、「胎児から人間へ

「学ぶ力」というのは、あるいは「学ぶ意欲（インセンティヴ）」というのは、「これを勉強するとこういう『いいこと』がある」という報酬の約束によってかたちづくられるものではありません。その点で、私たちの国の教育行政官や教育論者のほとんどは深刻な勘違いを犯しています。子どもたちに、「学ぶと得られるいいこと」を、学びに先立って一覧的に開示することで学びへのインセンティヴが高まるだろうと彼らの多くは考えていますが、人間というのはそんな単純なものではありません。「学ぶ力」「学びを発動させる力」はそのような数値的・外形的なベネフィットに反応するものではありません。

「学ぶ力」とは「先駆的に知る力」のことです。自分にとってそれが死活的に重要であることをいかなる論拠によっても証明できないにもかかわらず確信できる力のことです。ですから、もし「いいこと」の一覧表を示されなければ学ぶ気が起こらない、報酬の確証が与えられなければ学ぶ気が起こらないという子どもがいたら、その子どもにおいてはこの「先駆的に知る力」は[a]スイビしているということになります。私たちの時代に至って、日本人の「学ぶ力」（それが「学力」ということの本義ですが）が劣化し続けているのは、「先駆的に知る力」を開発することの重要性を私たちが久しく[b]カンキャクしたからです。

今の子どもたちは「値札の貼られているものだけを注視し、値札が貼られていないものは無視する」ように教えられています。その上で、自分の手持ちの「貨幣」で買えるもっとも「値の高いもの」を探しだすように命じられている。幼児期からそのような②「賢い買い物」のための訓練を施された子どもたちの中では、「先駆的に知る力」はおそらく萌芽《ほうが》状態のうちに摘まれてしまうでしょう。「値札がついていないものは商品ではない」と教えられてきた子どもたちが「今はその意味や有用性が表示されていないものの意味や有用性を先駆的に知る力」を発達させられるは

の『命がけの跳躍』と見えるもの」は、「実際にはすでに生物学的下絵が描かれて」いて、「その下絵をそれとは知らずに忠実にトレースしているのである」。ヘーゲルの言葉にも着目しよう。

問四　「学び」の構造を整理し、直前の「そういうふうな」が指している事柄を前の部分から読み取る。

問五　「賢い買い物」のための訓練は、値札が貼られていないものは「無視する」よう教える教育である。一方、「先駆的に知る力」は、「自分にとってそれが死活的に重要であることをいかなる論拠によっても証明できないにもかかわらず確信できる力」である。その芽が摘まれてしまう要因に着目して考えよう。

問六　「学ぶ」力は日本人にとってどのようなものなのか。

問七　洋の東西の筆致の違いを論じるために挙げられているのが、筆者を含む辺境の日本人と西洋哲学のカントとヘーゲルである。

問八　全選択肢が比較している「『成長』の比喩」と「『学び』の営み」の違いを読み取る必要があ

ずがない。

けれども、この力は資源の乏しい環境の中で（ということは、人類が経験してきた全歴史のほとんどにおいて）生き延びるために不可欠の能力だったのです。この能力を私たち列島住民もまた必須の資質として選択的に開発してきました。狭隘《きょうあい》で資源に乏しいこの極東の島国が大国強国に伍して生き延びるためには、「学ぶ」力を最大化する以外になかった。「学ぶ」力こそは日本の最大の国力でした。ほとんどそれだけが私たちの国を支えてきた。ですから、③「学ぶ」力を失った日本人には未来がないと私は思います。現代日本の国民的危機は「学ぶ」力の喪失、つまり辺境の伝統の喪失なのだと私は考えています。

「その意味を一義的に理解することを許さぬままに切迫してくるもの」について、「理解したい。理解しなければならない」ということが先駆的に確信されることが「学ぶ」という営みの本質をなしている。その前提については洋の東西で違いはありません。ただ、それを記述するときの筆致にはずいぶん違いがあるように思われます。

西欧哲学の枠組みの中では、「先駆的な知」は相当にcケンロウな基盤を持っています。「どういうわけか、わからないはずのことが、わかる」ということはもちろん世界中どこでも、あらゆる社会で経験されている人間的事実ですから、それを説明する言葉はどこにでもある。西欧哲学ではこれに「アプリオリ」（a priori「より先なるもの」）という術語を当てます。

「アプリオリ」を体系的に整備したのはご存じの通りカントです。「わかるはずのないもの」をカントは「物自体」（Ding an sich）と術語化しました。これは「そういうものがあるはずだ」という論理的な要請によって措定《そてい》されたもので、誰も見たことがない。その「物自体」が感官に触れて生起した雑然たる印象を主観の「直

る。次文で根拠を述べている。

問九　本文の内容と筆者の主張を正確に把握できていることが要求される。迷う場合は肢の細部の表現を確認しよう。

観形式」（時間と空間という枠組み）や「推論形式」に即して整えると、私たちの意識にとっての「現象」が映現する。喩《たと》えて言えば、「原料」を加工した「食材」があり、私たちの厨房《ちゅうぼう》にはその加工済みの「食材」だけが持ち込まれる。どんな「調理道具」を使ったのかは「食材」に残された痕跡から何となく推測できるけれど、「原料」が何であるかはまるでわからない。そういう状況を考えてください。そのときの「原料」が「[A]」、「食材」が「[B]」、「調理道具」が「[C]」です。カントの説明はそう考えるとすっきりしてはいるのですけれど、どこかすっきりし過ぎのような気がする。「どういうわけか」という語に込めた「腰の引け方」が足りないような気がする。（そんなふうに感じるのは私ひとりかもしれませんけれど）。あるいは「[A]」と「[B]」を架橋する「[C]」の機能をどうやって向上させるかという実践的な課題（「『機』の思想」の力点はそこにあります）があまり前景化していないことが不満なのかもしれません。[C]を私は「調理道具」に喩えました（だから、手入れをきちんとしていると、使い勝手がよくなる）。けれど、④「超越論的統覚」の「性能」はどうやったら向上するかというような問いはたぶんカントは一度も考えたことがなかったでしょう。

その印象はヘーゲルでも変わりません。

「自然そのままの意識は、知の可能性をもっているだけで、実際に知を備えているわけではない。が、当初その意識は自分が知を備えていると思いこんでいるから、真の知への道程は知の否定という意味合いをもち、意識の可能性を実現する道行きが、かえって、自己喪失のように感じられる。この道行きで意識は自分が真理だと思っていたものを失うのだから。」

「自然そのままの意識」というのは、私がこれまで「子ども」という語で指しているのとほぼ同じものと思っていただいていいと思います。子どもには「知の可能性」がある。けれども、実際には知を備えていない。そして知を備えていないにもかかわらず、「自分は知を備えていると思いこんでいる」。そのことが彼における知の可能性の開花を妨げている。知の可能性の開花は子どもの主観の側からは「自分が真理だと思っていたもの」の喪失として経験される。この喪失の不快が乗り越えられるためには、今それを失うことを通じて、将来的にそれ以上のものを回復することについての先駆的確信がなければ済まされない。これをヘーゲルは「胎児」の比喩で説明しています。わかりやすい理路です。

「胎児はやがて人間になるはずだが、自分が人間であることを自覚してはいない。理性のあるおとなになったとき、はじめて自分が人間であることを自覚するので、そのとき、そうなるはずのものになったのである。こうして理性が現実のものとなる。」

　胎児はやがて人間になるはずであり、その下絵が胎児のうちにすでに書かれており、胎児はその下絵をそれと知らずに忠実にトレースしているのである、というのがヘーゲルの考え方です。胎児から人間への「命がけの跳躍」と見えるものは、実際にはすでに生物学的下絵が描かれている。ですから、X には「跳躍」でも、Y には決められた道筋を歩んでいることになる。

「成長」の比喩は、ヨーロッパ形而上学が「学び」という営みの主観的な非合理性をうまく説明できていない事情を示しているように思います。でも、こう言ってはヘーゲルに失礼ですが、「胎児の成長」「不可視の設計図」という比喩に頼っていたのでは、⑤やはり学びのダイナミズムはうまく説明することができないのではないかと思います。（無礼を申し上げてすみません）。胎児は放っておいても設計図通り人間になりますが、「学び」は主観的な決断がなければ起動しない。やはり、「学び」への決断は「胎児である」という初期条件からは直接は導き出されない。

ヘーゲル的に言えば、「学び」というのは、本質的には自己発見だということになります。自分の中にすでに置いてあったものをあとから発見する。もともと設計図に書いてあった自分と、実際に構築された自分がぴたりと合致する。それが自己の成就である、と。

「現実の存在がその概念と合致するのは、目的として最初にあるものが結果として出てくる現実存在を可能性としてふくむからである。目的が展開されて現実の存在となるのが運動であり、外へと広がる生成である。そして、このように動きつづけるのが自己なのである。（……）自分に還っていくものがまさしく自己であり、自己とは自分と関係する同一の単純体なのである。」

「自分へと還ってゆく主体」とか「絶対的に自分の外へ出ていきながら純粋に自己を認識する」という、始めと終わりが合致すること、設計図通りにことが進行することを重視するヘーゲルの措辞《そじ》は、私が「先駆性」という言葉で言おうとしていることとずいぶん手触りが違うように思います。先駆性というのは、「これから何が起こるのかわからないのだが、先駆的にわかる」ということなのですが、それは「どこかよそに台本があるから」とか「設計図があるから」という話ではありません。台本や設計図があるのでわかるなら、「わからないけど、わかる」とは言いません。そんなものがなくても、わかる。ただ、ことが終わったあとになって回顧的に見るとあたかも設計図があったかのように思える。それとセンセイ[d]的な仕方で設計図は描かれていたのだというのとは違う話です。

先駆性というのは、「機」の時間論のところで述べましたように、後から見るとそれから起こることを先取りしていたように見えるという事後的印象のことであって、行動しているリアルタイムでは自分が何をしているのかを先取りしているわけではありません。「石火之機」「啐啄之機」の論件で述べたように、先取りすると後手に回るからです。「先取りする主体」というものを想定してしまうと、出来事が起きる前に、それを先取りして準備している主体がもう存在することになる。そして、準備するものは必ず遅れる。入力を待ち、それに反応する限り、必ずそこには隙ができる。待てば必ず遅れる。だから待ってはいけない。

〈内田樹『日本辺境論』による〉

問一 ――線部**a**～**d**の漢字と同じ漢字を含むものを、次の各群の**ア**～**オ**の中からそれぞれ一つずつ選び、記号で答えよ。

a スイビ
- **ア** スイキョウにもほどがある
- **イ** スイウンをたどる
- **ウ** 士気をコスイする
- **エ** 伝統美術のセイスイを展示する
- **オ** イッスイの夢

b カンキャク
- **ア** 双方の意見をカンアンする
- **イ** カンダンのない緊張
- **ウ** 衆人カンシ
- **エ** カンキョウを殺がれる
- **オ** アンカンとして暮らす

c ケンロウ
- **ア** ガンケンな身体
- **イ** 破邪ケンショウ
- **ウ** 使節をハケンする
- **エ** ケンニン不抜
- **オ** ケンボウ術数

d　センセイ
　ア　センレツな印象
　イ　センガク非才の身
　ウ　センシンして研究に打ち込む
　エ　センプウを巻き起こす
　オ　地下にセンコウする

問二　A～C を補うのに最も適当なものを、次の**ア**～**オ**の中からそれぞれ一つずつ選び、記号で答えよ。

ア　感官　**イ**　現象　**ウ**　アプリオリ　**エ**　物自体　**オ**　学ぶ

問三　X、Y を補う組み合わせとして最も適当なものを次の**ア**～**オ**の中から一つ選び、記号で答えよ。

ア　現実的—観念的　**イ**　具体的—抽象的　**ウ**　個人的—社会的
エ　分析的—総合的　**オ**　主観的—客観的

問四　——線部①「順逆の狂った仕方」とあるが、それはどういうことか。その説明として最も適当なものを次の**ア**～**オ**の中から一つ選び、記号で答えよ。

ア　「学び」という営みは、学ぶ意欲をかたちづくられていないにもかかわらず、学びの重要性を確信しなければならないという精神的に不安定な方法をとっているということ。

イ　「学び」という営みは、人生経験の少ない子供であるにもかかわらず、学ぶものを自らで決定しなければならないという教育的に無理な方法をとっているということ。

ウ　「学び」という営みは、実際に学んでもいないにもかかわらず、学ぶことによって得る利益を確信しなければならないという予測困難な方法をとっているということ。

エ 「学び」という営みは、意味や有用性を証明できないにもかかわらず、それを学びはじめなければならないという論理的に整合しにくい方法をとっているということ。

オ 「学び」という営みは、学ぶ意欲と学びによって得る報酬との間に関係がないにもかかわらず、それを信じなければならないという心理的に強引な方法をとっているということ。

問五 ——線部②「おそらく萌芽状態のうちに摘まれてしまうでしょう」とあるが、それはなぜか。自分の言葉で説明せよ。

問六 ——線部③「『学ぶ』力を失った日本人には未来がない」とあるが、それはどういうことか。その説明として最も適当なものを次の**ア**〜**オ**の中から一つ選び、記号で答えよ。

ア 価値の確定していないものを他にさきがけて見いだす力を失った日本人は、世界と互角に戦っていくことができないということ。

イ 幼児期から教育を受け、自由に発想する能力を摘み取られてしまった日本人に、日本の将来を託すことができないということ。

ウ 成績が低下し、融通の利かない人間ばかりが増えては、一寸先は闇である国際社会を日本人は生き抜くことができないということ。

エ 国土が狭く、資源に乏しい国なのに、子どもの教育を蔑ろにしている日本人は、世界の中で生き残ることができないということ。

オ 自分の能力をいかに有効に活用するかという力をなくした日本人は、国際社会の中で存在意識を示すことができないということ。

問七 ——線部④「『超越論的統覚』の『性能』は……なかったでしょう」とあるが、これと対比的な内容を述べた一文を本文中から探し、初めの七字を書き抜け。

問八　――線部⑤「やはり学びのダイナミズムはうまく説明することができないのではないかと思います」とあるが、それはなぜか。その説明として最も適当なものを次の**ア**～**オ**の中から一つ選び、記号で答えよ。

ア　「成長」の比喩では、事後的に自己を発見すると考えているが、「学び」の営みでは、行動しているリアルタイムで自分が何をしているかを先取りしているから。

イ　「成長」の比喩では、予想もしない姿に自己が変わっていくと考えているが、「学び」の営みでは、本来そうあるべき自己の姿に還っていくだけであるから。

ウ　「成長」の比喩では、わからないものがわかるようになると考えているが、「学び」の営みでは、わからないと思っているものが前もって自分のなかに存在しているから。

エ　「成長」の比喩では、学ぶべきことは前もって決定していると考えているが、「学び」の営みでは、わからないことを先駆的にわかると主観的に決断する必要があるから。

オ　「成長」の比喩では、あらかじめ決められた通りに事態は進行するものであると考えているが、「学び」の営みでは、予測していない事態が突発的に生じてくるから。

問九　本文の内容と合致するものを次の**ア**～**オ**の中から一つ選び、記号で答えよ。

ア　主観的な決断をおこなうことで円環を描いて自分へと還っていく自己とは、「先駆的な知る力」をもった主体のことである。

イ　極東の島国という地理的辺境にある日本では、「学ぶ力」を開発しても世界の列強の中で生き延びることは困難をともなう。

ウ　学ぶことの意味や有用性を論拠を持って証明できないにもかかわらず確信できる力を日本人はかつてだれもが持っていた。

エ　意識的であるかどうかに関係なく自分の描いた設計図通りに自己を実現することが学びの本質であり、自己の成就である。

オ　「学び」の営みは、カントの術語やヘーゲルの比喩では十分に説明することができない、主観的な非合理性を持っている。

24　次の文を読んで、あとの各問いに答えよ。

二〇〇四年夏、メキシコ湾で発生したハリケーン・チャーリーは、猛烈な勢いを保ったままフロリダを横切って大西洋へ抜けた。二二人の命が奪われ、一一〇億ドル（注＝一ドル90円とすれば、９９００億円）の被害が生じた。チャーリーは通過したあとに便乗値上げをめぐる論争まで残していった。

オーランドのあるガソリンスタンドでは、一袋二ドルの氷が一〇ドルで売られていた。八月の半ばだというのに電気が止まって冷蔵庫やエアコンが使えなかったため、多くの人びとは言い値で買うより仕方がなかった。木々が吹き倒されたせいで、チェーンソーや屋根修理の需要が増加した。家の屋根から二本の木を取り除くだけで、業者はなんと二万三〇〇〇ドルを要求した。小型の家庭用発電機を通常は二五〇ドルで売っている店が、ここぞとばかりに二〇〇〇ドルの値札をつけていた。老齢の夫と障害を持つ娘を連れて避難した七七歳の婦人は、いつもなら一晩四〇ドルのモーテルで一六〇ドルを請求された。

多くのフロリダ住民が物価の高騰にア憤りを隠さなかった。『ＵＳＡトゥディ』紙

24　**読解のために**

問一　**イ**「不可侵」は侵すことができない、の意味。

問二　「嵐」とはハリケーン・チャーリーを示すが、「ハゲタカ」とは何の喩えか。

問三　A便乗値上げ者が罰金と賠償金を支払う羽目になったことを、空欄の後では「見当違いだと論じていた」と逆の内容を述べている。B「間違っていたとすれば」という文意である。C後の内容は前の内容を言い換えている。

問四　Ⅰ人の弱みにつけこんで儲けようとする人間を表す語が入る。Ⅱ「一般市民の怒りは見当違い

には①「嵐の後でハゲタカがやってきた」という見出しが踊った。ある住民は、屋根から倒木一本をどかすのに一万五〇〇〇ドルかかると言われ、「他人の苦境や不幸を儲けの種にしようとする」連中は間違っていると語った。フロリダ州司法長官チャーリー・クライストも同じ意見で、「ハリケーンの後で困っている人の弱みにつけこもうとする人間の［Ⅰ］には、驚きを禁じえない」と述べた。

フロリダ州には便乗値上げを禁じる法律があるため、ハリケーン・チャーリーの直後には司法当局に二〇〇〇件を超える苦情が寄せられた。なかには裁判で勝訴を勝ちとったものもあった。ウェスト・パームビーチのモーテル（デイズ・イン）は法外な宿泊料をふっかけた顧客に対し、罰金と賠償金合わせて七万ドルを支払う羽目になった。

［A］、クライストが便乗値上げ禁止法を執行したときでさえ、一部の経済学者はその法律や一般市民の怒りは見当違いだと論じていた。中世の哲学者や神学者は、商品の取引は伝統や商品本来の価値で決まる「公正な価格」をもとに行なわれるべきだと考えていた。しかし市場社会の経済学者は、価格は需要と供給によって決まると主張した。②「公正な価格」といったものは存在しないというのだ。

自由市場を信奉する経済学者のトーマス・ソーウェルは、便乗値上げというのは「感情には強く訴えるかもしれないが経済学的には意味のない表現で、ほとんどの経済学者がなんの注意も払わない。曖昧すぎてわざわざ頭を悩ませるまでもないからだ」と述べた。ソーウェルは『タンパ・トリビューン』紙上で「『便乗値上げ』のおかげでフロリダの住民がどれほど助かるか」を説明しようとした。ソーウェルによれば、便乗値上げが非難されるのは、「人びとが慣れている価格よりかなり高い場合」だという。しかし「人びとがたまたま慣れている価格のレベル」が道徳的にィ不可侵だなどということはない。その価格は市場の条件がもたらす「別の価格と

だ」とある。Ⅳ直後の文の内容が示す語が入る。

問五　「価格は需要と供給によって決まる」という主張である。

問六　フロリダ司法長官クライストの言葉である。直後に続く二文に理由が述べられている。

問七　「切羽詰まった」状態とはどんなときか。

問八　便乗値上げで浮上した「Ⅳと法律に関する難問」は個人にとどまらず社会全体に関わる問題であるという文脈である。これが「正義」に結びつく理由を考える。

くらべて特別でもなければ『公正』でもない」のだ。それが、たとえハリケーンによって生じた条件であったとしても。

ソーウェルはこう論じた。氷、ボトル入り飲料水、屋根の修繕代、発電機、モーテルの部屋代などが通常よりも高いおかげで、こうした商品やサービスの消費が抑えられるいっぽう、はるかなウ遠隔地の業者にとってハリケーンの後で最も必要とされている商品やサービスを提供するインセンティブ（注＝この場合、意欲を刺激すること）が増すことになる。八月の猛暑のさなかの停電で困っているフロリダの住民に、氷が一袋一〇ドルで売れるとなれば、製氷会社はどんどん増産して出荷するのが得策だと気づくはずだ。こうした価格になんら不公正なところはないと、ソーウェルは説明した。売り手と買い手が取引する品物に置く価値を反映しているにすぎないのである。

市場を支持する評論家のジェフ・ジャコビーは、『ボストン・グローブ』紙上で同じような論拠から便乗値上げ禁止法に反対した。「市場でつく価格を請求することは暴利行為ではない。強欲でも恥知らずでもない。それは自由な社会で財やサービスが分配される仕組みなのだ」という。ジャコビーは「物価の急騰はひどく腹立たしいことであり、恐ろしい嵐のせいで生活が混乱している人にとってはなおさらだ」と認めていた。だが、一般市民の怒りは自由市場への干渉を Ⅱ するものではない。一見法外な価格も、必要な商品の増産をエ促すインセンティブを生産者に与えることによって、「害よりもはるかに多くの益をもたらす」というのだ。「売り手を悪者扱いしてもフロリダの復興が早まることはない。売り手には思う存分商売をさせてやることだ」というのがジャコビーの結論だった。

先のクライスト司法長官（共和党員で後のフロリダ州知事）は『タンパ・トリビューン』紙の論説コラムで、便乗値上げ禁止法を擁護する論陣を張った。「緊急事態において、人びとが命からがら避難したり、ハリケーンの後で家族のための必需品を手に入れようとしているとき、良心に照らして不当な価格を請求されているとすれば、政府はそれを傍観するわけにはいかない」。クライストは、こうした「良心に照らして不当な」価格が真に自由な取引に基づいているという考えを否定した。

③これは正常な自由市場の状態ではない。自発的な買い手が自由意思で市場に参入し、自発的な売り手に出会い、需給に応じて価格が合意されるわけではないからだ。［Ⅲ］では、オ切羽詰まった買い手に自由はない。安全な宿泊施設のような必要不可欠なものの購入に選択の余地はないのだ。

ハリケーン・チャーリーが通り過ぎた後で巻き起こった便乗値上げをめぐる論争は、［Ⅳ］と法律に関する難問を提起している。商品やサービスの売り手が自然災害に乗じ、市場でつく価格であればいくらでも請求することは間違っているのだろうか。［B］、法律はなにをすべきだろうか（できることがあるとしての話だが）。売り手と買い手が持つ取引の自由に介入することになっても、州は便乗値上げを禁止すべきなのだろうか。

これらの問題は、個人がおたがいをどう扱うべきかというテーマにかかわるだけではない。法律はいかにあるべきか、社会はいかに組み立てられるべきかというテーマにもかかわっている。［C］、④これは「正義」にかかわる問題なのだ。これに答えるためには、正義の意味を探求しなければならない。実は、われわれはすでにその探求を始めている。便乗値上げをめぐる論争を詳しく見てみれば、便乗値上げ禁止法への賛成論と反対論が三つの理念を中心に展開されていることがわかるだろう。つまり、幸福の最大化、自由の尊重、美徳の促進である。これらの三つの理念はそれぞれ、正義に関して異なる考え方を提示している。

〈マイケル・サンデル『これからの「正義」の話をしよう』による〉

問一 ――線部**ア**～**オ**の漢字の読みを答えよ。

問二 ――線部①「嵐の後でハゲタカがやってきた」とあるが、それはどういうことか。具体的に説明せよ。

問三 [A]～[C]を補うのに最も適当な語を次の**ア**～**エ**の中からそれぞれ一つ選び、記号で答えよ。

ア だとすれば　**イ** つまり　**ウ** ところが　**エ** ところで

問四 [Ⅰ]・[Ⅱ]・[Ⅳ]に入れるのに最も適当な語を次の**ア**～**エ**の中からそれぞれ一つ選び、記号で答えよ。

[Ⅰ]　**ア** 清らかさ　**イ** 欲深さ　**ウ** 愚かさ　**エ** 貧しさ

[Ⅱ]　**ア** 活性化　**イ** 現実化　**ウ** 合理化　**エ** 正当化

[Ⅳ]　**ア** 道徳　**イ** 市場　**ウ** 経済　**エ** 災害

問五 ――線部②「『公正な価格』といったものは存在しないというのだ」とあるが、この災害ではなぜ存在しないことになるのか。具体的に説明せよ。

問六 ――線部③「これは正常な自由市場の状態ではない」とあるが、「これ」が何を指しているかを明らかにしながら具体的にその理由を説明せよ。

問七 [Ⅲ]に入れるのに最も適当な語を、本文中から四字で抜き出して書け。

問八 ――線部④「これは『正義』にかかわる問題なのだ」とあるが、便乗値上げの問題と「正義」の関係を明らかにしながら具体的に説明せよ。

小説

●小説は、実際の試験で、うまくいくときとだめなときの差が激しく、特に成績優秀な者ほどそれが著しい。これを克服し、真の小説読解力を身につけるのがこの章だ。

A

㉕ 次の文を読んで、あとの各問いに答えよ。

婦人が手にとらないのを遠慮だと解釈した先生は、このとき丁度、紅茶茶碗を口へ持っていこうとしていた。なまじいに、くどく、すすめるよりは、自分ですすってみせるほうがいいと思ったからである。ところが、まだ茶碗が、やわらかな口髭にとどかないうちに、①婦人の語は、突然、先生の耳をおびやかした。茶を飲んだものだろうか、飲まないものだろうか。――こういう思案が、青年の死とは、まったく独立して、一瞬の間、先生の心を煩わした。が、いつまでも、持ちあげた茶碗を、かたづけずにおくわけにはいかない。そこで先生は思いきって、がぶりと半碗の茶を飲むと、心持ち眉をひそめながら、むせるような声で、「そりゃあ」と言った。

――……病院におりました間も、よくあれがおうわさなど致したものでございますから、お忙しかろうとは存じましたが、お知らせかたがた、お礼を申しあげようと思いまして……

――いや、どうしまして。

小説を読むときに、自分の感覚で勝手に理解している人が多いが、小説問題は諸君の感性を試すわけではない。いかに主観を排し、客観的に読解できるかを（ある意味では評論以上に）試されるのである。

小説では登場人物の心情の変化を押さえることが第一である。このためには、次の三点をいかに客観的に分析できるかが勝負の分かれ目となる。

・人物の会話・動作
・風景描写
・背景の変化

㉕ **読解のために**

問二 「婦人の語」の具体的な内容は、このあとに出てくる二人の会話の部分から推測できる。二人は何を話題にしているのか。

問三 本来ならどのような言い方になるかを考えてみよう。

問四 消去法で考えること。

――線部③の直前の「手のつくせるだけ……あきらめるより……ございません」と、直後の「愚痴がでていけません」の「婦人」の先生は、茶碗を下へおいて、そのかわりに青い蠟をひいたア団扇をとりあげながら、イ憮然として、こう言った。

——とうとう、いけませんでしたかなあ。丁度、これからという年だったのですが……私はまた、病院のほうへもご無沙汰していたものですから、もう大抵、よくなられた事だとばかり、思っていました——すると、②いつになりますかな、なくなられたのは。

——昨日が、丁度初七日でございます。

——やはり病院のほうで……

——さようでございます。

——いや、実際、意外でした。

——なにしろ、手のつくせるだけは、つくしたうえなのでございますから、あきらめるよりほかは、ございませんが、それでも、③あれまでに致してみますと、なにかにつけて、愚痴がでていけませんものでございます。

こんな対話を交換している間に、先生は、意外な事実に気がついた。それは、この婦人の態度なり、挙措なりが、少しも自分の息子の死を、語っているらしくないということである。眼には、涙もたまっていない。声も、平生のとおりである。そのうえ、口角には、微笑さえ浮んでいる。これで、話を聞かずに、外貌だけ見ているとしたら、だれでも、この婦人は、家常茶飯事を語っているとしか、思わなかったのに相違ない。——先生には、これが不思議であった。

〈中略〉

が、④第一の発見のあとには、まもなく、⑤第二の発見がついで起った。——

丁度、主客の話題が、なくなった青年の追憶から、その日常生活のディテイルにおよんで、さらにまた、もとの追懐へもどろうとしていたときである。なにかの拍

言葉に表れている心情の対比関係を考える。

問五 「発見」という表現を踏まえると、「婦人」の言動で驚きを感じたことが答えとなるはず。

問六 ——線部④・⑤を含む文の冒頭に「が」という逆接の接続詞が使われていることから、「第二の発見」は「第一の発見」とは逆方向のものと考えられる。

問七 「婦人」に対する一連の発見を「先生」はどのように見ているか。特に「第二の発見」に注目して考えること。

○芥川龍之介

過去に『鼻』や『密柑』など多数の出題があり、『地獄変』などは古文・現代文融合問題もありうる。このように、芥川龍之介は看護・医療系の入試に欠くべからざる作家と言うことができる。当然、文学史の面においても重要な人物であるので、十分な注意が必要である。

子で、朝鮮団扇が、先生の手をすべって、ぱたりと寄木の床の上に落ちた。会話はむろん寸刻の断続をゆるさないほど、切迫しているわけではない。そこで、先生は、半身を[ウ]椅子から前へのりだしながら、下をむいて、床のほうへ手をのばした。団扇は、小さなテエブルの下に——上靴にかくれた婦人の白たびのそばに落ちている。

そのとき、先生の眼には、偶然、婦人の膝が見えた。膝の上には、手巾《ハンケチ》を持った手が、のっている。もちろんこれだけでは、発見でもなんでもない。が、同時に、先生は、婦人の手が、はげしく、ふるえているのに気がついた。ふるえながら、それが感情の激動を強いて抑えようとするせいか、膝の上の手巾を、両手で裂かないばかりにかたく、握っているのに気がついた。そうして、最後に、しわくちゃになった絹の手巾が、しなやかな指のあいだで、さながら微風にでもふかれているように、ぬいとりのある縁を動かしているのに気がついた。——婦人は、顔でこそ笑っていたが、じつはさっきから、全身で泣いていたのである。

団扇をひろって、顔をあげたときに、先生の顔には、今までにない表情があった。見てはならないものを見たという[エ]敬虔な心もちと、そういう心もちの意識からくるある満足とが、多少の芝居気で、誇張されたような、はなはだ、複雑な表情である。

——いや、ご心痛は、私のような子供のない者にも、よくわかります。

先生は、⑥眩しいものでも見るように、やや、大仰に、[オ]頸を反らせながら、低い、感情のこもった声でこう言った。

〈芥川龍之介『手巾』による〉

問一 ——線部**ア**〜**オ**の漢字の読みを答えよ。

問二 ——線部①「婦人の語は、突然、先生の耳をおびやかした」とあるが、ここでの「婦人の語」の内容はどんなものか。そのことを明確に表している部分を本文中より七字で抜き出せ。

問三　――線部②「いつになりますかな、なくなられたのは」の部分で使われている技法を次の**ア**～**オ**の中から一つ選び、記号で答えよ。

ア　直喩　　**イ**　擬人法　　**ウ**　体言止め

エ　倒置　　**オ**　省略

問四　――線部③「あれまでに致してみますと」とあるが、これは「婦人」のどんな気持ちを表しているか、適切なものを次の**ア**～**エ**の中から一つ選び、記号で答えよ。

ア　あれだけ先生のおうわさなどをうかがっていますと

イ　あれだけ成長するまで、育て上げてしまってからですと

ウ　一生懸命手を尽して看病してみますと

エ　初七日まで、すっかり済んでしまいますと

問五　――線部④「第一の発見」の内容を三十字以内で答えよ。

問六　――線部⑤「第二の発見」の内容を示している部分を本文中より八字で抜き出せ。

問七　――線部⑥「眩しいものでも見るように」とあるが、先生がそのように見た理由を次の**ア**～**エ**の中から一つ選び、記号で答えよ。

ア　婦人の、気持ちの態度への表し方に感動したから。

イ　婦人の非人間的な態度に嫌気がさしたから。

ウ　婦人の美貌に心を奪われたから。

エ　婦人の激しい感情表現に心を動かされたから。

26 次の文を読んで、あとの各問いに答えよ。

或日、牧柵を潜《くぐ》り抜けて、かなり遠くまで芝草の上を歩いて行った菜穂子は、牧場の真ん中ほどに、ぽつんと一本、大きな樹が立っているのを認めた。何かその樹の立ち姿のもっている悲劇的な感じが彼女の心を捉《とら》えた。丁度牛や馬の群れがずっと野の果ての方で草を食《は》んでいたので、彼女はそちらへ気を配りながら、思い切ってそれに近づけるだけ近づいて行って見た。だんだん近づいて見ると、それは何んと云う木だか知らなかったけれど、幹が二つに分かれて、一方の幹には青い葉が簇《むら》がり出ているのに、他方の幹だけはいかにも苦しみ悶《もだ》えているような枝ぶりをしながらすっかり枯れていた。菜穂子は、形のいい葉が風に揺れて光っている一方の梢《こずえ》と、痛々しいまでに枯れたもう一方の梢とを見比べながら、

「（ A ）」と考えた。

彼女は何かそんな考えに一人で感動しながら、牧場を引き返すときにはもう牛や馬を怖《こわ》いとも思わなかった。

六月の末に近づくと、空は梅雨《つゆ》らしく曇って、幾日も菜穂子は散歩に出られない日が続いた。こういう無聊《ぶりょう》な日々は、さすがの菜穂子にも殆《ほとん》ど堪えがたかった。一日中、何んという事もなしに日の暮れるのが待たれ、そして漸《や》っと夜が来たと思うと、いつも気のめいるような雨の音がし出していた。

そんな薄寒いような日、突然圭介の母が見舞に来た。その事を知って、菜穂子がア ゲンカンまで迎えに行くと、丁度其処では一人の若い患者が他の患者や看護婦に見送られながら退院して行くところだった。菜穂子も姑《しゅうと》と一しょにそれを見送っていると、傍にいた看護婦の一人がそっと彼女に、その若い農林技師は自分がしかけて来た研究を完成して来たいからと云って医師の忠告もきかずに独断で山を下りて行

---

26 読解のために

問三 まず全文を通読して、「菜穂子」の置かれている境遇を理解すること。そのうえで、木の姿と、木を見たあとの彼女の様子から、最もふさわしい選択肢を選ぶ。

問四 「若い農林技師」の病状と退院の理由とを考え合わせる。

問五・六 「菜穂子」が「姑」に対して抱いている感情と、「姑」の描写から考えよう。

くのだと囁[イ]いた。「まあ」と思わず口に出しながら、菜穂子は改めてその若い男を見た。彼だけはもう背広姿だったので、ちょっと見たところは病人とは思えない位だったが、よく見ると手足の真黒に日に灼《や》けた他の患者達よりもずっと痩せこけ、顔色も悪かった。その代り、他の患者達に見られない、何か切迫した生気[①]が眉宇《びう》に漂っていた。彼女はその未知の青年に一種の好意に近いものを感じた。……

「あそこにいたのが患者さんたちなのかえ？」姑は菜穂子と廊下を歩き出しながら、訝《いぶか》しそうな口吻《くちぶり》で云った。「どの人も皆普通の人より丈夫そうじゃないか。」

「ああ見えても、皆悪いのよ。」菜穂子は心にもなく彼等の味方についた。

「気圧なんかが急に変ったりすると、あんな人達の中からも喀血[ウ]したりする人がすぐ出るのよ。ああして患者同志が落ち合ったりすると、こんどは誰の番だろうと思いながら、それが自分の番かも知れない不安だけはお互に隠そうとし合うのね、だから元気というよりか、寧ろはしゃいでいるだけだわ。」

菜穂子はそんな彼女らしい独断を下しながら、自分自身も姑にはすっかり快《よ》くなったように見え、こんな山のリョウヨウ所[エ]にいつまでも一人で居るのを何かと云われはすまいかと気づかいでもするように、自分の左の肺からまだラッセルがとれないでいる事なんぞを、いかにも不安そうに説明したりした。

突き当りの病棟の二階の端近くにある病室にはいると、姑はクレゾオルの匂《におい》のする病室の中をちらりと見廻したきりで、長くその中に止まることを怖れるかのように、すぐ露台へ出て行った。露台はうすら寒そうだった。

「まあ、どうしてこの人は此処《ここ》へ来ると、いつもあんなに背中を曲げてばかりいるんだろう？」

と菜穂子は露台の手すりに手をかけて向うを向いている姑の背を、何か気に入らないもののように見据《す》えながら、心の中で思っていた。そのうち不意に姑が彼女の方へふり向いた。そして菜穂子が自分の方を空《うつ》けたように見据えているのに気づくと、いかにも（Ｂ）笑顔をして見せた。

それから一時間ばかり立った後、菜穂子はいくら引き留めてもどうしてもすぐ帰ると云う姑を見送りながら、再びゲンカンまで附いていった。その間も絶えず、何かを怖れでもするようにことさらに曲げているような姑の背中に、何かキョギ的なものをいままでになく強く感じながら……

〈堀辰雄『菜穂子』による〉

問一　——線部**ア・エ・オ**の片仮名を漢字に直せ。

問二　——線部**イ・ウ**の漢字の読みを答えよ。

問三　（Ａ）に入る最も適当な言葉を次の**ア**〜**オ**の中から一つ選び、記号で答えよ。

ア　このままではいずれ朽ち果ててしまうわ。持ち主に知らせなければ……

イ　こんな不思議な木があるなんて……。そうだわ、枯れないうちにスケッチしておこう。

ウ　何て気味の悪い……。いやなものを見てしまったわ。

エ　私もあんな風に生きているのだわ、きっと。半分枯れたままで……

オ　この木が枯れるのと私が死ぬのと、どちらが早いかしら……

問四　——線部①「何か切迫した生気」とはどのようなものか。具体的に答えよ。

問五　（Ｂ）に入る最も適当な言葉を次の**ア**〜**オ**の中から一つ選び、記号で答えよ。

ア　意地の悪い　　**イ**　わざとらしい　　**ウ**　ばつの悪そうな

エ　温厚そうな　　**オ**　うれしそうな

問六　本文からうかがわれる「菜穂子」と「姑」の関係として最も適当なものを次

のア〜エの中から一つ選び、記号で答えよ。

ア お互いを快く思ってはいないが、遠慮なくものを言い合うことができる。

イ 表面上は仲のよい嫁と姑として振る舞っているが、お互いの気持ちは通い合っていない。

ウ 姑は菜穂子の病状を心配しているが、菜穂子はその気持ちをかたくなに拒絶している。

エ お互いに憎み合い、反目し合っている。

問七 作者・堀辰雄が著した本文以外の作品の題名を一つ答えよ。

27 次の文を読んで、あとの各問いに答えよ。

なぜこんな運命になったか判らぬと、さっきは言ったが、しかし、考えようによれば、思い当ることが全然ないでもない。人間であった時、おれは努めて人との交を避けた。人々はおれを倨傲《きょごう》だ、尊大だといった。実は、それがほとんどア羞恥心に近いものであることを、人々は知らなかった。もちろん、かつての郷党[注1]の鬼才といわれた自分に、自尊心が無かったとは云《い》わない。しかし、それはイ臆病な自尊心とでもいうべきものであった。おれは詩によって名を成そうと思いながら、進んで師に就いたり、求めて詩友と交って（Ａ）磋（Ｂ）磨に努めたりすることをしなかった。かといって、また、おれは俗物の間に伍《ご》することもウイサギヨしとしなかった。共に、我が臆病な自尊心と、尊大な羞恥心とのせいである。①己《おのれ》の珠《たま》に非《あら》ざることを懼《おそ》れるが故に、あえて刻苦して磨こうともせず、また、己の珠なるべきを半ば信ずるが故に、碌々《ろくろく》[注2]として瓦《かわら》に伍することも出来なかった。おれは次第に世と離れ、人と遠ざかり、憤悶《ふんもん》[注3]と慙《ざん》恚《い》とによってますます己の内なる臆病な自尊心を飼いふと

---

27 **読解のために**

問四 漢文訓読調の文である。「珠」と「瓦」は、それぞれ何をたとえたものか、前後の内容から推測しよう。

問五 「おれ」の「運命」と重ね合わせて考えればよい。

問六 「人間だった頃」、誰にも理解されなかった「おれ」の「内心」を端的に表している箇所を探す。

問七 「おれ」の心情の変化をよく読み取ることが大切である。

問八 「おれ」の「運命」を狂わせたものは何だったのか。

らせる結果になった。人間は誰でも猛獣使であり、その猛獣に当るのが、各人の性情だという。おれの場合、この尊大な羞恥心が猛獣だった。（Ｃ）だったのだ。これがおれを損い、妻子を苦しめ、友人を傷つけ、果ては、おれの外形をかくのごとく、内心にふさわしいものに変えてしまったのだ。今思えば、全く、おれは、おれの有《も》っていた僅《わず》かばかりの才能を空費してしまった訳だ。人生は何事をもなさぬには余りに長いが、何事かをなすには余りに短いなどと口先ばかりの[エ]ケイクを弄しながら、事実は、才能の不足を[オ]バクロするかも知れないとの卑怯な危惧と、刻苦を[カ]厭う怠惰とがおれのすべてだったのだ。おれよりも遙かに乏しい才能でありながら、それを専一に磨いたがために、堂々たる詩家となった者が幾らでもいるのだ。虎と成り果てた今、おれはようやくそれに気が付いた。それを思うと、おれは今も胸を灼《や》かれるような悔を感じる。おれにはもはや人間としての生活は出来ない。たとえ、今、おれが頭の中で、どんな優れた詩を作ったにした所で、どういう手段で発表できよう。まして、おれの頭は日ごとに虎に近づいて行く。どうすればいいのだ。おれの空費された過去は？　おれは堪《たま》らなくなる。そういう時、おれは、向うの山の頂の巌に上り、空谷《くうこく》に向って吼《ほ》える。この胸を灼く悲しみを誰かに訴えたいのだ。おれは昨夕も、かしこで月に向って咆《ほ》えた。誰かにこの苦しみが分ってもらえないかと。しかし、獣どもはおれの声を聞いて、ただ、懼れ、ひれ伏すばかり。山も樹も月も露も、一匹の虎が怒り狂って、哮《たけ》っているとしか考えない。天に躍り地に伏して嘆いても、誰一人おれの気持を分ってくれる者はない。ちょうど、人間だった頃、[②]おれの傷つき易い内心を誰も理解してくれなかったように。[③]おれの毛皮の濡れたのは、夜露のためばかりではない。

〈中島敦『山月記』による〉

注1　郷党　生まれ故郷の村里。

2　碌々　平凡なさま。
3　慙恚　恥じて無念に思い、怒ること。

問一　——線部**ア・イ・カ**の漢字の読みを片仮名で答えよ。

問二　——線部**ウ・エ・オ**の片仮名を漢字に直せ。

問三　（Ａ）・（Ｂ）にそれぞれ適当な漢字を一字ずつ補い、四字熟語を完成させよ。

問四　——線部①「己の珠に非ざることを惧れるが故に、あえて刻苦して磨こうともせず、また、己の珠なるべきを半ば信ずるが故に、碌々として瓦に伍することも出来なかった」とは、わかりやすく言うとどういうことか。簡潔に答えよ。

問五　（Ｃ）に入る最も適当な語を、本文中から抜き出して答えよ。

問六　——線部②「おれの傷つき易い内心」とは何か。本文中から十五字以内で抜き出して答えよ。

問七　——線部③「おれの毛皮の濡れたのは、夜露のためばかりではない」とあるが、ほかに毛皮を濡らしたものは何か。本文中の言葉を用いて十字以内で答えよ。

問八　本文を通して作者が最も強く訴えたかったことは何か。最も適当なものを次の**ア**～**オ**の中から一つ選び、記号で答えよ。

ア　才能におぼれて努力を怠ることの愚かさ。
イ　人間が虎になるという出来事の怪異性。
ウ　身の程をわきまえぬ望みを持った者のたどる末路の悲惨さ。
エ　一人の人間の運命を狂わせるほどの詩の魔力。
オ　知識人の強烈な自我と、それがもたらす苦悩の大きさ。

㉘ 次の文を読んで、あとの各問いに答えよ。

帰りの列車の窓際の席で、父親と向かい合っているひさし少年は、さっきから歯の痛みをじっとこらえているのだが、このような時には、①遠くの席の赤ん坊の泣き声までが耳に立った。少し前に続けていた治療の際の詰め物が取れて、そこに何かの繊維がきつくくい込んだらしい。（Ａ）我慢しようと、ひさしは思った。父親に訴えたところで、父親も困るだろう。楊枝《ようじ》もなければ痛み止めの薬があるわけでもない。ところが、改めて辺りを見回してみて、目覚めているのが（Ｂ）自分一人と分かると、痛みはより耐え難くつのってきた。窓の外の景色に気を紛らせるというわけにもいかないし、うがいに立つこともできない。ひさしは、眠っている人たちに気をつかって声を立てずに、指で父親のひざを突ついた。驚いて目を開いた父親に、ひさしは片ほおを片手で押さえて、しかめっつらをしてみせた。

「歯か？」

と即座に父親は反応した。まゆの間にしわを寄せたまま、ひさしはうなずいた。父親は、困ったなという表情になったが、困った、とは言わなかった。その表情を見たとたん、ひさしは

「何かがはさまっているみたいだけど、②大丈夫。取れそうだから。」

と言ってしまった。取れそうな気配もなかった。今度は、ひさしの方が目を閉じた。あと一時間半のしんぼうだ、そう自分に言い聞かせて自分の手をきつくつねった。いっ時して目を開くと、父親が思案顔で見つめている。

「まだ痛むか？」

ひさしは、息を詰めたくなるような痛さにいっそう汗ばんでいたが

「少しだけ。」

と答えた。すると父親は、手にしていた扇子《せんす》を開いて、（Ｃ）縦に引き裂いた。

㉘ 読解のために

問一 副詞の空欄補充である。各空欄の前後の内容から検討し、選択肢の中から消去法で解くとよい。

問二 歯の痛みをこらえているひさしの状況をよく考えよう。

問三 父親の反応をひさしがどのように捉えているのかという点をヒントにして、考えると分かりやすい。

問四 父親が大事にしていた蘭の柄の入った扇子を引き裂いてまで、息子の痛みを和らげようとした姿を想像しながら、選択肢を一つずつ検討してみよう。

問五 父親と少年とのお互いの細やかな反応が文章中の随所に描かれていることに注意して考えよう。

そして、その薄い骨の一本を折り取ると、あっけにとられているひさしの前で、さらに縦に細く裂き、

「少し大きいが、これを楊子の代わりにして。」

と言って差し出した。ひさしは、頭から冷水を浴びせられたようだった。その扇子は、亡くなった祖父ゆずりの品で、父親がいつも大事に持ち歩いているのを知っていたし、扇面には、薄墨で蘭《らん》が描かれていた。その蘭を、いいと思わないかと言って（Ｄ）父親に見せられたこともある。ひさしは、

「蘭が……。」

と言ったきり、後が続かなかった。父親に促されるまま、ひさしは片手で口を覆うようにして、細くなった扇子の骨を歯に当てた。熱が引くように痛みは和らいでいった。ひさしの口から痛みが消えたのを見届けると、父親はハンカチーフで（Ｅ）顔をひとふきし、それからまた、もとのように目を閉じた。③ひさしは自分の意気地なさを後悔した。

〈竹西寛子『蘭』による〉

問一　（Ａ）～（Ｅ）に適する語を次の**ア**～**ク**の中からそれぞれ一つ選び、記号で答えよ。

ア　ゆっくり　**イ**　なんとか　**ウ**　少しだけ　**エ**　何度も

オ　いきなり　**カ**　しっかり　**キ**　わざわざ　**ク**　どうやら

問二　――線部①「赤ん坊の泣き声」は「ひさし」にどのように聞こえたのか、最も適当なものを次の**ア**～**オ**の中から一つ選び、記号で答えよ。

ア　かわいい声が苦痛を忘れさせるように聞こえた

イ　いつもなら気にとめない程の小さな声なのに大きく聞こえた

ウ　抱いて早く泣きやませてやればよいのに、といらだたしく聞こえた

エ　赤ん坊の泣く気持ちが我が事のように聞こえた

オ　可憐な声までもが耳ざわりで不愉快に聞こえた

問三　――線部②のように言った「ひさし」の気持ちを十五字以内で答えよ。（文の終りは「気持ち」とする）

問四　――線部③における「ひさし」の気持ちとして最も適当なものはどれか、次の**ア**～**オ**の中から一つ選び、記号で答えよ。

ア　父親の大切な扇子と知りながら壊すのを止められなかった自分への悔しさ。

イ　歯の痛みを我慢できずに、父親の大切な扇子を駄目にさせてしまった自分への悔しさ。

ウ　歯の痛みを一時間半我慢すれば良かったのに、父親を頼ることになった自分への悔しさ。

エ　自分の不注意から父に心配をかけ、その上父の大事な扇子を駄目にしたことへの悔しさ。

オ　自分の歯の痛み故に、自分も好きだった蘭の扇子を駄目にしてしまったことへの悔しさ。

問五　この文章についての解説として、最も適当なものを次の**ア**～**オ**の中から一つ選び、記号で答えよ。

ア　少年も気に入っていた扇子を壊した父親の決断に対する、少年の嘆きを描いている。

イ　冷静、的確に少年の痛みに対処してくれた父親に感謝・尊敬する少年の喜びが描かれている。

ウ　父親の愛情深い行為に細やかに反応する少年の繊細な気持ちを描いている。

エ　無口で無愛想な父親が愛情深く、体のひ弱な少年をいたわる姿が描かれている。

オ　父親に甘えてしまう、ふがいない自分の気持ちを恥じ、後悔する少年の心理が描かれている。

29　次の文を読んで、あとの各問いに答えよ。

①ゆっくりと母が、さましたお茶を吸い呑《の》み[注1]（寝たまま飲みものを飲む器）にいれる。すきとおったガラスのいれものに、あわい緑のお茶がみちていく。ばあちゃんの好物だからねえ、と彼女がいう。それをみてケンは、おれが飲ませてやんべがな。②すると母が、おどろいた顔をした。おまえは乱暴もんだからねえ、だいじょうぶかい。ケンは声を強め、そおっと静かに飲ませると、でえじょうぶだぁ。

（…中略…）

ばあちゃんは中風《ちゅうふう》（脳出血などが原因で体が不自由になる病気）で倒れた。寝たきりとなり、ものを食べるときや、下の用をたすときに、いつも家の人のたすけが必要となった。はじめケンは、そんな祖母にちかづかなかった。ばあちゃんは彼の顔をみるとすぐ涙ぐみ、意味のわからぬことを口にし、どうも気味がわるかった。が、そのうち祖母のことが気になりだした。

こんな寒いのに素足で歩きまわって、みっともないよ、と祖母がいった。おれ寒くなんかね、そうケンは胸をはった。陽《ひ》のあたる部屋でいつもばあちゃんは針を使う。色とりどりのまち針が、布ボールのような針坊主に突きささっていた。針をはこびながら、ときどき手をとめ、すっと針さきを髪になぜつける。ケンにむかって彼女は、まったくあきれた子だ、と[ア]シブイ顔をした。

紺の木綿でタカは小さなたびをつくった。それをはくとケンは、足がきゅうくつ

29　**読解のために**

問二　吸い呑みでないとお茶が飲めない祖母の状態が書かれている一文を探そう。

問三　病気になった祖母に対してのケンの態度が表わされている箇所を探そう。

問四・五　「乾いた木ぎれを床に置いたようだ……ばあちゃんはもったのもしいはずだ」というケンの心情が述べられた後に、「屋敷にそびえるケヤキの大木」のようにたのもしかったころの祖母の姿が描かれている。

問六　「見上げると別の人だった」とは、ケンがどのような状況になったことを表現しているのかを想像しよう。

問七　眠りに落ちるときに「こくんと頭がさがる」とどうなるかを想像しよう。

でたまらない。素足はみっともない、と彼女も母もいうが、空っ風の吹きすさぶ真冬でも素足で遊びまわった。

　足の親ゆびに、おおきなあかぎれができた。ぱっくりとあいた割れめに血がにじむ。子守のミッちゃんが、貝がらにはいった膏薬を火であたためた。まっ黒なあかぎれ膏を、その割れめにすり込んだ。とびあがるほど痛い。ケンが手あてをうけたのは一、二度で、その後ミッちゃんが貝がらを手にすると、すばやく逃げた。

「もっと飲むかぁ、ばあちゃん」

　吸い呑みをもちかえてケンは祖母に声をかけた。かすかに目がうごく。そっとケンは吸い呑みをちかづけた。お茶を飲みつつ彼女の目にまた涙があふれた。よく梅干しがイハラレタこめかみを、すすっと涙がつたい落ちる。祖母にみいってケンは、③ばあちゃんはこんなに小さかったのか、とふしぎな気がした。父や母よりもずっと歳うえであり、だから体もおおきい、そうウバクゼンとおもっていた。けれど寝ついてから祖母は、みるみる体がしぼみ、乾いた木ぎれを床に置いたようだ。これは祖母ではない、もっとばあちゃんはたのもしいはずだ。

　祖母の袖をケンはぎゅっと握り、体がこわばった。どなり声がとびかう。人また人で数歩さきがみえない。そんな上野駅にケンと祖母はおりたった。母の兄が焼津で暮らしており、祖母はケンをつれて海のある町にむかったのである。しかし焼津は、なんども汽車をのりかえ、気が遠くなるほど列車にゆられねばならなかった。

　のりかえのエキップを買うため祖母とケンは、列にならんだ。が、まわりは人の波で、どこまでが列なのか区別がつかない。しかも列のすすみぐあいは遅々としていた。祖母につかまるケンは、しだいに疲れた。ときどき、こくんと頭がさがる。そのたびに、はっとわれに（Ａ）袖を握りなおす。しばらくたって袖を握ろうとした折、ケンの手がじゃけんにオハラワレタ。みあげると別の人だった。彼はカイッシュ

問八　「木綿のたび」は祖母がケンのためにつくったものである。祖母の生前にははかなかったのに、祖母が亡くなってから、わざわざさがしてたびに足を入れているケンの心情を読み取ろう。

ン、すっと体じゅうの血がひいた。④ぽわっと涙がわき、目がかすんだ。なぜかわからぬが改札口に戻ろうとした。押され、こづかれ、もまれて、ひっしにすすむと、ぱっと祖母にでくわし、夢中ですがりついた。彼女はケンの背中をぽんぽん軽くたたく。祖母にしがみついて彼は、屋敷にそびえるケヤキの大木に抱かれるように感じた。

「ばあちゃんが死んだどぅ」

　裏山のふもとでケンが遊んでいると、クメさんがかけつけて告げた。祖母が寝ついて一年後のことである。

　キソウシキを手つだいに近所のものが集まった。ケンの知らないクシンセキの人がたくさんやってきた。ごったがえした家は、まるでお祭りのようだ。ばあちゃんが亡くなったことがケンには、ぴんとこない。まだ祖母の声がきこえるような気がした。

　とむらいの数日がまたたくまにすぎた。

「がさごそ、なにをやってるの」と母がいった。

　ケンはこども箪笥《だんす》の引き出しを掻きまわしていた。

「ブリキの自動車、めっけてるんだ」

「まあ、そんなところにしまっておくなんて……」

　じつは彼がさがすのは、木綿の小さなたびだった。三段めの引き出しに、その紺色のたびがあった。

　たびをもってケンは土蔵にはいった。急な階段をあがると、明かりとりの窓がある。そのしたに腰をおろし、たびに足をいれた。⑤洗ったまま箪笥にしまった木綿のたびは、きつい。すこし親ゆびが痛んだけれど彼は、ぎゅっ、ぎゅっとコハゼ注1をとめた。

〈大屋研一『むかしの少年も闘っていた』による〉

注1　吸い呑み　寝たまま飲みものを飲む器
2　コハゼ　脱げないようにたびにつけた小さな金の止具

問一　――線部**ア**〜**ク**の片仮名を漢字に直せ。ただし、送りがなについては、必要な場合はひらがなで記せ。

問二　――線部①「ゆっくりと母が、さましたお茶を吸い呑みにいれる」とあるが、母がこのように祖母の世話をしているのは、現在、祖母がどのような状態になっているからか。それを具体的に最もよく表した一文を本文中から見つけて、初めの五字を書け。

問三　――線部②「すると母が、おどろいた顔をした」とあるが、なぜ母はそのような顔をしたのか。次の**ア**〜**エ**から最も適当なものを一つ選び、記号で答えよ。

ア　祖母とはこれまでずっと仲がよくなかったケンが、急にお茶を飲ませてやると言い出したから。

イ　病気の祖母にあまり近づこうとしなかったケンが、急にお茶を飲ませてやると言い出したから。

ウ　お茶を飲ませてくれるのはいいが、ケンでは病気の祖母が安静にしていられないと思ったから。

エ　お茶を飲ませてくれるのはいいが、ケンではせっかくのお茶をこぼすに違いないと思ったから。

問四　文章中には、祖母が元気だったころを、ケンが回想している場面が二つある。一つは、ケンが素足で遊びまわったり、あかぎれになったりした場面であるが、もう一つはどこか。その場面を見つけて、初めと終わりの五字をそれぞれ書け。ただし、句読点は一字に数える。

問五　――線部③「ばあちゃんはこんなに小さかったのか、とふしぎな気がした」

とあるが、ケンが祖母から受ける印象は、祖母が病気になる前と後ではどのように変わったか。祖母のことをたとえている本文中の言葉を用いて、「病気になる前は、」という書き出しに続けて五十五字～六十字で書け。

問六　――線部④「ぽわっと涙がわき、目がかすんだ」とあるが、涙が出てきたのは、ケンがどのようなことに気づき、どのような気持ちになったからか。二十五字～三十字で書け。

問七　文章中の（Ａ）内にあてはまる最も適当な言葉を、三字で書け。

問八　――線部⑤「洗ったまま箪笥にしまった木綿のたびは、きつい。……ぎゅっ、ぎゅっとコハゼをとめた」とあるが、どのような気持ちでケンはこのたびを履こうとしたのか。最も適当なものを次の**ア**～**エ**の中から一つ選び、記号で答えよ。

ア　文句ばかり言って履くのを避けつづけてきたたびであり、今になって人目につくところで履くのは照れくさいと思っている。

イ　祖母の思いやりを受け止められず一度も履かなかったたびであり、今さら履いても祖母は喜びはしないだろうと思っている。

ウ　小さくなって履くのにはきついたびだが、今でもそれを履けばまたあのころの自分に戻ることができるような気がしている。

エ　窮屈なのがいやでほとんど履かなかったたびだが、今ではそれを履けば再び祖母に触れることができるような気がしている。

30 次の文を読んで、あとの各問いに答えよ。

秋が深まった頃、かれは、県内紙の小さな記事に眼をとめた。隣接した県の川沿いの町に住む老人が、ほとんどぜつめつ[ア]した蛍の人工飼育につとめ、ようやく[①]その夏、五十匹近い蛍を産み出すことに成功し、来年にはさらに多くの蛍を誕生させる期待が寄せられている、と書かれていた。

かれは、その記事に不思議な感動をおぼえた。蛍を飼育し増殖させてみても、金銭の対象にはならない。食料になる動植物などのように、人間の実生活を利するものではなく、わずかな期間、その光が人の眼を楽しませてくれるにすぎない。

蛍の飼育方法は、おそらく微妙なものにちがいなく、なんの実質的な報い[②]もないのに蛍の光をよみがえらせようと努力している人間が実在していることに、興味をいだいた。

近くの小都市が空襲で焼かれた夜、炎に染まった空の反映で、朱色をおびた蛍の光が飛び交っていた情景が思い起こされた。蛍は町とともにあったが、それもほとんど見られなくなっている。もしも、川筋に蛍の光が舞うようになったら、と彼は思った。数は少なくとも、それらが闇を明るませれば、町は自分の故郷として、一層強く自分の内部に根を張るにちがいなかった。

数日後、かれは、ボストンバッグを手に家を出た。国鉄の駅から普通列車に乗り、小駅で降りてバスで老人の住む町に行った。

町は、旧街道に面した古い宿場で、明治時代に鉄道が通ることに反対したためさびれたことで知られている。ゆいしょ[イ]正しい寺があり、古い家並みも残っていた。

俊一郎は、道をたずねながら老人の家の前に立った。門がまえの大きな家だったが、土塀の壁土ははがれ、瓦も落ちていた。

かれは、門をくぐった。家の背後は孟宗竹（もうそうちく）の繁る高みになって

---

30 読解のために

問二 老人と俊一郎との会話の内容や表情に着目しよう。

問三 「ようやく」は副詞である。副詞は用言に係ることがヒントである。

問四 蛍は見る人を楽しませるものであり、それ以外の報いがない旨が述べられている。それ以外が何かを考えればよい。

問五 ――線部③以降の内容に老人の言葉を追ってみよう。蛍が新聞に掲載された後、人々の反応を老人がどのように考えているかを読み取ろう。

問六 蛍の飛び交う情景について説明された箇所を探せばよい。

問七 蛍にこだわる理由は蛍との思い出と関連性がある。

いて、藁（わら）ぶきの屋根には苔と雑草がのっている。前庭に、幹の太い欅（けやき）が枝葉をひろげていた。

老人が、庭石に腰をおろして空に眼をむけていた。髪は白く、体格は逞（たくま）しい。

俊一郎は近づくと、

「本堂さんでしょうか」

と、言った。

老人は立つと、さようでございます、と折り目正しい言葉で答えた。

俊一郎は、新聞記事のことを口にし、自分も蛍の人工飼育をしてみたいと思い、教えを乞いに来た、と言った。

老人は（Ａ）。その表情に、俊一郎はそうした用件で訪れた③自分に好意をいだいていないらしいことに気づいた。

「お教えいただけませんでしょうか」

かれは、おそるおそるたずねた。

「蛍などを、なぜ……」

老人の表情は、かたい。

俊一郎は、高校時代まで眼にした蛍がほとんど町に見られなくなり、東京の生活をはなれて帰郷した自分には、蛍を眼にできぬのは耐えがたいことだ、と言った。

「ただ、見たいというだけですか」

「その通りです。川筋を蛍が光って飛ぶのを眼にできれば、と願っています」

老人が、（Ｂ）。

「あの記事が新聞に出ましたら、翌日、大きなホテルの支配人という男が来ましたよ。ホテルの庭に蛍を放して、子供連れの客に団扇（うちわ）をもたせ捕らえさせるウもよおしを企画したいというのです。蛍を客集めに使おうというのです。断りました」

老人は、（Ｃ）。

「考えそうなことですね」

俊一郎は、苦笑した。

「呆（あき）れたものです。苦労をして産み出した蛍を金銭のエだいしょうにされ、団扇でたたき落とされてはたまりませんよ。蛍をなんだと思っているんでしょうかね」

老人の眼に、（Ｄ）。

俊一郎は、口をつぐんでいた。蛍の生命をよみがえらせようと努めている老人が、それを金銭を得るための道具に利用しようとする人間に対して激しい怒りをいだくのは当然だ、と思った。

「あなたには、教えてさしあげてもよさそうだ。この年になると、人の見分けもつく。私もあなたと同じように、蛍の光が舞うのを見たいだけの目的ではじめたことです。新聞の記事にされるのも、実は迷惑でしてね。自分が好きでやっているにすぎないのですから……」

老人の顔に、（Ｅ）。

〈吉村昭『蛍の舞い』による〉

問一　――線部**ア**〜**エ**のひらがなを漢字に直せ。

問二　（Ａ）〜（Ｅ）に入る言葉として適当なものを次の**ア**〜**オ**の中からそれぞれ一つ選び、記号で答えよ。

ア　黙っていた　　**イ**　やわらいだ表情が浮かんだ

ウ　口もとをゆるめた　　**エ**　憤りの色が浮かんだ　　**オ**　顔をしかめた

問三　――線部①「ようやく」は、文中のどの部分にかかるか。文章中から一文節で抜き出せ。

問四　――線部②「実質的な報い」とはどういったことか。文章中の言葉を使って「〜こと」という形で、具体的に二つ答えよ。

問五　――線部③「自分に好意をいだいていないらしい」とあるが、その理由として最も適当なものを、次の**ア**〜**エ**の中から一つ選び、記号で答えよ。

ア　見も知らぬ人物が前触れもなく現れ警戒したから。
イ　自分の作業を邪魔されることになると思ったから。
ウ　また新聞に記事が載るかもしれないと思ったから。
エ　蛍を商売の道具にしようとしていると疑ったから。

問六　主人公が蛍にこだわるようになった背景には、どういったものがあったのか。文章中から一文で抜き出し、最初の五文字で答えよ。

問七　主人公が蛍を飼育したいという思いはどういった理由によるものか。考えて簡単にまとめよ。

B

31　次の文を読んで、あとの各問いに答えよ。

（ここまでの話……私は漁師をしながら絵の勉強をしている青年の訪問を受ける。青年は生活のために絵の勉強が十分にできないことを話す。）

　パンのために生活のどん底まで沈みきった十年の月日――それは短いものではない。たいていの人はおそらくその年月の間に①そういう生活から跳ね返る力を失って

31　**読解のために**

問一　「その（十年の）年月の間」続いた「生活」であり、「そういう生活」のために「跳ね返る力を失ってしまう」のである。

しまうだろう。世の中を見わたすと、何百万、何千万の人々が、こんな生活に天授の特異な力を踏みしだかれて、むなしく墳墓の草となってしまったろう。②それは全く悲しいことだ。そして不条理なことだ。しかしだれがこの不条理な世相に非難の石を抛《なげう》つことができるだろう。これは悲しくも私たちの一人一人が肩の上に背負わなければならない不条理だ。特異な力を埋め尽くしてまでも、当面の生活に没頭しなければならない人々に対して、③私たちは尊敬に近い同情をすらささげねばならぬ悲しい人生の事実だ。あるがままの実相だ。

　パンのために精力のあらん限りを用い尽くさねばならぬ十年――それは短いものではない。それにもかかわらず、きみは④性格のなかに植え込まれた憧憬を一刻も捨てなかったのだ。捨てることができなかったのだ。

　雨のためとか、風のためとか、一日も安閑としてはいられない漁夫の生活にも、なすこともなく日を過ごさねばならぬ幾日かが、一年の間にはたまに来る。そういう時に、君は一冊のスケッチ帳と一本の鉛筆とを、魚のうろこや肉片がこびりついたまま、ごわごわに乾いた仕事着の懐にねじ込んで、ぶらりと朝から家を出るのだ。

〈有島武郎『生れ出づる悩み』による〉

問一　――線部①「そういう生活」とはどういう生活か。本文中の語句を使って答えよ。

問二　――線部②「それ」の意味する内容を、四十字以内でわかりやすく説明せよ。

問三　――線部③の部分で、「私」はなぜこのように言っているのか。文の始めを「優れた」、終わりを「発揮すべきだから。」となるようにして、全文で五十字以内で答えよ。

問四　――線部④「性格のなかに植え込まれた憧憬」とは、ここでは具体的にどういうことを指しているか。

問二　何が「悲しいこと」であり、「不条理なこと」なのかを考えればよい。

問三　――線部③で「尊敬」すべき事柄は何か。また、なぜ――線部③中では「同情」と言い、「尊敬」の念より優先させているのかを考えること。

問四　「憧憬」とはあこがれのこと。「青年」が心底から持っているあこがれをまず考えてみる。また、「性格のなかに植え込まれた」の表現にも着眼したい。

問五　「白樺」派は、大正期の文学活動の中心的存在であった反自然主義の思潮。

問五　本文の作者と同じ「白樺」派に属した作家を次の**ア**～**ク**の中から**二人**選び、記号で答えよ。

ア　芥川龍之介　**イ**　志賀直哉　**ウ**　川端康成　**エ**　山本有三

オ　谷崎潤一郎　**カ**　太宰治　**キ**　堀辰雄　**ク**　武者小路実篤

32　次の文を読んで、あとの各問いに答えよ。

八月のはじめの、ひどくア アツい日だった。その日は夜ふけまでアツさがつづいていた。それで海へ駈けつけてきた連中も多いらしく、自動車を水洗いする仕事が午前一時すぎまでかかった。慎一が、久しぶりに海で泳いだのはその夜だった。

自分の町の海、幼いころから慣れきった海だというのに、こうして人目をさけてこっそりと泳ぐなんて、なんだかよその家の庭にしのびこんでいるみたいだ。「お客さん」たちにイ エンリョしているようなそんな自分がふとおかしかったが、慎一はすぐそんな考えも忘れた。①冷たい海の肌がなつかしく、快かった。

やはり、海は親しかった。月はなかった。が、頭上にはいくつかの星が輝き、黒い海にはきらきらと夜光虫が淡い緑いろの光の呼吸《いき》をしている。

夜光虫は、泳ぐ彼の全身に瞬《またた》きながらもつれ、まつわりつき、波が崩れるとき、一瞬だけ光を強めながら美しくウ サンランする。……慎一は、知らぬまにかなり沖にきていた。

ふと、彼は目をこらした。すぐ近くの暗黒の海面に、やはり夜光虫らしい仄《ほの》かな光の煙をきらめかせて、なにかが動いている。

「……だあれ？　あなた」

若い女の声が呼んだ。まちがいなく若い女がひとり、深夜の海を泳いでいるのだ

32　**読解のために**

問二　「冷たい海」の感触を「肌」にたとえている。

問三　まずは、「目前で人間が死のうとして」いるとき、私たちはどのような気持ちにかられるかということから考えてみよう。

問四　「女」が「慎一」に何かを「教えられ」ている場面を探す。

問五　「女」の心情の変化と合わせて考える。

った。

「知らない人ね、きっと。……」

女はひとりごとのようにいった。はじめて慎一は気づいた。女の声はひどく疲れ、喘《あえ》いでいた。

「大丈夫ですか？」

慎一はその声の方角に向いていった。

「いいの。ほっといてよ」

女は答え、笑った。だが、声は苦しげで、笑い声もうまく続かなかった。慎一はその方向に泳ぎ寄った。

「……あぶないですよ、この海は。すぐうねりが変わるんです。もっと岸の近くで……」

「かまわないで」

ほんの二メートルほど先の海面で、波の襞《ひだ》とともに夜光虫の光に顔をかすかに浮きあがらせた女は、（Ａ）。ああ、と慎一は思った。彼はその顔をおぼえていた。今日、真赤なスポーツ・カーにひとりで乗ってきた女だった。目の大きな、呼吸をのむほど美しいまだ若い女で、同級生の兄は、あれは有名な映画女優にちがいないぞといった。

「……あなた、この町の人ね？」

女の顔は見えなかった。彼は答えた。

「そうです。だからこの海にはくわしいんです」

「漁師さんなの？」

「……親父は漁師でした」と彼はいった。

「親父は、沖で一人底引き網をやってたんです。銛《もり》も打ったんです。二十八貫もあるカジキを、三日がかりでつかまえたこともあります」

　自分でも、なぜこんなことをしゃべりはじめたのか、見当がつかなかった。

ただ、なんとなく女を自分とつなぎとめておきたかったのかもしれない。

「そのときは、親父も生命《いのち》からがらだったんです。牛みたいな大きなカジキを、ふらふらになって担ぎながら、親父は精も魂もつき果てたっていう感じでした。……でもその夜、親父はそのカジキの背をたたきながらぼくにいったんです。おい、よく見ろ、おれは、こいつに勝ったんだぞ。生きるってことは、こういう、この手ごたえのことなんだよ。……あのとき、親父は泣いていました」

「銛で打ったの？」

「そうです。とても重い銛なんです」

「ずいぶん、原始的ね」女はひきつったような声で笑った。「で、お父さんは？」

「死にました。去年」

女はだまった。ゆっくりとその女のそばをまわりながら、彼はいった。

「……あなたは、自殺をするつもりですか？」

喘ぐ呼吸が聞こえ、女は反抗的に答えた。

「ほっといてよ。……あなたには、関係ないことだわ」

「べつに、やめなさい、っていうつもりじゃないんですよ」

女は、ヒステリックにいった。

「からかうの？　ケ《エ》イベツしているのね、私を。子どものくせに」

あわてて慎一はいった。

「ちがいます。親父がぼくにいったんです。死のうとしている人間を、ケイベツしちゃいけない。どんな人間にも、その人なりの苦労や、正義がある。その人の生き甲斐《がい》ってやつがある。そいつは、他の人間には、絶対にわかりっこないんだ、って」

女は無言だった。遠く、波打ち際で砕ける波の音がしていた。

「人間には、他の人間のこと、ことにその生きるか死ぬかっていう肝心のことなんかは、決してわかりっこないんだ、人間は、だれでもそのことに耐えなくちゃいけないんだ、って。……だから、目前で人間が死のうとしても、それをとめちゃいけない。その人を好きなように死なしてやるほうが、ずっと親切だし、②ほんとうは、ずっと勇気のいることなんだ、って……」

女の顔に夜光虫の緑の燐光《りんこう》が照って、それが呼吸づくように明るくなり、また暗くなった。女は（Ｂ）。

「ぼくの親父も、自殺したんです。背骨を打ってもう漁ができなくなって、この沖で錨をからだに結びつけてとびこんじゃったんです。……あなたも、ぼくはとめはしません」

彼は岸に顔を向けた。そのままゆっくりと引きかえした。真暗な夜の中で、ただ夜光虫だけが彼につづき、波間にあざやかに濡れた色の燐光を散らしていた。

真赤なスポーツ・カーが、慎一のいるガソリン・スタンドに止まったのは、翌日の夕暮れ近くだった。ガソリンを入れに近づく慎一の顔を見て、女はサン・グラスをとり（Ｃ）。

「昨夜は」といい、女は笑いかけた。

「……ねえ、あのお話、ほんとう？」

「ほんとうです」と、慎一は答えた。

「……そう。ありがと。私、あれから一時間近くかかって、やっと岸に着いたわ」

女は、慎一の手を握った。

「あなたに、勇気を教えられたわ。それと、③働くってことの意味とを」

国道を真赤なスポーツ・カーが小さくなるのを、慎一はぼんやりと見ていた。女の言葉の意味が、よくわからなかった。

彼はただ、小さなその町に今日も溢れている無数の都会の人びと、その人びとがそれぞれに生きている夏の一つ、そんな他人の夏の一つが、しだいにシヤを遠ざかるのだけを見ていた。

〈山川方夫『他人の夏』による〉

問一 ――線部**ア**〜**オ**の片仮名を漢字に直せ。

問二 ――線部①「冷たい海の肌」とあるが、㋐このような表現技法を何と言うか答えよ。また㋑それと同じ技法を使っている語句を本文中から一つ抜き出して答えよ。

問三 ――線部②「ほんとうは、ずっと勇気のいることなんだ、って」とあるが、どうしてか。その理由をわかりやすく説明せよ。

問四 ――線部③「働くってことの意味」とあるが、「働く」とはどういうことか。本文中の語句を使ってわかりやすく説明せよ。

問五 本文中の（Ａ）〜（Ｃ）に入る最適な語句を次の**ア**〜**オ**の中からそれぞれ一つ選んで、記号で答えよ。

ア 急に目を大きくした
イ ひどくがっかりした
ウ にらむような目をしていた
エ 怒ったような目つきで、海をみつめていた
オ ほほえむような目をしていた

33 次の文を読んで、あとの各問いに答えよ。

むかし小野浅之丞という少年があった。アリンカの猫が度々大事な雛《ひな》っ児を盗むので、ある日イツキヤマのかげで、吹矢で猫を狙《ねら》い撃にした。猫は額を射られて、後足で立ち上りざま、二、三度きりきり舞をしていたが、そのままばたりとたおれて、（Ａ）死んでしまった。

（Ｂ）浅之丞は、死様のむごたらしさをひどく気に病んでいたが、その明くる日から自分の腹のなかで猫の鳴き声がすると言い出した。ある時は胸元で、またある時は臍《へそ》の辺で悲しそうな声がするので、浅之丞は生きた気持がしなかった。

浅之丞には伯父が一人あった。伯父というものは借金を拵《こしら》えたり、恋病に取りつかれたり、猫に祟《たた》られたりする甥にとっては、少くとも一人は無くてはならない（Ｃ）なのである。伯父は言った。

①「武士の児が猫に祟られて病死でもしたら、いい恥さらしだ。いっそ切腹して果てたがよかろう。」

浅之丞は眼に涙をウイッパイ溜《た》めて伯父の顔を見た。下っ腹のあたりでまたしても猫が鳴いたように思った。下っ腹といえば、つい五、六日前までは、「武士道」と「孟子」とが相住居をしていた大事な場所であった。

浅之丞は伯父に勧められて切腹する事になった。両親にもながの暇乞《いとまごい》をして、やがて肌を脱いで、刀を手に取った。介錯《かいしゃく》役に側に突立っていた伯父は落着いた声で呼びかけた。

「慌てるではないぞ。エセッカクの切腹じゃ。猫の声のする辺を目がけて、一思いに腹に突立てるがいいぞ。」

②「はい。」と浅之丞は下っ腹をなでながら、じっと聴耳を澄ませた。腹のなかでは猫の鳴き声どころか、ねずみ一匹潜っている様子も見えなかった。

---

33 **読解のために**

問二 「辞世」とは死に臨んで残す言葉や詩歌。

問三 「ひどく気に病んでいた」という浅之丞の心理状態は、何に由来するものか。

問四 伯父は甥の厄介事の始末に役立つ存在なのである。

問五 伯父は浅之丞の異変の原因を本当に猫の祟りだと思っているだろうか。

問六 猫の祟りより怖いものは何か。

問七 身体じゅうを耳のようにするということは、五感のうち聴覚だけを働かせるということである。

問八 「武士道」と「孟子」は武士の象徴的教養であろう。

オ「ケサ方までは確に鳴いていましたっけが……」浅之丞は臍のまわりを指先で押えてみた。

「今は一向に聞えませぬ。」

「そんなはずはない。気を落ちつけてよく聴いてみるがいい。」

③浅之丞は身体じゅうを耳のようにして聴き入ったが、何一つ物音はしなかった。

「一向に猫らしいものの鳴き声は致しませぬ。」

「猫め、それじゃ逃げたかも知れんぞ。」伯父は声を立ててからからと笑った。

「逃げたものなら仕方がなかろう。今更切腹にも及ぶまいて。」

甥は真青な顔をして、短刀を白木の鞘《さや》に納めた。④猫の逃出した下っ腹では、いつの間にか「武士道」と「孟子」とが帰って来て、ガマガエルのように遠慮してそっとため息をついていた。

（薄田泣菫の文章による）

問一　——線部**ア**〜**オ**の片仮名を漢字に直せ。

問二　（Ａ）に入る語句として、最も適切なものを、次の**ア**〜**エ**の中から一つ選び、記号で答えよ。

ア　辞世を考えながら
イ　辞世も何も詠まないで
ウ　辞世を詠みかけたまま
エ　辞世も見事に詠んでから

問三　（Ｂ）には、浅之丞についての、どのような内容の修飾語が入るか。最も適切なものを、次の**ア**〜**エ**の中から一つ選び、記号で答えよ。

ア　普段の信条を示す修飾語
イ　本来の性格を示す修飾語

ウ　その時の心理を示す修飾語
エ　忘れ得ぬ記憶を示す修飾語

問四　（Ｃ）に入る最も適切なものを、次の**ア**～**エ**の中から一つ選び、記号で答えよ。

ア　規格品　**イ**　骨董品　**ウ**　実用品　**エ**　付属品

問五　――線部①「武士の児が猫に祟られて病死でもしたら、いい恥さらしだ。いっそ切腹して果てたがよかろう」とあるが、こう言った時、伯父は、浅之丞の訴える怪異の原因をどう考えていたのか。二十字以内で答えよ。

問六　――線部②「『はい。』と浅之丞は下っ腹をなでながら、じっと聴耳を澄ませた。腹のなかでは猫の鳴き声どころか、ねずみ一匹潜っている様子も見えなかった」とあるが、浅之丞に猫の鳴き声が聞こえなかったのはなぜか。説明せよ。

問七　――線部③「浅之丞は身体じゅうを耳のようにして聴き入ったが、何一つ物音はしなかった」とあるが、「身体じゅうを耳のようにして聴き入った」とはどういうことか。説明せよ。ただし、説明文中に「身」・「体」・「耳」の語（漢字も、その読みの仮名も）を使わないこと。

問八　――線部④「猫の逃出した下っ腹では、いつの間にか『武士道』と『孟子』とが帰って来て、ガマガエルのように遠慮してそっとため息をついていた」とあるが、ここからうかがえる浅之丞の思いとして妥当なものを、次の**ア**～**エ**の中から**二つ**選び、記号で答えよ。

ア　「武士道」や「孟子」の教えに、自分はふさわしくない。
イ　「武士道」や「孟子」の教えは、自分にふさわしくない。
ウ　「武士道」や「孟子」の教えは、役に立たないことがある。
エ　「武士道」や「孟子」の教えを、役に立てられないことがある。

34 次の文章は「南木佳士『冬への順応』」の一節である。主人公は幼友達である安川千絵子と、浪人時代に再会し、淡い恋心を抱く。大学卒業後は、ふるさとに帰って互いに夢を実現させるという約束をするが、千絵子に新しい男友達が出来たことで失恋する。十年後、千絵子は主人公の勤める病院の末期ガンの患者として入院して来た。以後は病室で主人公がカンボジアの難民収容所での出来事を語っているところである。これを読み以後の各問いに答えよ。

陽は真上にあった。焼けた赤土の道に人影はなく、病棟の暑さに耐えかねた片足のない患者たちや、なにもすることのないクメール難民たちは、ぼくたちより先に軒下に出てしゃがみこみ、うなだれて道を見つめていた。

　ぼくはタバコを吸いながら、向いのフランスチームの病棟の軒下を見ていた。こちら側と同様にしゃがみこんで動かない黒い肌の間に、ひとつだけ、活発な運動をするものがあった。それは、ようやく歩き始めたばかりと思われる、裸の幼児だった。

　彼はめしを食っているのだった。煤《すす》けた鍋に手をつっこみ、掌にこびりついためし粒をなめ、また手を入れ、という単調な動作を飽くことなくくり返していた。まわりにしゃがみこむ者たちも、こちら側の難民たちも、ひとりとして彼に注意を払う者はなく、それが互いに目を合わさないための唯一の手段であるかのように、道の中心を見つめているだけだった。

　裸の幼児は鍋に頭を入れた。彼の上半身が隠れてしまう大きさの鍋だった。しばらくして、めし粒だらけの顔を出した彼は、涙を拭くように手を動かして、めし粒を口に集めた。そして、ひとまわり、しゃがみこむ大人たちを見回してから、針金のつるを肘《ひじ》にかけて、鍋を引きずり出した。

---

34 読解のために

問一　「長い灰だけになったタバコ」が何を意味するかを考えよう。

問二　「ぼく」がいる場所はどこか。

問三　「ぼく」は何を優先して「事を処理」するようにしているかを考えよう。

問四　これまで「残される者の側に立って」いた「ぼく」が、真に「残される者」となって、その「喪失感」を初めて経験することになる。

問五　「静かな病室」で、千絵子の「聞くものを不安にさせる、乱れたイビキ」の音がひびいている。そこにラジエーターが音を立てて、スチームが入ってきた。

問六　夕焼けは一日の終焉を意味する。

問七　「ぼく」は、カンボジアでの出来事を千絵子に「話し続けた」とある。

軒下から道に出た彼の小さな背に、亜熱帯の午後の太陽が容赦なくのしかかった。彼はあぶなっかしいがに股で鍋を引きずっていた。乾ききった堅い赤土と、鍋底のこすれ合う音が、押し黙った静けさの中で妙に陽気なひびきを生んでいた。

アメリカチームの病棟前を過ぎたところで彼は立ち止まり、道端に腹をつき出し、鍋のつるをしっかり肘にかかえて小便をした。体に似合わぬ勢いのよい小便の弧は、強い光量の陽を受けて白っぽく光った。三日前にニューヨークから来たばかりの、二人のアメリカチームの若い看護婦が、軒下から彼に拍手を送った。

彼はまた歩き出し、ゲートの手前の脇道に入った。その先には、この収容所の名にもなっている、カオイダンと呼ばれる山がひくく横たわっていて、麓まで、ニッパヤシの屋根と竹を編んだ壁だけの難民の家が連なっていた。

鍋を引いた裸の幼児は、国連の配給所の方に向って、陽炎のように消えていった。

①ぼくは長い灰だけになったタバコを、赤土の上でもみ消した。

②「たくさんのうちの一人なのよ。それだけのことよ」

となりにしゃがみこんでいるタイ人の通訳のダンが、ぼくのため息を聞きつけて、わざとらしくのぞきこんできた。

カンボジア領内と思われる地平線の上に、スコールを予感させる黒く厚い雲が出ていた。

湿った咳が聞こえた。千絵子がなにか言いたげに頭を起こそうとしていた。ぼくは話を中断し、パジャマの上から胸を叩いてやった。痰をからませてあえぐ千絵子の頬に、微かな赤みが浮いた。

「今も、元気、かしら。生きて、いる、かしら。その、子」

呼気のときだけ、千絵子は枯れてひくくなった声を出した。

「国連の配給で食い物はあるから、生きていると思うよ。しっかりとな」

「生きてて、欲しい」

「今頃、また道端で小便しているよ」

「生きてて、欲しい。ほんとに」

半円形の目からあふれた涙が、こけた頬を流れた。死期を悟った末期患者によくみられる、失禁したような涙だった。

「疲れたか？」

ぼくは枕もとのタオルをたたんで、千絵子の広い額から両眼にかけた。

タオルの下の顔が左右に動き、乾いた青黒い口唇が開いた。

「ごめん、なさい」

ほとんど荒い呼気にまぎれて聞きとれない、ひくいつぶやきだった。

千絵子が謝ったのは、泣き出したことに対してではないように思えた。黙り込んで、あの大学の土手のときのような気まずい隙間を造りたくなかったから、ぼくは話し続けた。

「あのなあ、今度はダンていう通訳のタイ娘の話をしてやるよ。難民収容所の他にも、おれはタイの田舎の病院で外来を手伝ってたんだ。患者なんて数人しか来ないから、病院前の屋台でバナナの天ぷらを食いながら、ダンと話すことの方が多かったんだ。ダンは浪人でさあ、チュラロンコン大学っていう名門を受けて落ちたんだよな。ダンは十八歳だった」

千絵子の目からタオルをとり、ぼくはもう彼女の目を見ずに話した。

とにかく話に切れ目をつけたくなかった。千絵子にあの上野駅以後のことなど話して欲しくなかった。

あたりまえに生きた女が、あたりまえに死んでいく。あくまで第三者でしかあり得ない医者として、ぼくはそういう死に慣れすぎていた。

　死者を見送るとき、いつからか、③ぼくは残される者の側に立ってのみ、事を処理するようになった。すでに死亡している患者に人工呼吸器をつなぎ、家族全員が到着するのを半日待ったことさえあった。ようやく遠方からかけつけた家族に向って、たった今、というふうに頭を下げる。見とどけることのできた安堵感が拍車をかける号泣の中で、人工呼吸器のパイプを抜く。心臓や呼吸の停止は、ほとんどの場合、本質的な意味を持たない。死に価値があるとすれば、それを決めるのは、残された者の内に生まれる喪失感の深さの度合いだけなのではないか、とぼくは思っている。

　④ぼくは今、初めて残される者になろうとしている。千絵子が死ぬ。ぼくは残る。

千絵子は死ぬ。ぼくは残る――

「あのなあ、ダンていうのは、あぐらをかいた鼻と黒い肌の女の子なんだ。浪人のダンにはなあ、好きな男がいたんだけどさあ、そいつは現役でチュラロンコン大学の医学部に入っちゃってるんだよな。ダンはバンコクで勉強を続けたかったんだけど、家が貧しいから、アルバイトで通訳をやってるんだよな。難民収容所で働いているうちにさあ、いろんな国から手弁当で来ている医者たちを見てさあ、ダンは悩んだんだよな。卒業したらイギリスに留学して、バンコクの王宮の近くのビルで眼科を開業するんだって、その、さっき言ったダンの好きな男ってのが言ってて、ダンはその男のことを、えらく尊敬してたんだけどな。なんか、医者ってのはそんなもんでいいのかなって考えるようになったんだな。ダンは悩んだんだ。とにかく、ダンは……悩んだ……」

　静かな病室の中に、高いイビキの音がひびいていた。一定のリズムのない、聞く者を不安にさせる、乱れたイビキだった。ぼくは口をつぐんだ。千絵子は土色の顔で眠ってしまっていた。だらしなく口を開けた寝顔は、泣き寝入りした幼女のようでもあり、老人病棟にいる寝たきりの老婆のようにも見えた。

　窓際の錆の目立つラジエターがカンカンと音をたてて、部屋にスチームが入ってきた。⑤ぼくは急に、背筋にたまらない寒さを覚えた。丸椅子から立ち、体を小刻みにゆすって窓に近づき、両手の幅だけカーテンを開けた。

　山々の裏側が一気に燃え出したような、広い夕焼けだった。冠雪した稜線の裏から昇る真赤な炎は、中空で淡い朱色になり、目を上げるにつれてうすい紫色に変わり、そのまま寒々とした灰色の夜空に移行していた。思いきってカーテンを開けきると、部屋全体が朱色になった。千絵子の寝顔も、シーツも、点滴のビンの白いラベルも、すべてがおなじ色調に染まった。

　ぼくは千絵子の枕もとに立ち、手をうしろに組んで目を閉じた。深くなるにつれて規則正しくなったイビキのリズムは、とても懐かしいもののようにぼくの涙を誘った。ぼくは顔を上に向け、言葉を探すことで、流れ出ようとするものを止めた。使い古された多くの言葉が浮かんだが、この場にふさわしい一語はどうしても見つからなかった。

　目を開けた。部屋は急速に暗い色に支配されていった。ぼくにできることは、カーテンを閉めてやることだけだった。

　病室のドアがひかえめにノックされ、定時の見回りの若い看護婦が入ってきた。

「眠ってる」

　ぼくは小声で言った。

「きれいな人ですね。昔の恋人ですか？」

　よく澄んだ目をした看護婦は、横に立ってぼくの顔をのぞきこみ、ぼくより小さな声で言った。彼女の顔は、目のところがちょうどぼくの肩の高さにあった。

「君の身長は？」

「百六十三センチ。どうしてですか？」

「十八歳の頃のこの人とおなじだ。並んで歩いたことは、二、三度しかなかったけれど」

　眠り続ける千絵子は、看護婦に比べるとあまりに小さく見えた。

　看護婦は身をかがめて、ベッドの下に入っている、二リットル入りのビン一杯にたまった赤い胸水の量をメモした。

「外はすごい夕焼けだな」

　と、ぼくは言った。

「ちょうど、こんな色の……」
⑥しゃがみこんだまま、ぼんやり胸水を見つめていた看護婦は、言いかけて鼻をすすった。

問一　――線部①の行動から読み取れる主人公の心情として最も適当なものを次の**ア**～**オ**の中から一つ選び、記号で答えよ。

ア　アメリカチームの若い看護婦たちの心無い行為に、怒りがふつふつと湧き起こっている。
イ　腹をすかした幼児を無視し続ける難民たちの姿にあきれ、悲しみにくれている。
ウ　多くの小さな命が容易く奪われる状況に苦悶し、あがき続けようとしている。
エ　裸の幼児を黙って注視し続けることしかできない立場に、言葉なくやりきれずにいる。

オ　突然にくるであろうスコールの危険な空模様に、せめて軒下にでも入れてやろうとあせっている。

問二　――線部②とは何を示しているか。文中から二字で抜き出せ。

問三　――線部③とはどういうことか。六十字以内で説明せよ。

問四　――線部④の理由として最も適当なものを次の**ア**～**オ**の中から一つ選び、記号で答えよ。

ア　千絵子がいなくなることで、初めて失くしたものへの絆と大きさを知るに至ると思われるから。

イ　千絵子の死によって、慣れすぎていた医者としての初めて仕事を再確認できるように思われるから。

ウ　死期を悟った千絵子の態度が、今までの患者とは違い初めて威厳があるように思われたから。

エ　千絵子を失う今となって、同じ故郷を持つという大切さを初めて知らされると思われたから。

オ　昔の恋人であった千絵子の死は、初めて自分に人間としての部分を復活させる事になると思われたから。

問五　――線部⑤の説明として最も適当なものを次の**ア**～**オ**の中から一つ選び、記号で答えよ。

ア　乱れたイビキに不安になり、息絶えようとしている千絵子に驚愕している。

イ　昔あこがれた千絵子がだらしなく口を開けて寝る姿にあ然となり、失望している。

ウ　スチームの入ってきた音で我にかえり、現実に迫る千絵子の死に慄いている。

エ　話の内容が自分自身に向けられていたことに気づかされ、横たわる千絵子に感謝している。

オ　無理に話をし続けたことを後悔し、静かに眠る千絵子に対して申し訳なく思っている。

問六　――線部⑥の部分から読み取れる看護婦の心情として最も適当なものを次の**ア**～**オ**の中から一つ選び、記号で答えよ。

ア　赤い胸水の色と夕焼けの色とが似ていることを、この患者のそう遠くない未来の暗示と感じている。

イ　昔の恋人である患者に対する思いが、付きっきりで看護する主人公の懸命な姿に表れ感動している。

ウ　元恋人に対してもあくまで第三者としてことを処理する主人公の態度に、冷たさを感じている。

エ　夕焼けの話題に最初はつられたが、この緊急事態に常識がないと涙で訴えかけている。

オ　美しい患者の以前の健康的な姿が想像され、主人公のせつなくやりきれない気持ちを感じている。

問七　本文の内容として最もふさわしいものを次の**ア**～**オ**の中から一つ選び、記号で答えよ。

ア　カンボジアの難民収容所での出来事は、日本では考えられない状況であり、主人公は、医者としてより一層研鑽を積もうと焦っている。

イ　末期ガンの千絵子に話していた難民収容所での内容があまりにも深刻なものであったため、空気の読めない自分の情けなさを痛感している。

ウ　恋心を抱いていた千絵子との別れや、自分の知らない千絵子の十年間に話題が移ることを極力避け、一方的に話し続けようとしている。

エ　第三者としての死に慣れすぎた自分が、親密な関係であった千絵子の死に関わることで、医者として初めて自立した人間になろうとしている。

オ　元恋人の末期的な姿を前にしても落ちついている主人公の態度に、励ますつもりで質問した看護婦が、自分の言葉が軽薄であったことを恥じている。

㉟　次の文を読んで、あとの各問いに答えよ。

今年はじめのある日、ソファに横たわり脇の木箱——それはイーヨーが中学の特殊学級で、一年をかけてオレンジ色に塗りあげたものだ——の上に辞書と鉛筆、赤鉛筆を置いてキャスリン・レインの新しい論集「ブレイクと新時代」を読んでいた僕を、いつもの仕方で居間入口に顔を出したイーヨーが、困ったような、かつはしみじみとしたような眼で見おろすと、——お帰り、イーヨー、よく帰ってきたね、という ⓐ僕の挨拶にはうなずいただけで、食堂を急いで横切り台所へ入って行ったのである。そして妻に次の報告をした。

——寄宿舎に入る順番になりました！　準備はできておりますか？　来週の水曜日に入ることになっております！　つづいてかれは、こういいもしたのであった。しかし僕がいない間、パパは大丈夫でしょうか？　パパはこのピンチを、またよく切りぬけるでしょうか？

洗いものをしながら妻がつい笑い声をだしながら答える。その取りなしに、ⓑ僕は思いがけない一撃をうけたふうで、半分ベソをかく式の笑い顔になっていたはずだが……

——相撲のアナウンサーが、そういう言葉づかいをするねえ。若乃花が連敗した

㉟　読解のために

問二　イーヨーの気持ちは、その後の報告から読み取れる。

問三　妻の取りなしにパパが「半べそ式の笑い顔」になっていたのだから、パパのことに関わる記述を選べばよい。

問四・五・六　次文に理由が述べられている。

問七　真赤になってしまうような「父親の誤解における自分の像」とはどんなものだったか。

問八　前文のイーヨーの弟の説明で何が分かったのか。

問九　「忸怩」とは、自分の行いについて心の中で恥じ入ること。「僕」が「まいりました」と感じたことはどんなことか。

問十　イーヨーが寄宿舎に入る前夜

時とか……それよりイーヨーがしっかりしなければ。このところ遅くまで起きているから、朝、発作がおこるでしょう？　寄宿舎では、毎朝眼がさめたらすぐにお薬をのむのよ。

イーヨーの養護学校では、一学期ずつすべての生徒が校内にある寄宿舎に入る規則である。今学期にイーヨーの寄宿舎入りがあることは以前からきまっていた。イーヨー自身、それを気にかけて緊張しているということもあった。正月休みに、家族そろって遅い朝食をとっていると、食事についてはたいていキビンなイーヨーが、しだいしだいに①カンマンな動作となる。食事を終えるには終えたが、立って行ってソファに横たわった顔つきは、面がわりしたというほどのこわばりを示している。一挙に中年すぎの、しかも古風な顔だちの男となったようだ。僕はW先生が死の床につかれた際、原日本人のといいたいような②ソウチョウさの面だちになられたのを思い出したりしていた。そのうち眼の周りの皮膚は③ジュウケツし、眼は琥珀《こはく》色の光をやどして、かれ自身にも理解しえず、したがって言葉にして訴えることもできぬ苦しみをあらわすのだ。大きくしっかり張った額に手をのせると、じんわり発熱している。抗てんかん剤をのみ忘れたための発作なのである。イーヨーが癲癇《てんかん》でないといいはる妻に対して、僕としてはこの種の発作もまた、広く癲癇のうちにふくめられるらしいという、書物で仕入れた知識をいいだすこともしなかったのだが……

寄宿舎の入舎日がきまったこの日、セーターとコーデュロイのズボンに着がえて脇にやって来たイーヨーが、新聞はさみこみのＦＭ放送の週間プログラムを検討しているのへ、かれが母親にいった言葉の背景にあるものを、僕はたずねてみようとした。

――イーヨー、きみは僕がピンチをまたよく切りぬけるか、といったでしょう？

の家族の交流の場面である。

この前のピンチは、いつだったと思うかね？

なかば僕としては、――いやあ、忘れてしまいました！　というかれの定まり文句を予想していたのだ。しかしイーヨーは紙面から顔をあげて、内斜視の宙をにらむような眼をすると、明確な返答をかえしたのであった。

――それはHさんが、白血病で亡くなった時でした！　小児癌《がん》だったし！　ああ、恐しかったものだなあ！　パパはよく切りぬけました！　ご苦労さまでした！　三年前の、一月二十五日前後の、一週間のピンチでございました！

サクちゃん、イーヨーの弟は結局のところ小児癌ではなかった。子供ながら自分で気づくほどの血尿が出て、かかりつけの医院の検査では、なお数日にわたって尿に血液反応が見られたために、東大病院に通いはじめていたのである。各種の検査がつづけられて、担当の医師の言葉を用いるなら、なかなか「無罪ホウメン」[4]とならなかった。膀胱鏡《ぼうこう》による、大きい苦痛をともなう診察もあったが、イーヨーの弟はよく耐えた。むしろ病院に付きそって行く僕の方が、しだいにまいってきていたのだった。

お茶の水で国電をおり、橋の上のバス乗り場から東大構内行きのバスに乗る。バスを待つ間に見あげる向う岸正面の病院に、二十年ほど前おなじ場所で一緒にバスに乗りこむのがつねだった同級生のH君が、白血病で入院している。それもいったん回復のきざしを見せながら、年末に脳内出血の発作をおこして、意識不明のまま横たわっているのであった。検査のかえりに、イーヨーの弟をこちらの病院の外来待合室に残して、友人を見舞うこともあった。看病やつれし殺気立っているような夫人と立話をするのみで、頭をたれて待合室に降りてくるほどのことであったが。

ついにH君が死んで、葬儀の責任者の役割を僕は引受けた。通夜の客に挨拶する、寒風吹きさらしの縁側に坐っている僕の頭には、なお検査のつづいている息子のことが片方にあり、通夜に来てくれた先輩の作家が、――あいつの子供たちの兄の方がでなくて、今度は弟が病気だというのが気の毒だ、といっていたという、その言葉もⓒ気にかかっていた。それは正直にいうほかないが、意識の底の方にあった、弟のかわりにイーヨーがという、一瞬の酷たらしいひらめきのような思いを、鋭敏にとらえて串刺しにし、僕につきつけてくるものであったから……

――きみの腎臓に病気があるのかもしれなくて、検査をした時だけれども、と僕はこの夜の夕食の際、イーヨーの弟にたずねた。もし腎臓を摘出しなければならないなら、僕かママかイーヨーの腎臓を、ひとつきみに移殖する相談もしていたけれど、きみ自身はどう思っていた？　誰の腎臓をもらうつもりだった？

――そうだねえ、と一拍置くようにしてものをいうイーヨーの弟は、さらに考えつづけながら答えた。イーヨーは「ヒダントール」をのんでいるからね。

ⓓ僕はムッとしたのだ。そういうことをいうのか、それはエゴイスチックな選択というものじゃないか？　先方の臓器の性能で判断するのか、確かにやむをえぬ考え方であるにしても？　と僕は胸のなかに湧いてくる言葉をなんとか捨象して、次のように尋ねたのである。

――イーヨーの腎臓は、悪くなっていると思うかね？

イーヨーの弟は、また一拍置くように考えこみ、ⓔみるみる真赤になった。かれは父親の誤解における自分の像を[X]のだ。

――イーヨーは「ヒダントール」をのんでいるから、とかれは正確をめざして繰りかえした。抗てんかん剤というようなものは、有害な成分もふくんでいると思う。それを処理するためには、腎臓がふたつなければ無理じゃないの？

ⓕ僕はあやまった。そしてイーヨーの弟の配慮の適切を認めたのである。食事の後、寄宿舎へはカセットを持ってゆくことが許可されているので、まだカセットに入っ

ていないレコードを早めに録音しおえるよう、選んでおけという僕の発案に、こたえるつもりのイーヨーがとまどっている。レコードの山の前に正座したまま、一時間たってもなにひとつ選び出せないのだ。イーヨーに妻が、――能率よくしなければ、寄宿舎でみんなに迷惑をかけるよ、と注意している。そのうち、イーヨーの妹がこういった。

――イーヨーには全体が音楽なのだから、なにかそこから選ぶということはできないのじゃない？

――そうです、そのとおりですよ！　ありがとうございました！　とイーヨーはいった。

僕もイーヨーの妹に、きみの観察は正しい、といったのである。眠る前に、子供部屋で妹と弟が話している。妹は自分が賞められたことを、弟に向けて確認したいのらしい。例の一拍の間があって、イーヨーの弟の答が聞えた。

――よかったね。今夜は僕も賞められたよ。

寄宿舎入りがまぢかということもあり、両親の関心がイーヨーに集中している。イーヨーの弟と妹は、とくに父親から無視されていると感じるところがあったのらしい。ⓖ僕の忸怩《じくじ》たる思いを代弁する具合に、なおレコードの前で正座しているイーヨーが、ひとりごとをいっていた。

――ⓗいやあ、まいりました！　本当にまいりました！

（大江健三郎『新しい人よ眼ざめよ』による）

問一　＝＝線部①〜④の漢字と同じ漢字を含むものを、次の各項の**ア**〜**エ**中からそれぞれ一つ選び、記号で答えよ。

①　**ア**　ヒカン的な見通し　**イ**　税金のカンプ

　　ウ　規制のカンワ　**エ**　カンレイの行事

② ア ピアノのバンソウ　イ 議論をソウカツする
ウ 山でソウナンする　エ ベッソウに行く

③ ア 飛行機のソウジュウ　イ 山道でナンジュウする
ウ ジュウコウな内容の映画　エ 食料をホジュウする

④ ア ホウソウ局　イ ホウシ活動
ウ タイホウを撃つ　エ ホウシュウを得る

問二 ――線部ⓐにはどのような気持ちが表れているか。**あてはまらないもの**を次の**ア**～**エ**の中から一つ選び、記号で答えよ。

ア 自分がいないと父親のことが心配だという気持ち
イ 父親の心配げな言葉がうっとうしい気持ち
ウ 寄宿舎に入るのが心配だという気持ち
エ 寄宿舎に入るのがおっくうだという気持ち

問三 ――線部ⓑの様子の理由として、最も適切なものを次の**ア**～**エ**の中から一つ選び、記号で答えよ。

ア 妻が、父親を心配するイーヨーの言葉についい笑ってしまい、彼を傷つけたかもしれないから。
イ 妻が笑いながらではあるが、父親を心配するイーヨーの言葉を否定しなかったから。
ウ 親の心配をよそに、寄宿舎に入ることでイーヨーに期するものがあるかのようだから。
エ 手助けなしに身辺のことができないイーヨーが寄宿舎に入るのに、妻が平然としているから。

問四 ――線部ⓒの理由として、最も適切なものを次の**ア**～**エ**の中から一つ選び、記号で答えよ。

ア　弟ではなくイーヨーが病気であってくれたらという自分の気持ちに直面させられたから。

イ　子どもの病気を気の毒がってくれる口ぶりに、傍観者の気楽さがうかがえたから。

ウ　弟の病気を心配する言葉が、兄の方だったらよかったのにという意味で言われたから。

エ　先輩作家の真心から出た言葉が、弟でなくイーヨーが病気だったらという気持ちを粉砕したから。

問五　——線部ⓓの理由を四十五字以内で答えよ。

問六　——線部ⓔの理由として、最も適切なものを次の**ア**～**エ**の中から一つ選び、記号で答えよ。

ア　父親の反応から自分が冷静すぎる意見を言っているように感じられたから。

イ　自分がさり気なく兄をいたわったのに、父親がそれを大げさに受け取ったから。

ウ　兄をいたわった意見を父親が兄の腎臓の衰弱と理解したことに気づいたから。

エ　自分が利己的な考えをもっているという父親の誤解に気づいたから。

問七　[X]に入れる言葉として、最も適切なものを次の**ア**～**エ**の中から一つ選び、記号で答えよ。

ア　怒った　**イ**　嘆いた　**ウ**　恥じた　**エ**　悔やんだ

問八　——線部ⓕの理由を三十字以内で答えよ。

問九　——線部ⓖは何に対する「忸怩たる思い」なのか。最も適切なものを次の**ア**

〜エの中から一つ選び、記号で答えよ。

ア　イーヨーに関心を集中する自分よりも、弟と妹のほうがよほどイーヨーをよく観察し、理解していること

イ　自分の早とちりから出たささいな誤解を、結果的にイーヨーの弟から諭された形になったこと

ウ　イーヨーだけに関心を傾けていたつもりはないのに、子どもたちに平等に目をかけていなかったこと

エ　薬を飲み忘れると体調を崩してしまうイーヨーから逆に強く心配されてしまったこと

問十　――線部ⓗにはどういう気分が表れているか。**あてはまらないもの**を次の**ア**〜**エ**の中から一つ選び、記号で答えよ。

ア　音楽を選ぶこと自体についての困惑した気分

イ　音楽のことにかこつけて父親を心配する気分

ウ　選曲に困りつつも家族から受けた明るい気分

エ　自分の好きな音楽に集中している楽しい気分

C

36　次の文を読んで、あとの各問いに答えよ。

闇！　そのなかではわれわれは何も見ることも出来ない。より深い暗黒が、いつも絶えない波動で刻々と周囲に迫って来る。こんななかでは思考することさえ出来ない。何が在るかわからないところへ、どうして踏み込んでゆくことが出来よう。

36　**読解のために**

問一　いずれも直後に「ような（に）」とあるので、比喩の問題である。何の、どのような様子を形容して

勿論われわれは摺足《すりあし》でもして進むほかはないだろう。しかしそれは苦渋や不安や恐怖の感情で一ぱいになった一歩だ。その一歩を敢然と踏み出すためには、われわれは悪魔を呼ばなければならないだろう。裸足で薊《あざみ》を踏んずける！　その絶望への情熱がなくてはならないのである。

　闇のなかでは、しかし、若しわれわれがそうした意志を捨ててしまうなら、なんという深い安堵がわれわれを包んでくれるだろう。この感情を思い浮べるためには、われわれが都会で経験する停電を思い出してみればいい。停電して部屋が真暗になってしまうと、われわれは最初なんともいえない不快な気持になる。しかし一寸《ちょっと》気を変えて呑気《のんき》でいてやれと思うと同時に、その暗闇は電灯の下では味わうことの出来ない爽やかな安息に変化してしまう。

　深い闇のなかで味わうこの安息は一体なにを意味しているのだろう。今は誰の眼からも隠れてしまった――今は巨大な闇と一如になってしまった――それがこの感情なのだろうか。

　私はながい間ある山間の療養地に暮していた。私は其処《そこ》で闇を愛することを覚えた。昼間は、（Ａ）ように見える谿《たに》向うの枯萱山《かれかやま》が、夜になると黒ぐろとした畏怖に変った。昼間気のつかなかった樹木が異形《いぎょう》な姿を空に現わした。夜の外出には提灯《ちょうちん》を持ってゆかなければならない。――月夜というものは提灯の要《い》らない夜ということを意味するのだ。――こうした発見は都会から不意に山間へ行ったものの闇を知る第一階梯《かいてい》である。

　私は好んで闇のなかへ出かけた。渓ぎわの大きな椎の木の下に立って遠い街道の孤独な電燈を眺めた。深い闇のなかから遠い小さな光を眺めるほど感傷的なものはないだろう。私はその光がはるばるやって来て、闇のなかの私の着物をほのかに染めているのを知った。またあるところでは渓の闇へ向って一心に石を投げた。闇の

いるのか、そして、それにふさわしい選択肢はどれかを考えよう。

問二　主人公の「闇」に対する感情について述べているのは、冒頭からどこまでか。それがわかれば、字数制限がヒントとなって答えは容易に見つかるはずである。

問三　主人公はなぜ「闇」に興味をもつようになったのか、その理由を述べた部分を手掛かりにする。

問五　――線部②を含む言葉は、直前の「彼等」のものであるが、では、「彼等」とは誰（何）を指しているか。それを見極めることが先決である。

問六　「闇の街道」を抜けて、「ひろびろとした展望のなかへ出」たときに、「今が今まで」持っていた考えを「振るい落し」たように感じるのであるから、「闇」についての主人公の思いを表現した部分から、「煮え切らない考え」と言えるものを探せばよい。

問七　前文の「煮え切らない考えを振るい落」すことが、何を意味するかを考えればよい。

問八　主人公の中に生じた「新しい決意」が、――線部⑥の感動をも

なかには一本の柚の木があったのである。石が葉を分けて戛々《かつかつ》と崖《がけ》へ当った。ひとしきりすると闇のなかからは芳烈な柚の匂いが立ち騰《のぼ》って来た。

　こうしたことは療養地の身を嚙《か》むような孤独と切離せるものではない。①あるときは岬の港町へゆく自動車に乗って、わざと薄暮の峠へ私自身を遺棄された。深い渓谷が闇のなかへ沈むのを見た。夜が更けて来るにしたがって黒い山山の尾根が古い地球の骨のように見えて来た。彼等は私のいるのも知らないで話し出した。

「おい。何時《いつ》まで俺達は②こんなことをしていなきゃならないんだ」

　私はその療養地の一本の闇の街道を今も新しい印象で思い出す。それは渓の下流にあった一軒の旅館から上流の私の旅館まで帰って来る道であった。渓に沿って道は少し上りになっている。三四町もあったであろうか。その間には極く稀《まれ》にしか電燈がついていなかった。今でもその数が数えられるように思う位だ。最初の電燈は旅館から街道へ出たところにあった。夏はそれに虫がたくさん集って来ていた。

　しばらく行くと橋がある。その上に立って渓の上流の方を眺めると、黒ぐろとした山が空の正面に立塞《ふさ》がっていた。その中腹に一箇の電燈がついていて、その光がなんとなしに恐怖を呼び起した。（　B　）ような感じである。私はその橋を渡るたびに私の眼がいつもなんとなくそれを見るのを避けたがるのを感じていた。

　橋を渡ると道は渓に沿ってのぼってゆく。左は渓の崖。右は山の崖。行手に白い電燈がついている。それはある旅館の裏門で、それまでの真直ぐな道である。この闇のなかでは何も考えない。それは行手の白い電燈と道のほんの僅かの勾配《こうばい》のためである。これは肉体に課せられた仕事を意味している。目ざす白い電燈のところまでゆきつくと、いつも私は息切れがして往来の上で立留った。呼吸困難。これはじっとしていなければいけないのである。（　C　）ような風をしている。しばらくするとまた歩き出す。

たらしている。また、「闇のなかへ消えてゆく」と表現していることにも着目する。

街道はそこから右へ曲っている。渓沿いに大きな椎の木がある。その木の闇は至って巨大だ。その下に立って見上げると、（Ｄ）ように見える。梟《ふくろう》の声がその奥にしていることがある。道の傍らには小さな字《あざ》があって、そこから射して来る光が、道の上に押被さった竹藪を白く光らせている。竹というものは樹木のなかで最も光に感じ易い。山のなかの所どころに簇《む》れ立っている竹藪。彼等は闇のなかでもそのありかをほの白く光らせる。

そこを過ぎると道は切り立った崖を曲って、突如ひろびろとした展望のなかへ出る。眼界というものがこうも人の心を変えてしまうものだろうか。そこへ来ると私はいつも③今が今まで私の心を占めていた煮え切らない考えを振るい落してしまったように感じるのだ。私の心には④新しい決意が生れて来る。秘やかな情熱が静かに私を満たして来る。

この闇の風景は単純な力強い構成を持っている。左手には渓の向うを夜空を劃《くぎ》って（Ｅ）ような尾根が蜿蜿《えんえん》と匍《は》っている。黒ぐろとした杉林がパノラマのように廻って私の行手を深い闇で包んでしまっている。その前景のなかへ、右手からも杉山が傾きかかる。この山に沿って街道がゆく。行手は如何《いかん》ともすることの出来ない闇である。この闇へ達するまでの距離は百米《メートル》余りもあろうか。その途中にたった一軒だけ人家があって、楓のような木が幻燈のように光を浴びている。大きな闇の風景のなかでただそこだけがこんもり明るい。街道もその前では少し明るくなっている。しかし前方の闇はそのためになお一層暗くなり街道を呑みこんでしまう。

ある夜のこと、私は私の前を私と同じように提灯なしで歩いてゆく一人の男があるのに気がついた。それは突然その家の前の明るみのなかへ姿を現わしたのだった。男は明るみを背にしてだんだん闇のなかへはいって行ってしまった。私はそれを⑤一種異様な感動を持って眺めていた。それは、あらわに云って見れば、⑥「自分も暫らくすればあの男のように闇のなかへ消えてゆくのだ。誰かがここに立って見ていればやはりあんな風に消えてゆくのであろう」という感動なのであったが、消えてゆく男の姿はそんなにも感情的であった。

〈梶井基次郎『闇の絵巻』による〉

問一 （Ａ）～（Ｅ）に入るべき言葉を、次の**ア**～**オ**の中から一つ選び、記号で答えよ。

ア 爬虫の背の
イ 深い大きな洞窟の
ウ 金色の兎が遊んでいる
エ バァーンとシンバルを叩いた
オ 用事もないのに夜更けの道に立ってぼんやり畑を眺めている

問二 本文中で主人公は闇に対して相反する両義の感情を抱いているが、それぞれの感情に該当する部分を本文中から六字以上十二字以内で抜き出して答えよ。

問三 主人公にそうした闇への感情を抱かせるものは何か、本文中でそれを端的に言い切った部分を十五字以内で抜き出して答えよ。

問四 ――線部①の一文の中には文法的に不適当な部分がある。例にならって不適当な部分を五文字以内で抜き出し、訂正せよ。

例 寝る→寝ない

問五 ――線部②の「こんなこと」とは何を指していると思われるか、十五字以内の自分の言葉で答えよ。

問六 ――線部③に「今が今まで私の心を占めていた煮え切らない考え」とあるが、それに該当する部分の中で「煮え切らな」さを示す六文字の言葉を抜き出して答えよ。

問七　――線部④の「新しい決意」の内容を、――線部①以前の部分にある本文中の言葉を使って二十字以内で答えよ。

問八　――線部⑤の「一種異様な感動」は――線部⑥のように説明し直されているが、それをより端的に言い切ればどんな予感のことなのか、――線部①以前の部分にある本文中の言葉を使い、末尾が「予感」になる形で十字前後で答えよ。

37　次の文を読んで、あとの各問いに答えよ。

「お茶をかえましょう。」
　芙美代は籐椅子を離れると、新しい茶に淹《い》れかえてテーブルに運んできた。その間、重孝は①話を終えた余韻にア浸るように窓越しに風景を眺めていた。芙美代は重孝に茶をすすめ、自分も口にした。重孝好みに少し濃目に淹れたつもりだったが、それほどイ渋味は出ていない。やはり家の茶とは勝手がちがった。
「芙美代、もう少し付き合ってくれないか。」一口すすって重孝が顔をあげた。
「わたしは構いませんが、あなたはお疲れじゃありませんか。」「いや、大丈夫だ。」重孝は続ける。
「この場所で義父《とう》さんから『破墨山水図』を託されて、わたしはどう処理したものか迷った。すぐ突き返そうかと考えた。国博に知らせようかとも思ったし、持参する方法も考えた。きみに打ち明けようかどうか……、迷った。」
　そんな問題をかかえているとは、芙美代は少しも知らなかった。
「結局、きみに打ち明けなかった。義父さんがきみに伝えなかったことだ。わたしからは話せない。と言ってすぐに国博に駆け込むつもりもなかった。義父さんに返し、何もきかなかったことにするのが最善の方法ではないかと一応は考えた。」

37　読解のために

問二　「何が起こっても不思議はない」状態を表す四字熟語である。

問三　「話」はこの場面の前で既に「終え」られているが、その内容はあとの「重孝」の言葉から十分にくみ取ることができる。したがって、本問はむしろ要約の力量を試すものと言える。

問四　「一応とはどういう意味ですの。」という芙美代の問いに答えたうえで、「そういう意味だ」と言っていることに着眼する。

問五　「奇妙な……考えに行き当たった。」とあることから、重孝にとっては思いもよらぬ最終的な考えであるはず。

問六　――線部④を含む「重孝」の言葉から、素直に考えればよい。

「一応とはどういう意味ですの。」「義父さんの病状だ。ウ脳腫瘍が切除できない部分に肥大し続けていた。（Ａ）だ。何が起こっても不思議はない。寿命がわかると言われたときは、どう答えていいか弱ったものだ。そういう人を相手に、託されたものを突き返せなかった。」

一応というのは②そういう意味だと重孝はいった。芙美代は夫、重孝のエ煩悶がわかるような気がした。〈犯罪〉を告白されたものの、相手は美術の師と仰いだ人であり、何よりも義父である。しかも、夫は世の不正をオ糾弾するジャーナリズムの世界に身を置いている。晩酌さえあまりやらない夫の酒量は増えたにちがいなかった。

「迷って結論の出ないうちに義父さんは亡くなった。この猪苗代湖荘を訊《たず》ねてから四カ月後だった。実はその頃には内心、わたしは取るべき態度を決めていた。」

「画の処理ですね。」

「義父さんが亡くなったらすぐ国博に返却しに行こう。そう腹を決めたとき、わたしは③奇妙な別の考えに行き当たった。」「別の？」

「国民共有の宝物をたとえどんな理由があるにせよ、勝手にカ私するのは犯罪だ。そのことは義父さんだって充分、承知している。ふつうなら盗み出してそのままにしておくところだが、それでは④良心が咎めたのだろう。だからこそ精巧な模本を作製して目的を遂げた。」「実際、遂げましたわ。」

「そう、だが、この目的は未来永劫、遂げねばならない。義父さんの死後も……。それでわたしをこの場所——。自分の情熱を注いだ思い出の場所に連れてきて過去を語った。だが、義父さんには不安がないではなかった。」

そこで急に重孝はキ咳込んだ。背中を丸めて胸をなでる。咳の鎮まったところで重孝は話し始める。

「不安というのは、他でもない、わたしの拒否だ。『破墨山水図』の管理をわたしが承諾しなかったらどうなる？　義父さんのこれまでの苦労はすべて水の泡となるし、犯罪行為さえ露顕してしまう。それだけは未然に防がねばならない。一番良い方法はわたしを共犯者に仕立てることだ。」「共犯者とはまた……。」

　穏やかでない言葉だと芙美代は思った。

「共犯者にすることで義父さんは目的をク完遂できる。」「それはあなたの思いすごしじゃないかしら。」「そうだろうか……。いずれにしろ、義父さんの『破墨山水図』を譲りたいという気持はケ一途なはずだった。」

　重孝は静かにそう口にした。

「真物を眼のあたりにしてから、他でもない巧芸版を一目、見たくなった。」「博物館へ？」「そう行った。義父さんが亡くなる少し前に、日本を代表する水墨画が国博で特別展示された。」

「日本の水墨画源流展」と題した特別展だった。開催前日、美術関係者、報道機関向けに展示品が公開された。

〈山崎光夫『国宝』による〉

注　重孝の義父は、かつて国立博物館の鑑査官を務め、水墨画を専門としていた。

問一　――線部**ア**～**ケ**の漢字の読みを答えよ。

問二　（Ａ）に入る最も適当な四字熟語の読みを次から選び、**漢字に直して**答えよ。

イッキョリョウトク　イッセキニチョウ　イッショクソクハツ
トウホンセイソウ　カンワキュウダイ

問三　――線部①の重孝の「話」は、二十余年前のある出来事について述べたものである。その出来事を本文を通して推測し、百字以内で説明せよ。

問四　――線部②「そういう意味」とは、どういうことか、五十字以内で説明せよ。

問五　——線部③「奇妙な別の考え」とは、どんな考えか。それを言い表している箇所を、文中から抜き出して示せ。

問六　——線部④について、なぜ義父は「良心が咎めた」のだろうか。その理由を、簡潔に述べよ。

38　次の文を読んで、あとの各問いに答えなさい。

　東京のベッドタウンとはいっても、都心までバスと電車を乗り継いで片道二時間かかるような田舎だった。父の転勤で三年生の途中で引っ越してきて、そのまま高校時代までを博士《ひろし》は同じ街で過ごした。

　里山を切り崩して造成されたアシンコウ住宅街だったから、家から歩いて二十分の小学校は学区のほとんどが農村だ。いわゆる関東ローム層のイカンソウした土地では落花生がウサイバイされていて、水田は川沿いの低地に沿って並ぶ。通学路はその水田地帯と丘陵とを横切ってまっすぐ小学校まで続いていた。

　転校した当時、博士は一学年一クラスしかないその小さな小学校が受け入れたはじめての関西からの転校生だった。関西弁がめずらしくて、博士が口を開くたびにクラスでは笑いが巻き起こった。そのわりには、笑った側の言葉も「だべ」や「だべさ」を連発する「標準語」からはほど遠いもので、博士は①釈然としない思いだった。もちろん②数の論理に勝てるはずもなく、博士はこっちの言葉のエヨクヨウを覚えるまでほとんど口を開くことができなかった。

　とはいえ五年生にもなると、クラスにすっかり馴染み、また、学級委員長を任せられたり、同級生たちに(Ⅰ)一目置かれるようにはなっていた。関西なまりもすっかり消えた。昼休みに一人読書をする孤独癖はあったにしても、他の子と話を合わせて

38　**読解のために**

問二　博士は、クラスメイトが自分を笑うのはおかしいと思っているのである。

問四　同級生たちといて感じる違和感に、博士は「そわそわした気分」になるが、サンペイ君はどんな様子か。

問五　前段の内容に理由がある。

テレビ番組の話題で盛りあがったり、福ちゃんたちが開く草野球の試合に顔さえ出しておけば、仲間はずれにされることもなかった。まずまず平穏な小学校生活だった。

　でも、時々、妙な気分になることがあった。

　この場所は違うぞ、というような皮膚の表面がざわざわする感覚。

　お前がいるべき場所はここじゃないんだ、と、誰かに耳元で囁《ささや》かれるような違和感。

　普段は忘れている感覚が時々ぶり返してきて、そわそわした気分になった。

　そんな時、クラスで斜め前に座るサンペイ君の強情な癖毛の後頭部を思い出した。なぜなのか、自分でも不思議だったのだけれど、いつもそうだった。

　昼休み学校を抜け出して釣りをしているサンペイ君を知った時、③はじめてなんとなく理由が分かった気がした。

　サンペイ君はたしかにパッとしない。でも、気にしていない。それって、すごいことじゃないだろうか。いや、本当にすごいことなのだ。

　もしも、自分だったら、と思うと身がすくむ。博士は自分でも嫌になるくらい気が小さかったから、クラスメイトに無視されたりしたらやっていけない。サンペイ君はなぜ平気なんだろう。

　④もっとサンペイ君のことが知りたくなった。博士は昼休み、学校を抜け出して瓢箪池に通うようになった。そのわりには、たくさん話すわけでもなく、サンペイ君はただ釣りをして、博士は本を読んだ。ただそれだけで時間が過ぎた。

　一週間連続で一緒にいると、いろいろ疑問も湧いてくる。サンペイ君は毎日、がんばって釣りをしているのに、釣り針には一向に何もかからない。よくも飽きないなあなどと妙に感心してそのことを[オ]シテキしたら、心外だというように(Ⅱ)かぶりを振った。

「仕掛けが大きすぎるのだよ。ぼくはヌシ以外は相手にしていないからね。ハカセ君、きみも釣りをしてみればいいのだ。釣りはいいぞぉ。嫌なことも忘れられる」

「へえ、ナカタ君にも嫌なことがあるんだ」

するとサンペイ君は、黙ってまた背中を向けた。学校にいる時間って「嫌なこと」なのかと聞きたかったけれど、聞けなかった。

しばらくして、サンペイ君は急に真顔になってこっちを向いた。

「そうだ、ハカセ君はうちに遊びに来るといい。いろいろ面白いものがあるぞ」

「ドラキュラのベッドとか?」

「そうだ。よく知っているじゃないか。ほかにはロケットもあれば、庭に埋まっていた殺人事件の人骨もあるのだ。二人で釣りをしてから、そういうのを見ようじゃないか。うちは都川《みやこがわ》のすぐ近くだからね」

ロケット、ドラキュラ、殺人事件。福ちゃんが聞いたら、「またほらを吹いてるべ」ということになるけれど、その時、博士は信じてみてもいいかなと思った。どれか一つでもホントだったとしたら、すごいことなのだから。

〈川端裕人『今ここにいるぼくらは』による〉

問一　――線部**ア**～**オ**の片仮名を漢字に直せ。

問二　――線部①「釈然としない思い」とあるが、どのような気持ちか。本文中の言葉を使って説明せよ。

問三　――線部②「数の論理」の意味を簡潔に説明せよ。

問四　――線部③「はじめてなんとなく理由が分かった気がした」とあるが、その理由はどういうものか。本文中の言葉を使って説明せよ。

問五　――線部④「もっとサンペイ君のことが知りたくなった」とあるが、それはなぜか。本文中の言葉を使って説明せよ。

問六 ——線部（Ⅰ）「一目置かれる」と（Ⅱ）「かぶりを振る」の使い方としてふさわしいものを、次の**ア**～**エ**の中からそれぞれ一つ選び、記号で答えよ。

（Ⅰ）**ア** 彼は物知りで一目置かれている。
イ ぜひ次の試験では一目置かれてほしい。
ウ 一目置かれるようなことをしでかしてしまった。
エ 彼は入社してまだ一目置かれたばかりだ。

（Ⅱ）**ア** この暑さにはほとほとかぶりを振りたくなる。
イ 彼の提案に、みんなかぶりを振りつつ議論した。
ウ あまりのことに、彼女はかぶりを振ってため息をついた。
エ 暖かいおもてなしに思わずかぶりを振った。

39 次の文を読んで、あとの各問いに答えよ。

兄の宗一と一緒に、浩は駅の貨車積みのホームへ行き、鉄のスクラップの山をあさって、一本ずつ古い小刀を拾った。二本とも錆《さ》び切っていたので、家へ戻って、二人はア砥石を並べてわれを忘れてといだ。時々刃に水を掛けて指で拭い、とげた具合を見るのが楽しみだった。浩の小刀はよく光り、刃先へ向って傾斜している面には、唇が映った。宗一の小刀は、その面の縁だけが環状に光っていて、中央には錆びたままの、イ窪んだ部分を残していた。

浩は、自分は丸刃にしてしまったが、兄さんは平にといだ、と思った。浩は自分が時間をウロウヒして、しかも、とりかえしがつかないことをしてしまったように思い、周到だった兄をエ羨んだ。浩は心の動揺を隠そうとして、黙ってまた砥石に向っ

---

39 読解のために

問三 「浩」は、自分が今味わっているのと同じ気持ちを、自分がほかの人に味わわせるようなことがあるだろうか、と考えているのである。

問四 問三の「思い」を踏まえて考えること。自らを傷つけ、さらに、それを兄に「見せるように」していることがポイントである。

問五 「嘘」とは、浩が自分の掌を

た。横にいる宗一が意識されてならなかった。彼が横にいるだけで浩は牽制されてしまい、自然と負けて行くように思えた。しかし浩は並んでといだ。宗一がどんな風にとぐか気になったからだ。宗一はやっていることに耽っていた。浩は自分も耽っているように見せかけた。浩には時間が長く感じられた。自分が人をこんな思いにさせることがあるのだろうか、と彼は思った。

②浩は自分の小刀で掌《てのひら》を切って、宗一に見せるようにした。宗一はそれに気づき、眼を上げて浩を見た。浩は自分から宗一の視線の前へ出て行った気がした。宗一を騙した自信はなかった。宗一はといでいた小刀を浩に差し出して、

――これをやらあ、といった。そして今まで浩がといでいた③小刀を、とぎ始めた。

――怪我はどうしっか、と浩は聞いた。彼はもう嘘の後始末の仕方を、宗一に求めている気持になっていた。

――怪我か、ポンプで洗って、手で圧えていよ、と宗一はいった。

――……。

――お前んのも切れるようにしてやるんて、痛くてもガマンして待っていよ。

浩はポンプを片手で押して、傷に水を掛けた。血は次から次へと出て来て、水に混ってコンクリートの枠の中へ落ち、彼に魚屋の流し場を思わせた。彼はその流れ具合を見て、④これが僕の気持だ、どうしたら兄さんのように緊《しま》った気持になれるだろう、と思った。宗一は巧みに力を籠めてといでいた。浩はその砥石が、規則正しく前後に揺れているのを見守っていた。⑤全てが宗一に調子を合わせて進んでいた。

〈小川国夫『物と心』による〉

問一 ――線部**ア・イ・エ・オ・カ・キ**の漢字の読みを答えよ。

問二 ――線部**ウ・ク**の片仮名を漢字に直せ。

問三 ――線部①とはどのような思いか、説明せよ。

傷つけて、あたかも小刀をといでいる際の事故であるかのように見せかけたことを指す。その「後始末の仕方」を本来考えるべきなのは、嘘をついた張本人であるはず。

問六 自ら傷つけた掌から、血が「次から次へと」流れ出ていく様子を自分の気持ちになぞらえたうえで、「どうしたら兄さんのように緊った気持になれるだろう」と思っているのである。

問七 「一本ずつ古い小刀を拾っ」て、二人でとぎ出してからのことは、「宗一」にとってはどのように「進んで」いるか。「浩」と比べて考えるとわかりやすいだろう。

問四 ——線部②について、なぜ「浩」はそんなことをしたのか、説明せよ。
問五 ——線部③とはどのような気持ちか、説明せよ。
問六 ——線部④とはどのような気持ちか、説明せよ。
問七 ——線部⑤の表現には、「浩」のどのような気持ちが込められているか、説明せよ。

40 次の文を読んで、あとの各問いに答えなさい。

父の死によって、私の本当の少年時代は終わるが、自分の少年時代に、まるきり人間的関心ともいうべきものの、欠けていたことに私は驚くのである。そしてこの驚きは、父の死を自分が少しも悲しんでいないのを知るに及んで、驚きとも名付けようのない、①或る無力な感懐になった。

駆けつけたとき、父はすでに柩（ひつぎ）の中に横たわっていた。というのは、内浦まで徒歩で行って、そこから船を頼んで、浦づたいに成生へかえるには、丸一日かかったからである。季節は梅雨入り前の、照りつける暑い毎日である。私が対面すると早々、柩は荒涼たる岬の焼き場に運ばれて、海のほとりで焼かれることになっていた。

田舎の寺の住職の死というものは、異様なものである。②適切すぎて、異様なのである。彼はいわば、その地方の精神的中心でもあり、檀家の人たちのそれぞれの生涯の後見人でもあり、彼らの死後を委託される者でもあった。その彼が寺で死んだ。それはまるで、職務をあまりにも忠実にやってのけたという感銘を与え、死に方を教えて廻っていた者が、自ら実演してみせてあやまって死んだような、一種の過失といった感を与える。

---

40 読解のために

問二 第一段落は、次段落から描かれている少年時代の父の死の経験を振り返っての感想である。
問三 「適切すぎ」ることを説明している箇所がある。
問四 父の死によって、精神が物質に変貌することで、「私はそういう局面に触れ得た」のである。
問五 亡くなった人との「最後の対面」における類推とはどのようなものだと考えられるか。
問六 「大声で歌いもせず、叫びながら駆け回りもしない少年」である「私」は、父の死を通して物質との距離について思索している。

実際父の柩は、用意万端整えられていたものの中にはめこまれたような、所を得すぎた感じで置かれていた。母や雛僧[注]や檀家の人々はその前で泣いていた。雛僧のたどたどしい読経も、半ば、柩の中の父の指示に頼っているという風なのである。

父の顔は初夏の花々に埋もれていた。花々はまだ気味わるいほど、なまなましく生きていた。花々は井戸の底をのぞき込んでいるようだった。なぜなら、死人の顔は生きている顔の持っていた存在の表面から無限に陥没し、我々に向けられていた面の縁のようなものだけを残して、二度と引き上げられないほど奥の方へ落っこちていたのだから。物質というものが、いかにわれわれから遠くに存在し、その存在の仕方が、いかにわれわれの手の届かないものであるかということを、死顔ほど(ア)如実に語ってくれるものはなかった。精神が、死によって、こうして物質に変貌することで、はじめて私はそういう局面に触れ得たのだが、今、私には徐々に、五月の花々とか、太陽とか、机とか、校舎とか、鉛筆とか、・・・・そういう物質が何故あれほど私によそよそしく、私から遠い距離に在ったか、③その理由が呑み込めて来るような気がした。

さて、母や檀那たちは、私と父との最後の対面を見まもっていた。しかし、④この言葉が暗示している生ける者の世界の(イ)類推を、私の頑なな心は受け付けなかった。対面などではなく、私はただ父の死顔を見ていた。

屍はただ見られている。私はただ見ている。見るということ、ふだん何の意識もなしにしているとおり、見るということが、こんなに生ける者の権利の証明でもあり、残酷さの表示でもありうるとは、私にとって鮮やかな体験だった。⑤大声で歌いもせず、叫びながら駆け回りもしない少年は、こんな風にして、自分の生を確かめてみることを学んだ。

〈三島由紀夫『金閣寺』による〉

注　雛僧　幼い僧

問一　――線部（**ア**）と（**イ**）の語句の意味をそれぞれ選べ。

（**ア**）①　ありのまま　②　詳しく　③　しっかりと　④　美しく

（**イ**）①　二つのものを比較・考慮すること

②　類似点に基づき他を推し量ること

③　類似点と相違点を予測すること

④　事物の因果関係を考察すること

問二　――線部①について説明した次の文の空欄にあてはまる言葉を語群からそれぞれ一つ選び、記号で答えよ。

◎　自分の少年期に（Ａ）に対する関心が欠如しているばかりでなく、（Ｂ）である父の（Ｃ）にさえ、悲しまない自分というものに驚く気力さえ失っている心境。

【語群】**ア**　父　**イ**　自然　**ウ**　人間　**エ**　住職　**オ**　身内

カ　仕事　**キ**　葬儀　**ク**　死

問三　――線部②について、「適切すぎて、異様」とはどのような意味か。本文中の言葉を用いて答えよ。

問四　――線部③について次の問いに答えよ。

(1)　「その理由」を十五字以内で答えよ。

(2)　なぜ(1)の理由が「呑み込めて来るような気がした」のか、六十字以内で答えよ。

問五　――線部④の具体例としてふさわしくないものを、次の**ア**～**オ**の中から一つ選び、記号で答えよ。

ア　父の死顔を、何の感情も表さずじっと見つめている。

イ　父の死顔を、静かに涙を流しながらじっと見ている。

ウ　父の死顔を見て錯乱し、泣いたりわめいたりする。

エ　父の死顔に対し、二人だけの思い出を噛みしめている。

オ　父の死顔に対し、過去の自分の過失を詫びている。

問六　――線部⑤から判断できる「私」の人物像として適当なものを、次の**ア**～**キ**の中から**二つ**選び、記号で答えよ。

ア　活発で陽気な少年であった。

イ　どちらかといえば、人間よりも動植物などの自然に興味を持っている。

ウ　どちらかといえば、自然より複雑で不可解な人間世界を愛している。

エ　自分は世界から選ばれた存在なので、死者や物質を確実に理解できると考えている。

オ　思索的で内向的な少年である。

カ　自分は世界と積極的に関わりたいと思っているが、頑なな性格のためできないと思っている。

キ　自分は物質から疎外され遠く離れているが、見ることでそれらとつながり得ると考えている。

41　次の文を読んで、あとの各問いに答えよ。

伊藤整の自伝小説である。「私」は戦前、小樽市にあった高等商業高校の生徒である。「私」は詩に夢中になっている。一年先輩に後にプロレタリア文学の作家として有名になった小林多喜二がいて、小林は高等商業の時代から地元文学者の中で一目置かれる存在だった。

41　読解のために

問四　「本の本当の中身」＝「カンジンの所」を、「（あいつに）抜き去られているような気がした」＝「（小林が）吸収してしまっている

　私はそれまで、この時期の新しい小説というものを、ほとんど読んでいなかった。雑誌面で優遇され、大きな場所をア占めるところの、中味も表現も粗雑な小説というものを、私はいくらか憎んでいた。私は「日本詩人」や「詩聖」を購読し、また明治から大正にかけての日本の近代詩をかなりよく読んでいた。私は北原白秋、萩原朔太郎、高村光太郎、佐藤惣之助、①室生犀星等の詩集を集めて愛読していたが、その室生犀星が「性に眼覚める頃」などという題で、詩の書き方を応用した小説を書き、「毒草園」などという小説集を出しているのをこの図書館で知って、私は彼をいくらか軽蔑した。詩人がだらだらした散文を書いて小説家の仲間入りをするのは堕落ではないか、と私は思った。佐藤春夫は、私は初めから小説家として知った。しかし彼が詩を棄てて小説書きになった男だと分かった時、私はやっぱり彼をもいくらか軽蔑した。

　詩集、それはこの図書館には、私が月々五円ずつ母にもらう小遣いで買いためて、私の三畳間の本棚に並べてある程度のものもなかった。しかし、英語の詩集があった。私はイエーツの「葦間の風」を愛して、その前から多くの詩や訳詩を書き写していたのと同じ仕方で、それをノートに書き写した。しかし私は退屈すると、犀星の「毒草園」とか、志賀直哉の「夜の光」とか、佐藤春夫の「美しき町」とか、②芥川龍之介の「傀儡師《かいらいし》」などという小説集を借り出して読んだ。

　すると私は、それ等の本のどれもが、私が借りる前に、あの顔の蒼白い小林多喜二に読まれていることを、自然に意識した。外の教師や生徒たちならば、いくら多くの人が読んで本が汚れていても、私は平気だった。どうせ彼等には何も分かる筈がないのである。ただハヤリだから、他人も読むから読んでいるにすぎない。しかし、③あいつが読んだ後では、私は自分の読んでいる本の本当の中身がもう抜き去られているような気がした。それに、その頃には、私は小林の関心がイ専ら小説にある

にちがいなかった」とある。

問五　「私」の「軽蔑」においての対比は「詩」と「小説」、「詩人」と「小説家」である。

問六・七　「シット心」による「他人に見せる自分を本当の自分と別なものにしておくという自分の傾向」が関係する。

こと、彼が小説を書いていることを知っていた。詩ならともかく、小説を読んでいる時は、私に分からないカンジンの所を、小林の方が分かっていて、それをみんな吸収してしまっているにちがいなかった。私が小説を嫌ったのも、この気持ちのせいであったかも知れない。ただ私は、④軽蔑するという安全ベンを持っていたので、これ等の新作家たちの小説を何となく読みなれて、相当の数をこの図書館で読んだ。しかし、私はそれ故に、本気になって小説を読むことができなかった。私は自分が困るような問題をそれ等の散文の中に発見しなかった。そして私には、彼等小説家の誰よりも詩人萩原朔太郎が偉い、という印象を消すことは、どうしても出来なかった。

　私は、他人に見せる自分を本当の自分と別なものにしておくという自分の傾向について、自分は極めて小心な人間だから仕方がないのだと、その頃考えていたし、それから長い間そう思っていたが、実は極めてシット深い人間であったと言った方が正しいように思う。私は本質的に優秀だと思う人間に近づきたがらなかった。しかも私は、久しい間、自分のそういうシット深さに気がつかなかった。自分のシット深い性格に気がつき、その自分をゆるし、アキラめることが出来るようになったのは、ずいぶん後のことだったと思う。神よゆるしたまえ。私はこの言葉をここでたわむれのように書いたが、消さないでおこう。消すことは、それがそのシット心かも知れないのだから。たとえば、私はどんなに好きな女性がいても、その女性に私を軽蔑する気配がほんの少しでもあれば、決して近づかなかった。友人については、私は多くの場合、⑤私に近づく人々の愛を盗んだのである。私が彼等を結果として愛するようになったとしても、そして事実私はしばしば本当に何人かの友人たちを愛するようになったけれども、それは決して本当のウ償いにならなかった。⑥私はあらゆる人に対して心が重かった。

〈伊藤整『海の見える町』による〉

問一　――線部**ア・イ・ウ**の漢字の読みを答えよ。

問二　――線部①「室生犀星」の出身地（市の名前）を書け。

問三　――線部②「芥川龍之介」の作品を、次の**ア～オ**の中から一つ選び、記号で答えよ。

ア　坊ちゃん　**イ**　高瀬舟　**ウ**　羅生門　**エ**　城の崎にて

オ　人間失格

問四　――線部③「あいつが読んだ後では、私は自分の読んでいる本の本当の中身がもう抜き去られているような気がした」とあるが、このように思える理由が書かれている一文を本文中からさがし、その文の最初の五字を書け。（句読点がある場合は、それも一字に数える）

問五　――線部④「軽蔑するという安全ベンを持っていた」とはどういうことか。次の**ア～オ**の中から適当なものを一つ選び、記号で答えよ。

ア　小林は自分よりは文学的才能がないと思っていたので、小林が自分よりたくさんの小説を読んでいたとしても、その理解の深さは自分のレベルには達していないだろうという揺るぎない自信があったこと

イ　小説は詩に比べれば中身も表現も劣ると思っていたので、小説の読解で小林が自分より優れていても、詩のわかる自分の方が結局は彼に勝っているという優越感と余裕を持つことができたということ

ウ　周囲に自分に匹敵する文学への関心を持っているものは一人もいないと思っていたので、小林が自分より先に色々な小説を読んでいたとしても、それは文学とは関係のないことだと冷静に考えていたということ

エ　小林は秀才で文学的な才能もあるらしいが、その他の分野では自分の方が

勝っていると思っていたので、小説の知識は彼の方が少々勝っていても、総合的な人間の大きさは自分の方が上だと見くびっていたということ

オ　小説を書いているという小林は自分と同じように流行の小説もたくさん読んでいると思ったので、文学的な知識のないまわりの人々とちがって自分のことを理解してくれるという確信があったこと

問六　――線部⑤「私に近づく人々の愛を盗んだ」とはどういうことか。六十字以内で説明せよ。

問七　――線部⑥「私はあらゆる人に対して心が重かった」とはどういうことか。四十字以内で説明せよ。

42　次の文を読んで、あとの各問いに答えよ。

黄昏《たそがれ》時に、私はバナナ畑を漕《こ》ぐようにして歩いていた。

歩を進めるたびに、地面近く仰向《あおむ》いたたくさんの顔を、靴の底でぐしゃりぐしゃりと踏みつぶしている気がした。できればそんなことはしたくない。でも、大股にしてひとつの顔をえいやと跨《また》ぐにしても、跨ぐ先にも黒い人体が仰向いているだろうから、送りだした足もまた別の男や女の鼻やら額やらをしょうことなしに踏んづけているという申しわけのない心地がする。罪深いなどと自分を責める余裕もない。暮れなずむ遠くの空を、野火が小さくオレンジ色に焦がしている。溶暗のさなか、ざわざわと騒ぐこのア ムヘンサイなバナナ達を越えて、人なんか埋められていないところへただ逃げていきたい一心なのだった。〔①〕

場所はウガンダのマサカ地域である。そのあたりにはおびただしい数のエイズ感染者が、別に医者にかかるでも、泣き叫ぶでもなく住んでいて、亡くなれば次々に

42　読解のために

問一　「ムヘンザイ」は、はてしなく広いこと。

問二　「美は死にゆく者たちの顔という顔に発していた」のである。顔に表れる「美」の正体は、後半のナサカとの対面の場面で描かれている。

問三　偏見があった時には、なぜ顔に憑かれるのかが分からなかった。ナサカとの対面によって偏見が消え、「私」はナサカの顔に何を見たのか。

問四　「他人の顔」を広角化・望遠

木の皮に包まれ、バナナ畑のすき間に土葬されるのだった。

死を間近にした患者にも私は会った。ああ、この人もバナナ畑の肥やしになるんだなあと私は思った。不気味というのではない。逆になんだか、もの凄い[A]美に射すくめられた心持ちであったのだ。

美は死にゆく者たちの顔という顔に発していた。[イ]シッコクのそれらは、死ねば、畑のそこここに土中浅く仰向かされる。ならば顔たちは、日が没すると、いやに澄んだ目を一斉にかっと見開いて、土越し、バナナの葉越しに、満天の星を見ようとするのではないか。〔②〕

私には立つ瀬がない。黒い顔は土中にいくらでも埋もれているし、星々もバナナの葉先ほど近くにいくらでもあるのだから。

しかし、[B]なぜ顔に憑《つ》かれるのか。なぜ顔なのか。手でも脚でも尻でもなく、キボナ村で私はナサカという二十二歳の娘と会った。きれいな面だちをしていた。だが、彼女は相当に発症していた。黒褐色の顔が古紙みたいに乾いて艶《つや》を失い、ところどころ瘡蓋《かさぶた》がはがれかかって皮膚からぶらさがっている。二個の[注1]眸子《ぼうし》だけが燐《りん》みたいに青白く、か弱く光っていた。

この顔の写真が、日本の新聞紙面に耐え得るか私は計算していた。本社の編集者から[ウ]キョウリョウな不快でなく、きままな[注2]憐憫《れんびん》を引きだせるか、どうか。〔③〕

痩せ衰えてとてもおとなしいその娘は、最初、一個の病んだ実在というより、他の無数の黒人と同様に、[注3]ことわの黒い仮象のように思われた。[C]私には他人の顔をそのように見る癖がある。あるいは望遠レンズで一個の顔だけ引っぱって、ためつすがめつ抽象する癖である。広角レンズで、たくさんの対象をひとかたまりにして見る癖。

私と彼女の間には、温かなミルクとパンがあった。黒い仮象は白いミルクを音立

化して見る癖である。

問五 蝿を追い払うのを我慢しているのだ。

問六 広角化・望遠化しないで、ナサカの顔と自分の顔が原寸大でそこにあることに気がついたのである。

問七 夢でも幻でもない怪しい「その美」とは何か。何に「慄然とし、逃げ出したくなった」のか。

問八 「私」が自問する「なぜ顔なのか」の答えを考えよう。

てず飲んだ。すると目の燐光が仄《ほの》かに揺れた。はがれかかった顔の瘡蓋は肌のようには黒くないのであり、カンパラのホテルの朝食で膝に落としたクロワッサンの薄皮のようにも見えた。泥壁の家の外でバナナ畑がざぶざぶと風に波打っていた。

　使者がいた。蝿《はえ》だ。通訳を介する言葉はあまり大した使者にはならなかった。イエバエかニクバエか知らぬが、光沢のある蝿が四、五匹使者となり、彼女から私に、私から彼女に、濡れたミルクカップの口を経由したりしなかったりして、せわしなく往き来するのであった。

　ナサカは蝿を追わなかった。追う力もない。蝿は彼女の病など[エ]バイカイしはしないのだけれど、私は追い払いたかった。けれど、[D]追えば彼女が傷つくかもしれないと思いとどまり、追いたくても追わない、じつは薄汚い心底が彼女にばれやしないか気にもして、いっそ追おうかと勇んではまた萎《な》える恐慌を情けなくくりかえした。

　蝿たちは彼女の眠そうなまぶたにとまった。

　針金みたいな腕にとまった。

　熱を帯びた紫色の唇にも着陸した。

　瘡蓋にも着地して瘡蓋ごとずれてあわてて離陸し、私の唇に飛んできもした。

〔④〕

　やがて私は気がついた。蝿のやつがナサカの顔から飛来して私の顔にとまると、鋭い足の先端が私の肌深くに食いこんだかと思えるほど鮮やかに痛く感じるのだ。ほんとうに痛い。それに、蝿の体がずしりとやけに重くもなる。腕や手の甲や肩から来るやつはさほどには感じないのに。

　[E]蝿により、顔と顔とが原寸大にバイカイされたのかもしれない。そう考えた途端、ナサカの小さな顔が、それを仮象化して見ていたセロファン膜みたいな私の偏見をばりりと突き破り、傷み崩れかかった肉と皮でできた人の顔として私の前に立ち現

れた。顔が、表象としてでなく、病にソコなわれた醜く美しい、ナサカという個の実体となった。

（辺見庸『星を見る顔』より）

注1 眸子 ひとみ。
2 憐憫 かわいそうに思うこと。
3 とことわ 永久。

問一 ——線部**ア**〜**オ**の片仮名を漢字に直せ。

問二 ——線部A「美」とは何のことか。本文から四字で抜き出せ。

問三 ——線部Bについて、その理由を二十字程度で答えよ。

問四 ——線部Cについて、この「癖」を別のことばで表現している部分を、本文中から十五字以内で抜き出せ。

問五 ——線部Dについて、この「私」の状態を表す最も適切なものを次の**ア**〜**オ**の中から一つ選び、記号で答えよ。

ア 虚勢　**イ** 失望　**ウ** 同情　**エ** 潔癖　**オ** 後悔

問六 ——線部Eはどのようなことをいっているのか。八十字程度で説明せよ。

問七 次の一文は本文中の〔①〕〜〔④〕のどこに入れるのが最も適当かを答えよ。

怪しいその美が、ここではあながち夢でも幻でもないことにはっと思いいたって、私は慄然《りつぜん》とし、逃げだしたくなったのだった。

問八 本文の内容と合致するものを次の**ア**〜**オ**の中から一つ選び、記号で答えよ。

ア 通訳があまり有能ではなかったので、「私」はナサカからほとんど話を聞きだせなかった。

イ バナナ畑に死者を土葬するマサカ地域の風習に、「私」は罪深さと強い憤りを覚えた。

ウ　ナサカの家にいた蝿は、日本の蝿とは異なり、とまると痛みや重みを感じるほどに大きかった。

エ　ナサカは病気だが面だちがきれいなので、日本の新聞での報道に耐え得ると「私」は考えた。

オ　蝿をきっかけにして、「私」はナサカを一個の実在としてはっきり認識することができた。

随　筆

●随筆は筆者の心まかせに書かれていて、一見日常座談的なとっつきやすさを見せる。だが、その中には筆者の多様な人生観が隠され、実は現代文の一大難所である。

A

43 次の文を読んで、あとの各問いに答えよ。

先日関西に旅行した折りに、京都法然院にある①谷崎潤一郎氏のお墓におまいりした。晩秋の京都に似合わず、暖かい雨が降っていて、法然院の紅葉が大和絵のなかでのように美しかった。大谷崎のお墓は「寂」という一字をアホっただけのまるい石である。しかしあたりの紅葉の色をうけてか、墓所に敷きつめられた白砂の明るさのせいか、このお墓にはどこかはなやかな、のびのびとした雰囲気があってよかった。②思うままに生きて大往生をとげた人のお墓はいいものだな、とそのとき私は心から思った。

法然院の紅葉をおもい出していると、どういうものか先年フィレンツェで訪れたサン・ミニアト・アル・モンテ教会の墓地が目に浮かんで来る。この教会は十一世紀初頭、ちょうど③紫式部や④清少納言が京都のイキュウテイで才女ぶりを競っていたころに建てられたロマネスクのお寺である。その裏手にある墓地で、私は十九世紀のはじめにこの地でウ客死したある英国人の墓を見つけたのである。

随筆における筆者の考えや心情は、筆者の主観によるところが大きく、必ずしも論理による裏打ちがあるとはかぎらない。しかし一方では、小説とは異なり、筆者の考えや心情は、虚構ではなく現実に裏づけられており、その内部に独自の論理性を含む。したがって、随筆では、評論と小説両方の解き方が必要となるのである。

43 読解のために

問一 ウの「客」の読み方に注意。

問二 （A）は、前後の文の関係やあとの文中の「のみ」という表現から判断。

（B）は直後の内容に注目して考える。

（C）は直前「〜たが」とそのあとの「なお」から判断できる。

（D）はあとの内容がDの前文をどのような形で受けているかに着眼する。

（E）は前後の文の内容から判断する。

問三 ——線部①は耽美派の作家。

この英国人がどういう人物だか、私は少しも知らない。（Ａ）ヒブン[エ]によって、彼が地位と教養に恵まれた人物であり四十何歳かでなによりも愛したフィレンツェにボッ[オ]した旨[カ]を知ったのみである。季節は夏であり、英国人の墓は夕日をうけて大理石の肌を輝かせていた。（Ｂ）石造の墓地で樹木などは一本もない。東西の文化が異質であるように、それは少しも法然院の大谷崎のお墓に似ていなかったが、（Ｃ）なお私は、今この英国人の心情を谷崎のそれにくらべてみたいユウワク[キ]にかられるのである。

（Ｄ）彼らは[X]を選び、自ら選んだ[X]に眠る喜びを得た人々である。谷崎が震災後の東京に[X]を感じられなかったように、英国人は霧と鉛色の空におおわれた北の国に[X]を発見できなかった。（Ｅ）彼らはその魂の[X]を求め、そこに眠ったのである。

いくら画一主義の現代でもやはり墳墓[ク]の地は選ぶべきである。⑤[X]のある人はいい。しかしそれをすでにうしなった者は、死んでからまで⑥団地生活の愚をおかすべきではなかろう。⑦だが私の[X]は、それはいったいどこにあるのであろうか？

〈江藤淳『旅のこころ』による〉

問一 ――線部**ア・イ・エ・オ・キ**の片仮名は漢字に直し、**ウ・カ・ク**の漢字は読みを答えよ。

問二 （Ａ）～（Ｅ）に入る最も適切な語を次の**ア**～**ク**からそれぞれ一つ選び、記号で答えよ。

ア どうも　**イ** つまり　**ウ** なるほど
エ しかるに　**オ** だからこそ　**カ** ただ
キ もちろん　**ク** それでも

問三 ――線部①・③・④のそれぞれの人物の代表作品を一つずつ挙げよ。

――線部③・④は平安期の女流王朝文学の双璧。

問四 [X]はそれぞれ、英国人にとっては「霧と鉛色の空におおわれた北の国」に、谷崎にとっては「震災後の東京」に感じることができなかったもの。

問五 「思うままに生きて大往生をとげた人のお墓」とは、当然「谷崎」の墓である。が、同時に筆者は、この墓と外観的にはまったく異なる「英国人」の墓を思い浮かべ、双方の墓の主に共通する心情を見出すに至っている。

問六 「団地生活」とは、同じ形を持ったものの象徴。

問七 筆者は、死後の「団地生活」を愚かであるとして、それをやめるように言っている。

問八 筆者は「墳墓の地は選ぶべき」としながらも、――線部⑦で、選ぶべき墳墓の地＝[X]は、「いったいどこにあるのであろうか？」と、そのことに対する不安を述べている。

問四　X に共通してあてはまる漢字二字の熟語を答えよ。

問五　——線部②で、筆者が「思うままに生き」た人の墓を「いいものだ」と「思った」理由を本文中より探し、その部分を抜き出せ。

問六　——線部⑤「団地生活」とはどんなものの象徴なのか。本文中より探し、その語句を抜き出せ。

問七　——線部⑥「愚をおかすべきではなかろう」と筆者は言っているが、では具体的にはどうしろと言っているのか。本文中より探し、その部分を抜き出せ。

問八　——線部⑦の文に表れている筆者の心情を五十字以内で説明せよ。

44　次の文を読んで、あとの各問いに答えよ。

私は、生れてはじめて飛行機に乗ったとき、あれは二十五年くらい前に、たしか大阪へ行くときだったが、友人がこういうはなしをしてくれた。いざ離陸というのでプロペラが廻り出した。一人の乗客が急にまっ青な顔になり、

「急用を思い出した。おろしてくれ」

と騒ぎ出した。

「今からおろすわけにはゆきません」

とめるスチュワーデスを殴り倒さんばかりにして客はおろしてくれ、おろせと大暴れして、遂に力ずくで下りていった。そのあと飛行機は飛び立ったが、離陸後すぐにエンジンのアコショウで墜落した。客は元戦闘機のパイロットであった。

「じゃあ元気でいってらっしゃい」

とその友人に送られてタラップを上ったのだが、プロペラが廻り出すと胸がしめつけられるようになった。

44　読解のために

問二　主な修辞法には、直喩法（明喩法）、隠喩法（暗喩法）、擬人法（活喩法）、擬態法（声喩法）などがある。

問三　「このとき」とは、筆者が「生れてはじめて飛行機に乗ったとき」を指す。

問五　「 I やしないか」という気持ちとは、「自分の荷物が出てくると、……すばやく手許に引っぱり、ほっとする」という思いの奥にある心理であり、それは「オバサンたちと同じ気持」である。

問六　漢字で「飛行機」と表記した

ブルブルブルル、なんて①むせたりしているけど、あれがさっき話してたエンジン不調の音ではないか。ああ、ナミの耳しか持ってないのが情けない。ブルブルブルル、やっぱりおかしい。下りるなら今だ。

しかし飛行機は無事に飛び立ち、無事に大阪空港に着陸した。

②このときの気持が尾を引いているらしく、私はいまでも離着陸のときは平静ではいられない。

まわりを見廻すと、みなさん平気な顔で坐っているが、あれもウサン臭い。本当に平気なのか、こんなものはタクシーと同じに乗りなれておりますというよそゆきの顔なのか。

このところ出たり入ったりが多く、一週間に一度は飛行機のお世話になっていながら、まだ（ a ）を許してはいない。散らかった部屋の抽斗《ひきだし》のなかを片づけてから乗ろうかと思うのだが、いやいやあまり綺麗にすると、万一のことがあったとき、

「やっぱり（ b ）が知らせたんだね」

などと言われそうで、ここはイエンギをかついでそのままにしておこうと、わざと汚ないままで旅行に出たりしている。

＊　＊

いつもこわいのだが、この間アメリカへ行ったときは一番おっかなかった。ロケに同行したので、撮影機材と一緒だったのである。カメラやら照明機具、合せて二十五個、目方にすると二百キロを超す大荷物である。ジャンボ機なので四百五十人のりだが、一人体重七十キロ、荷物二十キロとして——もう大変な目方である。どう考えたって、太平洋を飛び越えるのは無理ではないだろうか。

③カラスの首に目覚し時計をブラ下げて飛べというようなものではないか。絶対に落ちる。ウ卑怯なようだが、せめて機材とは別の便にさせてもらえないだろうか。

場合と、カタカナで長音符「ー」を入れて「ヒコーキ」と表記した場合とを比較してみよう。

問七　「私は完全に（時代に）乗り遅れだなあと思った」と述べているように、筆者は、自分の飛行機に対する感覚は時代遅れであり、「昔の飛行機」のほうが「感覚」に合うと思っていることを踏まえて考える。

心のなかで、チラリとそんなことを考えながら、しかし、気どられまいとして私はスタッフの人たちと冗談を言っていた。

こういうときは着陸のときが嫌だ。

あ、海面が妙に近い。海面に飛行機の影がうつっている。地上の街並みや車がぐんぐん大きくなっている。これはおかしいぞ。早く下りすぎたのだ。誰も知らないけど、これは失敗だ。早く教えて上げなくちゃ——などと思っているうちにドスンというショウゲ《ェ――》キがお尻にあって、無事着陸するのである。

＊　＊

この間はじめて沖縄へいったのだが、帰りに羽田空港の荷物待ちのカウンターで私はしたたかに突き飛ばされた。

ぐるぐる廻って出てくる荷物台のそばである。突き飛ばしたのは、十人ほどの五十五、六から六十歳ぐらいの中年婦人の団体であった。

「ここだよ！　ここへ出てくんだ！」

一人が叫ぶ。

「荷札ついてねくて、どして判んだよ」

「グズグズしてるとかっぱらわれるぞ」

「気つけろや」

「誰か、モトのとこ、走れ、早く」

オバサンたちは、台の廻りの客を押しのけ蹴散らかして、二、三人が荷物の出る場所に走り、二、三人ずつ配置についた。

「廻りかた早いから、取りそこねたらどなれ」

「よお、これ寺内さんのではないの？」

「そだそだ！　あ、ちがう！」

まるで戦争さわぎである。

みんなあっけにとられ、押されたまま突き飛ばされたままでいた。田舎っぺだな(このことばは差別語だったかしら)と笑えないものがあった。私だって、今こそ平気な顔をしているが、はじめて飛行機に乗ったときは、オバサンたちと同じ気持だった。引き替えのタグはついているが、自分の荷物が出てくると、品位を失わない程度にすばやく手許《てもと》に引っぱり、ほっとするのは、どこかで、

「[Ⅰ]やしないか」

という気持が働いているに違いないからであろう。

＊　＊

スペースシャトルのスベるような着陸を見ていたら、私は完全に乗り遅れだなあと思った。

私の感覚は、プロペラでゆっくりと飛ぶ④ヒコーキである。不時着ということばの使える、プロペラと翼のある飛行機である。

コンコルドではないが、最近の飛行機はだんだん怪獣に似てきた。顔つきがこわくなった。昔の飛行機はのんきな顔をしていた。

これも二十年以上前のことだが、⑤中央線の駅のそばのおもちゃ屋のガラス戸に、

「ヒコーキあります」

と書いてあったのをみたことがあった。

〈向田邦子『霊長類ヒト科動物図鑑』による〉

注　二十五年くらい前　一九五〇年代の頃を指す。

問一　――線部**ア**・**イ**・**エ**・**オ**の片仮名は漢字に直し、**ウ**の漢字は読みを答えよ。

問二　――線部①「むせたりしている」、③「カラスの首に目覚し時計を……ものではないか」に用いられている修辞法を漢字で答えよ。

問三 ——線部②「このときの気持」とは、どのような気持ちか。二十字以内（句読点を含めない）で答えよ。

問四 （ａ）・（ｂ）に入る語をそれぞれ漢字一字で答えよ。

問五 Ⅰ に入る言葉を本文中から抜き出して答えよ。

問六 ——線部④「ヒコーキ」とあるが、筆者がこのように表記した意図を具体的に説明せよ。

問七 ——線部⑤「中央線の駅のそばの……みたことがあった」とあるが、この記述には、筆者のどのような気持ちが込められているか。十五字以内（句読点を含めない）で答えよ。

㊺ 次の文を読んで、あとの各問いに答えよ。

パリに留学している娘のところに、直通電話がかけられるようになりました。昨年の秋に一人で電話つきのアパート暮らしをはじめたからです。それまでは寮に住んでいたので、国際電話も①ままならぬありさまでした。こちらからかけたことは一度もなく、また娘も、郵便局までわざわざ出向いて、二時間近く待たされて国際電話をかけるのはアメンドウだったようで、二年のあいだに、コレクト・コールをしたのは、そう、四、五回くらいだったでしょうか。

（Ａ）昨年の秋から住みはじめたアパートには電話がついていましたので、東京とパリと、なんと数秒でつながることになったのです。

はじめは浮き浮きしていました。受話器をとれば地球のむこう側にいる娘とすぐに話ができるとは、なんとありがたいことでしょう。なにかとても安心した気分でした。もの珍しさも手伝って、こちらから二、三回たて続けにかけてから、

㊺ **読解のために**

問四 前後の関係と、言葉の働きが一致するものを選べばよい。

問五 指示内容を見つけたら、実際にあてはめてみて、文法的にも正しい文になるかどうかチェックする。もし、そのままでは入れられないときは、必要最小限に形を変えて答えよう。

問六 「直通電話」がつながったことによるデメリットはいくつか挙げられているが、——線部③の言葉が出た時点では、どんな面が問題だったのか、限定する必要があ

「あまりいい気になって、電話ばかりかけてよこすんじゃありませんよ、高いんだから」

と私があらたまっていうと、

「はい」

娘は素直に答えました。じつは、いい気になって大して用もないのにかけたがったのは親のほうで、自分をいましめるつもりで娘にいったことばのようなものでした。

（Ｂ）、娘はいいつけを守り、それっきりイオトサタなし。気になって私は八時間の時差を計算し、夜遅くや朝早くに、二、三度ダイヤルしてみたのです。娘は留守らしく、私の知らない娘の部屋で、空しくコールサインが鳴っている。②それに耳をすましている母親の不安をご想像下さい。ウ品行にかけてはべつに心配な娘ではないのですが、エ物騒なパリのこと、どこかで被害にあっているのではないか、などと気にしはじめたらきりがありません。

③「いっそのこと、直通電話などなければいいのに」

直通電話がつながらなかった二年間、娘がどこで何をしていようと、心配することもありませんでした。

そしてまた、いつでもすぐに連絡ができる安心感のためか、両方とも、とんと手紙を書かなくなりました。それまでは、ほぼ一週間に一、二度はエアメールがとびかっていたものでしたが。

国際電話は、何秒が何円ということですから、早口で用件だけを手短かにのべておしまい。手紙にはかならず④余計なことが書かれていました。パリをうろつく日本の女子大生がオタアイなくて、見ていられないとか、こちらからは、イチョウが色づきはじめたこと、栗ごはんを食べておいしかったことなどなど。たまっていく手紙

る。

問七　「余計なこと」の具体的内容を探し出し、それが文字どおり「余計」と言ってよいかどうかを考えてみよう。

問八　「光」および「影」とは、それぞれ物事のどのような側面を象徴的に言い表した言葉か。

問九　キーワードを見つけること、どの時点の話であるかを見極めることがポイントである。

の束は、母と娘のさざよい記念になることでしょうに。

わが家に出現した新しい国際的情報化は、私たちに、⑤光と⑥影をもたらしたのでした。

〈木村治美『こころと技術革新』による〉

問一 ——線部**ア・イ・オ**の片仮名を漢字に直せ。

問二 ——線部**ウ・エ**の漢字の読みを答えよ。

問三 ——線部①「ままならぬ」の意味を簡潔に答えよ。

問四 （Ａ）・（Ｂ）に入る最も適当な言葉を次の**ア**～**カ**の中からそれぞれ一つ選び、記号で答えよ。

ア ところで　**イ** つまり　**ウ** さて

エ ところが　**オ** また　**カ** なぜなら

問五 ——線部②「それ」が指すものを、本文中の語句を用いて二十字以内で答えよ。

問六 ——線部③「いっそのこと、直通電話などなければいいのに」と思ったのはなぜか。簡潔に答えよ。

問七 ——線部④「余計なこと」とは、どのような事柄か。最も適当なものを次の**ア**～**オ**の中から一つ選び、記号で答えよ。

ア 伝える価値のないつまらない事柄。

イ 伝えない方が望ましい事柄。

ウ 用件とは関係ないが、お互いの様子を生き生きと伝える事柄。

エ 用件よりも、お互いにとって重要な意味を持つ事柄。

オ 用件だけでは手紙の体裁をなさないため、書き加えた事柄。

問八 ——線部⑤「光」と⑥「影」とは、それぞれどのようなことか。本文中の言葉を適宜用いて答えよ。

問九　本文から次の文を抜き出してあるが、どこに入れるのが最も適当か。直前の五文字（句読点を含めない）で答えよ。

もう心配してもはじまらないと開き直っていることができました。

46　次の文を読んで、あとの各問いに答えよ。

科学が文学と握手すべき領域は随筆文学、エッセー文学の①それであるかと思われる。

俗に科学小説と称するものがある。昔のジュール・ヴェルヌの海底旅行のようなものもある。また近代のではウェルズの「時の器械」とか「世界間の戦争」のようなものもある。いずれも科学的未来記のようなものとして、通俗的の興味は多分にあるであろうが、ほんとうの科学的精神といったようなものは実は存外はなはだ希薄なものであるように見える。それらの多くは科学の世界の表層に浮かぶ美しいシャボン玉を連ねた美しい詩であり、素人の好奇心を刺激するような文明の利器を陳列したおもしろい見世物ではあるが、科学の本質に対する世人の理解を深め、科学と人生との（Ⅰ）の真に新しい可能性を暗示するようなものは存外にははなはだまれである。そうして、小説的戯曲的構成という形式的要求から、いろいろの無理な（Ⅱ）な仕組みを使う必要が生じるので、結局はつじつまを合わせようとするために、（Ａ）つじつまの合わぬ大きなうそをこしらえ上げることになりやすい。そこで、こういう種類の（Ⅲ）科学小説は、たいていは科学者にはばからしく、素人には科学に対する重大な（Ⅳ）の誘因ともなりうるのである。

46　**読解のために**

問一　内容だけでなく、選択肢を入れて文法的に成り立つかどうかも重要なポイントである。

問二　（Ａ）は直前・直後の関係から容易に判断できる。

（Ｂ）は「科学小説」に関する第二段落の内容と、直後の「科学者」による「随筆」についての内容の関係から考える。

問三・四　指示語の問題は、直前から順にさかのぼって指示内容を探すのが鉄則である。

問五　「科学小説」について述べた第二段落から探す。「比喩して述べた部分」とは、「科学小説」の持っている性質や特徴を、何かにたとえて表現した部分である。

問六　筆者が何について書こうとし

（Ｂ）科学者が科学者に固有な目で物象を見、そうして科学者に固有な考え方で物を考えたその考えの筋道を有りのままに記述した随筆のようなものには、往々科学者にも素人にもおもしろくまた有益なものが少なくない。チンダルのアルプス紀行とか、あまり有名ではないが隠れた科学者文学者バーベリオンの日記とかいうものが②そうである。

〈寺田寅彦『科学と文学』による〉

問一　（Ⅰ）～（Ⅳ）に、次に挙げた言葉の中から適切なものを次の**ア**～**エ**の中からそれぞれ一つ選び、その記号で答えよ。

ア　交渉　**イ**　誤解　**ウ**　いわゆる　**エ**　不自然

問二　（Ａ）・（Ｂ）に、次に挙げた言葉の中から適切なものを次の**ア**～**オ**の中からそれぞれ一つ選び、その記号で答えよ。

ア　もしも　**イ**　かえって　**ウ**　これに反して

エ　そして　**オ**　もちろん

問三　――線部①「それ」は、何を指しているか、文中の言葉をそのまま使って答えよ。

問四　――線部②「そう」とは、どうなのか、文中からこれに当てはまる部分をそっくり抜き出して答えよ。

問五　文中、科学小説を比喩して述べた部分が二つある。それらの部分を本文から抜き出して答えよ。

問六　本文の内容に最も適合した題名を付けるとすれば、次の題名のうち、いずれを選ぶべきか。次の**ア**～**オ**の中から一つ選び、記号で答えよ。

ア　科学小説　**イ**　随筆と科学　**ウ**　科学小説と随筆

エ　文学の真髄　**オ**　形式と内容

たのかを考えるとともに、筆者の最大の主張が端的に表されている部分を探してみよう。

47 次の文を読んで、あとの各問いに答えよ。

知人からこんな話を聞いた。ある人が、京都の嵯峨で月見の宴をした。（Ａ）月見の宴というような ア大袈裟なものではなく、集まって一杯やったのが、（Ｂ）十五夜の夕であったといったようなことだったらしい。イヘイソ、月見等《など》にはまったく無関心な若い会社員たちが多く、そういう若い人らしくにぎやかに酒盛りが始まったが、話の合い間に、誰かが山の方に目を向けると、これに釣られて誰かの目も山の方に向く。月を待つ想いの誰の心にもあるのが、①いわず語らずのうちに通じ合っている。（Ｃ）山の端に月が上ると、一座は、期せずしてお月見の気分に支配された。（Ｄ）誰の目も月に吸い寄せられ、誰も月のことしかいわない。

ここまでは、当たり前な話である。（Ｅ）この席に、たまたまスイスから来た客人が幾人かいた。彼らは驚いたのである。彼らには、一変したと見えるウフンイキが、どうしても理解できなかった。そのうちの一人が、今夜の月には何かエイヘンがあるのか、とオ茫然と月を眺めている隣の日本人に、カフシギそうな顔つきで質問したというのだが、その顔つきがいかにも面白かった、と知人は話した。

スイスの人だって、（Ｆ）自然の美しさを知らぬわけはなかったろうし、日本にはお月見の習慣があると説明すれば、理解しないこともあるまい。しかし、心の深みに入っていくと、自然についての（Ⅰ）の、私たちとはどうしても違う質がある。これは口ではいえないものだし、（Ｇ）それ故に、私たちはいかにも日本人らしく自然を感じていることについてヘイソは意識もしない。たまたまスイス人といっしょに月見をして、②なるほどと自覚するが、この自覚もまた一種の感じであって、はっきりした言葉にはならない。

この日本人同士でなければ容易に通じ難い、自然の（Ⅱ）の③ニュアンスは、在来の日本の文化の姿に注意すれば、どこにでも感じられる。特に、日本文学は、④『万

---

47 読解のために

問一 接続詞・副詞の補充問題で、このように選択肢の多い場合は、わかりやすいものから埋めていくのが鉄則である。

問二 （Ⅰ）の次の文が、（Ⅰ）を含む文の内容を受けていることに注目。（Ⅰ）に入る語がわかれば、（Ⅱ）～（Ⅴ）に入る語も自ずと決まってくる。（Ⅲ）と（Ⅳ）は対であるから、違う語が入るはず。

問五 「スイス人」と同席して、初めて「自覚」（意識）することは何か。

問七・八 ――線部④は奈良時代の和歌集。
――線部⑤は平安時代の勅撰和歌集。
――線部⑥は平安時代の物語の代表作。
――線部⑦は平安時代の随筆。
――線部⑧は江戸時代の紀行文。

問九 「確実に身体でつかんでいる」とは、頭では意識していないということである。

問十 日本文化の風流を代表する三つのもの。季節感から考える。

葉集』や⑤『古今集』、⑥『源氏物語』や⑦『枕草子』から⑧『奥の細道』に至るまで、どれをとってもそうである。

意識的なものの（Ⅲ）が変わっても、意識できぬものの（Ⅳ）は容易には変わらない。私たちに、自分たちのキカンジュセイの質を変える自由がないのは、皮膚の色を変える自由がないのとよく似ている。

お月見の晩に、伝統的な月の（Ⅴ）が、どこからともなく、ひょいと顔を出す。取るに足らぬことではない、⑨私たちが確実に身体でつかんでいる文化とはそういうものだ。

〈小林秀雄『お月見』による〉

問一 （Ａ）～（Ｇ）に入る最も適切な語句を次の**ア**～**コ**の中からそれぞれ一つ選び、記号で答えよ。

ア また　**イ** さらに　**ウ** むろん

エ やがて　**オ** しばらく　**カ** そのうえ

キ たまたま　**ク** ところが　**ケ** もっとも

コ したがって

問二 （Ⅰ）～（Ⅴ）には次のどちらかの語が入る。それぞれ一つ選び、記号で答えよ。

ア 感じ方　**イ** 考え方

問三 ――線部**ア**・**オ**は漢字の読みを答え、**イ**・**ウ**・**エ**・**カ**・**キ**の片仮名は漢字に直せ。

問四 ――線部①と同じ内容を表す次の漢字四字の熟語を完成させよ。

以心□□

問五 ――線部②は何を「自覚」するのか、本文中より抜き出せ。

問六 ——線部③と同じ意味の言葉を本文中より抜き出せ。

問七 ——線部④・⑤の代表的な歌人をそれぞれ一名ずつ記せ。

問八 ——線部⑥・⑦・⑧の作者名を記せ。

問九 ——線部⑨で筆者の述べている「文化」とはどんなものか。本文中の語を使い、簡潔に説明せよ。

問十 日本人が愛し続けてきたもの三つを表す次の言葉を完成させよ。

□月□

48 次の文を読んで、あとの各問いに答えよ。

わたしのア行脚は、なかば能因・西行・（Ａ）その他の故人の旅姿にかぶれた結果かもしれない。まさしく現実における生き方に①ケンオを感じてきたことは否定できない。生まれ出たわが身だから、すすんで自分の生命を断ち、往生他界しようなどと望んだわけでもないが自分を人類の幸福者として生まれたのだと②ヒロウする勇気もない。幸福の解釈にもいろいろあろうが、生きているからには、イ敢て不幸の③ショウガイを希望するものもあるまい。それぞれに、幸福感がずれているだけのものである。おおまかに言えば、人間一生の中に、天災・疾病・社会動乱・貧乏その他の不幸の積みかさなりが不平の根源と考えられているけれど、人々の間には、これらの不幸には無頓着なものもいる。例えば、④フウキや権力をしりぞけて、無関心で暮らせるような人は、中世代の西行や法然、親鸞だけの人々に求められる人物ではない。今すこし古人の行跡をたずねて見ると、近世近代の人で出家と俗人の別なく、自分なりa晏如として生きている人がいる。その人々は、史上の英雄⑤ゴウケツ、才人逸士でないから、⑥リレキや生き方が文書として華やかに史上につたえられてい

---

48 読解のために

問一 同音異義語に注意。

問二 特別な読みに注意。

問三 設問中の紀行文学の代表作として『奥の細道』が挙げられる。

問四 それぞれ、伝説や風聞を集めたもの。

『日本霊異記』は平安時代初期。

『今昔物語集』は平安時代後期。

『宇治拾遺物語』は鎌倉時代。

問五 次の文は『今昔物語集』の一節である。

「今ハ昔、某寺ノ別当ニ何某トイフ僧在リケリ。形僧ナリトイヘドモ……」

問六 文の前後から意味を推測する。

ない。しばしば、一介の権兵衛さんとして史筆から除外されている人々である。

推測するに、ほぼ正史の形を持ってきた上代の記紀以外に、「風土記」などの編纂が企画されたということは、各地の地理、伝説にいろいろの特色を書き残したというだけでなく、部分ながら庶民のこころを開発しようとした点で、重視すべきものがある。「日本霊異記」「今昔物語」「宇治拾遺物語」「謡曲狂言」その他、小唄集「閑吟集」などの表現の中に見られるけれど、平民生活が伸び出た近世文学には、想像以上に公武階級以外の庶民の人生観が採択されている。人生の不幸が外的現象を鋭く反撥せず、平和で敢然として生きてきたものに多いと考えるならば、高位高官の家に生まれ、社会から英雄ゴウケツなどと呼ばれる運命を持たないものに、むしろ、愛と信とのショウガイがかけられているとも言えるだろう。世界史を案じるに、⑦セイケン、宗祖の説く生の理想は、かならずしも一致してはいないが、物欲を排し真実に生きることを説いている点には共通した点がある。物質欲や肉欲に⑧オチイらないところに、平静で誠実の境地を求めようとした結果だとも言えるだろう。

約百年前、イギリスの生物学者、ダーウィンが進化論を提唱し「種の起源」を著したことは、欧州の学界に大きい⑨ハモンを投じたが、あきらかに、生物とその進化ということは両者離して考えがたい関係である。見方には多少の相違があるとしても、生物の世界に、何等かの生存競争・適者生存・自然淘汰・遺伝因子欲が作用しているのを否定することはできない。人類のみについて見ても、体力の増加・知識の進歩・実行力の発達などが⑩フズイする。生存競争に敗北して、種をたやした生物の類も、その数無数である。種族の間、人間相互の間に、気付かぬ競争が続けられていることは、お互いがよく認めているとおりである。

〈斎藤清衛『芝草』による〉

問一 ——線部①〜⑩の片仮名を漢字に直せ。

「晏如」は「あんじょ」と読む。

問七 ——線部bと対照されているのが、「史上の英雄ゴウケツ、才人逸士」であることに着眼する。

問八 「生の理想」は、簡単に言えば「理想的な生き方」。

問九 「行脚」を始めた理由は冒頭部分で述べられている。

問十 第二段落中に「人生の不幸が外的現象を……ものに多い」とあるので、このことから考える。

問十一 この文章では、多くの人々は一般的には「晏如として生きている」と述べられている。このことを手掛かりにして解答を導き出す。

問二　――線部ア〜オの漢字の読みを答えよ。

問三　（Ａ）にあてはまる江戸時代の俳諧の祖で、紀行文学でも名高い人物の名前を漢字で答えよ。

問四　＝＝線部の三つの作品に共通するジャンルを答えよ。

問五　＝＝線部Ｂの作品を特徴付けている文体を次のア〜オの中から一つ選び、記号で答えよ。

ア　漢字仮名交じり文　イ　漢文訓読文　ウ　和文
エ　和漢混交文　オ　候文

問六　――線部ａの意味として最も適切なものを次のア〜オの中から一つ選び、記号で答えよ。

ア　平穏無事に　イ　無頓着に　ウ　世間に無関心に
エ　欲をもたずに　オ　必死に

問七　――線部ｂをほかの箇所ではどう言い換えているか、二つ抜き出して漢字で答えよ。

問八　――線部ｃとはどのようなものであるか、端的に述べている箇所を抜き出して記せ。

問九　筆者が行脚を始めた理由は何か、わかりやすく説明せよ。

問十　不幸はどのような人々に多いと述べているか、わかりやすく説明せよ。

問十一　人類が種を絶やさなかったのはなぜか、最も適切な理由を次のア〜オの中から一つ選び、記号で答えよ。

ア　生存競争がなかったため。
イ　体力や知識などが発達したため。
ウ　自然淘汰が作用しなかったため。

エ　適者生存の作用が否定されたため。

オ　ダーウィンが進化論を提唱したため。

49　次の文を読んで、あとの各問いに答えなさい。

このごろ私は奈良斑鳩《いかるが》[注1]の、三人の宮大工さんを知り、逢うたびにいろんな話をきかせてもらう仕合わせを得ています。

この三人は九十歳の父とその息子二人の一家で、もともと法隆寺工匠《こうしょう》[注2]の家系なのだが、これまでずっと、法隆寺の仕事だけをし続けてきたという、まことにめずらしい職歴をもつ。法隆寺の建物は、世界最古といわれる現存木造建築物であり、これを維持保存していくためには、つねにさまざまな修復補強がいるが、これが誰にでもできる仕事ではなく、古建築の手法様式をよく知り、［1］、より謙遜な気持で、古法を窺《うかが》い知ろうとする人でなければ手がけられない仕事です。

昭和年代になってからの、五重塔金堂の解体修復大工事はもちろん、いま九十歳の老人が二十何歳だった昔から、法隆寺で行われてきた大中小幾多の作事《さくじ》[注3]はみな、この三人が手がけてきたそうで、ちょっと他に類のない特殊な、そして貴重な仕事暦をもつ工人たちです。

その弟さんのNさんの話です。五重塔工事で、すでに解体を了え、再建も初層二層三層と進んで、四層目も組上ったとき、どういうものかこの庇《ひさし》[注4]のまん中がたるんで、さがってきた。[ア]メンミツな点検をくり返した。が、手落ちが見いだせない。屋根はちょうど無気力にぽかんとした人の、下唇の形に似てだれている。原因がつかめないのだから、居ても立ってもいられない焦燥だが、といって工事は進行させねばならず、手下《てか》[注5]を休めておくこともできない。進退きわまりそうな苦悩だった。

49　読解のために

問三　塔に対して「なにもできなかった」Nさんは、他の工事を進めながら、毎日何をしていただろうか。

問四　Xは、「迷惑をかけて」という気持である。Yは、長年信頼し合ってきた仕事仲間への気持である。

問五　互いに信頼を置きあう長年の仕事仲間なのだから、相手の仕事についてめったなことでは口を出さないであろう。

問六　Nさんの話の結末である。

問七　法隆寺の維持保存のための修復の仕事は、誰にでもできる仕事ではないのである。どんな人が手がけられる仕事か。

そのとき屋根やがきた。この人は古くからの仕事仲間で、互いに深い信頼をおきあい、現に塔の仕事もここまで一緒にしてきている。この彼が来ていった。あのなあ、この屋根、これでいいんやろか、と。

Nさんは[a]これ以上なく辛かったそうです。それで、そう思うやろなあ、とだけしか答えられなかったそうです。すると屋根やさんは、そうかあ、とこれもひと言だけうなずいて、静かに戻って行ったんだそうです。

そうこうするうちにも日は経って、五層の仕事は順々に進み、もう屋根を葺《ふ》くばかり、止むなく四層の屋根は後まわしにして、五層へ先に瓦を置きはじめてみると、いつとなく四層の軒のだれがこころもち上ってきたようにみえ、遂に五層を葺き終える頃には、軒はだれのあとも見せずきりりっと締って、下から見上げれば層々の五重にかさなる軒の端は、あるべきようにきっちりと、端正に揃っていたといいます。Nさんは〝自分はなにもできなかった、したのはただ（Ａ）だけだった、そんなものは実際の仕事にはなんの役にも立たない――だがなあ、あの軒はなあ、軒自身の力だけで、ひとりで上ってくれたんや〟と話すのです。

いい話でした。事柄に迫力があり、[b]結末に救いがあり、清々しい話でした。でもこの清々しい話のなかで、私がはっと強く打たれたのは[注6]棟梁《とうりょう》と屋根やさんの会話です。

あのなあ、この屋根、これでいいんやろか――そう思うやろな――そうかあ。ぎりぎりの短い言葉、切りつめきった会話です。

こんなみごとな会話があるでしょうか。西の方の言葉は総じて、角がとれて、滑らかに耳に流れ入ります。［2］、この最短の言葉あふれる情感の濃さは、どうでしょう。屋根やにしてみれば、一番いいたくない相手に、一番いいたくないことを、敢えていいにきているのです。あのなあ、という少し（Ｂ）のある、そして少し間延びのしている前置きよりほかいい出しようがなく、Nさんの心中をおしはかればはらはらとして、いいんやろか、とそっときくしかなかったのでしょう。

　だがNさんは答えられない。返事ができるくらいなら（Ｃ）。だから直接の返事はできないまま素通りして相手の立場のイコンキャクを思いやり、自分のどうしてみようもなさを嘆き、それ故にそちらへも迷惑をかけてと Ｘ 気持ちもにじんで、そう思うやろなあ、と自然に一歩ずれた返事になる。屋根やはもともと咎《とが》めがましい気など毛ほどもないし、Nさんの一つずれた返事をきけば、この長年信頼しあってきた仕事仲間に、この上もう何をいうことがあろう。そうかあ、という言葉は表向きの意味はウナットク、ということだろうが、この場合はたぶん、ともに愁う気持、 Ｙ 気持、でいわれているのではないだろうか。語調にそんな響きをきいたのですが、これは私の感じすぎでしょうか。

　そしてもう一つ、話のしまいの方のNさんのエジュッカイです。屋根は自分ひとりの力で上ってくれた、というその、くれた、です。上ったのではなくて、上ってくれたのです。まるで、屋根に恩恵をほどこされたみたいないいかたです。 3 Nさんの助かったという思いもよくわかるし、軒がだれていた期間中の、NさんのオホウサクつきたP苦悩の重さもよくわかります。仮名でたった三字ですが、みごとな言葉です。Nさんがもしまた誰かにこの話をするとき、 4 話の調子で軒はひとりで上ったと話すこともあるでしょう。cしかし私は、上ってくれた、というのがNさんの心の芯《しん》に据えてある言葉だ、と思うのです。

（幸田文『季節のかたみ』による）

注1　斑鳩　奈良県の北部にある町で、法隆寺や中宮寺などがある

2　工匠　大工や職人など、工作を職業とする人

3　作事　建築の工事

4 **庇** 軒に差し出た、雨や日光を防ぐための小さい屋根
5 **手下** 部下
6 **棟梁** 大工の親方

問一 ――線部**ア**～**オ**の片仮名を漢字に直せ。

問二 [1] [2] [3] [4] に入れるのに最も適切なものを次の**ア**～**オ**の中からそれぞれ一つ選び、記号で答えよ。

ア とはいえ　**イ** それだけに　**ウ** しかもなお　**エ** あるいは
オ それにしても

問三 （Ａ）（Ｂ）（Ｃ）に入れるのに最も適切なものを次の**ア**～**エ**の中からそれぞれ一つ選び、記号で答えよ。

Ａ **ア** じっと我慢　**イ** 塔を見上げる　**ウ** 心から念ずる
エ 苦しい思い
Ｂ **ア** 心配　**イ** うたがい　**ウ** ためらい　**エ** おそれ
Ｃ **ア** 簡単である　**イ** 工匠ではない　**ウ** 苦悩はない
エ 答えている

問四 [Ｘ] [Ｙ] に入れるのに最も適切なものを次の**ア**～**オ**の中からそれぞれ一つ選び、記号で答えよ。

ア あきらめの　**イ** いたわりの　**ウ** 詫びる　**エ** 非難する
オ 悲しい

問五 ――線部ａ「これ以上なく辛かった」とあるが、それはなぜか。本文の内容に即して三十字以内で記せ。

問六 ――線部ｂ「結末に救いがあり」とはどのようなことをいうのか。本文の内容に即して三十字以内で記せ。

問七　――線部ｃについて、筆者がこのように思えるのは、筆者がNさんをどのような人（工匠）であると見なしているからか。本文の内容に即して二十字以内で記せ。

B

50　次の文を読んで、あとの各問いに答えよ。

母から聞いた昔の生け花の話である。

花は出来上がりの一歩手前で生けなければならなかったのだそうである。生けた時に全部出来上がっていたら、その時から花は崩れてしまう。①出来上がりの余地を残して、あとは花自身に任せて出来上がらせる。明日の午後に客を迎えるための花だったら、ちょうどその時刻に出来上がって、絶頂の勢いにあるように生けなければならぬ。そのためには間の抜けたすき間を花のために作っておいてやらなければいけない。

これはしかし容易なことではあるまい。無責任な突き放しでは覚束《おぼつか》ない。藤なら藤、牡丹なら牡丹、花の伸び咲く速度の計算が必要となる。この計算のためには日ごろから自然を観察しておかねばならぬ。こうなると生け花は花や枝の単なる編集ではないことになる。大げさないい方をすれば、自然の生命と生け手の呼吸とを合致させることだともなるだろう。

事実母の生けた花は、当座物足りなく、しかし翌日あたりになれば形を整えて勢いがつよくなったものだった。小さなつぼみだったものが枝頭一点の光彩となったときに、それが全体へのアクセントとなり、ぐっと引きしまってなるほどと合点さ

50　読解のために

問一　[Ｉ]の少し前の、「任せたかぎりにはもう自分の生け花ではない」という箇所が最大のヒント。

問二　紛らわしい選択肢もある。慎重に、最も適切なものを探そう。

問四　本文中に、母の話を聞く以前のことについて触れている箇所はない。しかし、筆者は母から話を聞く以前には、ごく常識的な考え方をしていたと思われる。

問六　――線部②を含む段落から考える。

問八　――線部④を含む段落の、「衰えを人の目にさらさせるのは情なしだ」という母の言葉が最大のヒント。

せられたことが多い。しかし未来に対する計算とか用意というものは、性急な、あまりに性急な現代では[A]不必要とされるだろう。何事も即座主義の世の中では通用する生け方ではないに違いない。

あとは花に任せる。だから母は自分で生けた花を[B]楽しそうに自分でながめたものだった。任せたかぎりにはもう自分の生け花ではないとして、その成り行きを楽しむのは[I]な精神である。この精神のゆえにその楽しみは天真の清潔なものとなって、さらに奥深く楽しめるというわけなのだろう。しかし②こんなこともはや現代では歓迎されぬだろう。

こうして生けた花が[C]絶頂を極める。それからは勢いが衰える順だが、その衰えを見せ始めると母は何の③躊躇もなく取り捨てるのだった。私などの目から見るとまだ鑑賞に堪えるものなのである。しかし母はそのたびに衰えを人の目にさらさせるのは情なしだといった。何もかも現代には不向きな母の時代の華道の中で、[D]この最後のものだけが喝采されるかもしれない。④思いきりのよさは似ているのだが、しかしこれくらい似ないものもないかもしれぬ。

〈高田保『ブラリひょうたん』による〉

問一 [I]に入る適当な語を次の**ア**〜**エ**の中から選び、記号で答えよ。

ア 健全　**イ** 傲慢　**ウ** 謙虚　**エ** 寛大

問二 [A]〜[D]に入る適当な語を次の**ア**〜**オ**の中から一つ選び、それぞれ記号で答えよ。

ア やがて　**イ** たとえば　**ウ** おそらく

エ あるいは　**オ** いかにも

問三 筆者の母は生け花に対して、どういうことを最も大切だとしているか。最も適当なものを次の**ア**〜**エ**の中から一つ選び、記号で答えよ。

ア　花に任せること
イ　自然を観察する
ウ　花の伸びゆく速度を計算する
エ　衰えはじめるとすぐ取り捨てる

問四　筆者は母の話を聞くまで、生け花をどういうものと考えていたか。本文中の語句を用いて二十字以内で説明せよ。

問五　――線部①について、花が出来上がった様子を具体的に述べた箇所を、本文中から引用して書け。

問六　――線部②の「こんなこと」とは、どんなことか。本文中の語句を使って説明せよ。

問七　――線部③の「躊躇もなく」の意味を書け。

問八　――線部④について、母の生け花に対する考え方と、現代のその風潮とではどういう点で似ていないか。次の説明文の空欄に適当な語を自分で考えて書き入れ、文を完成させよ。

（説明文）　母の生け花には対象に対する［　　　］があるが、現代の風潮には、それがない。

問九　筆者の、母の生け花に対する考え方として最も適当なものを次の**ア**～**エ**の中から一つ選び、記号で答えよ。

ア　母の生け花には、現代にも通用する新しさがある。
イ　母の生け花は、自然に頼りすぎて創造性に乏しい。
ウ　母の生け花には、現代が見失ってしまった大切なものがある。
エ　母の生け花は、あまりに計算づくで豊かさが感じられない。

51 次の文を読んで、あとの各問いに答えよ。

感謝の気持ちを忘れないことはもちろん大切なことです。でも、おうおうにして現代日本では、これを知能指数ならぬ「人間性指数」とみなし、すべての人に①高飛車に強制し、これが欠如している者、希薄な者を欠陥人間とみなす風潮がある。なんだかそこには、②身動きのできない定型化があって、一種の（Ａ）のような硬直化した糾弾の姿勢がある。これからおいおい念入りにほかの事例も紹介しますが、一見平和でアオダヤかな現代日本は、すっぽりとこの種の③異端審問が日々刻々と行われている恐ろしい社会なのです。

よく考えてみればいい。人間であれば、ちょっとした親切心に対して心から感謝したい気持ちになることもあれば、どんなに絶大な恩恵をイコウムっても口が裂けても感謝の言葉を発したくなくなるときもある。それは、ほとんどの場合、相手が自分に何を期待しているかによるのですが、（Ｂ）よろしく、相手が自分に何も期待しないでただ親切にしてくれるとき、われわれには自然な感謝の気持ちが湧きあがります。しかし、親切な行為の背後に、相手の自己利益や、計算高さや、自己愛や、傲慢や、自分に対する軽蔑や、恩着せがましさや、見返りや、定型的な義務心や……がウスけて見えるとき、われわれはとっさに感謝の言葉を呑み込むのです。

あるいは、人間ですから、かつてどんなに絶大な恩恵を受けたとしても、つい忘れてしまうこともあるでしょう。ここには深層心理が働いていて、ある人に足を向けて寝られないほどの恩恵を受けたからこそ、忘れてしまう、ということもあるかもしれません。（Ｃ）、そのとき自分が彼からそれほどの恩恵を受けたことはありがたいことながら、やはり同時に自分の不甲斐なさがちくちくからだを刺し通して、無性に辛いからです。忘れたいから、忘れてしまうのです。

ですが、感謝の気持ちを忘れないと信じている人は、④こう

---

51 **読解のために**

問二 「高飛車」は読み間違えやすいので注意。

問三 Ａは「糾弾」「異端審問」などの語がヒント。Ｂの後の「よろしく」は「あたかも～らしく」という意。Ｄは人が嫌うものの喩え。

問四 人間を一つの型に当てはめている表現をさがそう。

問五 「異端」とは、主流に属さないもののこと。

問六 「感謝の言葉」を発しない言い訳である。

問七 「人間であれば……せねば駄目」ということは、そうしないとちゃんとした人間とはみなさないということである。

問八 筆者は「感謝の気持ちを忘れるなよ！」と説教する人が嫌いで、感謝の気持ちを忘れてしまう人には寛容である。

した言い訳を（Ｄ）のように嫌う。人間であれば、恩を受けたからには、それがたとえ少々⑤理不尽なやり方であったとしても、感謝の気持ちをもたねばならず、常に感謝の気持ちを忘れないようにせねば駄目なのです。常に感謝の気持ちを忘れない人は、困ったことに、自分がそうして「常に感謝の気持ちを忘れない」ように心がけるだけでやめておけばいいものを、それを人類の普遍的法則であるかのように、すべての人に要求します。いや、要求するばかりではなく、そうではない人をエヨウシャなく裁きます。しかも、絶対に表向きは言わずに、じろっと白い眼を向けて、⑥感謝の気持ちのない人を切り捨てるのです。

（Ｅ）、私が嫌いなのは、感謝の気持ちを忘れない人というよりむしろ、折に触れて「感謝の気持ちを忘れるなよ！」と高飛車に、あるいはしみじみとお説教する人なのかもしれません。たとえ、私が誰かから絶大な恩恵を受けようと、私は彼（女）に、いつまでも「ありがたかった、助かった」と言いつづけたくない。（Ｆ）私は他人に親切にすることはほとんどないのですが、そのごく少数の場合でも、他人からいつまでも「ありがとう（ございました）」と言ってもらいたくない。すぐに忘れてくれるほうが、ありがたいのです。

（中島義道『私の嫌いな10の人びと』による）

問一　――線部**ア**～**エ**の片仮名を漢字に直せ。

問二　――線部①・⑤の読みと意味を書け。

問三　（Ａ）～（Ｆ）について次の（１）・（２）の問いに答えよ。

（１）（Ａ）・（Ｂ）・（Ｄ）に入る語句を次の**ア**～**カ**の中からそれぞれ一つ選び、記号で答えよ。

ア　幽霊　**イ**　現代社会　**ウ**　日本昔話　**エ**　蛇蝎

オ　魔女裁判　**カ**　税金

（2）（C）・（E）・（F）に入る語句を次の**ア**〜**オ**の中からそれぞれ一つ選び、記号で答えよ。

ア そして　**イ** さて　**ウ** ですから　**エ** ですが
オ なぜなら

問四 ――線部②を説明している一文を四段落目から抜き出し、その文の最初の五文字を書け。

問五 ――線部③とは本文中では何のことか、二十字以内で述べよ。

問六 ――線部④を簡潔に二つにまとめよ。

問七 ――線部⑥とは、どうすることか、一段落目から十字以内で抜き出せ。

問八 本文の内容に合致するものを次の**ア**〜**エ**の中から一つ選び、記号で答えよ。

ア 私は、感謝の気持ちを忘れない人も感謝の気持ちを他人に要求する人も嫌いである。

イ 私が他人からいつまでも感謝を受け続けたくないのは、私がそれにふさわしい人間ではないからである。

ウ 感謝の気持ちを忘れてしまうのには、それなりの理由がある場合がある。

エ 常に感謝の気持ちを忘れない人は、その気持ちを表向きには出さないようにしている。

52 次の文を読んで、あとの各問いに答えよ。

仏壇のない暮らしだった。ア テンキンつづきのサラリーマンの家庭に生まれ育った少年時代もそうだったし、老いた両親をふるさとに残して東京暮らしをしているいまも変わらず、線香のにおいとは イ 無縁の生活を送っている。

---

52 **読解のために**

問四・五 「ニュータウンがいかに『死』を遠ざけているか」の例として挙げているのが、引っ越してたぶん、我が家が特別というわけではないだろう。都会の核家族の暮らしやニュータウンの暮らしは、いわゆる「線香くささ」を[ウ]ハイジョすることで成立する。「線香くささ」は、言い換えれば「死」――ニュータウンがいかに「死」を遠ざけているかの例をあげてみようか。

ぼくが以前住んでいた街は、一九七〇年代に開発された一戸建て中心のニュータウンである。その開発区域に[エ]リンセツして市営の[オ]斎場がつくられたとき、そうとう激しい反対運動があったのだという。その結果、斎場の建設そのものは受け容《い》れたものの、いくつかの条件が住民側から出された。まず、霊柩車《れいきゅうしゃ》がニュータウンの区域内を走ることが禁じられた。とはいっても、区域を[カ]ジュウダンする形の[注1]幹線道路については通行を認める。ただし、その場合の霊柩車は、金ピカの屋根を載せたような宮付きのものではなく、黒いワゴン車のものにかぎる……。

いい子ぶるわけではないが、引っ越してきて間もなくご近所のひとにその話を聞かされたとき、①ちょっと複雑な気持ちになったのだ。「死」そのものを[キ]キヒするのは、農村でも漁村でもごく自然に見られることだ。しかし、それが霊柩車の形状にまで及ぶのは、「死」にまつわるイメージまで根こそぎ[ク]拒絶してしまうということになる。

②そこまでしなければならないのか？

そうやって無理やりつくりあげた③[注2]「瀟洒《しょうしゃ》な住宅街」のイメージは、引き替えに、ぼくたちの暮らしを根底から支えるとてもたいせつなものを奪ってしまっているのではないか？

ニュータウンでの少年犯罪の数々を、ここであらためて思いだす[ケ]紙幅はないものの、ぼくは子どもの成長にとって「死」の持つ意味はとても大きいと考えている。

きて間もなくご近所の人に聞かされた話であり、筆者はこれを聞いて複雑な気持ちになり、疑問視している。

問六　「瀟洒」とは、あかぬけている様子。これを「無理やりつくりあげた」のがニュータウンである。

問七　具体的な教育現場の様子を記した箇所から考察しよう。

問八　筆者はどうすべきだと述べているか。

教育行政はしばしば「④命の重さを伝える教育」の大切さを訴えるが、それがたんなるa生の讃歌だけで終わってしまうと、結局ニュータウンの人工的な清潔さと変わらなくなるだろう。粛然としたb死への畏怖を忘れてはならない。学校でウサギやニワトリを飼うのは大いにけっこう。しかし学校の先生が病死した動物のなきがらを「子どもたちが見たらショックを受けるから」とこっそり処分しているというような話を見聞きするたびに、なにか根本的なところで思い違いをしているんじゃないかなあ、という気がしてならないのだ。

もちろん、「死」を必要以上にコビカして物語るのは、かえって危険なことだろう。「死」＝悲しい、怖い、気持ち悪い、というイメージをことさら消し去ろうとすると、それはそれでまた別の無理を生んでしまいそうだ。

ぼくはむしろ「死」のイメージを広げるべきだと思っている。

〈重松清『命の重さ』による〉

注1 **幹線道路** その地域の道路で中心となる重要な線。
2 **瀟洒** すっきりと洗練され、あか抜けた様子。

問一 ——線部**ア・ウ・エ・カ・キ・コ**の片仮名を漢字に直せ。

問二 ——線部**イ・オ・ク・ケ**の漢字の読みを答えよ。

問三 熟語の意味に注意して、——線部ａ・ｂをそれぞれわかりやすい言葉で説明せよ。

問四 ——線部①で、筆者はなぜ「複雑な気持ちになった」のか、その理由を説明せよ。

問五 ——線部②とあるが、筆者は何に対して疑問を抱いているのか、具体的に説明せよ。

問六 ——線部③と同じ内容を表す言葉を、本文中から十五字以内で抜き出せ。

問七 ――線部④について、筆者の考える「命の重さを伝える教育」の問題点とは何か、具体的に説明せよ。

問八 本文における筆者の主張を五十字以内にまとめよ。

53 次の文を読んで、あとの各問いに答えよ。

勝ち組負け組と簡単に人をふたつに分けて、浅いところでわかった顔をする時代になってしまった。大企業であるか、中小企業か。ホワイトカラーか、ブルーカラーか。年収やボーナスが同世代の平均以上か、以下か。線引きはどんどん細かく、世知がらくなっていく。①無数に引かれた線で区切られた狭い場所に、ほんとうにぼくたちはうまく収まるものだろうか。

二十五歳以上の大人なら、こんな分別には意味がないとすぐにわかると思う。②人間はゴミではないのだ。人は誰でも、ある部分で勝ち、別な部分で負ける。どれほど強運で才能に恵まれた人でも、必ず失うものがある。また逆に、すべてを失ったという人にだって、輝くような時間はきっとやってくる。小説を書くのは、そうした逆説的な人生のおもしろさを探し続ける仕事なのだ。生きることの味わいは、勝ち負けなどよりずっと多彩で、目がくらむほど深い。それに気づかない程度の人生なら、ガラスの塔の最上階に住んで、プロ野球の球団を買収しても、③浅瀬で水遊びをするようなものだ。

これを読んでいるきみは、④ひとりの人間で数字ではない。統計上の数字は単なる平均にすぎない。しかも、つねに過去と現在だけしか映さない数字なのだ。ある人物が未来にどんなふうに成長するか。自分のなかにあるどんな可能性を実現するか。統計学者には、人間の可能性は決して測れないのだ。人の未来や可能性は、本質的

---

53 **読解のために**

問一 a筆者の若いころはフリーターがまだ一般的ではなく珍しかったのだ。b社会には自分の居場所がないと言って、就職もせずに遊び暮らしていたのだ。

問二 A「遠い未来」にあるものだからぼんやりと見えるもの。B「近い未来」にあるものだから具体的で明確なもの。

問三 社会の中では、大企業か中小企業か、ホワイトカラーかブルーカラーか、収入が平均以上か以下か…といった細かい線引きがあるのだ。

問四 ゴミを分別するみたいに人間を分別する必要性を否定しているのだ。

問五 「浅瀬」は、川や海の全体のほんの一部分である。

問六 「統計上の数字」は、「過去と

につねに予測不能なものだからである。

考えてみれば、ぼくが二十五歳のときなど悲惨なものだった。大学は留年してなんとか卒業できたが、就職もせずにフリーターの走りになっていた。社会には自分の居場所などないと世をすねて、遊び暮らしていたのである。遠い未来の［A］などなく（あっても作家なんて恥ずかしくて誰にもいえない）、近い将来の［B］もなかった。ただ毎日をなんとか生き延びて、小金を稼いでいただけだ。同世代のほとんどより、ずっとダメな生き方をしていたのである。

自分のことをあきらめていたので、逆に焦りはなかった。人がうらやむような成功はしなくてもいい。けれど、世のなかの厳しい風雨をしのげる、自分だけの心地いい場所をつくろう。それができれば十分。そう悪くない人生になるだろう。そのためにぼくに必要なのは、そこそこの生活資金とたくさんの本だった。

結局、あれこれと十年以上も寄り道をしたのち、小説を書き始め、幸運にもデビューできた。好きだった本が一生の仕事になってしまったのである。ぼくとしては本を読んでのんびり暮らせれば幸福だったので、現在の暮らしはまったくの想定外なのだ。本は読めないし、仕事はいそがしすぎる。小説を書くのは、心と頭と身体《からだ》の限界を、毎回すこしずつ超えることなのだ。

ぼくの展望は、たまたまいいほうに転んだけれど、計算違いは明らかである。つぎの十年後を予想しても、きっとぼくは人生を読み誤るだろう。それは、これを読んでいるきみだって、同じはずである。未来は誰にも予想できない。⑤ぼくたちは今をいきいきと生きること以外なにもできないのだ。自分のいる場所でベストを尽くし、大切ななにかを守る。ぼくたちは勝ち組でも負け組でもなく、ひとりだけで一度きりの生を送るのだ。誰もが同じ「今」を生きている。⑥きみの幸運を祈る。

〈石田衣良『組に分かれず』による〉

現在しか映さない」から、「統計学者」には、「人間の未来や可能性」の予測はできない。

問七　二十五歳の時の筆者は、何のために生きていたか。今の筆者は、どんなふうに生きているか。

問八　「二十五歳以上の大人」なら、人間を「勝ち組負け組」に分けることの無意味さを知っていると筆者は前提している。

問一　――線部a「走り」、b「世をすねて」の本文中での意味として最も適当なものを、それぞれ次の**ア**～**エ**の中から一つずつ選び、記号で答えよ。

a　走り

ア　先がけ

イ　こまごまとした用事の使い

ウ　ものごとを進める速さ

エ　生活の仕方

b　世をすねて

ア　世の中への不平不満でなにかにつけ反社会的な行動に出て

イ　思いどおりにならない世の中を恨み自分の殻に閉じこもって

ウ　世間に対してひねくれたようになにかにつけて意地を張って

エ　不平不満を常に口にしてなにかにつけ逆らった態度をとって

問二　[A]、[B]を補うことばの組合せとして最も適当なものを、次の**ア**～**エ**の中から一つ選び、記号で答えよ。

ア　A　希望　　B　失望

イ　A　夢　　B　希望

ウ　A　目標　　B　夢

エ　A　野望　　B　野心

問三　――線部①「無数に引かれた線で区切られた狭い場所」の説明として最も適当なものを、次の**ア**～**エ**の中から一つ選び、記号で答えよ。

ア　計算高く抜け目のない人であふれ、世知がらくこせこせして暮らしにくい世の中。

イ　学歴や家業、縁故、容貌、特技など、さまざまな条件が入り混ざって選択される職業。

ウ　性格や年齢、職業、家柄、利害など、さまざまな要素が交錯して動く世間という生活の場。

エ　社会的、経済的な種々の要因によってふるい分けられ、細かくランクづけされた社会での位置。

問四　――線部②「人間はゴミではない」は、どういう意図を含んだ表現か。その説明として最も適当なものを、次の**ア**～**エ**の中から一つ選び、記号で答えよ。

ア　人間には思慮・分別があるのでゴミのような存在ではないということを例示して定義づける意図。

イ　ゴミは分別できるが人間は分別できないということを分別の連想を利用して簡明に提示する意図。

ウ　人間をゴミと対比して落差を大きくし人間は尊重されねばならないという主張を明確にする意図。

エ　落伍者を社会のゴミのように考えるのはもってのほかだという強い怒りを断定的に表出する意図。

問五　――線部③「浅瀬で水遊びをするようなもの」について、次の問い（１）～（３）に答えよ。

（１）「浅瀬で水遊びをするような」は、何を表す比喩か、最も適当なものを、次の**ア**～**エ**の中から一つ選び、記号で答えよ。

ア　ものごとの表面をとらえてわかった顔をするという比喩。

イ　とるに足りないつまらないことをするという比喩。

ウ　意味のない幼稚な遊びに夢中になるという比喩。

エ　一つの大波（困難）で簡単に壊れてしまうという比喩。

（2）「もの」は、ここではどういう意味か。漢字二字で答えよ。

（3）「浅瀬」の、ここでの対義語（意味が正反対の語）になる最も適当なものを、次の**ア**～**エ**の——線を施した語の中から一つ選び、記号で答えよ。

ア 時代の激流にのまれる。

イ 波乱に富んだ一生を送る。

ウ 井の中の蛙大海を知らず。

エ 悲しみの深淵に沈む。

問六 ——線部④「ひとりの人間で数字ではない」には、どういう思いが込められているか。適切なものを、次の**ア**～**オ**の中から**二つ**選び、記号で答えよ。

ア 人は1プラス1イコール2というように、単純に答えの出る存在ではないという思い。

イ 人は勝ち組負け組などと、数字の統計処理で仕分けされるような存在ではないという思い。

ウ 人は未来にむかって生きているから、過去と現在だけしか映さない数字とは違うという思い。

エ 人は多様な可能性を持っているから、人生の展望は予測不能で計算違いばかりだという思い。

オ 人はかけがえのない存在で、平均値では表せないひとりだけで一度きりの生を送るという思い。

問七 ——線部⑤「ぼくたちは今をいきいきと生きること以外なにもできない」とあるが、本文より、著者も「今をいきいきと生き」てきたことがわかる。これについて、次の問い（1）～（3）に答えよ。

（1）二十五歳の頃、筆者の「今をいきいきと生きる」姿は、どのようなところに現れているか、簡潔に答えよ。

（2）作家としてデビューした後、筆者の「今をいきいきと生きる」姿は、どのようなところに現れているか、簡潔に答えよ。

（3）総じて「今をいきいきと生きる」とは、どのように生きることだと筆者は言っているか、簡潔に答えよ。

問八 ――線部⑥「きみ」とは、どういう人と推定できるか。十五字以上で人物像を説明せよ。

C

54 次の文を読んで、あとの各問いに答えよ。

古書に父親を見るのは、私だけではあるまい。以前、こんなことがあった。

長くわずらっていた方が亡くなられて、私はその方の蔵書を買い取ったのだった。故人は四十代前半の男性で、ホンヤクの小説ばかり数百冊、集めていた。大事にしていたとみえ、一冊ずつていねいにパラフィン紙でカバーがかけられていた。私は店の書棚五、六段全部を、故人の愛読書でうずめた。

早速、この新入荷品の下見に来た客がいる。小学四、五年生と思われる男の子だった。彼は長いこと書棚の前に立ち、夢見るような目で、見上げ見おろしている。別に本を手に取るわけではない。やがて、ため息をつきながら、ミレンげに帰っていった。おとな向けの小説ばかりだが、小学生が読んでいけないことはない。小遣いをためて、買いに来るつもりだろう、と私は将来のお得意を見送った。

少年は、その後も、たびたび来た。来るたび例の本棚を見上げ、ため息をつき、

---

54 読解のために

問三 「少年に呼びかけた」のだから、要因は少年の行動にある。

問四 「便宜」の対象は少年で、筆者は少年の持ち金が足りないと仮想している。

問五・七 少年にとって父の蔵書は「父そのもの」なのだ。

問六 慣用句「為《な》す術《すべ》（も）ない」は、手段・方法がなく、どうしようもないという意。

問八 少年は現実を受け入れることが耐えられなかったのだろう。

何も買わずに引きあげる。①業を煮やして私は少年に呼びかけた。小学生の小遣いで買えない値段ではない。しかしお金が足りないというなら、②便宜をはからってもよい。少年の返事は意外だった。

③本が欲しいのではなく、本に会いに来る、と言うのである。少年の父親の蔵書だったのだ。

以下、少年の話。

父の寝ている部屋に、いつもこの本があった。お前が大きくなったら、この本が読めるよ、と父が言い言いした。お父さんが読んだところを、お前が読むんだ。きっと読みながら、お父さんを思いだすよ。そう言い言いした。

少年にとって父のオ形見というより、父そのものが、少年の知らない間に、古本屋に売られてしまった。生活費を得るために仕方のないことだったろうが、少年にはこのような事情がわからない。

④話を聞いた私は、なすすべなくした。少年に書棚全部の本を進呈すれば美談なのだが、当時の私は食うに追われていて、気前の良いところを見せる段ではない。いつでも見においで、と勧めるのが、せめてものことだった。

少年はうなずき、三日にあげずカ通ってきた。無口な子で、話しかけられるのが辛《つら》そうだったから、私もキダマって好きにさせておいた。そのうち少年の「A」は、一冊売れ、二冊売れ、減っていく。次第にクセバまる書棚を見る彼の目は悲しそうだった。やがて、いつのまにか彼の姿が現れなくなった。私の店が安らぎの場でなくなったのだろう。少年には、古本屋の時間が止まっているどころか、⑤急速に流れているのが感じられ、耐えられなかったのだろうと思う。

〈出久根達郎『たとえばの楽しみ』による〉

問一 ——線部**イ・ウ・キ・ク**の片仮名を漢字に直せ。

問二 ——線部**ア・エ・オ・カ**の漢字の読みを答えよ。

問三 ——線部①「業を煮やして」とあるが、これは、筆者が、何に対してどのような思いを持つにいたったことを述べているのか。「業を煮やす」ということばの意味がわかるように説明せよ。

問四 ——線部②「便宜をはからってもよい」とあるが、具体的にはどのような「便宜をはから」うことが考えられるか。考えられる具体的な例一つを挙げよ。

問五 ——線部③「本が欲しいのではなく、本に会いに来る」とは、どのようなことを指しているのか、具体的に説明せよ。

問六 ——線部④「話を聞いた私は、なすすべなくした」とあるが、それはなぜか説明せよ。

問七 [A]に入る適切な一語（漢字一字）を、文中から抜き出して答えよ。

問八 ——線部⑤「急速に流れているのが感じられ」とは、少年にとってどのようなことを指しているのか、説明せよ。

55 次の文を読んで、あとの各問いに答えよ。

アメリカでの生活を終えて日本に帰ってくると、何とはなしにせわしくなる。久し振りに電車に乗った。昼近い時間だったので、さほど混んではいなかった。車内にぽかぽかとした陽が差し込み、平和でのどかな光景だ。雑誌の吊[a]り広告が天井からたくさんぶら下がっている。アメリカの地下鉄の車内ではこれほど内容豊富な広告は見当たらない。忘れかけていたけれど、これぞ日本の文化なりと[あ]よろしく広告情報キュウシュウ[b]に気をとられていたら、隣の席に若い男性がやってきて、腰をおろした。そのとき彼が私のジャケットの端をお尻の下に敷いてしまった

---

55 **読解のために**

問二 一年間日本を離れてアメリカで生活していたという筆者の状況に重なる話である。

問三 「ついでに」とあるので、前文の延長線上の話を述べているのだ。

問五 「アメリカの文化や習慣」で筆者が良いと感じていることであ

ので、こちらとしてはひどく座り心地が悪くなる。上着の裾を拡げて座っていた私にも責任があるが、なんとかタイセイを整え直したいものだ。少し力を入れてジャケットの裾を引っ張ってみた。が、大きなお尻の下に敷かれたジャケットは簡単に抜けてくれない。何度か力を込め、しまいに「失礼します」と声をかけた。するとその男性は[1]気づいてくれたのか、お尻の片方を持ち上げて、「どうぞ引き抜きなさい」とばかりのシグサをした。しかし、このシグサには言葉も表情も[2]付け加えられない。読んでいた本から目を離さないまま、彼はただ黙々と、お尻を上げただけであった。

　たった一年間ではあったけれど、私はアメリカの文化や習慣に触れる機会を得た。良きにつけ悪しきにつけ、日本のそれとの違いに驚き、感心し、しだいに慣れ親しんで帰ってきた。おそらくもう少し長く滞在したら印象が変わったかもしれない。あるいは市民となって仕事をし、税金を払う立場で住めば、それなりに考え方も違っていただろう。私の場合は、使用言語も仕事も日本を向いたまま、ただ住む場所を外国に移してみただけ（個人的人間関係はアメリカ側に多少ひろがったつもりだが）の、[3]長期滞在型旅行者のようなものであった。その点においては住民としての責任がほとんどなく、半ヨソ者的意識のままに生活を楽しむことができた。つまり、限りなく無責任に近い視点に立って「アメリカはいいなあ、いいなあ」と[4]感心している単なる「アメリカかぶれ」のようなものである。

　しかし、[い]ついでに言わせていただけるとしたら、これだけはアメリカのほうが「だんぜんいい！」と思われる点がいくつかある。その最たるものが「公共の場におけるマナー」だと思う。

　電車のなかに限らず、駅や建物のなか、通りを歩いていて、帰国直後の私の目には、東京の人々が、[5]無表情で他人に無関心、無愛想に映り、ショックを受け

る。

問六　「住民」ならば何をしなくてはならないか。

問七　半分アメリカ、半分日本という状態から生まれる意識である。

問八　筆者の目に映る日本人の姿は、どのようなものか。

問九　筆者が「腹を立て続け」るのはなぜか。

た。そんなこと昔から知っていたはずではあるが、見知らぬ者同士でもにこやかにアイサツ[f]を交わし合うアメリカ社会にしばらく浸かった身としては、この東京人の風景が不気味にさえ感じられる。そんな街の印象が、気持ちをせわしなくさせていたのかもしれない。実際、どの人も顔色が悪く、うつむきかげんに歩き、決して他人と目を合わせようとしない。まるで見知らぬ人と口をきいたり、視線を合わせてしまったら[6]魔女に魔法をかけられて、恐ろしい獣にされてしまうぞとキョウハク[g]されている哀れな村人たちのようである。

髪の毛や着ているものの色のせいだと言う人もいる。欧米、特にアメリカ人と比べれば、明らかにあたりの景色はモノトーンになりがちだ。だから全体の雰囲気が暗くなるのだという説も[7]外れてはいないだろう。しかし、それにしたって、人様と体がぶつかったり接触したときくらい、[8]「おっ」とか「うっ」とかぐらいの声を発するのが、生きている人間の反応というものではなかろうか。ところが見渡すかぎり、知り合い以外の人間に好意的に接したり、コミュニケーションを図ろうなどと思っていそうな人は、皆無[h]に等しく見えるのである。

「ああ、そりゃ、帰ってきたばかりだと、特にキイ[i]に感じるものだよ。僕も以前はそうだった」

数年間のアメリカ転勤生活を経験したことのある知り合いのネンパイ[j]紳士にこの話をしたところ、そう言い、また笑って付け加えた。「でもそのうちに慣れますよ。慣れて腹も立たなくなる」

いや、私の場合はそうはいかないだろう[ニ]。慣れずに腹を立て続け、誰よりも[う]な表情で街中を歩き回るに違いない。

〈阿川佐和子『いい歳　旅立ち』による〉

問一　——線部a~jの片仮名は漢字に直し、漢字は読みを答えよ。

問二 あ に入る適切な語を、次の**ア**〜**オ**の中から一つ選び、記号で答えよ。

ア 桃太郎　**イ** 金太郎　**ウ** ものぐさ太郎　**エ** 龍の子太郎
オ 浦島太郎

問三 い・う に入る語を、本文中からそれぞれ抜き出せ。

問四 1 〜 8 に入る語を、次の**ア**〜**ケ**の中からそれぞれ一つずつ選び、記号で答えよ。

ア むやみに　**イ** ようやく　**ウ** せめて　**エ** あながち
オ やっぱり　**カ** いっさい　**キ** たちまち　**ク** いわば
ケ なんとも

問五 ——線部イ「良きにつけ」に当たる典型的な例を、本文中から十五字以内で抜き出せ。

問六 ——線部ロ「住民としての責任」を果たすのに必要なことを、文中の言葉を用いて二十字以内で説明せよ。

問七 ——線部ハ「半ヨソ者的意識」とはどのようなものかを、文中の言葉を用いて説明せよ。

問八 日本人の特徴を端的に示す語句を、本文中から十四字で抜き出せ。

問九 ——線部ニ「私の場合はそうはいかないだろう」とあるが、ここでの「私」の心情として適切なものを、次の**ア**〜**オ**の中から一つ選び、記号で答えよ。

ア 良いものは良いと認め、自ら実行したい。
イ アメリカの文化をもっと日本人に知ってほしい。
ウ 腹が立つのに我慢して、何もしないのはおかしい。
エ 自分がいいと思えないことに慣れてしまうのがこわい。
オ 日本の文化になじんで、アメリカの良い文化を忘れてしまうのはいやだ。

詩歌

●詩歌とは、詩・短歌・俳句などの韻文を指す。これらは作者の持つ「詩情」を「ある形式」「言葉」によって表現するもので、特に言葉と表現法に注目する必要がある。

56 次の詩を読んで、あとの各問いに答えよ。

僕は白い雲の中から歩いてくる
①一枚の距離の端まで
大きく僕は反る
②時間がそこへ皺《しわ》よる
すでに空の中だ
空が僕を抱きとめる
空にかかる筋肉

だが脱落する
追われてきて③つき刺さる
僕は④透明な触覚の中でもがく
頭の上の泡の外に
女たちの笑や腰が見える
僕は赤い海岸傘の
巨い縞を摑もうとあせる

〈村野四郎『体操詩集』による〉

問一　この詩の形式を漢字五文字で答えよ。
問二　――線部①は具体的に何を言っているのか答えよ。
問三　――線部②はどのような感じを表現したものか。説明せよ。
問四　――線部③はどこにどうなった状態か。説明せよ。
問五　――線部④は何に触れて感じたものか。漢字一字で答えよ。
問六　この詩には、次の一行が抜けている。入れるべき箇所のすぐあとの一行を抜き出せ。
「蹴る　僕は蹴った」

詩歌は毎年、特定の学校が必ず出題するといっても過言ではない。別言すれば、学校によって詩歌の出題には大きな偏りが見られる。よって、自分の受験する学校にそうした出題傾向が見られる場合、十分に学習をしておく必要がある。

学習時には、特に次の二点に注意を払うことが大切である。

・表現形式と表現技法。
・どのような言葉で何を表現しているか。

56 読解のために

問一　用語は文語か口語か。形式は定型か自由か。
問二　僕の一連の行動の出発地点。前の行と倒置の関係にある。
問三　「そこ」が指すのは、前の行の「大きく……反る」という動作である。この動作が何のためのものであるかを、あとの行の「空の中」という表現から考えることが先決。
問四・問五　僕の行為の終了地点はどこか。
問六　何を蹴るのか、蹴るとどうなるかを考えること。

問七　この詩の題として適切なものを次の**ア**〜**オ**の中から一つ選び、記号で答えよ。

ア　鉄棒　　**イ**　競泳　　**ウ**　飛込み
エ　サーフィン　　**オ**　サーカス

57　次の詩を読んで、あとの各問いに答えよ。

いづことしなく
しいいとせみのなきけり
はや蟬頃《せみごろ》となりしか
せみの子をとらへむとして
熱き夏の砂地をふみし①子は
けふ　いづこにありや
なつのあはれに
②いのちみじかく
みやこのまちの遠くより
空と屋根とのあなたより
しいいとせみのなきけり

〈室生犀星『抒情小曲集』による〉

問一　作品の主題となっているものを次の**ア**〜**エ**の中から一つ選び、記号で答えよ。

ア　故郷のこと　　**イ**　幼友達への追憶
ウ　夏のこと　　**エ**　幼少年の時期

問二　作者の詩的感動は何によって触発されているか。次の**ア**〜**エ**の中から一つ選び、記号で答えよ。

問七　一連の行動の正体である。

57　**読解のために**

問一　感動の中心はどこにあるのかを考えてみよう。

問二　問一で求めた作品の主題＝感動は、何が契機となって生まれたものかを考える。

問三　問一で正解が得られれば、容易にわかる問題である。

問四　「なつのあはれに」から「しいいとせみのなきけり」までが一まとまりとなっている。

問五　作者の感動はどの行に集約されているか。また、「せみ」と言っても、その鳴き声にはいろいろあるが、「しいい」という声からはどのような印象を受けるか。これらを考え合わせる。

ア 熱い夏　**イ** 望郷の念　**ウ** せみの声　**エ** せみの子

問三 ——線部①「子」は誰を指しているか。

問四 ——線部②「いのちみじかく」の主語は何か。

問五 作品全体にどのような情感が流れているか。簡潔に答えよ。

問六 この詩の用語と形式を答えよ。

58 次の短歌を読んで、あとの各問いに答えよ。

A　くれなゐの二尺のびたる薔薇の芽の針やはらかに春雨の降る　　正岡子規

B　のど赤き玄鳥ふたつ屋梁《はり》にゐて足乳《たらち》ねの母は死にたまふなり　　斎藤茂吉

C　昼ながらかすかに光る螢一つ孟宗《もうそう》の藪《やぶ》を出でて消えたり　　北原白秋

D　おり立ちて今朝の寒さを驚きぬ露しとしとと柿の落ち葉深く　　伊藤左千夫

問一 枕詞を用いている歌を選び、記号で答えよ。

問二 字余りの歌をすべて選び、記号で答えよ。

問三 自然を写生的に表現している歌を選び、記号で答えよ。

問四 季節の移り変わりに感動した心を表現している歌を選び、記号で答えよ。

59 次の短歌を読んで、あとの各問いに答えよ。

A　病みふせるわが枕辺に運びくる（ **a** ）花ゆれやまず

B　春の鳥①な鳴きそ鳴きそあかあかと（ **b** ）日の入る夕べ

C　②ゆふされば大根の葉にふる③時雨（ **c** ）降りにけるかも

D　信濃路はいつ春にならん夕づく日（ **d** ）黄なる空の色

---

58 **読解のために**

問一 特定の語にかかる主に五音の語が枕詞である。

問二 短歌は五・七・五・七・七の三十一音が基本。

問三 主観が表面に出ていないのはどの歌か。

問四 主観が表面に出ているのはどの歌か。

59 **読解のために**

作者は、A正岡子規、B北原白秋、C斎藤茂吉、D島木赤彦、E前田夕暮。

問一 いずれも有名な短歌であるが、

E　ひまはりは金の油を身にあびて（ｅ）日のちひささよ

問一　（ａ）～（ｅ）の部分に入る言葉として最も適当なものを、次の語群からそれぞれ一つ選び、記号で答えよ。

ア　いたく寂しく　**イ**　夕焼け空に　**ウ**　藤の花ぶさ
エ　入りてしまらく　**オ**　ゆらりと高し　**カ**　とどろくばかり
キ　鉢の牡丹の　**ク**　いつかたそがれ　**ケ**　外《と》の面の草に
コ　遠くかすみて

問二　それぞれの短歌の季節はいつか、春・夏・秋・冬の語で答えよ。

問三　――線部①の言葉の意味として最も適当なものはどれか。次の**ア**～**エ**の中から一つ選び、記号で答えよ。

ア　鳴いておくれ　**イ**　鳴けよ　**ウ**　鳴くな　**エ**　鳴きそうだ

問四　――線部②の言葉の意味として最も適当なものはどれか。次の**ア**～**エ**の中から一つ選び、記号で答えよ。

ア　夜更けになると　**イ**　夕方になると
ウ　夕方が過ぎると　**エ**　きのうの夕べ

問五　――線部③の読みを平仮名で示せ。

60　次の俳句を読んで、あとの各問いに答えよ。

A　赤い椿白い椿と落ちにけり　河東碧梧桐
B　金剛の露ひとつぶや石の上　川端茅舎
C　つきぬけて天上の紺曼珠沙華《まんじゅしゃげ》　山口誓子
D　遠山に日の当たりたる枯れ野かな　高浜虚子

覚えていなくても十分に答えられる問題である。それぞれの短歌のモチーフ、詠まれている情景、歌の主題から、前後関係を考えて、最もふさわしい言葉を選べばよい。

問二　俳句の季語・季節と同様に考えればよい。

問三　古語の問題とも言える。「な～そ」でどのような意味を表すか。

60　**読解のために**

問一　季語と季節は二つでセットと考える。ただし、季語は旧暦、二十四節気を基準に考える「歳時記」で決められているので注意し問一　A～Dの俳句の①季語と②季節をそれぞれ答えよ。
問二　切れ字が用いられている俳句をすべて選び、記号で答えるとともに、それぞれ切れ字を示せ。
問三　字余りの俳句をすべて選び、記号で答えよ。

61　次の俳句を読んで、あとの各問いに答えよ。

A　田作りの秤りこぼるる光かな
B　鬼灯《ほおずき》の一つの花のこぼれたる
C　提げ来るは柿にはあらず烏瓜
D　極月といふものの立ち塞がれる
E　鳴きやめて飛ぶ時蟬の見ゆるなり

問一　A～Eの俳句の①季語と②季節をそれぞれ答えよ。
問二　同音の繰り返しにより、心地よいリズムを作り出している句はどれか。記号で答えよ。
問三　視覚と聴覚による確かな観察に基づいて詠まれた句はどれか。記号で答えよ。

よう。
問二　切れ字の代表的なものは覚えておくこと。
問三　俳句は五・七・五の十七音が基本。

61　**読解のために**
問二・三　俳句、短歌とも、本問のように鑑賞文や批評文にあてはまるものを選ばせる問題は頻出である。句の構成や表現法の最も特徴的な事柄に触れている場合が大半を占めるので、難しく考えることはない。

漢字・語句

●語句の理解は国語力向上の原点である。これは地道で根気のいる作業であるが、まず言葉を知らなければ長文読解も成立しないのである。

62 次の漢字の読みを答えよ。

① 斡旋　② 委嘱　③ 意図　④ 会釈　⑤ 完遂
⑥ 割愛　⑦ 執着　⑧ 遵守　⑨ 出納　⑩ 相殺
⑪ 知己　⑫ 匿名　⑬ 柔和　⑭ 頒布　⑮ 凡例
⑯ 罷免　⑰ 普請　⑱ 風情　⑲ 礼賛　⑳ 流布
㉑ 挨拶　㉒ 邂逅　㉓ 呵責　㉔ 飢饉　㉕ 詭弁
㉖ 欺瞞　㉗ 誤謬　㉘ 蹉跌　㉙ 嫉妬　㉚ 洒落
㉛ 真摯　㉜ 杜撰　㉝ 脆弱　㉞ 捏造　㉟ 訃音
㊱ 小豆　㊲ 河岸　㊳ 風邪　㊴ 蚊帳　㊵ 玄人
㊶ 祝詞　㊷ 土産　㊸ 紅葉　㊹ 浴衣　㊺ 灰汁
㊻ 欠伸　㊼ 従兄弟　㊽ 案山子　㊾ 脚気　㊿ 硝子
(51) 基督　(52) 独楽　(53) 時化　(54) 台詞　(55) 松明
(56) 提燈　(57) 黒子　(58) 真似　(59) 火傷　(60) 塩梅
(61) 気質　(62) 健気　(63) 流石　(64) 何処　(65) 所以
(66) 紫陽花　(67) 銀杏　(68) 女郎花　(69) 杜若　(70) 百日紅
(71) 西瓜　(72) 筍　(73) 蒲公英　(74) 土筆　(75) 茄子
(76) 雲雀　(77) 向日葵　(78) 河豚　(79) 糸瓜　(80) 時鳥

語彙《ごい》力の向上がそのまま国語力の向上に直結するわけではない。だが、多くの言葉を理解していることは、国語においては大きな武器となる。この分野の学習を進めるにあたっては、次の点に注意してほしい。

その一　ただ単に漢字をやみくもに覚えることをしない。常に意味を考え、文の一部分として覚えること。

その二　そのためにはできるだけ実際の文章の中で漢字力、語彙《ごい》力を高めるようにすること。

その三　辞書をこまめに引くこと。ただし、辞書を引く前に、まず文章の中で意味を推測すること。

その四　実際に問題集に接するときは、まず中学校程度の基礎的なものから手をつけること。（実際の試験に出る語句問題の九割は、中学レベルで対応できるものであるため。）

62・63　漢字の読みについて
特に普段誤ることの多い漢字を選んで載せてある。これ以外にも読み誤りをしやすい漢字が多数あるので、十分注意を払ってもらいたい。そし

⑧粗野　⑧落葉松　⑧読点　⑧拙速　⑧赴任

⑧履行　⑧為替　⑧大童　⑧反故　⑨面影

⑨悪寒　⑨足袋　⑨市井　⑨傀儡　⑨重宝

⑨陽炎　⑨雑木林　⑨雪崩　⑨氷柱　⑩軋轢

63 次の漢字の読みを答えよ。

①暴露　②敷設　③窯業　④棟梁　⑤緩慢

⑥折衷　⑦相性　⑧遠隔　⑨回顧　⑩仮想

⑪神楽　⑫還俗　⑬疾病　⑭信濃　⑮近江

⑯陸奥　⑰十六夜　⑱大晦日　⑲公家　⑳駿馬

64 次の各文の――線部を漢字に直せ。

①子供イガイは参加できない。
②イガイなニュースに驚く。

③校庭をカイホウする。
④束縛からカイホウする。

⑤カクシンに満ちた答え。
⑥事件のカクシンに触れる。

⑦教育カテイの改訂。
⑧結論に至るカテイ。

⑨内臓キカンの疾病。
⑩人間キカン車。

⑪キセイ品を買う。
⑫キセイ事実をつくる。
⑬交通キセイをする。

⑭内容の再ケントウを迫る。
⑮ケントウ違いをする。

⑯新劇のコウエンを見に行く。
⑰国際問題についてコウエンする。

て当然のことながら、その熟語の意味もしっかり把握しておくこと。

64・65 漢字の書き取りについて

同音・同訓異義語を集めてある。それぞれの意味の違いを十分に把握することが大切である。

⑱ コウセイ労働大臣の談話。
⑲ 立派にコウセイする。
⑳ 休耕して田地がコウハイする。
㉑ 会社のコウハイをかける。
㉒ サイゴの手段をとる。
㉓ 祖父のサイゴをみとる。
㉔ シジ語の内容。
㉕ 彼の意見をシジする。
㉖ 切手をシュウシュウする。
㉗ 事態のシュウシュウに努める。
㉘ シンチョウな討議。
㉙ 意味シンチョウな言葉。
㉚ ソウギョウ時間を短縮する。
㉛ ソウギョウ以来百年の老舗。
㉜ 天地ソウゾウの話。
㉝ 将来の自分をソウゾウする。
㉞ ソクセイ栽培。
㉟ 技術者のソクセイが急務だ。
㊱ 研究タイショウとなる。
㊲ 二人はタイショウ的な性格だ。
㊳ 左右タイショウの図形。
㊴ 作者フショウの作品。
㊵ フショウ事を起こす。
㊶ 損害をホショウする。
㊷ ホショウ書付きの商品。
㊸ 日米安全ホショウ条約。
㊹ ユウシュウの美。
㊺ ユウシュウな成績。
㊻ 服が体にアう。
㊼ 人にアう。
㊽ 事故にアう。
㊾ アツい夏。
㊿ アツいお茶。
(51) アツい壁。
(52) アツい友情。
(53) 姿をアラワす。
(54) 言葉にアラワす。
(55) 本をアラワす。

(56) 罪をオカす。
(57) 危険をオカす。
(58) 領土をオカす。

(59) 成功をオサめる。
(60) 税金をオサめる。
(61) 学問をオサめる。
(62) 国をオサめる。

(63) 台風にソナえる。
(64) 仏前にソナえる。

(65) 会社にツトめる。
(66) 完成にツトめる。
(67) 議長をツトめる。

(68) 難問をトく。
(69) 絵の具をトく。
(70) 道理をトく。

(71) 事務をトる。
(72) 血をトる。
(73) 魚をトる。
(74) 資格をトる。

(75) 景色をミる。
(76) 患者をミる。

(77) 思いワズラう。
(78) 心臓をワズラう。

65 次の各問いに答えよ。

問一 次の１・２・３の熟語群で誤字を含むものが一つある。それぞれ**ア**～**オ**から選べ。

１ **ア** 投棄　**イ** 投機　**ウ** 党紀　**エ** 登紀　**オ** 騰貴
２ **ア** 大勝　**イ** 対象　**ウ** 対笑　**エ** 隊商　**オ** 対称
３ **ア** 時期　**イ** 磁気　**ウ** 自棄　**エ** 磁器　**オ** 自気

問二 次の１・２・３の――線部にあたる漢字として、最も適当なものを各群の**ア**～**オ**から選べ。

1 計画がハタンする。

ア 破端　イ 破短　ウ 波探　エ 発端　オ 破綻

2 人事イドウを発表する。

ア 移動　イ 異動　ウ 異同　エ 意動　オ 移同

3 事件のシンギを正す。

ア 信義　イ 真義　ウ 真偽　エ 審議　オ 新擬

問三 次の――線部を漢字に直せ。

1 仏門にキエする。
2 病が重くスイジャクする。
3 彼とコンイン届を提出する。
4 犬のキュウカクは鋭い。
5 手紙はシンテンで出す。
6 級友のセンボウの的になる。
7 小学校でコテキ隊に参加した。
8 事件が起こりカンシキ課が活動した。
9 予算がサクゲンされた。
10 委員会にシモンする。

66 次の文意に合う四字熟語をあとから選び、記号で答えよ。

① 小さな事を大げさに言うこと。
② 上っ調子で軽はずみなこと。
③ 自分の言ったことや行為で、動きがとれずに困ること。

66～68 四字熟語の問題について

この種の問題は大別すると次のようになる。

一 66・67で見られるように、四

④ 尊ぶべき大事な理。
⑤ うまく物事を運ぶこと。
⑥ 蔵書の多いこと。
⑦ 理屈に合わぬことを無理にこじつけること。
⑧ 時季外れで役に立たぬこと。
⑨ ごく短い期間だけ政権をとること。

ア 軽佻浮薄　**イ** 円転滑脱　**ウ** 汗牛充棟　**エ** 針小棒大
オ 自縄自縛　**カ** 金科玉条　**キ** 牽強付会　**ク** 三日天下
ケ 夏炉冬扇　**コ** 厚顔無恥

67 次の四字熟語の意味をあとから選び、記号で答えよ。

① 大器晩成　② 馬耳東風
③ 呉越同舟　④ 四面楚歌
⑤ 五里霧中　⑥ 多士済済
⑦ 自家撞着　⑧ 優柔不断
⑨ 言語道断　⑩ 意味深長
⑪ 朝令暮改　⑫ 不撓不屈
⑬ 切磋琢磨　⑭ 偕老同穴
⑮ 有為転変　⑯ 我田引水

ア 現世の物事は移り変わりが激しく、少しも止まらぬこと。
イ もっての外。
ウ 仲の悪い者同士が同じ所にいること。

字熟語とその意味を結び付ける問題。

二　**68**で見られるように、四字熟語の一部分を空欄にして、そこに漢字を入れさせる問題。（この場合、特に漢数字、例えば「千変万化」などの熟語で、「□変□化」とされるようなものが多い。）

三　実際に四字熟語の意味を自分で書かせる形、その逆のパターンとして、特定の説明から四字熟語を導く形のもの。

以上のような形式で出題されることが多いが、特に一・二の形式のものが圧倒的である。したがって、四字熟語では、意味を完璧に覚えようとやっきにならず、選択肢があれば意味に何とかたどりつける、いわば「再認」方式の覚え方で、それ相応のところまでは戦えるはずである。わざわざ、多くの時間を割く必要はなく、少しずつ時間を割り当てて、ほかと差をつけられない程度に学習しておけば十分であろう。

エ　優れた人材が多くいること。
オ　夫婦仲良く、生きてはともに手をとり、死んではいっしょに葬られること。
カ　同じ人の言葉や行動が矛盾していること。
キ　心が強く、くじけないこと。
ク　なかなか決断に踏みきれないこと。
ケ　大人物は発達が遅いが、ついには大成するということ。
コ　意味が深く、含蓄のあること。
サ　学徳、人物を磨き鍛えること。
シ　他人の意見など心に留めずに聞き流すこと。
ス　孤立無援のさま。
セ　言うことがしきりに変わって決まらないこと。
ソ　迷ってなかなか思案のつかない状態。
タ　自分の都合のいいように物事を図ること。

68　次の熟語を一部とする四字熟語を記せ。

① 巧言	② 夢中	③ 粉骨	④ 渾然	⑤ 首尾
⑥ 一石	⑦ 一夕	⑧ 一日	⑨ 一心	⑩ 一髪
⑪ 三遷	⑫ 無縫	⑬ 無人	⑭ 雷同	⑮ 牛後
⑯ 諾諾	⑰ 揚揚	⑱ 洋洋	⑲ 奄奄	⑳ 津津

69 次のことわざと反対の意味のことわざをあとから選び、記号で答えよ。

① とびが鷹を生む
② 大は小を兼ねる
③ 坊主憎けりゃ袈裟まで憎い
④ 渡る世間に鬼はなし
⑤ 君子危うきに近よらず
⑥ 思い立ったが吉日
⑦ 下手の横好き
⑧ 五十歩百歩

ア ちょうちんにつりがね　**イ** 人を見たら泥棒と思え
ウ 杓子は耳かきにならず　**エ** 愛は屋上のカラスに及ぶ
オ 蛙の子は蛙　**カ** 虎穴に入らずんば虎子を得ず
キ 好きこそものの上手なれ　**ク** せいては事を仕損じる

70 次のA群の成句に類するものをB群の中から選び、記号で答えよ。

A群

1 物言えば唇寒し　2 長いものには巻かれよ
3 猫に小判　4 紺屋の白袴
5 暖簾に腕押し　6 漁夫の利
7 鉄は熱いうちに打て　8 後悔さきに立たず
9 出る杭は打たれる　10 塵も積もれば山となる

69・70 ことわざなどについて

この種の問題も66～68の四字熟語の問題と同様のことが言える。

前述したように、あまり神経質になって覚えなければいけないというような気持ちになり過ぎないことが大切である。

B群

ア　医者の不養生

イ　好機逸すべからず

ウ　犬兎の争い

エ　喬木は風に折らる

オ　沈黙は金

カ　転ばぬ先の杖

キ　馬の耳に念仏

ク　千里の道も一歩より始まる

ケ　泣く子と地頭には勝てぬ

コ　糠に釘

文学史

●文学史はどちらかといえば一般教養を試されるもので、国語力に直結するわけではない。だが、看護・医療系の試験では大きな比重を占めるので注意が必要である。

71 次の各作品の作者をあとの語群から選び、記号で答えよ。

① にごりえ　② 悲しき玩具　③ 土　④ 五重塔　⑤ 蒲団
⑥ 武蔵野　⑦ 高瀬舟　⑧ 刺青　⑨ 蟹工船　⑩ みだれ髪

ア 森鷗外　**イ** 長塚節　**ウ** 国木田独歩　**エ** 与謝野晶子
オ 樋口一葉　**カ** 小林多喜二　**キ** 石川啄木　**ク** 田山花袋
ケ 谷崎潤一郎　**コ** 幸田露伴

72 次の作品に最も関係の深いものをA・B群から選び、それぞれ記号で答えよ。

① 徒然草　② 源氏物語　③ 古今和歌集　④ 奥の細道
⑤ 枕草子　⑥ 南総里見八犬伝　⑦ 古事記　⑧ 平家物語
⑨ 花伝書　⑩ 十六夜日記　⑪ 更級日記　⑫ 大鏡

A群　**ア** 松尾芭蕉　**イ** 琵琶法師　**ウ** 大宅世継　**エ** 世阿弥
オ 阿仏尼　**カ** 兼好法師　**キ** 菅原孝標女　**ク** 紀貫之
ケ 紫式部　**コ** 清少納言　**サ** 太安万侶　**シ** 滝沢馬琴

B群　a 軍記物語　b 日本最古の歴史書
c 京都・鎌倉間の紀行　d 物語の最高傑作

上記のように、文学史は看護・医療系入試では避けて通れない分野である。と同時に、知っているか知らないかだけで大きく得点に差のつく分野である。しかし、文学史を覚えるのは地道な作業であり、なるべく楽《ラク》をして覚えたいのが人情である。

そこで、時代別に次の要領を頭に入れて覚えると、多少は楽《ラク》をして覚えられるはずである。

その一　上代から中世、つまり、奈良時代から室町時代までは作品中心主義で覚えること。この時代では、少数の例外（例えば紫式部は『源氏物語』以外に『紫式部日記』も有名）はあるが、ほとんどが、一人一作品の原則にあてはまるからである。あとは和歌集とその代表歌人を覚えるくらいだ。

その二　江戸時代から現代は作者中心主義で覚えること。近世以降は時代が近いため、一人の作家の作品が多く残されているからである。

その三　明治以降は文学思潮のブロックごとに覚えること。

なお、**74**では外国文学の主作品を挙げてある。外国文学の出題頻度は

e 能楽論　f 勧善懲悪

g 勅撰集　h 随筆（静寂・孤独・風雅）

i 随筆（王朝文学）　j 俳諧

k 道長を中心とした歴史物語　l 四十年の回想（夢幻的描写）

73 次の各組み合わせの作品の作者名を漢字で書け。

① 戯作三昧・河童　② こゝろ・明暗　③ 破戒・若菜集

④ 雪国・山の音　⑤ 仮面の告白・金閣寺　⑥ 月に吠える・青猫

⑦ 斜陽・人間失格　⑧ 城の崎にて・暗夜行路　⑨ 青年・雁

74 次の作品の作者名を書け。

① 風と共に去りぬ　② ハムレット　③ ファウスト

④ 異邦人　⑤ 罪と罰　⑥ 阿Q正伝

⑦ ドン・キホーテ　⑧ 女の一生　⑨ 居酒屋

⑩ ゴリオ爺さん　⑪ 人形の家　⑫ 変身

⑬ オデッセイ　⑭ 赤と黒　⑮ 戦争と平和

⑯ 桜の園　⑰ 夜間飛行　⑱ 武器よさらば

⑲ 車輪の下　⑳ 狭き門　㉑ 嵐が丘

㉒ レ・ミゼラブル　㉓ 白鯨

低いので、主作品とその作者を覚えておけば十分である。

75は最近少なくなったものの、それでもまだ使われる出題形式なので、冒頭の有名なものは覚えておこう。

75 次に挙げた文学作品の冒頭を読んで、その作品名と作者名を答えよ。
① ゆく河の流れは絶えずして、しかも、もとの水にあらず。
② 親譲りの無鉄砲で小供の時から損ばかりしている。
③ 男もすなる日記といふものを女もしてみむとてするなり。
④ いづれの御時にか、女御・更衣あまたさぶらひ給ひける中に、いとやんごとなききはにはあらぬが、すぐれて時めき給ふありけり。

76 次の各問いに答えよ。
問一 平安時代の歌物語で『在五が物語』『在五中将の日記』とも称される作品の名を記せ。
問二 江戸時代の国学者、読本作者で、『雨月物語』の作者は誰か。その姓名を記せ。
問三 若いころは歌誌『明星』にロマン風な短歌も発表したが、後年、白樺派の詩人として『道程』などを発表した人物は誰か。その姓名を記せ。
問四 大正期を中心に活躍し、現実の人生を鋭く見つめてテーマを設定し、均整のとれた明快な文章で、『鼻』そのほか多くの歴史小説を残した小説家は誰か。その姓名を記せ。
問五 明治時代、短歌や俳句の革新運動に多くの貢献をした人物は誰か。その姓名を記せ。なお、俳句の『ホトトギス』、短歌の『アララギ』といった雑誌は、その人の指導、影響下に発行されたものである。

77 次の各作品のジャンルと成立時代を、それぞれあとのA・B群から選び、記号で答えよ。

① 方丈記　② 今昔物語集　③ 東海道中膝栗毛
④ 栄花物語　⑤ 世間胸算用　⑥ 山家集
⑦ 父帰る　⑧ 猿蓑　⑨ 惜みなく愛は奪ふ
⑩ 於母影

A群
ア 浮世草子　**イ** 読本　**ウ** 洒落本　**エ** 滑稽本
オ 説話物語　**カ** 軍記物語　**キ** 歴史物語　**ク** 随筆
ケ 紀行文　**コ** 戯曲　**サ** 俳諧　**シ** 詩集
ス 私家集　**セ** 勅撰集　**ソ** 小説　**タ** 評論

B群
ア 平安時代　**イ** 鎌倉時代　**ウ** 室町時代　**エ** 江戸時代
オ 明治　**カ** 大正　**キ** 昭和

78 次の各文の内容に該当する作品名、または人物名を答えよ。

① 最初の勅撰和歌集。
② 新浄瑠璃を創始し、世話物を得意とした劇作家。
③ 「物語のいできはじめの祖《おや》」と称された作品。
④ 在原業平が主人公と考えられている歌物語。
⑤ 最初の仮名による日記文学の作者。

79 次の作家の文学思潮をあとの語群より選び、記号で答えよ。

① 川端康成　② 永井荷風　③ 有島武郎
④ 芥川龍之介　⑤ 田山花袋　⑥ 夏目漱石

ア 自然主義　**イ** 白樺派　**ウ** 耽美派
エ 新思潮派　**オ** 余裕派　**カ** 新感覚派

80 次の各文の（　）に最も適当な作品名・人物名または事柄を書き入れよ。

① 二葉亭四迷が（**ア**）体で著した小説『（**イ**）』は、坪内逍遙が『小説神髄』で唱えた（**ウ**）主義を実践するものであった。

② 『吾輩は猫である』で一躍人気作家となった（**ア**）は、反（**イ**）主義の立場をとり、晩年には（**ウ**）の境地を目指した。

③ 物語文学の集大成と言われる（**ア**）の『源氏物語』を研究した江戸時代の国学者（**イ**）は、その美的理念は（**ウ**）であると説いた。

④ 藤原定家らを撰者とする『（**ア**）』は、本歌取り、縁語などの技法を駆使して、幽玄体・（**イ**）体の歌風を確立した。『（**ア**）』以前に成立した勅撰和歌集を総称して、（**ウ**）集と呼んでいる。

⑤ 第二次世界大戦後、ノーベル文学賞受賞の（**ア**）、『細雪』の（**イ**）ら既成作家や戦後派の活躍を経て、庄野潤三・遠藤周作ら（**ウ**）の新人が現れた。

古典

●看護・医療系の入試では、古典はそれほど重要視されていない。が、難関校ほど古典の出題は多い。しかも、古典は学習しなければどうしようもない分野である。

A

81 次の文を読んで、あとの各問いに答えよ。

鶯は、①文《ふみ》などにもめでたきものに作り、聲《こゑ》よりはじめてさまかたちもさばかり②あてにうつくしきほどよりは、九重《ここのへ》のうちに鳴かぬぞいとわろき。人の「さなむある」といひしを「さしもあらじ」と思ひしに、十年《ととせ》ばかりaさぶらひて聞きしに、まことに③さらに音せざりき。さるは、竹近き紅梅もいとよくかよひbぬべき④たよりなりかし。まかでて聞けば、cあやしき家の見どころもなき梅《むめ》の木などには、かしがましきまでぞ鳴く。夜鳴かぬも［　　］ここちすれども、いまはいかがせむ。

〈『枕草子』による〉

問一 ――線部①～④の現代語訳として最も適切なものを、それぞれあとの**ア**～**エ**から一つずつ選び、記号で答えよ。

① ふみ

ア 手紙　**イ** 漢文　**ウ** 漢詩　**エ** 文章

② あてに

古典の学習はとっつきにくく、どうしても敬遠しがちである。また、つい文法や古語ばかりに目がいってしまい、無味乾燥な苦行になってしまう。しかし、古典と言えども日本語である。読み慣れてしまえばどうということもない。しかも、看護・医療系の入試ではそれほどやっかいな問題は出題されない。古典という分野は、学習すればすぐに得点源になる分野でもある。毛嫌いせずに読み慣れることに努め、楽しんで古典を学習してもらいたい。

81 **読解のために**

問一 文の前後から意味を推測する。

① 直後の「めでたきもの」はすばらしいものの意。

② うぐいすの「さま」「かたち」がどうだというのか。

③ 「音せざりき。」と打消になっていて、③と呼応の関係にある。

④ 「紅梅」がうぐいすの「かよひぬべき」「たより」である、というつながりから考える。

問二 「さぶらひて」の主語は作者である。この文から作者はどこにいると考えられるか。

ア 高貴だ　イ 優雅だ　ウ 艶美だ　エ かわいらしい

③ さらに

ア そのうえに　イ 事改めて　ウ いまさらのように

エ まったく

④ たより

ア よりどころ　イ 機会　ウ 消息　エ 縁・便宜

問二 ――線部**a**「さぶらひて」の場所はどこか。次の**ア**～**エ**の中から一つ選び、記号で答えよ。

ア 九重　イ「人」の家　ウ あやしき家　エ 作者の家

問三 ――線部**b**「ぬ」の文法的意味は何か。次の**ア**～**エ**の中から一つ選び、記号で答えよ。

ア 完了　イ 強意　ウ 打消　エ 存続

問四 ――線部**c**「あやしき」と同じ意味で用いられている「あやしき」はどれか。次から一つ選び、記号で答えよ。

ア 風雲の中に旅寝するこそ、あやしきまで妙なる心地はせらるれ……

イ ここかしこの道にあやしきわざをしつつ……

ウ 珍しき鳥、あやしき獣、国に養はず……

エ あやしきしづの男の声に目さまして……

問五 空欄部分に入る最も適切な語句を次の**ア**～**オ**の中から一つ選び、記号で答えよ。

ア いざとき　イ めざとき　ウ いぎたなき

エ あさましき　オ ありがたき

問三 助動詞の接続から、選択肢をある程度絞ることができる。

問四 「あやし」は、「怪し・異し・奇し」の場合と、「賤し」の場合の二通りに分けられる。「家の見どころもなき梅」とあるので、この場合は後者の「あやし」と判断できる。

問五 前の文の「まかでて聞けば……かしがましきまでぞ鳴く。」と「夜鳴かぬ……ここちす」の部分は、うぐいすの欠点を表している。したがって、少なくとも良い意味の語句は入らない。

82 次の文を読んで、あとの各問いに答えよ。

木曾の左馬頭《さまのかみ》、都の守護してありけるが、たちゐの振舞の無骨さ、物いふ詞つづきのかたくななる事かぎりなし。理《ことわり》かな。二歳より信濃国木曾といふ山里に三十まで住みなれたりしかば、いかでか知るべき。

或時、猫間中納言《ねこまのちゅうなごん》光隆卿《みつたかのきょう》といふ人、木曾に宣ひあはすべき事あッておはしたりけり。郎等ども、「猫間殿の見参《げんざん》にいり、申すべき事ありとて、いらせ給ひて候」と申しければ、木曾大きにわらッて、「猫は人にげんざんするか」「是は猫間の中納言殿と申す公卿でわたらせ給ふ。①御宿所の名とおぼえ候」と申しければ、木曾、「さらば」とて対面す。猶も猫間殿とはえいはで、「猫殿のまれまれわいたるに物よそへ」とぞ宣ひける。中納言是を聞いて、「②ただいまあるべうもなし」と宣へば、「いかがけどきにわいたるに③さてはあるべき」。何もあたらしき物を無塩といふと心えて、「ここに無塩の平茸あり。とうとう」と④いそがす。根井の小弥太陪膳す。田舎合子のきはめて大きにくぼかりけるに、飯うづたかくよそひ、御菜三種して、平茸の汁で参らせたり。木曾がまへにも同じ体にてすゑたりけり。木曾箸とッて食す。猫間殿は合子のいぶせさに召さざりければ、「それは義仲が精進合子ぞ」。中納言召さでもさすがあしかるべければ、箸とッて召すよししけり。木曾是を見て、「猫殿は小食におはしけるや。きこゆる猫おろしし給ひたり。かい給へ」とぞせめたりける。中納言かやうの事に興さめて、宣ひあはすべきことも一言もいださず、⑤やがていそぎ帰られけり。

〈『平家物語』による〉

注　わいたる　わしたるの音便。おはしたるの意。　けどき　食事時。
　　合子　ふた付きの椀《わん》。

問一　――線部①では、なにが、どうだというのか、説明せよ。

---

82 **読解のために**

問一　「猫間殿」と聞いて、猫扱いして笑う木曾に、郎等が申し上げた言葉である。

問二　「べうもなし」の「べう」は、助動詞「べし」の連用形「べく」のウ音便である。「べし」にはさまざまな意味があるが、「中納言」は「宣ひあはすべき事」があって「木曾」を訪れていることを考えると、どの意味が適当か。

問三　副詞「さて」は、「そう・そのように」の意の副詞「さ」に接続助詞「て」がついたもので、「そのような状態で」という意味。現代文の指示語の問題と考え方は同じである。

問四　――線部④・⑤ともに、現代語と意味が異なることに留意。

問五　「木曾」の人物評が表れている箇所を探す。なお、「木曾」とは、源氏の木曾義仲のことで、『平家物語』の主要な人物の一人である。

問二 ――線部②はどんな意味か、次の訳のうちからふさわしいものを選び、その記号で答えよ。

ア ただいまお腹がすいていない

イ 今ご飯などとんでもない

ウ ただいまは食べる時ではない

問三 ――線部③の「さては」はなにを指すのか、本文中の適切な一節を抜き出せ。

問四 ――線部④「いそがす」、⑤「やがて」、それぞれの口語訳を書け。

問五 本文の逸話は、木曾のどんな面を活写したものか、本文中の一文によって答えよ。

83 次の和歌を読み、あとの各問いに答えよ。

(1) ①春立ちける日よめる
袖ひぢて②むすびし水の凍れるを（ a ）立つけふの風や解くらむ

(2) （ b ）光のどけき春の日に③しづ心なく花の散るらむ

(3) 山里は（ c ）ぞ寂しさまさりける人目も草もかれぬと思へば

(4) 花の色は④うつりにけりないたづらにわが身世にふるながめせしまに

(5) （ d ）来ぬと目にはさやかに見えねども風の音にぞおどろかれぬる

(6) ⑤心あてに折らばや折らむ初霜の置きまどはせる白菊の花

(7) 唐衣きつつなれにしつましあればはるばるきぬる旅をしぞ思ふ

問一 右の歌の（ a ）～（ d ）に適当な語を入れよ。ただし、a・c・dには季節を表す言葉を入れ、bには適当な枕詞を次から選んで、記号で答えよ。

ア くさまくら　**イ** ひさかたの　**ウ** しろたへの　**エ** あしひきの

---

83 **読解のために**

問一 （ a ）は「立つけふの」、（ c ）は「寂しさ」「草もかれぬ」、（ d ）は「風の音」がそれぞれヒントになる。

問五 句切れとは、結句以外の句で意味が終止していることで、それぞれ初句切れ、二句切れ、三句切れ、四句切れ、句切れなし、と言う。一首中に二カ所以上切れるものもあり、歌の韻律と深く関わっている。二句切れ・四句切れは五七調、初句切れ・三句切れは七五調となる。

問二 ――線部①のような歌の前につける説明文を何と言うか、答えよ。

問三 ――線部②～⑤の意味として適当なものを、それぞれの語群から一つずつ選び、記号で答えよ。

② **ア** たもとを結んでくんだ水　**イ** 手にすくった水
ウ よどんだ水

③ **ア** 落ちついた心　**イ** おおらかな心　**ウ** 沈んだ心

④ **ア** すっかり散ってしまった　**イ** 照りはえて美しい
ウ 色あせてしまったことだ

⑤ **ア** 思いきって　**イ** 当て推量で　**ウ** 心をこめて

問四 ⑷の歌には掛詞が用いられている。次の A ・ B に該当する語を、あとのそれぞれの語群から選び、記号で答えよ。

ふる ＜ A ／ 経（ふ）る
ながめ ＜ B ／ 長雨（ながめ）

A ｛ **ア** 振る　**イ** 古る　**ウ** 降る ｝
B ｛ **ア** 眺め　**イ** 詠め　**ウ** 長め ｝

問五 次の説明にあてはまる歌を一首ずつ選び、記号で答えよ。

ア 字余り、二句切れ、体言止め、倒置がみられる歌。
イ おおらかな調べの中に、惜春の情を詠んだ歌。
ウ 旅でのわびしい気持ちを詠んだ歌。
エ 繊細・優美で、季節感のよく出ている歌。

B

84　次の文を読んで、あとの各問いに答えよ。

世の中になほいとa心憂きものは、人ににくまれんことこそあるべけれ。誰《たれ》てふ物《もの》狂《ぐるひ》か、我人に①さ思はれんとは思はん。されど、自然に宮仕所にも、親・はらからの中にても、思はるる思はれぬがあるぞいとわびしきや。

よき人の御ことはさらなり、b下衆などのほども、親などの②かなしうする子は、目たて耳たてられて、③いたはしうこそ（Ａ）。見るかひあるはことわり、④いかが思はざらんとおぼゆ。ことなることなきは、また、これをかなしと思ふらんは、親なればぞかしとあはれなり。

親にも、君にも、すべて、うち語らふ人にも、人に思はれんばかりめでたき事はあらじ。

＊　＊

よろづのことよりも情あるこそ、男はさらなり、女もめでたく（Ａ）。なげのことばなれど、せちに心にふかく入《い》ら（Ｂ）ど、いとほしきことをば「いとほし」とも、あはれなるをば「げにいかに思ふらん」などいひけるを、傳《つた》へて聞きたるは、さし向ひていふよりもうれし。いかでこの人に、思ひ知りけりとも見えにしがな、とつねにこそ（Ａ）。

かならず思ふべき人、とふべき人は、さるべきことなれば、とり分かれしもせず。さもあるまじき人の、さしいらへをもうしろやすくしたるは、うれしきわざなり。いとやすきことなれど、⑤さらにえあらぬことぞかし。

おほかた心よき人の、まことにかどなから（Ｃ）は、男も女もありがたきこと

84　読解のために

問一　a「心憂し」は「つらい」の意。

b「下衆《げす》」は「身分の低い者・根性の卑しい者」の意。

問二　どれも（Ａ）の前に「こそ」があることに注目。

問三　打消の助動詞「ず」の活用形（ただし、一文字）は次のとおりである。

未	用	終	体	已	命
ず	ず	ず	ぬ	ね	○

問四　――線部①を口語訳すると、「私は人にそのように思われたいなどと思うだろうか。」となる。「そのように思われる」とはどんなことか。

問五　――線部②・③を含む文を口語訳すると、次のようになる。

「下衆のような程度の者でも、親などが、②する子は、自然と周りから注目されて、③思われるものである。」

なめり。

〈『枕草子』による〉

注　誰てふ物狂か　いったいどんな変わり者が。　目たて耳たてられて　自然と注目されて。
なげのことばなれど　ちょっとした言葉であっても。　いとほし　気の毒だ。
見えにしがな　知らせたいものだ。　さしいらへ　ちょっとした返事。
うしろやすく　頼もしく。　かど　才（能）。

問一　――線部**a**「心憂き」、**b**「下衆」の反対の内容を表している語句をそれぞれ本文中の前半より抜き出せ。

問二　（Ａ）に当てはまる動詞「おぼゆ」を適切な活用形に改めよ。

問三　（Ｂ）・（Ｃ）に当てはまる打消の助動詞「ず」を適切な活用形（それぞれ一文字）に改めよ。

問四　――線部①の指し示す内容を本文中より抜き出せ。

問五　――線部②・③の意味として、最も適切なものを次の語群から選び、記号で答えよ。

②
- **ア**　悲しく
- **イ**　いとおしく
- **ウ**　貧しく

③
- **ア**　苦しそうに
- **イ**　かわいそうに
- **ウ**　大事に

問六　――線部④・⑤をそれぞれ口語訳せよ。

問七　本文の内容に合っているものを次の**ア**〜**カ**の中から**三つ**選び、記号で答えよ。

ア　男はともかく、女は情が深い人がいちばんすばらしい。

イ　気だての良い人で、真に才ある人はめったにいないらしい。

ウ　世の中で、人に愛されることほどすばらしいことはない。

エ　自分のことを必ず心配してくれるはずの人がしてくれたことは、だれがし

問六　――線部④を含む文を口語訳すると、「世話のしがいのある子は当然の道理であって、④と思われる。」となり、④が当然の道理の結果であることがわかる。「いかが」の用法にも注意。

――線部⑤では、「さらに」＋打消の「ぬ」、「え」＋打消の「ぬ」の形に注意する。

問七　次に挙げる事項を、本文中の内容と照らし合わせてみる。

アは、情が深いことのすばらしさに男女の別があるかどうか。

イは、気だての良さと才能は両立するのか否か。

ウは、人に愛されることを最上と思っているかどうか。

エは、自分を思ってくれる人とそうでない他人とのどちらの行為に感動すると言っているのか。

オは、そういう不公平があるのかどうか。

カは、思いやりの言葉を聞くのは直接がいいのか、間接がいいのか。

てくれたことよりもうれしい。

オ　親兄弟の間では、決して愛される、愛されないという不公平はない。

カ　思いやりのある言葉を人伝えに聞いたときは、直接その人の口から聞くよりうれしい。

問八　『枕草子』の作者とほぼ同時代に活躍した女房で、『源氏物語』を書いた人物の名を漢字で正確に記せ。

85　次の文は、あるおしゃべりな姫君が、「殿」に嫁入りする前後の出来事を記したものである。よく読んで、あとの各問いに答えよ。

　ある姫君、殿の許へおはすべきにてありけるを、乳母教へけるは、「やさしく尋常なることをば、物の姫君なんどのやうに、とこそ申せ。なにとなき事のみ、御口がましき御癖の[a]おはします事の然るべからず覚え候ふに、殿の聞かせ[b]給はむ時、いたく物な仰せられ候ひ（Ａ）。あはれ、この御前の、物を仰せられよかし。聞かむなど[c]思し召す時、物は仰せられ[d]候へよ。春の鶯の、籬《まがき》の竹におとづれむを聞かむやうに、珍しき御事にて候へよ」と教へ申しければ、「我はままよりさきに心得たるぞ。なしにさかしく教ふる」と[e]のたまへば、「御心得だに候はば、それこそ心やすく思ひ[f]参らせ候へ」とぞ言ひける。

　さて、殿の許へおはして後、二三日はつやつや物ものたまは（Ｂ）。[①]これもあまりなりと思ひけるほどに、殿とならびて物[g]召しけるに、よによきすいくきのありけるを、なほ欲しく思はれけるにや、膝を立て、肩をすべ、羽づくろひするやうにして、首を延べ、声を作りて、「すいくき食はう」と二声、鶯の鳴く声色にてのたまひける。乳母、あまりに心憂く、あさましく覚えて、又言はせじとて、「[②]やがて

85　**読解のために**

問一　（Ａ）は、前に「な」とあることに着眼する。

（Ｂ）は、直前の「のたまは」が誰の動作なのかを考える。また、「のたまは」の活用形が未然形であることも手掛かりになる。

問二　②の問題では、まず会話文であるか地の文であるかを判別することが大切。本文は会話を「」でくくっているので、迷うことはないだろう。そのうえで、話し手と聞き手、動作をする人と受ける人がそれぞれ誰になるのかを整理する。あとは敬語の種類に合わせて考えればよい。

問三　直後の「思ひけるほどに」に

参らせむ」と言ひけるが、遅かりければ、「きときときと」とぞ言ひける。まことに興さめて殿も思はれける。物の心を得ずして詞に随ふ事、世間出世かくこそありけれ。仏法もその心を得ずして詞に随ふ時は、誤りある事これに違はざるをや。

〈『沙石集』による〉

注　**尋常**　あたりさわりのないこと。
物の姫君なんどのやうに　物語に出てくるような典型的なお姫様のようにお話するのがよい。
まま　乳母。　**なしにさかしく教ふる**　どうして偉そうに教えるのよ。
すいくき　酢茎。漬け物の一種。
膝を立て、……声を作りて　うぐいすのかっこうをして、その鳴きまねをした様の描写。
きときときと　「きと」は「早く」の意。先の「すいくき食はう」が「ホーホケキョ」、また、この「きときときと」は「ケキョケキョケキョ」に相当する。
世間出世　出家していない在家の人も、出家した人も、の意。

問一　文中の（Ａ）・（Ｂ）に入れるべき平仮名一字を、それぞれ記せ。（歴史的仮名遣いによること）

問二　——線部**a**～**g**の敬語について、次の①・②の設問に答えよ。（解答にあたり、同じ番号を何度用いても構わない）

①　それぞれの敬語の種類を次の**ア**～**ウ**の中から一つ選び、記号で答えよ。
ア　尊敬語　**イ**　謙譲語　**ウ**　丁寧語

②　それぞれの敬語は、誰の誰に対する敬意を表すか。次の**ア**～**オ**の中から一つ選び、記号で答えよ。
ア　乳母の姫君に対する敬意　**イ**　乳母の殿に対する敬意
ウ　作者の姫君に対する敬意　**エ**　作者の殿に対する敬意
オ　作者の乳母に対する敬意

敬語表現が使われているかどうかがまずヒントとなる。

問四　「すいくき」を催促する「姫君」に対しての「乳母」の言葉である。

問五　全文の意味が読み取れなければ正解はおぼつかない。なお、最後の一文が、本文の主旨である。

問三 ――線部①「これもあまりなり」とは、誰の、どういうことに対する感想か。次の**ア**～**カ**の中から最も適当なものを一つ選び、記号で答えよ。

ア 作者の、姫君があまりにおしゃべりだということに対する感想。
イ 乳母の、姫君があまりにおしゃべりだということに対する感想。
ウ 殿の、姫君がまったく口をきかないことに対する感想。
エ 乳母の、姫君がまったく口をきかないことに対する感想。
オ 作者の、姫君を鶯と比較する乳母の言葉に対する感想。
カ 殿の、姫君を鶯と比較する乳母の言葉に対する感想。

問四 ――線部②「やがて参らせむ」の解釈として最も適当なものを次の**ア**～**カ**の中から一つ選び、記号で答えよ。

ア そのうち参上するでしょう。　**イ** そのうち参拝しましょう。
ウ そのうち差し上げますよ。　**エ** すぐ参上するでしょう。
オ すぐに参拝しましょう。　**カ** すぐに差し上げますよ。

問五 次の選択肢の中で、本文の内容に合うものには○、合わないものには×を、それぞれ記せ。

ア 姫君と乳母とは仲が悪く、いつも口論が絶えなかった。
イ 姫君は、乳母の注意を無視し、思いのままに振る舞った。
ウ 姫君が殿の前で初めて口をきいたのが、鶯の鳴きまねだった。
エ 殿は風流人で、籬に鳴く鶯がたいそう好きな人であった。
オ 仏法の言葉は、字面だけでなくその真の意味を理解すべきだ。

86 次の文を読んで、あとの各問いに答えよ。

昔、延喜の御門《みかど》の御時、五条の天神のあたりに、大なる柿の木[a]の実ならぬあり。その木[b]のうへに、仏あらはれておはします。京中[c]の人、①こぞりて参りけり。馬・車もたてあへず、人もせきあへず、拝みののしる。かくする程に、五六日あるに、右大臣殿、心得ずおぼし給ひけるあひだ、「まこと[d]の仏[e]の世[f]の末に②出給ふべきにあらず。我行きて、③心みん」とおぼして、日[g]の装束うるはしくして、檳榔《びりやう》[h]の車に乗りて、御後前《しりさき》おほく④具して、集まりつどひたる物ども、のけさせて、車かけはづして、榻《しぢ》をたてて、木ずゑを目もたたかず、あからめもせずして、⑤まもりて、一時ばかりおはするに、この仏、しばしこそ、花も降らせ、光をもはなち給ひ[ア]けり、あまりにあまりにまもられて、しわびて、大なるくそとび[i]の羽折れたる、土に落ちてまどひふためくを、童どもよりて、打ち殺してけり。大臣は⑥「さればこそ」とて、帰り給ひぬ。

さて、時[j]の人、この大臣をいみじくかしこき人にておはしますとぞ⑦ののしり[イ]けり。

〈『宇治拾遺物語』による〉

注　**日の装束**　昼間の正装。
檳榔の車　ヤシ科の大木の葉で屋根をふいた、上皇・親王・公卿などの乗る牛車。
後前　車の前後を守る従者。　**榻**　車を止めるときに、牛から外した棒を乗せる台。
あからめ　わき目。　**しわびて**　どうにもならなくなって。　**くそとび**　鷹の一種。

問一　――線部a「の」と文法上同じ用法のものを、――線部b～j「の」から選び、記号で答えよ。

問二　――線部①・②・④・⑤・⑦を口語訳せよ。

問三　――線部③「心みん」とあるが、右大臣はどうしようとしたのか。最も適当なものを次の**ア**～**オ**の中から一つ選び、記号で答えよ。

---

86 **読解のために**

問一　格助詞「の」の主な用法には、主格・連体修飾格・同格などがある。

問二　⑤・⑦は現代語とは意味が異なる。また、⑦のように複数の意味を持つ語の場合、文脈に最もよく合うものはどれかを見極めることが必要である。

問三　「右大臣」は、「まことの仏の世の末に出給ふべきにあらず」と考えて、仏のところに行ったのである。

問四　「さればこそ」とは、予想が的中したときに用いる言葉で、「案の定」の意味である。

問五　活用形を変える問題の場合、まず、なんらかの法則が働くべき箇所ではないかということを考えてみよう。

ア　都で評判の仏を拝んで、御利益を受けようとした。

イ　人々に豪華な衣服や車を見せ、仏よりも自分の力のほうが上だと示そうとした。

ウ　仏と自分とではどちらが霊力が強いかを比べようとした。

エ　仏の正体を見破り、退治しようとした。

オ　仏がなぜ今、しかも木の上などに現れたのか、その真意を探ろうとした。

問四　――線部⑥「さればこそ」とは、何がどうであったことを見ての言葉か。簡潔に答えよ。

問五　――線部**ア**・**イ**の「けり」を、それぞれ正しく活用させよ。

87　次の文を読んで、あとの各問いに答えよ。

ａ五月五日、賀茂の競馬《くらべうま》を見侍りしに、車の前に雑人《ざふにん》立ち隔てて見えざりしかば、各《おのおの》おりて、埒《らち》のきはに寄りたれど、ことに人多く立ちこみて、①分け入りぬべきやうもなし。かかる折に、ｂ向ひなる棟《あふち》の木に、法師の登りて、木の股についゐて物見るあり。とりつきながらいたう睡《ねぶ》りて、落ちぬべき時に目をさます事、度々《たびたび》なり。これを見る人、嘲《あざけ》りあさみて、②「世のしれものかな。かく危き枝の上にて、A安き心ありてねぶるらんよ」と言ふに、我が心にふと思ひしままに、「B我等が生死の到来、ただ今にもやあらん。それを忘れて物見て日を暮らす、ｃ愚かなる事はなほまさりたるものを」と言ひたれば、前なる人ども、「誠にさにこそ候《さうら》ひけれ。尤《もと》も愚かに候」と言ひて、皆、うしろを見かへりて、「ここへ入らせ給へ」とて、所を去りて、呼び入れ侍りにき。

かほどの理《ことわり》、③誰かは思ひよらざらんなれども、折からの、思ひかけぬ心地して、

87　**読解のために**

問二　「なる」の識別法は次のとおり。

四段活用の動詞＝文節の初めにくる。

形容動詞の活用語尾＝ナリ活用の形容動詞の語幹につく。語幹の上に副詞「いと」を挿入できる。

断定の助動詞＝体言・活用語の連体形に接続する。

伝聞・推定の助動詞＝活用語の終止形（ラ変は連体形）に接続する。

問三　①は、「ぬべき」の用法に留

胸にあたりけるにや。人、木石にあらねば、時にとりて、ものに感ずる事なきにあらず。

〈『徒然草』による〉

注　**賀茂の競馬**　毎年五月五日に、上賀茂神社の馬場で行われた競馬。
車　作者が見物のために乗っている牛車。　**埒**　馬場の周囲の柵。
楝　梅檀《せんだん》の古名。落葉高木。　**ついゐて**　「つきゐて」のイ音便。腰かけて。
生死　死。「生」は強意のための添え言葉。

問一　――線部**a**「五月」の読みを平仮名で答えよ。

問二　――線部**b・c**「なる」の文法的説明として最も適当なものを、次の**ア**～**エ**の中から一つずつ選び、記号で答えよ。

ア　四段活用の動詞　　**イ**　形容動詞の活用語尾
ウ　断定の助動詞　　**エ**　伝聞・推定の助動詞

問三　――線部①「分け入りぬべきやうもなし」、②「世のしれものかな」、③「誰かは思ひよらざらんなれども」を口語訳せよ。

問四　――線部A「安き心ありてねぶるらんよ」の解釈として最も適当なものを、次の**ア**～**オ**の中から一つ選び、記号で答えよ。

ア　今頃は安心して眠っていることだろうよ。
イ　安心して眠れたらよかっただろうになあ。
ウ　安心して眠れたらどれほどよいことよ。
エ　どうやら安心して眠っているらしいよ。
オ　よくも安心して眠れるものだなあ。

問五　――線部B「まさりたる」とあるが、何より「まさりたる」というのか。二十字以内（句読点を含める）で答えよ。

意して訳す。
　②の「世の」は、意味を強めるために用いたものである。「しれもの」は「痴れ者」と書く。
　③は、「誰かは思ひよらざらん」を一つの体言のように扱って、その下に断定の助動詞「なり」をつけたものである。「……ざらん」の下に「こと」を補って考えるとわかりやすいだろう。「かは」の用法が最大のポイント。

問四　直前の「かく危き枝の上にて」から意味を推察する。

問五　「まさる」は、程度がより上であること、はなはだしいことをいう。

問六　最後の「ものに感ずる事なきにあらず」を手掛かりにしながら、「人」と「木石」の相違点を考えてみよう。

問七　『徒然草』は何の文学と称されているか。

問六 ——線部C「木石」は何の比喩か。簡潔に答えよ。

問七 次の各問いに答えよ。

A 『徒然草』の基調をなしている、ものの見方を漢字三字で答えよ。

B 本文中から、Aが最もよく表れている箇所を抜き出し、最初と最後の各五字（句読点を含めない）で答えよ。

88 次の和歌について、あとの各問いに答えよ。

① 千早ぶる神代もきかず竜田川

② あまの原ふりさけみれば春日なる

③ 心なき身にもあはれはしられけり

④ 玉の緒よたえなばたえねながらへば

⑤ ももしきやふるき軒端のしのぶにも

問一 この①〜⑤の句に続く下の句を次の**ア**〜**オ**より選び、和歌を完成させよ。

ア 忍ぶることの弱りもぞする

イ からくれなゐに水くくるとは

ウ なほあまりある昔なりけり

エ しぎたつ沢の秋の夕ぐれ

オ 三笠の山にいでし月かも

問二 枕詞を使用している和歌を二つ選び、番号で答えよ。

問三 体言止めの和歌を選び、番号で答えよ。

問四 ④の和歌には縁語が見られる。「緒」に縁のある語句を歌中より二つ抜き出せ。

---

88 **読解のために**

問一 どれも有名な和歌である。古文と和歌は切っても切れない関係にあるので、有名なものには必ず目を通しておきたい。

問二 一定の語にかかって、句調を整えたり情緒的色彩を加えたりする語句を枕詞と言う。普通は五音からなる。

問三 体言止めは、結句の最終文節に体言を用いて、余韻・余情を表す技法。

問四 歌の中で、ある語と意味のうえで関係のある語を縁語と言う。

問六 同音の一つの語で、二つ以上の意味を表す修辞技法を掛詞と言う。

問五　この中で一首だけ「百人一首」に含まれない和歌がある。その和歌を選び、番号で答えよ。

問六　この中で掛詞を使っている和歌がある。その和歌の番号と掛詞の部分を抜き出して答えよ。

C

89　次の文は、東宮《とうぐう》（三条院）の妃である麗景殿《れいけいでん》の尚侍《ないしのかみ》という方が源《みなもとの》頼定《よりさだ》と密会して懐妊し、実家に下がった事件について述べたものである。これを読んで、あとの各問いに答えよ。

あやしきことは、源宰相《げんさいしやう》頼定の君の通ひ給ふと世に聞こえて里に出で給ひにきかし。ただならずおはすと①さへ、三条院聞かせ給ひて、入道殿に、さることのあるは、まことにやあらんと仰せられければ、「まかりて、見て参り侍らん」とて、おはしましたりければ、例ならずあやしくおぼして、②几帳ひき寄せさせ給ひけるを、③押しやらせ給へれば、もとはなやかなるかたちにいみじう化粧《けさう》じ給へれば、つねよりもうつくしう見え給ふ。④「東宮に参りたりつるに、⑤しかじか仰せられつれば、見奉りに参りつるなり。そらごとにもおはせんに、しか聞こしめされ給はんが、いとふびんなれば」とて、御胸をひきあけさせ給ひて、乳《ち》をひねり給へりければ、御顔にさと走りかかるものか。⑥ともかくものたまはせで、やがてたたせ給ひぬ。

〈『大鏡』による〉

注　**里**　里邸。実家。　**入道殿**　尚侍の異母兄である藤原道長のこと。
例ならず　いつもと違って。

89　**読解のために**

問一　ここでの「ただならず」は懐妊のことを指している。

問二　㋐の読み方は古文常識としてよく問われる。㋑は、当時の建物（寝殿造）の構造と、几帳を使用しているのは誰かを考えると、用途が推測できる。

問三　「几帳」を引き寄せたのは尚侍。では押しやったのは誰か。

——線部④は口語訳すると「皇太子のところにうかがったところ」となり、この会話の主が「うかがった」と考えられる。

問四　**注**にもあるように、「東宮」は「三条院」のこと。

問五　「ともかくも」＋打消の用法、

もとはなやかなるかたちに　（尚侍は）もともと華やかな顔だちであるうえに。
東宮　皇太子。前述の三条院のこと。
そらごとにもおはせんに　事実無根でもいらっしゃるかもしれないのに。
しか　そのように。　さと走りかかるものか　さっとほとばしりかかったではないか。

問一　——線部①「さへ」にこめられた意味は何か。次の**ア**～**エ**の中から最も適切なものを一つ選び、記号で答えよ。

ア　源宰相頼定が通ったばかりか、そのうえ～まで
イ　世の中の評判になったばかりか、そのうえ～まで
ウ　里邸に下がってしまったばかりか、そのうえ～まで
エ　三条院が評判をお聞きになったばかりか、そのうえ～まで

問二　——線部②について、㋐読み方を現代仮名遣いで記せ。㋑また、「几帳」とはどんな物か、簡潔に説明せよ。

問三　——線部③「押しやらせ給へれば」、④「東宮に参りたりつるに」の主語を次の**ア**～**エ**の中からそれぞれ一つ選び、記号で答えよ。

ア　頼定　**イ**　尚侍　**ウ**　入道殿　**エ**　東宮（三条院）

問四　——線部⑤「しかじか」の指し示す内容を本文中から抜き出せ。

問五　——線部⑥「ともかくものたまはせで、やがてたたせ給ひぬ」を口語訳せよ。

90　次の文を読んで、あとの各問いに答えよ。

むかし、ならの帝《みかど》に仕うまつるうねべありけり。顔かたちいみじう清らにて、人々よばひ、ア殿上人などもよばひけれど、①あはざりけり。そのあはぬ心は、帝をかぎりなくめでたきものになむ思ひたてまつりける。帝召してけり。さてのち、また

「やがて」の意味に留意して訳す。

90　**読解のために**

問一　アの「殿上人」は、四位・五位の人、および六位の蔵人で清涼殿の殿上の間に昇ることを許され

も召さざりければ、かぎりなく心憂しと、A思ひけり。夜昼、心にかかりておぼえたまひつつ、恋しう、わびしうおぼえたまひけり。帝は召ししかど、Bことともおぼさず。さすがに、つねには見えたてまつる。なほ世にイ経まじき心地しければ、夜、みそかにいでて、②猿沢《さるさは》の池に身を投げてけり。かく投げつとも、③帝はえしろしめさざりけるを、ことのついでありて、④人の奏しければ、聞《きこ》しめしてけり。Cいといたうあはれがりたまひて、池のほとりにおほみゆきしたまひて、人々に歌よませたまふ。かきのもとの人麻呂《ひとまろ》、

わぎもこがねくたれ髪を猿沢の池の玉藻《たまも》と見るぞかなしき

とよめる時に、帝、

⑤猿沢の池もつらしなわぎもこが玉藻かづかば水ぞひなまし

とよみたまひけり。

〈『大和物語』による〉

注 **うねべ** 采女《うねめ》。主に天皇の食事に奉仕した女官。
わぎもこ 「わぎも」は「わがいも」の略で、女性を親しんで言う語。「こ」は愛称を表す接尾語。
ねくたれ髪 寝乱れて、しどけない様子になっている髪。

問一 ——線部**ア**「殿上人」、**イ**「経」の読みを平仮名（現代仮名遣い）で答えよ。

問二 ——線部A「思ひけり」、B「ことともおぼさず」、C「いといたうあはれがりたまひて」の主語は誰か。本文中の語で答えよ。

問三 ——線部①「あはざりけり」とあるが、うねべがこのようにした理由を口語で簡潔に答えよ。

問四 ——線部②「猿沢の池に身を投げてけり」とあるが、うねべがこのようにした理由として最も適当なものを、次の**ア**～**オ**の中から一つ選び、記号で答えよ。

ア 召される機会もほとんどなくなり、会えない寂しさに耐えられなかったか

た人の総称。

イの「経」は下二段活用の動詞で、「へ・へ・ふ・ふる・ふれ・へよ」と活用する。

問三 「あはざりけり」とは、殿上人たちが求婚してきても、男女の契りを結ばなかった、ということである。

問四 「帝は召ししかど、……なほ世に経まじき心地しければ」の一連の内容が、直接の理由に該当する。

問五 「え～ず」の用法に留意して訳す。

問六 (1)は「奏し」の語から判断できる。

(2)は、前後の文脈から答えに該当する語句を探し、口語に直せばよい。

問七 「猿沢の池もつらしな」とは、（黙って死んだ「うねべ」が恨めしく思われるが、）彼女を死なせた猿沢の池までもが恨めしいなあ、という意。「わぎもこが」以下の内容から、理由を推察する。「かづか」は四段動詞「かづく」の未然形で、「（頭に）かぶる、（水中に）もぐる」の意。「ひなまし」

ら。

イ　帝が、時の経過とともに容色の衰えた自分を見捨てたことが悲しかったから。

ウ　自分に気のない帝に、お勤めのたびに会わなくてはならないのが辛かったから。

エ　たとえ召されても、自分とは言葉も交わしてくれない帝の態度に絶望したから。

オ　他の女性に心変わりした帝の様子を、そばで見ているのが耐え難かったから。

問五　――線部③「帝はえしろしめさざりける」を口語訳せよ。

問六　――線部④「人の奏しければ」とあるが、⑴誰に、⑵何を「奏し」たのか。⑴は本文中の語で、⑵は口語で簡潔に答えよ。

問七　――線部⑤「猿沢の池もつらしな」とあるが、帝がこのように思った理由を口語で簡潔に答えよ。

91　次の文を読んで、あとの各問いに答えよ。

むかし、水無瀬《みなせ》に通ひたまひし惟喬《これたか》の親王《みこ》、①例の狩《かり》しにおはします供《とも》に、馬の頭なるおきな仕《つか》うまつれり。日ごろ経て、宮にかへりたまうけり。御おくりしてAとくいなむと思ふに、a大御酒たまひ、禄《ろく》たまはむとて、つかはさざりけり。この馬の頭、心もとながりて、

I 枕とて草ひきむすぶこともせじ秋の夜とだにたのまれなくに

とよみける。時はb三月②のつごもりなりけり。親王Bおほとののごもらで明かしたまうて

の「ひ」は上一段動詞「干る」の連用形、「な」は完了の助動詞「ぬ」の未然形、「まし」は希望の助動詞で、「〜だったらよかったのに」という意。

91　読解のために

問一　aの「大御」は、物事を非常に尊敬して言うときにつける接頭語。

問二　「聞こえ」は、下二段動詞「聞こゆ」の連用形。

問四　①の「の」は連用修飾語をつ

けり。かくしつつまうで仕うまつりけるを、思ひのほかに、[C]御ぐしおろしたまうてけり。正月におがみたてまつらむとて、小野にまうでたるに、比叡《ひえ》の山のふもとなれば、雪いと高し。しひて御室《みむろ》にまうでておがみたてまつるに、③つれづれといとものの悲しくておはしましければ、やや久しくさぶらひて、いにしへのことなど思ひいで[c]聞こえけり。さても[D]さぶらひてしがなと思へど、おほやけごとどもありければ、えさぶらはで、夕暮にかへるとて、

[Ⅱ]忘れては夢かとぞ思ふおもひきや雪ふみわけて君を見むとは

とてなむ泣く泣く来[d]にける。

〈『伊勢物語』による〉

注　**水無瀬**　大阪府三島郡島本村広瀬。ここに親王の離宮があった。
惟喬の親王　文徳天皇の第一皇子。　**馬の頭**　馬のことを司った役所の長官。
草ひきむすぶ　旅寝。昔は旅に出ると、草を引き結んで枕にする風習があった。
小野　京都市左京区八瀬。

問一　――線部**a**「大御酒」、**b**「三月」の読み（現代仮名遣い）を平仮名で答えよ。

問二　――線部**c**「聞こえ」の説明として最も適当なものを、次の**ア**～**エ**の中から一つ選び、記号で答えよ。

ア　「聞く」の尊敬語　　**イ**　「聞く」の謙譲語
ウ　「言ふ」の尊敬語　　**エ**　「言ふ」の謙譲語

問三　――線部**d**「に」を次の例にならって、文法的に説明せよ。
例／昔、男ありけり。↓過去の助動詞「けり」の終止形

問四　――線部①「例の」、②「つごもり」、③「つれづれと」の意味を答えよ。

問五　――線部A「とくいなむ」、B「おほとのごもらで」、D「さぶらひてしが

くる格助詞。③は「徒然と」と書く。

問五　AとBは漢字で表記すると、「疾く去なむ」、「大殿籠らで」である。

問六　漢字で表記すると、「御髪下ろし」である。何をするために髪を剃り落とすのか。

問七　どのような状況下で詠んだ歌か。上の句で旅寝は「せじ」とし、下の句でその理由を詠んでいる。「だに」は軽いものを挙げて、言外にそれより重いものを類推させる意を表す副助詞。直後に「時は三月のつごもり」とあるように、ここでは、秋の長い夜を挙げて、春の短い夜を類推させている。

問八　「おもひきや」と「雪ふみわけて君を見むとは」が倒置になっている。「おもひきや」の「や」は反語の係助詞である。

な」を口語訳せよ。

問六 ——線部C「御ぐしおろし」とは、何を意味するか。漢字二字で答えよ。

問七 ——線部Ⅰの和歌には、「馬の頭」のどのような気持ちが込められているか。
最も適当なものを次の**ア**～**オ**の中から一つ選び、記号で答えよ。

ア 親王と酒を酌み交わして夜を過ごすことを名誉に思う気持ち。
イ 自分を頼りにしている親王を残して退出することを心細く思う気持ち。
ウ 秋の夜に勝るとも劣らない春の夜の風情に深く感じ入る気持ち。
エ 旅から帰ったばかりなのに、夜を徹して遊ぼうとする親王を諫める気持ち。
オ 自分を引き止めないで、退出させてほしいという気持ち。

問八 ——線部Ⅱの和歌には、「馬の頭」のどのような気持ちが込められているか。
最も適当なものを次の**ア**～**オ**の中から一つ選び、記号で答えよ。

ア 親王との再会を夢のように思う気持ち。
イ 親王の現在の境遇を気遣う気持ち。
ウ 親王と過ごした昔を懐かしむ気持ち。
エ 親王のもとを去る自分を情けなく思う気持ち。
オ 親王との別れを惜しむ気持ち。

92 次の文を読んで、あとの各問いに答えよ。

檜垣《ひがき》の子、清少納言は、一条院の位の御時、中関白世を治《し》らせたまひけるはじめ、皇后宮の①時めかせたまふ盛りにAさぶらひたまひて、B人より優なる者とおぼしめされたりけるほどのことどもは、『枕草子』といふものに、みづから書きあらはしてはべれば、こまかに申すに及ばず。

---

92 **読解のために**

問一 ①の「時めく」は重要古語。「せたまふ」は尊敬の助動詞＋尊敬の補助動詞で、二重敬語（最高敬語）である。

歌詠みの方《かた》こそ、元輔《もとすけ》が娘にて、さばかりなりけるほどよりは、すぐれざりけるとかやとおぼゆる。『後拾遺《ごしふゐ》』などにも、むげに少なう入りてはべるめり。みづからも思ひ知りて、申し請ひて、Cさやうのことには交じりはべらざりけるにや。さらでは、Dいといみじかりけるものにこそあめれ。

その『枕草子』こそ、心のほど見えて、いとをかしうはべれ。さばかりをかしくも、あはれにも、いみじくも、めでたくもあることども、残らず書き記したる中に、宮の、めでたく、盛りに、時めかせたまひしことばかりを、身の毛も立つばかり書き出でて、関白殿失せさせたまひ、内大臣流されたまひなどせしほどの衰へをば、かけても言ひ出でぬほどの②いみじき心ばせなりけむ人の、③はかばかしきよすがなどもなかりけるにや、乳母の子なりける者に具して、遙かなる田舎にまかりて住みけるに、襖《あを》などいふもの干しに、外に出づとて、「E昔の直衣姿こそ忘られね」と独りごちけるを、見はべりければ、④あやしの衣着て、つづりといふもの帽子にしてはべりけるこそ、いとあはれなれ。まことに、いかに昔恋しかりけむ。

〈『無名草子』による〉

注　**檜垣**　生没年、伝未詳。一説に、九州に住む遊女で歌人といわれている。
一条院　一条天皇。　**中関白**　藤原道隆。定子の父。　**皇后宮**　一条天皇の皇后定子。
元輔　清原元輔。歌人で、『後撰集』の撰者でもある。　**内大臣**　藤原伊周《これちか》。定子の兄。
襖　庶民の着る袷《あわせ》（裏のついた衣）。　**つづり**　継ぎ合わせた布。

問一　――線部①「時めかせたまふ」、②「いみじき心ばせ」、③「はかばかしきよすが」、④「あやしの」の意味を答えよ。

問二　――線部Aは、誰が誰に「さぶらひたまひて」なのか。次の**ア**～**キ**の中から一つずつ選び、記号で答えよ。

ア　清少納言　**イ**　一条院　**ウ**　中関白　**エ**　皇后宮

---

②の「いみじ」は問五の設問にもあるように、程度のはなはだしさを表す形容詞で、ほめる場合にも望ましくない場合にも用いる。本文はどちらの場合か。「心ばせ」の「ばせ」は、状態を表す接尾語である。

③の「はかばかし」も「よすが」も、数種類の意味がある。後に続く「乳母の子なりける者に具して、……まかりて住みける」の内容から、どの意味が最適かを判断する。

④の「あやし」は漢字で書くと、「奇し・怪し・異し」の場合と、「賤し」の場合がある。庶民が着る「襖」を干し、継ぎ合わせた布を帽子代わりにしている状況、さらには、「衣」を形容する語であることから、後者。

問三　「人」は、ここでは「他の人」の意。後の「『枕草子』といふものに、みづから書きあらはして」の文言が、大きなヒントになる。

問四　この段落では、何が話題となっているか。

問五　直前の「さらでは」は「さあらずては」の略で、「そうでなく

オ　元輔　　カ　内大臣　　キ　作者

問三　――線部B「人より優なる者」とは、誰のことか。次の**ア**〜**キ**の中から一つ選び、記号で答えよ。

ア　清少納言　　**イ**　一条院　　**ウ**　中関白　　**エ**　皇后宮

オ　元輔　　**カ**　内大臣　　**キ**　作者

問四　――線部C「さやう」とは、何を指しているか。本文中から最も適当な語句を抜き出して答えよ。

問五　――線部D「いみじかり」は、ここでは、何の程度のはなはだしさを表しているか。最も適当なものを次の**ア**〜**オ**の中から一つ選び、記号で答えよ。

ア　清少納言の性格の強引さ。

イ　清少納言の性格の謙虚さ。

ウ　『後拾遺集』に収められている清少納言の歌の少なさ。

エ　『後拾遺集』に収められている清少納言の歌のよさ。

オ　『枕草子』の趣深さ。

問六　――線部E「昔の直衣姿こそ忘られね」について、次の各問いに答えよ。

(1)　「直衣」の読みを平仮名（現代仮名遣い）で答えよ。

(2)　傍線部Eには、どのような気持ちが込められているか。二十字以内（句読点を含める）で答えよ。

問七　次の**ア**〜**エ**の記述について、本文の内容に合致するものには○、合致しないものには×をつけよ。

ア　清少納言は『枕草子』に、皇后宮が栄華の盛りであった頃のことだけでなく、中関白家の没落についても残らず書き記している。

イ　清少納言は『後拾遺集』に自分の歌があまり入ってないことを知り、少し

ては」の意。

問六　「直衣」は貴人の平服。「直衣姿」は何を象徴しているか。

問七　**ア**〜**エ**のそれぞれの記述について、本文中の関連する箇所を探し、それと読み比べてみよう。

でも自分の歌を入れてもらうように懇願した。

ウ　『枕草子』に自らの不遇な晩年をあえて記さなかったところに、清少納言の心のありようがよく表れている。

エ　清少納言は歌人として有名な元輔の娘であったが、和歌の方面にはあまり秀でていなかった。

看護医療学校受験
オープンセサミシリーズ　問題集　①
アクセス　国語

2024年２月15日　第１版第１刷

編　著　東京アカデミー
発行人　佐川　泰宏
発行所　株式会社ティーエーネットワーク
名古屋市中村区名駅1-1-1
ＪＰタワー名古屋６Ｆ
〒450-6306　TEL　052-586-7805
FAX　052-563-2109
発売元　東京アカデミー七賢出版株式会社
東京都豊島区西池袋1-11-1
メトロポリタンプラザビル13F
〒171-0021　TEL　03-6852-0803
FAX　03-6852-0180
印刷・製本　名鉄局印刷株式会社

ISBN978-4-86455-659-0　C7037
Printed in Japan

看護医療学校受験

オープンセサミシリーズ 問題集 アクセス❶

国語

平成30年告示 学習指導要領対応

解答・解説

東京アカデミー｜編

東京アカデミー七賢出版

評論・論説

1

問一 奥の細道
問二 **ア** どこから来たか　**イ** どこへ行くか
問三 **イ**
問四 夢みることをやめない人間（十二字）
問五 Ⅰ **イ**　Ⅱ **ア**　Ⅲ **イ**　Ⅳ **ア**　Ⅴ **ア**
問六 **イ**
問七 平生は何か～感情を持つ
問八 **ア** 我々が人生について抱く感情は、旅において持つ感情と相通ずるものがあること。
イ 我々の行き着く所は死であること。
問九 未知↔既知、過去↔未来

解説 人生と旅とのかかわりを通して論じた人生論である。評論の場合は、一般的には人生論、文化論、芸術論、言語論の出題が多いが、医療系の学校ではこのほかに、科学・医療に関する評論の出題も少なくない。

問一 松尾芭蕉は俳諧の祖と言われ、「俳聖」とも称される人物。代表作としては『猿蓑《さるみの》』『炭俵』などの俳句集、『野ざらし紀行』『奥の細道』『笈《おい》の小文』などの紀行文がある。

問二 直前の文は、――線部①の文とほぼ同じことを言っている。

問三 人生が「遠い」ことと「慌ただしい」ことは逆接の関係にはないので、「しかし」は（a）にはあてはまらない。（c）の前後は選択的内容ではないので、（c）に「または」は入らない。「すなわち」は、（a）～（c）のいずれにもあてはまらない。

問四 ――線部②を含む文は、「人生において人間は夢みることをやめないであろう。我々は我々の想像に従って人生を生きている。」の二つの文の言い換えである。

問五 直後の文「旅において……人生に対して……である」が、「（Ⅰ）は（Ⅱ）の姿である」の文を解説した形になっているので、（Ⅰ）は「旅」、（Ⅱ）は「人生」と決められる。また、「（Ⅲ）は……姿である。」の最後の文は、やはり直前の「旅において……自己自身である。自然の……旅においても、我々は絶えず自己自身に出会うのである。」を踏襲し、それをまとめたものである。よって、対応させて考えれば、（Ⅲ）は「旅」、（Ⅳ）は「自己自身」つまり「人生」となり、（Ⅴ）は直前の「むしろ」と直後の「そのものの姿」から「人生」と決められる。

問六 「日常的なものから離れ」→「非日常」の世界に身を置き、生活の雑事にとらわれないで「純粋」に物事を見つめることができるのが「旅」である。どうすることによって、「人生に対して新たな感情を持つ」のかを考えれば、自然に答えは絞られる。

問七 「旅」→「非日常」の世界で「人生」を味わう。「自己自身に出会う」→「人生の再発見」と考えることができる。

問八 ――線部**ア**の直後の「なぜ」は、「人生」と「旅」に相通ずる感情があるのはなぜか、ということ。また、――線部**イ**の

「それにしても」は前の内容を一応認めながらも、それに反する意を導く接続語なので、答えは直前にあるはず。

問九　この文章では、対となる熟語がキーワードになっているので、見つけやすい。

②

問一　**ア**　継　**イ**　遭遇　**ウ**　滞在

問二　**ウ**

問三　**オ**

問四　**a**　**イ**　**b**　**カ**　**c**　**ク**　**d**　**コ**

問五　うすべにに

問六　里桜であるソメイヨシノが、いかにも都市にふさわしいはなやかな美しさを持って咲き初めるのに対して、ヤマザクラは郷愁を誘う山間の自然の中で、嫩葉とともに地味ながらもかれんに咲き初めるという違い。

問七　**エ**

解説　文芸評論の場合、単なる読解力にとどまらず、文学史そのほかの知識がものをいうことも多い。本問の場合は近代短歌の鑑賞力が不可欠である。

問一　**ア**「衣鉢《いはつ》を継ぐ」とは、弟子が師からその道の奥義を受け継ぐこと。

問二　**ア**は、詩の近代化を試みた外山正一・矢田部良吉・井上哲次郎の三人の学者による作品。**イ**は土井晩翠の詩集。**エ**は斎藤茂吉の歌集。**オ**は藤原定家の歌論書。

問三　**ア**と**オ**が牧水の歌だが、**ア**は青春の孤独と哀愁を主題にした作品。「放浪と懐郷」を主題にしているのは、「ふるさと」の山について歌った**オ**。**イ**は北原白秋、**ウ**は島木赤彦、**エ**は伊藤左千夫の歌。

問四　「三月末より四月初めにかけ」て詠んだ二十三首中の一首で、「惜春の情感」が感じられる歌である。したがって、秋・冬に関する選択肢**キ**、**サ**、**シ**は除外される。**a**は「惜春」とある以上、**ア**「咲き初めの」は不適。「優しい管楽器の音色」にふさわしいのは、みるみるうちに散っていく花吹雪の情景よりは、満開の山桜の中から、何枚かの花弁がちらほらと散り出している情景であろう。よって、**a**には**イ**「満開の」、**d**には**コ**「花びら」が入る。ヤマメやウグイの美しいうろこまでが見える水の形容としての**b**に最適なのは、**カ**「透き通る」。**c**は、「橋上から」魚のうろこが見える状況を踏まえると、夜の**ケ**「星あかり」は不適。**ク**「春の（日の）光」に、魚の腹が「きらりと」反射したのである。

問五　「葉はいちはやく　萌えいでて」とある。

問六　「ソメイヨシノ」について述べた部分はほとんどないが、「都市の花」「里桜」がこれにあたる。それぞれの花が美しいことに違いはないから、都市に咲く花と山に咲く花との違いをいかに明確にさせるかがポイントである。例えば、都市に咲くソメイヨシノは咲き初めでも「眼を奪われ」やすいのに対して、山の中で「嫩葉とともに開花する」ヤマザクラは「美を再発見」しにくい桜である。この違いは何を意味するのか……と考えていくとよいだろう。

問七　本文は、さくらの歌びとの名を残した「若山牧水」が、「ヤマザクラ」を愛してやまなかったことを、彼の歌を通して述べた文章である。

③

問一 **ア** 交錯　**イ** 絡　**ウ** 深山幽谷

問二 A **オ**　B **イ**　C **ア**　D **エ**　E **ウ**

問三 **ア**

問四 **ア**

問五 **ウ**

問六 **ウ**

解説 自然について述べた論説である。筆者が現代の自然をどのように捉えているのかを把握しよう。

問二 空欄補充は埋めやすい箇所から埋めていくとよい。まず、Aは、自然という言葉から思い付くものを選べばよいので**オ**が当てはまる。Bは直前の「キメラ的だといわれるかもしれない」に対して、「だが」と逆説的に返しており、「怪物ではなかったろうか」というあとの文へと続く文章なので、**イ**が適切である。Cは「人間の意識は」に続く空欄なので、意識に相当する言葉は**ア**が正しい。Dは空欄の後ろが「できる」と続いているから、該当する選択肢は**エ**のみである。Eは純粋な自然に対して、人工的に手が加えられた自然のことを指しているから**ウ**が適切。

問三 ——線部①の直前に着目しよう。「私の自然はもはや純粋ではない。いわば合成自然」という内容から、人の手が加わって、今日の自然が形成されてきたことが伺える。したがって、正答は**ア**である。

問四 ——線部②の前後の内容を検討すると、筆者は「自然だけをひたすら懐かしむこと」（＝郷愁）はあまり好きではないと述べている。そして、人の手の加わった自然に対して、好意的に理解している。このことから、郷愁を良い方向で捉えている**ウ**と**エ**は不適切である。また、我々が郷愁を失ったことは文中で述べられていないので、**イ**も不適切である。

問五 **ア**は「わが国全体が観光地と化し」の部分が文中に述べられておらず、不適切である。**イ**の「純粋な自然を楽しめるような場所はどこにもない」という点も述べられていない。むしろ、今見ている自然を純粋な自然と人々は考えていることが述べられている。また、筆者は人の手の加わった自然を肯定的に把握しているので、**エ**のように純粋な自然に立ち戻ろうという主張は不適切である。

問六 筆者は、純粋な自然のみを懐かしむという姿勢を肯定的に捉えておらず、人工的に手を加えられた合成自然も組み入れた上で自然というものを捉え直す必要があることを論じている。

具体的に選択肢を検討すると、**ア**は「みにくいものとして拒否する美的感覚」が不適切。筆者は高架高速道路が頭上に走る光景を重苦しいがむしろダイナミックなものとして見ている。**イ**は「無神経なビルや色彩感覚など全くない看板」はおぞましいものとして見なしており、これらを受け入れることは述べられていない。近年高層建築の工夫のこらされたデザインや材質を自然として組み入れたいのである。**エ**は「子どもたちの自閉症的傾向」についての記述が誤りである。

④

問一 **ウ** 正体　**カ** 愚　**キ** 列挙　**ケ** 獲物　**コ** 横暴　**サ** 破滅

問二 **ア** くつがえ　**イ** ぐうわ　**エ** さず　**オ** しょう（あか）　**ク** しし　**シ** ささい

問三 ①　経験　⑤「獅子の分け前」

問四 しかし、経

問五 イソップが寓話を通して授けてくれる生き方の知恵には普遍性があるから

問六 **ウ**

問七 A **ウ**　D **オ**

問八 B **ウ**　C **エ**

問九 何も自分の経験だけに限らない（十四字）

解説 イソップの教訓を説明した文章である。わかりやすい例をひきつつ趣旨を繰り返し述べているので、比較的読解しやすい文章である。

問二 **オ**「証《しょう》する」の連用形だが、「証《あか》す」という動詞もあり、どちらの読みも正答となる。

問三 ①　直前に着目する。⑤次文「この場合の『経験』とは……ロバの気の毒な身の破滅である」に着目すれば、――線部が『イソップ物語』を代表する作品として紹介された話を指すとわかる。

問四 ――線部②を含む文は「だから」という接続詞で始まっているので、前文の事柄が根拠となる主張が述べられている。

問五 次の文から「彼の『知恵』が、いかに普遍性を持っているか」という点はすぐに読み取れる。

問六 第二段落でイソップのことを「経験とは、何も自分の経験だけに限らない…それを動物の姿に託して、子どもにもわかるように説いた『哲人』」と紹介している。また、『イソップ物語』を代表する「獅子の分け前」にイソップは「人間は他人の不幸を見て賢くなる」という教訓をつけ加えている。

問七 Aには「人の失敗に学べ」という意味のことわざが入る。Dの詳しい意味は本文中にあるが、Aと同義である。

問八 B「洋の東西を問わず」は、「東洋・西洋の別なく。世界共通に」の意味の慣用句。D **エ**と**オ**が考えられるが、「とがめる、非難する」意を含む「なじった」がより適当。

問九 イソップが教えていることなので、イソップを最初に紹介したくだりに戻ってみよう。

5

問一 **ア** 熟　**イ** 密接　**ウ** 特徴　**キ** 孤立

問二 **エ**

問三 Ⅰ **ウ**　Ⅱ **イ**　Ⅲ **オ**

問四 A **エ**　B **オ**　C **ウ**　D **ア**

問五 **エ**

問六 **a** 伝統の断絶という意識（十字）

b 本人と社会との関係（九字）

問七 **イ**

問八 **ア**

問九 Z

解説 文化論である。この場合は日本文化についてだが、文化論では、比較を中心（特に日本と西欧）に論理が展開されることが多い。この文章でも随所に比較が見られる。こうした論説のときは、必ず何と何が、どのような形・観点で比較されているのかに注意を払いたい。

問一 **ウ**の「徴」と「微」の書き間違いに注意する。

問二 「ず」「ぬ」は打消の助動詞。これと言い換えができるものは助動詞である。（なぜなら、「ず」「ぬ」と同じ働きをする品詞という証明になるから。）ここでは、**エ**のみが助動詞で、そのほかは非存在を表す形容詞。

問三　（Ⅰ）は、農村とのつながりによって回復されると考えられがちなのは、一般的にどのような文化かを考えてみる。農村にあるものは、過去の文化とのつながりである。

（Ⅱ）は、「疑う余地がない」事実であるから「客観的」なはず。

（Ⅲ）は、「おくれたもの」と同じく、否定的意味合いのある語が入る。

問四　（A）には、「〜とすれば」と呼応する仮定条件の副詞が入る。（B）の前では二つの命題を挙げ、「両立しないはずである。」と述べている。それに対し（B）のあとでは、「第一の命題」は正しいことを述べている。つまり、二つの命題は両立しないが、（二つとも間違いなのではなく）命題の一つは正しい、と言っているのだから、ここには逆接の語が入る。（C）は、両立しない二つの命題のうち「第一の命題」は正しいという一連の内容を受けて、「第二の命題がまちがいだ」という考えを導いているので順接。（D）は、当然そうなるべきだという意を表す「はず」という語との呼応に留意。

問五　ここでは「文明」を「感覚的または精神的価値の創造」と定義しているので、（E）はそれに当てはまらないものということになる。また、直後の「生活程度の向上」と並列される語である。

問六　**a**は「都会」にあって、「農村」にないもの。しかも、ここでは「意識」について述べている。**b**は、「大衆からの孤立を打ち破る」ことが何を「変える」方法に当たるのかを考える。そこで前文を見ると、「変らなければならない」とある。**b**を含む文は「どうすれば」とその文を受けているので、その「変らなければならない」ものが**b**の指示内容である。

問七　――線部①の少し前で、「東京の人間には、自分のすることに対する自信がない」のに対して、「農村の人々には自信と落着きがある」と対比されている。また、――線部①での「考え方のちがい」を生む根拠として、その直後で、「農村は断絶を意識していない」こと、農民が「文化の持続に信頼を持っている」ことを挙げている。では都会はどうか。その反対である。

問八　問五で解説しているように、「文明」は「感覚的または精神的価値の創造」という定義がされている。この定義を具体例としての――線部②に照らし合わせればよい。

問九　「**読解のために**」を参考にして考える。この挿入文は「……したから、文明であった。」とあるので、「文明」のあり方の具体例ということになる。よって、「文明」の定義のあとに入れるのが妥当。

⑥

問一　**a** **イ**　**b** **ア**　**d** **オ**　**f** **エ**　**g** **ウ**

問二　**c** **ウ**　**e** **ウ**

問三　**エ**

問四　**オ**

問五　アニミズムから生まれた、自然に感動する捉え方。（二十三字）

問六　現代の俳人にとって「思索知」の重視が大切であるが、そのために原初的なアニミズムへの志向という対照的な自然観の必要性を説くことは、つじつまが合わないということ。

問七　**ウ**

問八　**エ**

問九　**ア**

問十　**イ**

問十一　**オ**

解説　季語を見直すことの必要性を、感動の原点であるアニミズムへの志向の重要性を通して説いている文章である。和歌や短歌を含む文章では、そこに表現された日本的感性を理解することが文章読解の前提となる。

問一　a　卑俗　b　夢想　d　微塵　f　踏襲

g　呼称

問二　c「二つの事柄が互いに作用し合って」「影響しあって」の意。

問三　「大切なものとして固く守るべききまり」の意の「金科玉条」が正しい。

問四　「異なった時代のものを混同すること。時代遅れであること」の意の「時代錯誤」が正しい。**ウ**の「牽強付会」は、自分の都合のよいように無理に理屈をつけることの意。

問五　自説のことを言っている。前段落で筆者は「季語の見直しにとって」、「感動の原点（＝アニミズム）に立ち返り、実体（自然）に触れることが必要」だと述べている。

問六　「思索知」（考えること）の重要性の認識と、アニミズム（感じること）の必要性を説くことが矛盾するというのである。

問八　**エ**「志貴皇子の個人詠ではなく、宴の場で唱われたもの」とはあるが、「縄文人の声の谺も混じっているのではないか」というのは幻想であって事実とはいえない。

問九　「私」の「推察」は、「志貴皇子は早蕨に地霊を感じていたのではないか」「霊気を感知する歓び……知っていた」ととらえていることにもとづくので、アミニズムの「感受力」とするのが妥当である。

問十　**ア**「歳時記は…書き改められるべきもの」とある。**ウ**「季語の起源を平安貴族の歌語からではなく…縄文人の生活意識から探ることはできないか」とある。**エ**自我意識に目覚める必要性は述べていない。むしろ、俳人が自我意識にがんじがらめになることを問題視している。**オ**平安貴族のことば遊びから生まれた「蕨」（藁火）は季題である。季語が生まれたのは、俳諧・俳句の場からである。

問十二　「（歳時記は）どのように書き改められねばならないか」「季語の見直しにとって、何が本当に必要なのか」について考察した文章であり、アニミズムに立ち返り、縄文人の生活意識を探ることの大切さを説いている。**エ**は例にすぎない。

7

問一　**ア**　近距離　**イ**　難聴　**ウ**　魅力　**エ**　体罰

オ　きょうせい

問二　**ア**

問三　（例）人間同士のつながりが全くないから。（十七字）

（例）かたい人間的つながりがもてないから。（十八字）

問四　この人には何を注文してもいいのだという信頼感（二十二字）

問五 （例）子どもが自分の注文をはっきり表現できるような、かたい人間的なつながり。（三十五字）

（例）子どもが自分の思っていることを何でも表現できるような、遠慮のない関係。（三十五字）

問六 ・人間の創造とむすびついた行動（十四字）

・おたがいの生活をつなぐこと（十三字）

解説 幼児のことばの発達と人間関係とのかかわりに関して論じた評論である。周囲にいる人間との信頼関係が形成されることによって、ことばの発達も進行していくのである。比較的主旨の分かりやすい文章である。

問二 空欄の前後から考えるとよい。「自分の思っていることを、はっきり表現させるようにすることである」ということは、いわゆる主語と動詞の含まれた文章のことを指す。幼児は単語から覚えるから、名詞だけ知っていても言いたいことは伝えられない。よって、空欄Aに適するのは**ア**である。

問三 下線部直後の文章がヒントである。人間同士のつながりが大事なのである。

問四 下線部②の前提となる内容として、母親との関係について述べた箇所を探すとよい。「注文する」ということは「遠慮のないこと」、固い信頼関係ができていることである。

問五 子どもがことばを話せるようになるための必要事項は「かたい人間的なつながり」と「遠慮のない信頼関係」である。

問六 本文中では、最後の二段落にことばの明確な役割が述べられている。適切な文を抜き出すとよい。

8

問一 **ア** 刻 **イ** 恨 **ウ** 示唆 **エ** 鋭

カ 掲

問二 **オ** けっかん **キ** さば **ク** ひた **ケ** えいち

コ か

問三 A **ア** B **イ** C **イ** D **ア** E **イ**

問四 1 **ウ** 2 **イ** 3 **ア**

問五 はできないであろう。

問六 自然と科学、自然と人間のかかわりについて何か大切なことを示唆しているように思えるから。

問七 自然を含む地球の遺産を保全し、人類が持続的に生きながらえるようにすること。

問八 かつて、科学は人間の利便や安楽だけを考え、人間に対する深い関心や知識をもたなくても成長することができたが、環境条件が厳しくなった現代においては、地球の遺産の保全や人類の存続を果たすために、先見性を持って困難な方程式を解いていかなければならないから。

解説 これからの科学者のあり方を述べた評論である。筆者の主張は明確であり、一貫性のある文章なので、比較的取り組みやすいだろう。

問三 「科学」が「自然」に働きかけるのであるから、（A）は「科学」、（B）は「自然」。（C）は、「ベールをはが」されそうになっている、すなわち、働きかけられている「自然」が適当。（D）は、同意の表現が次段落の最後にある。（E）は「人間の良能」を換言している箇所である。前文に「人間が自然の一部であり」とあることから、「自然」が妥当。

問四 （1）を含む段落と前段落とでは相反する内容となってい

るが、段落の冒頭部分であることから、軽い感じであとに続くア「が」よりはウ「しかし」のほうが適当である。(2)は、文の途中でもあり、前では「哲学や宗教にたずさわる人たち」に対して科学を学んでほしいと言い、あとでは「科学者」に「人間」(=「哲学や宗教」)を学ぶべきだと反対の立場の人に対して別々のことを言っているので、イ「逆に」が入る。(3)には残るアが入る。

問五 「先見性」という言葉が出てくるのは、第二段落である。さらに、「養う」というキーワードと「では」という文言から、第二段落の最後の文を受けていることが分かる。

問六 「女神」の「深遠な表情」は何を象徴していると筆者は考えているのか。

問七 「この大目的」→「その大目的」→「この(ため)」→「自然を含む地球の遺産の保全と、人類の持続的な生きながらえ(のため)」と、さかのぼることができる。

問八 文頭の「これ」が指す主な内容は、「科学に対する環境条件」が「厳しい」中で「困難な方程式を解かなければならない」ことである。解答するにあたっては、「科学に対する環境条件」がどのように厳しくなったかを、かみくだいて説明する必要があろう。

9

問一 イ 中枢　エ 責務　オ 普及　カ 精密

問二 ア ざっぱく　ウ しつよう

問三 (1) イ　(2) 白樺派　(3) ウ

問四 ・示される実体が必ずしも明確ではない点。(十九字)
・用いる人の全人的性格が問われる点。(十七字)

問五 学問の成果の実用化が技術を高め、その技術が学問を進歩させること。

問六 医学・医療を人文科学の目から検証することが必要との動き。

問七 ア

問八 イ

解説 本文の筆者は、医学・医療のノンフィクション作家として知られる人物である。大学・短大や医療系の専門学校では、医学・医療分野の評論もよく出題される。

問三 (1) アは志賀直哉の『城の崎にて』。イは夏目漱石の『草枕』。ウは島崎藤村の『夜明け前』。エは太宰治の『人間失格』。

(2) 志賀直哉、武者小路実篤、有島武郎らが拠点とした雑誌『白樺』にちなんで、白樺派と呼ばれる。

(3) アは安部公房、イは中島敦、ウは三島由紀夫、エは大岡昇平、オは太宰治の作。

問四 筆者はまず、形容詞は「それ自体で独立して明確な意味をもつものではな」く、「事物や事象」の「内容や質を的確にあらわしているわけではない」、つまり、示される「実体」が「必ずしも明確ではない」言葉だと述べている。また、表現する人の「感受性や感覚が問われることでもある」としている。後者については、夏目漱石らが表現した場合を仮定して、「彼らの作品を通じて明かされている感受性」を通したり、「彼らの人間的性格や事物、事象を見つめる目」を前提にしたりして、「彼らの用いる形容詞の意味がわかってくる」と述べている。

これが、何の裏返しであるかを考えればよい。

問五 **「読解のために」**で挙げた「医学という体系は、……その技術が医療の知識や情報を進歩させる」という記述は、「自然科学としての発展原則」を医学の分野にあてはめた場合の記述である。よって、「医学という（学問）体系」を「学問」に、「医療技術」を「技術」に押し広げて考えればよい。自然科学の分野では、学問から得られる知識や理論は、現実の生活に応用・利用されているうちに、技術そのものを高め、するとこんどはその技術が学問（知識や理論）を進歩させるのである。

問六 前文の「人文科学の目から検証することが必要との動き」を指していることは容易にわかるだろう。しかし、これだけでは、何を「検証する」のかが不明なので、この部分を補う必要がある。

問七 本文で問題となっているのは、「痛い」という形容詞に対する人文科学的な「理解」であるから、**イ**・**ウ**・**エ**は消去できる。残る**ア**・**オ**を検討すると、医師と患者の関係において必要なものとしては、前者は「理解力」「人間性」、後者は「的確な表現力」「生き方」を述べた**ア**が適当。

問八 筆者は、患者の「痛い」という状態を救うには、「医学・医療を単に（自然科学としての）学問体系での枠内で見ている」だけではいけないと主張している。つまり、医学・医療を自然科学の領域にとどめておくのではなく、患者を理解する人文科学的な目が必要だと言いたいのであるから、**イ**が正解。**ア**のような現代医療の傾向については述べられていないし、患者の痛みを理解することを「時間的余裕」の問題として論じてはいない。本文のヒポクラテスに関する記述は、前段落の「病いの発生理由、その治療を理論化して、医学という体系をつくりあげたという点」を受けて引用されたものであるから、**ウ**の前半の記述は誤り。本文では「その図式のなかで、『痛い』という形容詞がまずは医療のはじまりにあるのはきわめて皮肉なことだ」と述べられているが、このような皮肉な状況が「結果的に患者を苦しめる要因」であるといった論じ方はされていないので、**エ**は不適。**オ**は前半の記述は合っているが、そのような問題の解決が「患者の立場からの医学・医療の発展」につながる、といった内容は述べられていない。

⑩

問一 a **オ** b **ウ** c **エ** d **イ** e **イ**

問二 a **エ** b **イ**

問三 X **オ** Y **ウ**

問四 近代的な技術による浄化処理よりも、土の浄化能力の方が優れていたこと。

問五 **オ**

問六 **ウ**

問七 人工照明と、水あるいはより単純な基質

問八 **エ**

問九 **イ**

解説 微生物からなるシステムによる土の潜在的な力を説明した文章である。地球環境保全や自然保護をテーマとする評論はよく出題される。本文も、そうした筆者の願いが記された文章である。

問一 **ア** 還元 **イ** 巣窟 **ウ** 疎まれる **エ** 示唆 **オ** 優先

問三　X「必要なもの、有益なものだけを残し」とあり、「得たいの知れないもの」は残さないのだから、「排除」が妥当。Y近代的な農業を行うために、土から残した「必要なもの、有益なもの」をどうするのかと考えれば、**ウ**「強化」以外に該当する語はない。

問四　「ハイテク」は好気生物膜処理と活性汚泥処理という近代の技術開発による浄化の方法、「ローテク」は単に土の層を通すだけの土壌生物による浄化処理を指す。「軍配があがる」は勝ちと判定される意味の慣用句。

問五　二つあとの段落に注目。「そこにどのような栄養分が含まれているかによって、休眠から目覚めて増殖する微生物の種類が変わる」とあり、以後で、有機物を栄養として微生物が増殖することが述べられている。

問六　土の中にふくまれる微生物の有機物分解について述べている前段からの内容をまとめた一文である。空欄の後で「微生物は……環境を変え、変えた環境に適応して、さらに環境を変えていく。」と、土がもっている有機物分解による自然淘汰の機能を説明している。

問七　「太陽の光と健全な土の力で育つ元気な野菜」と対比しており、「太陽の光」「土の力」の代わりに用いられるものは「工場の中での農業」について述べた第四・五段落に記されている。

問八　**エ**土水路やせせらぎは、単に土の層を通すだけの土壌生物による浄化処理である。一方、好気生物膜処理は、要素に分けて機能が明瞭に特定されるものだけを抽出して利用する方向から高度化された浄化技術である。

問九　微生物による土の浄化システムを説明することで土の潜在力について論じているので**イ**が正しい。

11

問一　**エ**　短絡的　**オ**　不可解

問二　**ア**　ざんてい　**イ**　ほうむ　**ウ**　すべ

カ　しいた

問三　**ア**

問四　対象を失ったときの悲哀を事前に回避しようとする心理

問五　**エ**

問六　**イ**

問七　権力に反抗すること。

問八　イデオロギーや目標をもたず、失っても傷つかない程度の人間関係しかもたないなど、対象喪失に出会うことのない生き方をすること。

問九　喜怒哀楽

問十　〈対象喪失－悲哀〉という体験の心理構造が準備されていないため、外的な出来事としての対象喪失がおこっても、内面的な悲哀の体験としての対象喪失がおこらないこと。

解説　モラトリアム人間化した現代人の心性を説明した文章である。現代社会のひずみが人間にどう作用したかを読み取ること。

問三　第二章では、「悲哀を知らない子どもたち」の「対象喪失体験そのもののない対象喪失」について述べられている。

問四　「この心性」とは、前文の「一時的、暫定的な状態に身をおき、…何事に対しても、当事者になることを避け…深まりすぎて傷つくことを恐れる」を指すが、これは「対象を失ったときの悲哀を事前に回避しようとする心理」が働いた状態と述べている。

問五　**ア**の「対象に勝ることができない」ことを「対象喪失」と言うのではない。自分の全能感がみたされぬことに怒りを感じているのは戦後の「悲哀を知らない子どもたち」であるので、**ウ**も誤り。肢は**イ**か**エ**に絞られる。「敗戦時」における「国民的な対象喪失」とは、国民全員が一丸となって保持していた「イデオロギー」、「目標」（そして、それらを象徴する〝神〟＝天皇という存在）を失ったことをいうと考えられる。そして、「おびただしい悲嘆のどん底から立ち上がったはずのわれわれ」が「悲しむことを忘れ」、「革命的な変化」の中で「対象喪失の悲哀が……葬り去られていった」のだから、「対象喪失」とは、「手にすることができない」という**イ**の無力感よりも、持っていたものが失われ、もうそれを取り戻すことができない、つまり**エ**の「対象を再生することができない」という「人間の絶対的有限性」への直面と捉える方が妥当である。

問六　「モラトリアム人間の自己主張が顕在化」した「これらの青年たち（＝対象喪失を知らない世代）の若者文化の時代」を、次の章では「悲哀を知らない子どもたちの時代」と言い換え、彼らは「いたずらに不安になり、自分の全能感がみたされぬ怒りをもてあまして……さまざまな短絡的行動に奔る」、あるいはまた「自己喪失体験だけを、ひたすら訴える」と述べている。

問七　「造反」とは、「組織や体制の中にある者が、そのあり方を批判し、謀反をおこすこと」で、ここでは学園紛争時の「教え子たち」の行為に対して用いられていることに留意する。

問八　前章の「対象喪失に出会うことのない生き方」を指している。

問十　第二章から悲哀を失った対象喪失の実態を読み取る。精神病理現象をひきおこすまでに至った「H君」の事例がこれを示している。

⑫

問一　**エ**

問二　**イ**

問三　A **ウ**　B **ア**　C **イ**　D **オ**　E **エ**

問四　**ウ**

問五　**ア**

問六　**ア**

問七　**ウ**

問八　**エ**

問九　ボードレールの詩には超己の意志や悲痛な呻きや祈りがあるのに対し、我々の抒情詩には全的なものへの郷愁と吸収化の願望がある。

問十　**ア**

解説　芸術における日本的感性と西欧的感性を比較した文章である。日本人の風土的背景や西洋人の宗教的意識が美的感性の違いの根底にあると述べている。

問一　「基督者」の「悪の世界から身をまもらねばならぬ」という立場と、「作家」の立場が矛盾するというのである。よってXは基督者の立場と反する内容になる。

問二　**ア**は夏目漱石、**ウ**は石川淳、**エ**は島崎藤村、**オ**は太宰治の作品。

問三　Aは、前の内容を前提としつつも「注意しなければならぬこと」を述べているので、「そうではあるが」という意の「けれども」が入る。Bは、「二つの態度に共通していること」を述べているので、相方を示す意の「いずれも」が入る。Cは、文末が「…にすぎない」とつきつめた言い方なので、「結局」が妥当。Dは、前段の「湿潤的な感性」に「日本的な汎神性の一特徴をみる」という筆者の考察の根拠が後で示されているので、「なぜなら」が入る。Eは前述が後述で換言されているのだから「すなわち」が入る。

問四　「我々は美を通して……存在の生命にふれる。この光、この赫きこそ人間の眼に悦びをあたえるものだ」が、「この存在の光、赫きとも言うべき美は、神の美の部分的な投影」であり、被造物の美は限界があるものだと述べている。

問五　ア西欧の芸術家は神の存在や神の絶対的な美に対して能動的・対立的であるが、これを否定したとは述べていない。「神の美の投影としての被造物の美の限界と条件とを認めながら」、神の美を憧憬したり神に挑もうとしたりするのである。

問六　Yには「(芸術家が)美の世界において神に嫉妬する」理由となる芸術観が入る。「美は、神の美の部分的な投影」であるが、芸術家は「(美の限界を意識しながら)それに戦いを挑むことを芸術とさえ考えている」。そして、「神に嫉妬しその美をあくまで簒奪せんものとして闘う」という能動的・対立的な態度をもとる。

問七　空欄には、人間と神の関係についてのキリスト教的思考(=人間は神に創られた被造物である)に基づく言葉が入る。三つ後の段落に、「基督教のごとき……世界ではさきほども言ったように……人間は……神にもなれないのだ」とある。

問八　ぼかされた風景や淡い色合いを嗜好するのは、「全は個の拡大、もしくは延長であるという汎神性」に養われた「一切の限界や境界をしめすものを嫌」う日本的感性による。そして「汎神性は一神性のように立体的、空間的な構造をもたない」ために運動の必要がなく、日本人の美的感性は全的なるものに吸収されたいという慾望しかもたないのである。

問九　「日本的感性」と「西欧的感性」それぞれの「詩」の世界の「本質的にことなるもの」は、前文で「ここに……大きな違いがあるのだ」と示されている。

問十　カトリックに帰依した筆者が、受身的・区分や境界を嫌う・全的なるものへの郷愁を特質とする日本的感性に「恐怖を感じる」のは、それが「自分の信じている宗教」の美的感性の発露をじゃまするからである。

13

問一　ア⑤　イ②　ウ②　エ③　オ③

問二　甲エ　乙オ　丙ア

問三　aイ　bア　cエ　dオ　eウ

問四　人生の「今、ここ」に存在するという偶有性に対応することによって学習し、発達するということ。

問五　ウ

問六　(日本人に個性がないというのは、)西洋人が見た日本人観の受け売りであり、実際には十分に個性的である。

問七　偶有性はどんな人生にも平等に訪れるため、自分の境遇がどのようなものであっても、その運命を背負って生きることを心から楽しみ、愛することができると気づいたから。

問八　オ

問九　何の必然性もな

解説

人生における「偶有性」の意義を説いた文章である。「偶有性」という独特な概念を理解する必要があるが、随筆の文体は柔かいので、文章の論点はつかみやすいだろう。

問一　**ア**　脈絡　**イ**　含意　**ウ**　証左　**エ**　感慨　**オ**　拘泥

問二　甲　「偶有性」を説明した一文の中の「半ば偶然」と対になる言葉が入る。後に「生きるという現場は、予想できることと、予想できないことの双方に満ちている」「規則性と不規則性が適度に入り交じっている『偶有性』の状態」とある。乙　人生を「選ぶ」ことは主体的な態度である。丙　ナポレオンや織田信長の引用は、有無を言わせぬ力がはたらくことを示しているので「暴力的」が妥当。

問三　a「**読解のために**」を参照。b話を元に戻している箇所なので、転換の接続詞「さて」が適切。c自分が他の人の人生を生きる喜びを想像してはいるが、自分の人生（今までの生き方）を愛していることはかわらないという文脈なので「いうまでもなく」が適切。d逆接の接続詞が適切。e説明の接続詞が適切。

問四　「偶有性」とは、人生の中で出会う「半ば規則的で、半ば偶然」の学習機会である。そんな偶有性に適応しながら、私たちは学習し、発達する。

問五　他の演者の話を聴いているだけでは「自分の脳が求める『負荷欲求』に応えることができない」とは、つまり、パネル・ディスカッションは、一人で講演する時に比べて脳への負荷が少ない→余裕がある、ということである。

問六　「日本人には個性がない」ことについての筆者の推察と意見が次段落以後に述べられている。

問七　――線部前の「そう思ったら」は、前後段落までの筆者の「直観された」ことを受けている。筆者は、今の「私」とは別の境遇であっても、「『今、ここ』に『まさにこの私』として存在する」という「偶有性の真実」は変わらない。つまり、偶有性は「どんな人生にも平等に訪れる」のだから、「その運命を背負って生きることを、きっと心から楽しむことだろう」と思ったのである。

問八　「私たちの脳」は、偶有性を「引き受けて進化してきた」、そして、「私たちは、偶有性を糧にして育っていく」のである。

問九　筆者はジョン・レノンの歌に「人生の偶有性の真実」を見ている。その洞察の場面として、パネル・ディスカッションでの気づきの体験を語っているのである。

14

問一　a **ア**　b **イ**　c **エ**　d **ア**　e **ア**

問二　甲 **エ**　乙 **オ**　丙 **ア**

問三　A **オ**　B **ア**　C **イ**

問四　**オ**

問五　漱石の南画

問六　**ウ**

問七　震災を経験した後、人類、生命、自然、愛といった問題に改めて向きあわざるを得なくなったこと。

問八　人の心はひとつひとつ違っており、美術は、作者の心がつくるものではあるが、その作品を見る人の心のありようが投影されるものだから。

問九 エ

解説 漱石の芸術観が生み出す「自己本位」の考え方を踏まえ、美術作品を見るとはどういうことなのかを述べた文章である。

問一 a 大患 b 傾倒 c 余技 d 自失 e 模索

問二 甲「趣味とはいえ」とあるので、趣味の範囲におさまらないような「南画山水を描き出した」という意に合う「本格的」が入る。乙 文展の批評冒頭の文言は、漱石の「自己本位」という考え方を表現するにふさわしい言葉なので「象徴的」が入る。丙「どんな人にとっても分かちあえる」テーマを表す語であり、「個人的」「個別的」に対立する言葉なので「普遍的」が入る。

問三 a「二つの起源」を次文以後で換言し説明しているので「すなわち」が入る。b前文では「『心をひとつに』というスローガンも聞こえてきた」とあるが、空欄の後には、「無理矢理に心をひとつにする必要はない」と述べているので、逆説「しか」が入る。c前文の「優れた作品は、その心を伝える力を持っている」ことを導くのに、「心に優劣などない」ことを改めて説き起こしているので、「そもそも」が入る。

問四 漱石の「『自己本位』の考え方」には、西洋起源の「『自由』『個性』そして『民主主義』の立脚する根本思想と、「離俗の精神」を求めることこそが、芸術の根底を支えるもの」とする思想が重ねあわされている。よって、大正期の美術界においても「個性を自由の尊重という思潮」にこれがあらわれていたとするのが妥当。

問五 漱石が南画山水を描き出したことと彼の個人主義とは「実は深いところで関係している」。彼の南画への傾倒は国家主義から逃れるための方便で、つまり、彼が南画を描くようになったのは、それが「国家施策を逃れて再び個を取り戻すためのレッスンだった」と考えられると筆者は述べている。

問六 「自由」「個性」「民主主義」の立脚する西洋起源の個人主義と、漱石の居場所を起源とする「自己本位」の考え方が重ねあわされたもので、後に「ひとつひとつの心の尊さ」と言い換えている。

問七 心に深く入り込み、「心をひとつに」というスローガンを生んだ現象である。

問八 「美術は人の心がつくるもの。そして、美術は人の心が見るものだからである」をわかりやすくまとめる。「大いに関係ある」という「本書の話の筋」も考慮したい。

問九 現代美術について、「お互いに無関心でも構わないという関係性が前提になったところに作品が成立しているところ」があり、「それは『自己本位』の最終局面なのかもしれない」と述べているのでエは合致しない。

15

問一 ① エ ② ウ ③ ア ④ ア ⑤ エ

問二 ウ

問三 イ

問四 スポーツは人間の身体に基づいた文化であり、身体という存在がすべての人間の営みを支えているから。

問五　ア

問六　長いあいだ軽んじつづけてきた身体の存在の重要性に、二〇世紀になってようやく気づき、自分自身の身体に目を向けるようになったこと。

問七　ア

問八　イ

問九　ア

問十　ア

解説　スポーツの文化的な価値について述べた文章である。文化の歴史を踏まえての現状考察・未来予測はよく見られる題材でもある。筆者の主張の論拠を読み取ろう。

問一　①満載　②貨幣　③決済　④正銘　⑤推移

問二　**ア**はものを見つけ出そうとして目を鋭くする様子、**イ**は変わりやすい様子、**ウ**は多くのものがすき間なく並ぶ様子、**エ**は非常に速い様子を表す。

問三　――線部を含むのは、将来のスポーツの繁栄を予想する一文である。同様のことが最終段落の一つ前でも述べられている。将来、スポーツは「ますます繁栄」し、「『暴走』といえるほどに数多くの問題を生起させ、人間は……現在と同じように……頭を悩ましつづけ」るとある。よって**イ**が妥当。

問四　次の段落で、「そう断言できるのは、スポーツが、人間の『身体』に依拠した『文化』だからである」と――線部の理由を述べ、その後身体の重要性に対する思想の変遷を説き、「人間が存在しつづけるかぎり、そして……生存すること以上の文化的付加価値のある営為（＝スポーツ）と取り組みつづけるかぎり、人間社会からスポーツ文化がなくなることは考えられない」と再び主張している。

問五　Yは身体の軽視、Zは身体の重視に関する文言と判断できるので、**ア**が最適。

問六　前段落までの「身体」に対する軽視から重視への変遷を指している。

問七　「身体とは……『自然』である」は、「それ（最も身近にある自然）を用いる文化、すなわちスポーツが着目されるようになった」とあるので、「身体とは……『自然』である」は、Ⅰの冒頭に入れるのが妥当。

問八　a仮定を列挙している箇所なので「あるいは」が適当。b未来のスポーツの大きな変化の仮定を列挙した後、スポーツの「本質的な部分は変わらないはずである」と述べているので、逆説の「しかし」が適当。

問九　未来社会のスポーツに「社会的にさらに大きな価値が見い出され……重要な意味を持つようになるにちがいない」と筆者が述べる根拠は、精神から身体の重視へと思想が変遷したことによってスポーツの価値を見出したのと同様に、未来社会のスポーツもまた、さらなる発展によって社会的に大きな価値が見出される可能性をもっていると予想できることである。**イ**「多大な被害をもたらすかもしれない」とは述べられていない。**ウ**「急速に発展してきた」とは、述べられていないし、未来社会のスポーツに「社会的にさらに大きな価値が見出され……重要な意味を持つようになる」ことと関連しない。**エ**「人工化の進行に歯止めをかけることが期待される」が誤り。

問十　「スポーツマンの人工的身体改造が認知されるようになる時代が訪れ」たとしてもスポーツの本質的な部分（人間の「身体」に依拠していること）は変わらないはずだと述べている。**イ**「あらゆるスポーツ競技が」が誤り。スポーツ競技の衰退や消滅は起こりうると述べている。**ウ**「身近な自然環境で行われる」が誤り。本文での「自然」は身体のこと。**エ**前半が誤り。精神に遅れて身体の重要性に気づいたのであって、精神から身体へと優位性が回帰したわけではない。

16

問一　**ウ**

問二　・会話の際に第二人称を使うことをさけ、相手の名前を呼ばないようにすること。
・相手に直接ふれる、接吻、抱擁、握手などにつよい恥らいを覚えること。
・ズケズケものをいうのは、元来、はしたないこととされていること。

問三　日本人

問四　名刺は「見る」べき名前をもつ日本の男性には機能的で必要なものであり、それに抵抗を感ずる非合理性を逆説的に強調する意図。（五十九字）

問五　テレ（る）

問六　近距離伝達を遠距離伝達へ移すことにより、好ましい関係を生むこと。

問七　**オ**

問八　個人の気持ちの本音部分で、相手にさらけ出したり悟られたりすることが許されぬ範囲。（四十字）

問九　交友関係が淡々としていて、水のようにさっぱりしていること。

解説　一種の文化論であるが、日本人の人間関係を言語面から分析しているところに特徴がある。このように、単純に文化論だけ、言語論だけではなく、一種の融合論的な方法を使って論証をする文章も多い。

問一　筆者が問題にしているのは、相手との距離である。

問二　相手から距離をとってしまう日本人の心理について、筆者が具体的に挙げている事柄を探す。

問三　ヨーロッパ人に対する「われわれ」である。

問四　「日本人の名前（ことに男の名前）は『見る』べきものであって、口にすべきものではない」と述べている。そのような名前をもつ日本の男性が名刺に抵抗を感じることが、本当に「合理的」かを考える。「笑止である」と述べていることからも、実は「合理的」でないことに対して皮肉を込めた表現であることが推測できる。

問六　「手紙」は、「近距離伝達を遠距離伝達へ移すことにより、好ましい関係」を生む例として挙げられている。

問七　**ア**＝目上の者がある人に対し、礼を尽くして仕事を引き受けてもらえるように頼むこと。**イ**＝権力のある者をあなどって、その実力を疑うこと。**ウ**＝いざというときには、近所の人の方が、遠方の血縁者より頼りになること。**エ**＝非常に困り苦しんでいるとき、予想外の助けを受けること。**オ**＝どんなに親しい関係であっても、最低限、相手を敬う必要があること。

問八　「筒」の形を踏まえれば、自分を丸く取り囲んでいる心理的な領域・壁の比喩であることがわかるだろう。それがどのような役割を果たしているかは、同段落の「日本語は、敬語がよく発達していることからしても、日本人の心理的筒がかなり大きいことを裏付けている。」の部分を手掛かりにして考えればよい。

問九　同じ段落の冒頭の、人間関係を水にたとえている所も参考になる。

17

問一　**ア**　観賞　**ウ**　触媒

問二　**イ**　たち　**エ**　しょさ　**オ**　ゆえ

問三　ういてんぺん

問四　百聞は一見にしかず

問五　**エ**

問六　**a**　会話　**b**　対象物
　c　見る　**d**　意思

問七　西洋の観劇は純粋な芸術鑑賞行為であるため、観客同士の私語は不作法なだけで何の機能ももっていないのに対し、日本の芝居の総見は見ることに力点をおいた社交の場であるため、観客同士の私語は社交を成立させる機能をもっていると言えるから。

問八　・時候に合った花見は、うつろいやすいものを惜しむ日本人の心にかなう行事であるから。
・日本人は「見る」ことに重要な意味を与える体験主義であるから。
・日本の社交の基本は「見る」ことで成立するから。

問九　**エ**

解説　身近な物や行事などを通して、日本文化の特性を論じた評論集からの抜粋である。

問一　**ア**は、対象が「自然」なので、「観賞」が正解。芸術作品が対象の場合は「鑑賞」である。

問三　「人の生命のはかなさ」「社会もつねに移り変わってゆく」などの文言から、万物が常に変化してやまないことを意味する「有為転変」が適当。ほかの四字熟語の意味も押さえておこう。

問四　直後の記述から、「見る」ことに価値をおくことわざがふさわしい。

問五　「月・雪・花」の「共通点」は、「月はいつも……散ってしまう」の部分で説明されている。これに合うものを選ぶ。

問六　――線部①を含む段落は、「日本の社交の基本は『見る』ことで成立する」ということを説明した段落であり、――線部①の理由もそのことが根幹をなしている。よって、**c**にはキーワードの「見る」が入るのは明らか。**a**については、「見る」との対比から「しゃべること」でも意味は合うが、「二字か三字」という設問の条件に合わないので不適。**b**は、何を「見る」のかと言えば、「対象物」である。**d**は直後の「通じて」から、「意思」が入ると容易にわかるだろう。

問七　「**読解のために**」で、明らかにする必要があると述べている「機能」については、本文では言明されていないが、「社交の場」における観客同士の私語、という観点から考えるとよいだろう。また、「西洋の観劇」がどのようなものであるかについても、本文では述べられていないので、観客同士の私語が

「エチケット」に反する「不作法なこと」だとされていることや、「社交の場」である「日本の芝居の総見」との対比から類推する必要がある。

問八　日本人の心情面（第一段落）、日本人の価値観・主義（第二段落）、日本の社交のあり方（第三〜第四段落）、の三つの観点から理由を考える。

問九　本文は「花見」と題する文章からの抜粋であるが、ここでは主に、「花見が最も庶民的なマス・レジャーである」ことを、日本人にとっての「見る」ことの意義から論じている。

18　**問一**　**ア**　忠実　**イ**　征服　**ウ**　曲折
エ　功罪　**オ**　浴

問二　順化

問三　**ウ**

問四　**オ**

問五　組織、制度、社会の仕組み（十二字）

問六　(1)　人間
(2)　マニュアル・コンピューター（仮想現実）

問七　た、急だ。

問八　**ア・エ**

解説　新聞では、圧倒的に「朝日新聞」からの出題が多い。中でも、「社説」と「天声人語」は毎年、どこかの入試で必ず出題されているといっても過言ではない。また、本文のような現代社会論、特に、コンピューターやインターネットなどによる情報技術の高度化に伴う社会の変容を論じた文章の出題は、近年、増加傾向にある。

問二　「**読解のために**」で述べたように、「静かに進行している危機」につながる状況の具体例として、「マニュアル人間」と「仮想現実を泳ぐ端末人間」の出現を挙げている。そして、このような「人間の変容に直面している」現状を、「『個人』というものの存続の危機」と言い換え、さらに、このような危機にさらされている社会を「なだらかな順化の進む社会」と説明している。「マニュアル人間」や「仮想現実を泳ぐ端末人間」は、「順応人間」の一例である。

問三　人間は仮想現実の中では、あらかじめ決められた空間で、決められた反応を反復させられているにすぎず、前もって指示された以上のことはできない「ロボット」と、何ら変わりはないのである。

問四　問二で解説したように、「マニュアル人間」や「仮想現実を泳ぐ端末人間」は「順応人間」の一例であり、問三で見てきたように、「人間のロボット化」とは、人間が前もって指示された以上のことができなくなっている状況を述べたものである。また、本文冒頭の記述は、「マニュアル（手引書）通りの対応」しかできない人間の奇妙さを述べたものである。以上から、現代人から奪われているのは、**オ**「自発性」と判断できる。

問五　「人間がつくった様々な秩序への疑問」として、本文前半でも、「身近なマニュアルからその裏にある組織、制度、社会の仕組みまで、もう一度この問いにさらしてみるべきだろう」と、同趣の意見が述べられている。

問六　「**読解のために**」でも述べたように、「本」は「何（だれ）のためのもの」の「何（だれ）」に該当するのだから、「人間」

が妥当。「末」に該当するものは、「秩序」「組織」「制度」など、数多くある。しかし、「より具体的なもの」という設問の条件に合うのは、前文の「たとえば、……マニュアルについて、何のためかを考えてみる」の記述からも、まず「マニュアル（手引書）」が挙げられる。もう一つは、最後の一文「コンピューター社会で、人間が単なる端末にならず」の記述を手掛かりにすれば、「コンピューター」があてはまるのは明らか。そのコンピューターがつくりだした技術であり、「マニュアル」と並列されている「仮想現実（バーチャルリアリティー）」と答えてもよいだろう。

問七　挿入文の「さまざまな伝統的価値が呼び覚まされる」の部分は、「組織の『溶解』……」から始まる段落の「ボーダーレス化、あるいはグローバリゼーションの流れ」に「対抗する」ことを意味し、「そうした何かに属することで」の部分は、「個人が帰属すべき組織が強固な単位ではなくなろうとしている」の記述を受けたものである。

問八　**ア**は本文の趣旨にあたる記述。**イ**は、「大衆社会」が「個人の『空洞化』」の「表れの一つ」だとする筆者の見解とは、むしろ逆である。筆者は、**ウ**のように、「『個人』というものの存続の危機」と「個人の尊厳という理念の確立・拡大」を直接結び付けて論じてはいない。筆者は、「マニュアル人間」や「端末人間」などの「順応人間」の「大量生産」が進む社会は、ジョージ・オーウェルの描いた逆ユートピアとは、「異質の逆ユートピア」だとしており、**エ**はこの内容に合致する。**オ**は「急激な変化についていくためには」の部分が不適切。私たちは、急激な変化についていけないというよりも、急激な変化の中で、「何かに属することで『空洞』を埋めようとする」が、逆にそれが「個人の喪失」を招くというジレンマに陥るなど、どのようにしたら「生き生きとした個人」でいられるかを見出せずに、「もがいている」。つまり、変化の渦に巻き込まれているのである。筆者はこのような状態から脱する手立てとして、「少し立ち止まって考えてみよう」と提案しているのである。

⑲

問一　**イ**　脅威　**ウ**　阻（沮）　**オ**　糾弾（糺弾）

問二　**ア**　けねん　**エ**　いど

問三　A　**イ**　B　**エ**　C　**ア**　D　**オ**　E　**ウ**

問四　なかったことだ

問五　リテラシーの普及によって知識へのアクセスが容易になれば、次世代の者たちは知識を使いこなす能力を失う危険性がある。

問六　**ウ**

問七　即時性と無限に思われる情報とバーチャル・リアリティという三種の神器

問八　（i）書き留められた物事は多くの人々の目に触れるため、知識や情報を広く伝えることができる。（四十二字）

（ii）指導を受けずに知識を得るため、知識を使いこなす能力が失われ、表面的な理解しかできなくなる。（四十五字）

解説　現代の文化における情報収集合戦の危険性について、ソクラテスの読字の普及への懸念を引用して述べた文章である。技術・

情報分野を中心として言語、文化、歴史、哲学など複合的なテーマを含む内容となっている。

問一　**イ**「驚異」と間違えないこと。

問三　Aは前文を受けて、その段階を進ませた内容の後文を付け加えているので「しかも」が入る。Bは前文の内容（読字がもたらした弊害）を受けながらも、それに反する内容（読字による功績）を述べているので、「そうはいうものの」と同意の「もっとも」が入る。Cはソクラテスの敗北を認める内容に対して、ソクラテスを弁護する内容を述べているので「しかし」が入る。Dはあとの文は前文の「ソクラテスの真の敵」をより正しく言い換えているので、「どちらかといえば」の意味の「むしろ」が入る。Eはソクラテスがそうしたのと同じように、「サンスクリット語の学者たち」もまた「書記言語を非難している」という内容なので、同じ状況を示す「やはり」が入る。

問四　提示文後半のソクラテスの記述は、第六段落のソクラテスが「リテラシーの普及を阻もうとする戦いに敗れた」事に関するものである。同段落内の「人類共通のさがである知識追求の故に、なるべくしてそうなった」は、提示文の「（現代の）私たちが……使わないでいられないように、ソクラテスも……」をうけての記述と判断できるので、その前に入るのが適当。

問五　第一段落「彼が恐れたのは、過剰な知識と……表面的な理解しかできないことである」。第二段落「ソクラテスの……リテラシーが知識への危険なアクセスを許してしまうことへの深い懸念」。第五段落「次世代の者たちは何をどう、どこまで深く学ぶのかとソクラテスが懸念した」とある。これらの記述とその前後の内容を基に、三語を用いて端的にまとめる。

問六　――線部②は、インターネットによる情報収集に対する筆者の不安を示した箇所である。「その即時性と無限に思われる情報をバーチャル・リアリティという三種の神器は、「言語を使いこなす能力」すなわち、「表面的な理解」にとどまらず言語を「深く学」び理解することを失わせるのである。よって、**ウ**が妥当である。

問七　第三段落に着目。「この即時性と無限に……という三種の神器」の「この」はコンピュータを指す。

問八　（i）利点については第五段落に「プラトンが書き残したソクラテスの反論をはじめとして、多大な進歩があった」とある。第一段落のソクラテスの言葉から読み取れるのは、「物事をひとたび書き留めてしまうと、書かれた文章は……至るところに漂い出」すことである。（ii）欠点は、第一段落で述べられているように、ソクラテスが恐れた「過剰な知識としてそれが必然的にもたらす結果」である。

20

問一　**ア**　庭に咲いた花を床の間にいけるとき、手をいれるのは不自然だという吉田弦二郎の考え方。

イ　漢文に出てくる、ミヅカラとよんでもオノズカラとよんでも具合の悪い「自」。

問二　夢声は、床の間という人工的な環境に調和させるには人工を加えるのが自然だと述べ、蒼風の意見に賛成した。

問三　生け花の大家である勅使河原蒼風が、夢声に花の生け方を認められたこと。

問四　相対差別

問五　意識や努力の有無にかかわらず、他者の力を借りないでそれ自身に内在する働きによること。

問六　私がすこし身体を移動させただけで此と彼が逆転するように、彼此という差別は私の身体に対してのみ存在するということ。（五十六字）

問七　エ

問八　ア

問九　有為自然は、人為をともなう自然であり、無為自然は、人為を対立者として排除する自然である。

問十　人間の常識は、存在のありかたを二つに分けて、有と無との差別をするが、それは差別という人為によって、ほんらい一であるべき自然の世界を無理に二分しているのであり、よって、ありのままの自然の世界には有と無の区別はない。

解説　「人為と自然」とは、「認識と真理」であることを述べた文章である。前半では「自然」にまつわるいくつかの引用や考察が登場するので、文章の展開に注意しながら論旨をつかむ必要がある。

問一　**ア**は蒼風の話を受けての批評であり、無声は蒼風の吉田弦二郎に対する反論を認めているのだから、「まちがい」というのは吉田の生け花についての考えに対してである。**イ**は直前の内容を受けている。

問二　生け花作家として人工を加えることを常とする勅使河原蒼風は、吉田弦二郎の言葉に反論している。徳川無声は、吉田弦二郎の言葉を「まちがい」だと言っており、蒼風の反論を認めている。

問三　生け花作家である勅使河原蒼風は弟子たちに「免許皆伝」を授ける立場であるが、この場合においては徳川無声が蒼風の花の生け方を認めている。

問四　――線部は、後述の「対立概念」のひとつで、「対立概念」については、「対立をつくり、分別をするのであるから、これを相対差別といいかえてもよい」と述べている。

問五　「ミズカラ」と「オノズカラ」の区別がない「自の第一義」を指しており、「自の第一義」は前の段落で説明されている。

問六　同段落内で説明されている内容をまとめよう。

問七　無声は人工（不自然）に対しては人工で処するのが自然だと述べているので、夜ふかしをして朝寝をするという不自然な生活に対しては、薬を飲むという不自然な行為がかえって自然だという。

問八　「否定はそれ（万物主義の主催者）の存在だけにとどまらない」とあるので、何かの存在を否定する主張が入る。前述の「万物は……他者の想定を受ける結果、他然となってしまい、自然ではなくなる。……万物がそれぞれに自然であるとすれば、万物を生じさせる原因といったものは存在しないことになる」ことを「すなわち」以後で換言している。

問九　「自然の第一義の『他者』を、人為……としてとらえるとき……この人為を対立者として排除する自然が、すなわち無為自然である」と明示している。「有意自然」はこの対義だと考えればよい。

問十　「有と無との対立についても、同じことがいえる」とあるので、答えの根拠となる内容は「同じこと」が指す前段落の

「ほんらい一であるべき自然の世界を無理に二分している」である。

21

問一 A **オ**　B **ア**　C **エ**　D **イ**　E **カ**

問二 **オ**

問三 **イ**

問四 **ア**

問五 **エ**

問六 「見る」ときに見ているものは世界が分節化された個別の対象だが、「見える」ことは対象を特定せず、よって、「見える」ときに見ているのは世界それ自体であって、個別の対象の集まりではないということ。（九十五字）

問七 言語は人間～ができない（五十七字）

問八 科学性を欠いた迷信か独断（十二字）

問九 **ウ・カ**

解説　言語を〝差異の体系〟と考える構造主義を否定し、肉体や存在することのリアリティに裏打ちされて言語があることを主張する文章である。引用文は哲学的で難解な内容だが、設問の難度は高くないのでしっかり読めば解けるだろう。

問一 A前段落では、「おいしい」という言葉が「食べる」という行為自体を指し示し、「歓び」もこれと同じ次元で起こっていることだと述べているが、Aの後ではこれを「間違っている」と否定している内容があるので、「しかし」が入る。B後の文は構造主義が言語を〝完成されたもの〟と考えたという前文の内容を具体的に言い換えて説明しているので、「つまり」が入る。C「特殊な状態に置かれる」場合を説明した前文に、「特殊な状態に置かれていなくても」同様であることを説明しているのだから、「また」が入る。D親が子どもをかわいいと思うのは「自分に似たところがあるから」ではないのだから、「他の子どもより姿形がいいから」ではないことは言うまでもないという文意なので、いうまでもなくと同意の「まして」が入る。E前述の流れから、強いて「現代社会の病理」の原因にまで言及しているので、「あえて」が入る。

問二 同段落の要旨は、「歓び」と言っても脳の特定の部位が反応しているにすぎず、これを「歓び」と判断するのは人間のローカリズムの証明にしかならないということ。**エ**は内容としては本文に合致するが、「歓び」と関連づけていないので主旨としては不適。

問三 「一連の行為それ自体が『おいしい』ということで、原初的には味に対する〝判断〟は介在しない」と本文では述べられているので、**イ**が正しい。**ア**は本文にない内容。**ウ**は「ここ」が指す内容であり、理由にはあたらない。**エ**の主張を説明しているのが新聞の記事の引用以後の箇所なので、理由にはあたらない。**オ**「『おいしいから食べる』のではなくて、『食べることがおいしいから食べる』のだ」とある。

問四 「構造主義は……言語とははじめから〝差異の体系〟として人間に与えられたものであって、言語の発生の瞬間など考えようとしてみても意味がない」、「構造主義が言うように人間は『人間』への進化の入り口に立ったときにすでに、完全に〝動物性〟から断ち切られて……いたのかもしれない」と述べているので、**ア**が正しい。**イ・ウ・エ・オ**は筆者の考え方。

問五　エ比較することは「差異の体系」による対象と対になる〝判断〟を意味しており、言語に先行する肉体や存在することのリアリティに反する。「好きな相手は他の誰かとの比較やそれ以前に恋した相手との比較を超える」、つまり〝差異の体系〟の外にいるのだから、逆に誰かと比較している場合、その相手は〝差異の体系〟の内側にいることになる。

問六　世界とは「見る」より先に「見える」ものである。「見える」ことは対象を特定しないのだから、世界とは「見える」世界それ自体である。個別の対象の集積（部分の総和）ではない。

問七　――線部に続いて「ほつれ」の具体的な例を挙げ、その後の段落でそれらの例が表す言語の欠陥を述べている。

問八　構造主義について述べた箇所に、「この考え方がむしろ科学性を欠いた迷信か独断だと思う。」と評価している。

問九　ウ「そういう評価（「顔がかわいいから」「頭がいいから」）にまつわる理由が出てきたとき、子どもは親の〝社会的な価値の網目〟の一画を占める存在にすぎないものになってしまう」とあるので、一画を占める存在とはなれないという箇所が誤り。
カ「物が見える」という事例は、言語が「整合性のあるきれいな一覧表に配置することができない」ことを示すものであり、また、視覚に関わる言葉が多いものの、視覚が聴覚よりも根源的とは述べていない。

22

問一　ア　換算　イ　端的　ウ　亡命　エ　同位体
カ　一瞬

問二　オ　はいせつ　キ　はくらく　ク　へいこう

問三　体の分子は食べものの分子と絶え間なく入れ替わり、全体として流れているので、食べものは単にエネルギー源として燃やされるだけでなく、体のすべての材料となって体の中に溶けこみ排出されるということ。（九十五字）

問四　エ

問五　（解答例）他人の臓器と取り替えることで機能を回復させ体を維持する臓器移植は機械論的生命観に基づく方法だが、動的平衡の考え方からすると、全体が平衡状態にある中の一部分を取り替えることになり、分子が絶え間なく入れ替わる体の流れを乱すことになりかねない。（百十九字）

解説　「動的平衡」という生命観を「機械論的生命観」と比較することで説明している文章である。二つの生命観の違いを正確に把握し、筆者の主張を読み取ることが求められる。

問三　食べものはカロリー源にもなるが体そのものにもなる、というのである。

問四　シェーンハイマーが明らかにしたのは「生命現象の非常に大事な側面」である。

問五　臓器移植はパーツを取り替えるという点において機械論的生命観の立場に立った方法である。エンジンを構成するパーツが平衡状態にある中で、分子が絶え間なく入れ替わり、全体として流れているという「動的平衡」の考え方からすると、パーツが一つ入れ替わることは平衡状態に乱れを生じさせることになる。

23

問一　a　イ　b　オ　c　エ　d　オ

問二　A　エ　B　イ　C　ウ

問三　オ

問四　**エ**
問五　幼児期からあらかじめものの見方を指示されてしまうことで、今の子どもたちは、それがなぜあるのか、何の役に立つのかを「まだ知らない」と感じる機会も姿勢も失っているから。
問六　**ア**
問七　この能力を私た
問八　**エ**
問九　**オ**

解説　学ぶ力の先駆性について説明した文章である。日本と西欧の比較はよく見られる論理展開だが、本文では筆者とカントやヘーゲルの考え方が比較されている。筆者がいう「先駆性」と、西欧哲学の「アプリオリ」との違いを読み取ること。

問一　**a**　衰微　**ア**　酔狂　**イ**　衰運　**ウ**　鼓吹
エ　精粋　**オ**　一炊
b　閑却　**ア**　勘案　**イ**　間断　**ウ**　環視
エ　感興　**オ**　安閑
c　堅牢　**ア**　頑健　**イ**　顕正　**ウ**　派遣
エ　堅忍　**オ**　権謀
d　潜勢　**ア**　鮮烈　**イ**　浅学　**ウ**　専心
エ　旋風　**オ**　潜行

問二　「『原料』が何であるかはまるでわからない」とあり、「『わかるはずのないもの』をカントは『物自体』と術語化した」と述べているのでAは「物自体」。「加工済みの『食材』」とあり、「物自体」の印象を整えると「『現象』が映現する」のだからBは「現象」。「調理道具」であるCは『物自体』と『現象』を架橋する」ものであり、食材である「現象」を「わかる」ように調理する道具なのだから「先駆的な知」＝「アプリオリ」である。

問三　「理性のあるおとなになったとき、はじめて自分が人間であることを自覚する」。このとき、自分（主観の側）から見れば、「胎児から人間への『命がけの跳躍』」があったように見えるが、「実際にはすでに生物学的下絵が描かれて」おり、「それとは知らずに忠実にトレースしている」に過ぎない。すなわち、客観的には「そうなるはずのものになった」のである。

問四　「まだ知らない」が「生き延びる上で死活的に重要な役割を果たすことがあるだろう」→「学ばなければならない」と「先駆的に確信する」ことから「学び」が始まる。他の営みの仕方とは順序が異なる。

問五　「先駆的に知る力」とは「まだ知らない」から学ばなければならないと先に確信する力のことで、今の子どもたちは「賢い買い物」のための訓練によって、「まだ知らない」と感じる機会さえ奪われている。

問六　「日本の最大の国力」である「学ぶ」力（「先駆的に知る力」）を失った日本人は「大国強国に伍して生き延びる」ことができなくなることを意味する。よって**ア**が適当。

問七　「先駆的な知」が「学ぶ」という営みの本質をなしているという前提については洋の東西で違いはないが、「それを記述するときの筆致にはずいぶん違いがある」ことを述べたくだりであり、――線部は「先駆的な知」を高めることに対してはカントの意識が低かったことを述べているので、それと対比的な内容としては、「学ぶ」力を高めることに対する日本人の意識の高さを述べた箇所（第五段落）がこれにあたる。

問八　「『成長』の比喩」＝放っておいても（主観的な決断がなくても）設計図通りになる、「『学び』の営み」＝主観的に決断する力（学ぶ力）がなければ起動しない、という矛盾があり、「『成長』の比喩」では「『学び』の営み」をうまく説明できていないのである。よって**エ**が適当。

問九　**ア**「自分へと還っていく自己」とはヘーゲルの措辞、「主観的な決断」「『先駆的な知る力』をもった主体」とは筆者の主張であり、論理が矛盾する。**イ**大国強国に伍して生き延びるためには「学ぶ」力が必要で、これを失った日本人には未来がない、と述べているのに反する。**ウ**「学ぶ力」を「だれもが持っていた」とまでは述べていない。**エ**「設計図通りにことが進行すること」はヘーゲルの主張で、「私が『先駆性』という言葉で言おうとしていることとずいぶん手触りが違う」と述べている。**オ**「『成長』の比喩は、ヨーロッパ形而上学が『学び』という営みの主観的な非合理性をうまく説明できていない事情を示している」に合致する。

24

問一　**ア**　いきどお　**イ**　ふかしん　**ウ**　えんかくち
エ　うなが　**オ**　せっぱ

問二　フロリダ住民がハリケーンの被害に見舞われた上に、被害による需要の高まりに乗じて金儲けをしようとする連中に苦しめられているということ。

問三　A　**ウ**　B　**ア**　C　**イ**

問四　Ⅰ　**イ**　Ⅱ　**エ**　Ⅳ　**ア**

問五　価格は市場の条件がもたらす需要と供給によって決まると考えた場合、「人びとがたまたま慣れている価格のレベル」が「公正」とはいえず、むしろ、ハリケーンによって生じた条件下で増加した需要に応じて価格が高騰することは適正なことと言えるから。

問六　ハリケーン後の混乱した事態では買い手に市場での自由意思や選択の余地がなく、需給に応じて価格が合意されるわけではないから。

問七　緊急事態

問八　便乗値上げ論争において展開されている、幸福の最大化、自由の尊重、美徳の促進という三つの理念が、正義に関して異なる考え方を示していることがそれを物語っている。

解説

ハリケーンの後の便乗値上げの実例を引用して、正義について検証した文章である。長い記述や自由な記述が求められる問題も多々あるので、文章を要約する力が求められる。

問二　ハリケーン・チャーリー後に便乗値上げに加わる人が現れたことの比喩表現。

問三　A「クライストが便乗値上げ禁止法を執行した」ことを示した前段落の内容を受けて、これを「一部の経済学者は……見当違いだと論じていた」と述べているので、逆接の「ところが」が妥当。B空欄の前では「間違っているのだろうか」と述べ、後では「法律はなにをすべきだろうか……便乗値上げを禁止すべきなのだろうか」とあるので、空欄には「間違っているとするなら」という意を示す「だとすれば」が入る。C空欄前の内容を言い換えているので、「つまり」が入る。

問四　Ⅰ困っている人を苦しめてまでも自分が得をしようという心性。Ⅱ市場でつく価格は「自由な社会で財やサービスが分配される仕組み」によるものであり、「一般市民の怒りは見当違い」で、「自由市場への干渉」を許すべきではないというのである。Ⅳ空欄を含む一文を、後の二文が具体的に説明している。Ⅳの言い換えに当たるのが「売り手が自然災害に乗じ……いくらでも請求することは間違っているのだろうか」である。

問五　「価格は需要と供給によって決まる」とすれば、「人びとがたまたま慣れている価格のレベル」が「特別でもなければ『公正』でもない」。「ハリケーンによって生じた条件」が価格を左右することはむしろ適正なことだといえる。

問六　フロリダ州司法長官であるクライストの言葉の引用部分である。「これ」はハリケーンの後の状態を指し、正常でない理由は次文以後で述べられている。

問七　Ⅲを含む引用部分は、前段落のクライスト司法長官の発言を説明する内容である。

問八　この問題を解決するには正義の意味を探求しなければならず、われわれはすでにその探求を始めていることが示されているという点において、便乗値上げをめぐる論争が「『正義』にかかわる問題」であると言えるのである。

小説

25

問一 ア うちわ　イ ぶぜん　ウ いす
エ けいけん　オ くび

問二 自分の息子の死

問三 エ

問四 イ

問五 婦人が自分の息子の死を微笑さえ浮かべながら語っていたこと。（二十九字）

問六 全身で泣いていた

問七 ア

解説 小説を読解するためには、まず小説の三要素「背景（例えば時や場所）・事件・登場人物」をしっかりつかみ、それらの変化をたどることが大切である。特に登場人物の心情の変化には注意を払う必要がある。その際、必ず「人物の会話や行動にその人の心情が反映される」という小説の鉄則を念頭に置くこと。

問一 このような特別な読みは小説などでよく出題される。

問二 「先生の耳をおびやか」すような内容であり、そのあとの二人の会話の中心となっている事柄であることを手掛かりにしながら、条件の「七字」にあたる部分を探す。

問三 本来は「なくなられたのは、いつになりますかな。」のはずである。

問四 手を尽くしたうえでの死なのであきらめるしかないが、それでも何かにつけ愚痴がでてきてしまう理由にあたる箇所である。――線部③は、「あそこまで致した（＝育てた）息子を失ってみますと」の意である。

問五・六 ――線部④・⑤のある文の最初に逆接の「が」が使われていることから、④と⑤は対立する関係であることがわかる。「婦人は、顔でこそ笑っていたが、じつは……全身で泣いていたのである。」の箇所が、④（＝表面）と⑤（＝内実）の対比を明確に表している。

問七 「先生」は、顔で笑って心で泣いてという「婦人」の態度に、「見てはならないものを見たという敬虔な心もち」と「ある満足」を覚えたのである。

26

問一 ア 玄関　エ 療養　オ 虚偽

問二 イ ささや　ウ かっけつ

問三 エ

問四 命を賭けて、自分のしかけて来た研究を完成させるという強い意欲。

問五 イ

問六 イ

問七 『風立ちぬ』『聖家族』など

解説 『菜穂子』は、36の梶井基次郎らとともに新興芸術派と呼ばれた、堀辰雄の代表作の一つである。繊細な心理描写をどこまで読解できるかが鍵となる。

問三 「菜穂子」は「肺」の病気（肺結核）のために、夫の圭一や姑と離れて「山の療養所」におり、「喀血したりする人」が出ると、他の患者と同様に、「こんどは誰の番だろうと思いながら、それが自分の番かも知れない不安」を感じていた。（当時、肺結核は不治の病であった。）このような境遇を踏まえると、「菜穂子」が「形のいい葉が風に揺れて光っている一方の梢」に生を、「痛々しいまでに枯れたもう一方の梢」に死を見、生と死のはざまにある自分自身を木と重ね合わせていると考えられる。したがって、**エ**か**オ**が適当であるが、直後に「感動」「もう牛や馬を怖いとも思わなかった」とあることから、悲観的感情に満ちた**オ**ではなく、**エ**が入る。

問四　「若い農林技師」は、「他の患者達よりもずっと痩せこけ、顔色も悪かった」にもかかわらず、「医師の忠告もきかずに」退院を強行した。それは、「自分がしかけて来た研究を完成して来たい」という理由からであった。「切迫した」は、死が差し迫っている状況、「生気」は、研究の完成に対する強い気力や意欲を表している。

問五　次段落の「姑」の描写に「虚偽的な」とあるのが最大のヒント。

問六　「姑」は見舞いに来てもすぐ帰ろうとしており、「菜穂子」の身を心底案じているとは思われないが、お互い憎み合っているとまで言えるような描写はない。また、二人の会話は確かに親し気な口調で進んでいるが、それはあくまでも表面的なものにすぎない。「姑」の「訝しそうな口吻」、「菜穂子」が「姑の背中に、何か虚偽的なもの」を「強く感じ」ていることなどから、お互いの心の中を猜疑心に満ちた目で探り合っていると推察される。したがって、**イ**が最適。

27

問一　**ア**　シュウチ　**イ**　オクビョウ　**カ**　イト

問二　**ウ**　潔　**エ**　警句　**オ**　暴露

問三　A　切　B　琢

問四　自分に詩の才能がないとわかるのが怖かったため、努力を怠る一方で、半ば才能に自信もあったため、詩を捨てて平凡な人々と交わることもできなかったこと。

問五　虎

問六　臆病な自尊心と、尊大な羞恥心（十四字）

問七　胸を灼く悲しみの涙（九字）

問八　**オ**

解説　『山月記』は『李陵』と並ぶ中島敦の代表作なので、読んだことのある人も多いであろう。本文は、虎に化身した主人公が旧友と出会い、自らの数奇な運命を語る場面である。したがって、全文が主人公の言葉ということになる。

問四　「珠」は、美しく高貴で装飾品となる石の意から、非常に優れた人（もの）・資質の比喩として用いられることが多い。「瓦」は、二つ前の「俗物の間に伍することも……」の文から、「珠」と対照的な意味で用いられていることがわかる。

問五　直前の「猛獣」を、より直接的に言い換えた言葉が入る。また、（C）の直後の一文に「おれの外形をかくのごとく、内心にふさわしいものに変えてしまった」とあることから、「外形」が何に変わったのかを考えればよい。

問六　本文の前半に、「人間であった時、……人々はおれを倨傲だ、尊大だといった。実は、それがほとんど羞恥心に近いものであることを、人々は知らなかった。もちろん、……自分に、自尊心が無かったとは云わない。しかし、それは臆病な自尊心とでもいうべきものであった」と述べられている。このような「内心」を端的に表現しているのが、「臆病な自尊心と、尊大な羞恥心」である。

問七　「虎と成り果てた今」、「おれ」は「……卑怯な危惧と、刻苦を厭う怠惰とがおれのすべてだった」という「事実」に気づき、「胸を灼かれるような悔を感じ」ている。しかし、「もはや人間としての生活は出来ない」のであり、「おれ」は「胸を灼く悲しみ」にあえいでいるのである。「濡らしたもの」から「涙」が連想できれば、あとは、「涙」を流す心情を端的に表している語句を用いてまとめればよい。

問八　消去法で考えると、**イ**・**エ**は明らかにポイントがずれている。**ア**は、「おれ」は自分の才能を信じ切っていたわけではないので不適当である。残るは**ウ**・**オ**であるが、「おれ」は自らの「臆病な自尊心と、尊大な羞恥心」によって人間らしい生活に破綻をきたし、ついには外形までもが虎に変わってしまったのだから、**オ**が最適である。

28

問一　A **イ**　B **ク**　C **オ**　D **キ**　E **ア**

問二　**イ**

問三　父親に心配をかけたくない気持ち（十五字）

問四　**イ**

問五　**ウ**

解説　小説では、写実的な描写の中にも登場人物の感情を反映しているものもある。この文章では、歯の痛みをこらえる少年と心配する父親との関係が描かれている。

問一　空欄の前後から判断する。

問二　「遠くの席の赤ん坊の泣き声」は普段なら、気にもとめないのであるが、神経質な状態になっている分だけ、耳につくのである。そのような観点から考えると、**イ**が適切である。具体的に、——線部の前後の内容で、選択肢を検討する。まず、「歯の痛みをじっとこらえている」「繊維がきつくくい込んだらしい」などから、苦痛が並大抵のものではないことが把握できる。そのため、**ア**の「苦痛を忘れさせる」が不適切。また、**ウ**や**エ**のように赤ん坊のことを考えている記述が見られないことと、痛みで心の余裕はないので、この両者も不適切である。**オ**は「不愉快」とは文中に述べられていないので、不適切である。

問三　「父親は、困ったなという表情になった」という状況を受けて、「その表情を見たとたん」「大丈夫」と心とは裏腹なことを言ってしまったということは、父親に心配をかけたくなかったからである。

問四　父親は息を詰めたくなるような痛みに耐えている息子を思案して、大切にしていた扇子を引き裂いたのである。ここでは、扇子を駄目にしてしまったことに対する少年の後悔の気持ちを表していることが分かれば容易である。そう考えると、自動的に「あっけにとられている」という点から、壊すのを予測していなかったことが伺えるので、**ア**は不適切である。**ウ**も扇子に対する後悔ではないので、不適切。また、**エ**は「自分の不注意から」の部分が不適切である。父親からわざわざ扇子を見せられたという記述から、少年がさほどこの扇子に対して気を止めていなかったことが読み取れるので、**オ**も不適切である。

問五　順に選択肢を見ていくと、**ア**は「少年も気に入っていた扇子」が不適切である。**イ**は「父親への感謝・尊敬」は文中のどこにも見られない。**エ**・**オ**は、文中にはこのような記述が見られない。したがって、**ウ**が適切である。

29

問一 **ア** 渋い　**イ** 貼られた　**ウ** 漠然　**エ** 切符
オ 払われた　**カ** 一瞬　**キ** 葬式　**ク** 親戚

問二 寝たきりと

問三 **イ**

問四 （初め）祖母の袖を　（終わり）に感じた。

問五 〔病気になる前は、〕体がおおきく、ケヤキの大木のようにたのもしかったが、寝ついてからは体がしぼみ、乾いた木ぎれを床に置いたようになった。（五十八字）

問六 祖母とはぐれてしまったことに気づき、不安になったから。（二十七字）

問七 返って（かえり）

問八 **エ**

解説 祖母が寝たきりになった後亡くなるまでの、孫であるケンの心情の変化が表されている。回想が挿入されるため、過去か現在かを理解しながら時間の流れを追うことが重要になる。

問一 **イ**「貼られた」と**オ**「払われた」は、同訓異字に注意する。

問二 祖母の様子は、次の段落に説明がある。初めの文の「ばあちゃんは中風で倒れた。」では世話が必要な状態の説明にはなっていない。次文の「寝たきりとなり……家の人のたすけが必要となった。」が、世話を必要とする理由を具体的に最もよく表した一文である。

問三 次段落に、祖母が寝たきりになってからのケンの様子が描かれている。ケンは祖母が「彼の顔をみるとすぐ涙ぐみ、意味のわからぬことを口にし、どうも気味がわるかった」ために、はじめのうちは「祖母にちかづかなかった」。そんなケンが祖母にお茶を飲ませようとしていることに、母は驚いているのである。

問四 「ばあちゃんはもっとたのもしいはずだ」というケンの心情の後、たのもしかった祖母の姿が描かれている。母の兄が暮らす焼津を訪ねる途中の上野駅での出来事が描かれた「祖母の袖をケンはぎゅっと握り」から、「祖母にしがみついて彼は、屋敷にそびえるケヤキの大木に抱かれるように感じた。」までが回想の場面である。

問五 ――線部③の次文から、段落末尾までに「ふしぎな気がした」根拠が書かれている。また、寝ついてからの祖母を「乾いた木ぎれ」のようと表現しているのに対し、元気だった頃の祖母を「屋敷にそびえるケヤキの大木」に例えている。

問六 ケンは、見知らぬ「別の人」に手を払われたことで祖母とはぐれてしまったことに気づき、人ごみの中でたまらなく不安になって涙がわいたのである。

問七 列にならんだケンは疲れて眠気に襲われ、「ときどき、こくんと頭がさがる」。そのたびにはっとして祖母の「袖を握りなおす」のだから、「われに返って（かえり）」とするのが適切である。

問八 紺の木綿のたびは、ケンのために祖母がつくってくれたものだったが、それをはくとケンは「足がきゅうくつでたまらない」ため、「真冬でも素足で遊びまわった」とある。ほとんどはかなかった「木綿のたび」は、陽のあたる部屋でいつも針を使っていた祖母の姿が思いだされる物となったのである。

30

問一 **ア** 絶滅　**イ** 由緒　**ウ** 催　**エ** 代償

問二 (A) **ア**　(B) **ウ**　(C) **オ**　(D) **エ**
(E) **イ**

問三 成功し

問四 ・金銭の対象になること。
・人間の実生活を利すること。

問五 **エ**

問六 近くの小都

問七 東京の生活を離れ帰郷してみると、高校時代までに目にした蛍がほとんど町には見られなくなり、もし蛍の光を呼び戻すことが出来れば、町は自分の故郷として、一層強く自分の内部に根をはるにちがいないと思ったから。

解説 小説的要素の強い随筆である。ある老人と俊一郎との言葉のやりとりに着目しながら、読み進めていくとよい。

問二 (A)は、後の「お教えいただけませんでしょうか」「おそるおそるたずねた」と口を開いて欲しい気持ちが現れているから、**ア**が適切である。(B)は、空欄の前までは一言ずつしか答えなかったのに、空欄後ではかなり長い会話となっていることから、**ウ**が適切。(C)は、直後に俊一郎が苦笑している点と「断りました」という内容から、**オ**が適切である。(D)は、「蛍をなんだと思っているんでしょうかね」と憤りを表しているから**エ**が適切である。(E)は、「私もあなたと同じように～好きでやっているにすぎないのですから…」とあり、老人が俊一郎に対して、利益主義の世間の人間と異なることに親近感を持っているので、(E)は**イ**が適切である。このような空欄補充は分かる個所から順に消去法で埋めていくのがよい。

問三 「ようやく」は動作・作用の状態を表す副詞である。副詞は用言を修飾するので、ここでは動詞の「成功し」を指す。

問四 直前の文に注目しよう。報いに相当する部分は、「金銭の対象となる」「人間の実生活」である。

問五 老人が蛍が新聞に載ることを好ましく思っていないことが読み取れる。その理由は、「団扇でたたき落とされてはたまりません」「金銭を得るための道具に利用しようとする人間に対して激しい怒りをいだくのは当然だ」という点から、**エ**が適切である。**ウ**は迷うところであるが、より本質的な理由を述べているのは**エ**となる。**ア**と**イ**は文中からは読み取れない。

問六 第四段落に情景についての記述が見られる。

問七 問六に関連している。第四段落に俊一郎の蛍への思いが述べられている。この部分を簡潔にまとめればよい。

31

問一 パンのために精力のあらん限りを用い尽くす生活。

問二 貧しい生活のために、多くの人々が本来の才能を開花させることなく朽ち果てること。(三十九字)

問三 優れた資質を自ら押し殺すという不条理に耐え抜くのは立派だが、資質は本来のびのびと発揮すべきだから。
(四十九字)

問四 天与の画才と絵を描くことへの抑えがたい衝動。

問五 **イ・ク**

解説 小説の出題のほとんどは、この問題のように長い文章のある一部分を抜き出してきたものにすぎない。その意味から考えても、与えられた部分から主人公の心情を読解することはかなり難しい行為である。この問題文の最初にある状況設定の文は、数少ない場面を把握する道具である。こうした道具は、設問中にも多く見られるので、見落とさないよう注意する必要がある。

問一 「**読解のために**」から、それまで続いた十年の生活を指していることがわかる。あとは、その内容が最もよくまとまった部分を探すことである。

問二 「悲しく」「不条理」と思っているのは、すぐ前の文章内容のことである。設問の条件に沿って、「天授の特異な力を踏みしだかれ」、「墳墓の草となって」などの表現をわかりやすく換言する必要がある。

問三 「特異な力を埋め尽くしてまでも、当面の生活に没頭しなければならない」という不条理を背負い続けることが、「尊敬」に値するのである。また、このように、本来力のある人が本領を発揮できない境遇にいることを、「尊敬」より「同情」を持って「悲しい人生の事実だ。」と言い切っている部分に注目。ここから、「私」が、この状態は本来あるべきでないと考えていることがわかる。

問四 青年の中にある捨てることのできないあこがれを解くカギは最終段落にある。ここでは、青年が漁師をしながらも、漁に出られない日を絵のためだけに費やす事実が描かれている。また、青年がそうしようとする根底には、捨てることのできない「性格のなかに植え込まれた」何かがある。それは、本文中の言葉で表すなら、「天授の特異な力」であろう。

問五 **ア**と**エ**は新思潮派、**ウ**は新感覚派、**オ**は耽美派、**カ**は新戯作派（無頼派）、**キ**は新興芸術派の作家である。

32

問一 **ア** 暑 **イ** 遠慮 **ウ** 散乱 **エ** 軽蔑 **オ** 視野

問二 ㋐ 擬人法（活喩） ㋑ 淡い緑いろの光の呼吸

問三 自分の目前で人が自殺しようとしているのをとめないのは耐えられないことであり、それに耐えるためには大きな勇気がいるから。

問四 生きるっていう、手ごたえを得ること。

問五 A **ウ** B **エ** C **オ**

解説 会話中心で、難解な言葉もないので、比較的取り組みやすい文章である。

問二 比喩法の代表的なものは、明喩（直喩）、暗喩（陰喩）、擬人法（活喩）の三種類であるが、海の感触を「肌」と表現しているので、擬人法である。同様に、人間以外のものの様子を人間にたとえているのは夜光虫の光の点滅を「呼吸」と表現している箇所である。

問三 自分の目の前で人が死のうとしているのを見たとき、私たちは人間の誰もが持つ自然な感情として、「とめたい、助けたい」と強く思うものである。人が死のうとしているのをとめないのは、そのような感情を抑えることであり、忍耐を強いられる。だから、（自殺をとめることより）それに耐えることのほうが、「ずっと勇気のいること」だというのである。

問四 女は、昨晩の慎一の父の話に心を動かされたのだから、その中から父の仕事ぶりや、父が「働く」ことをどのように考えていたかがわかる箇所を探す。

問五 (A)は、危険を知らせてくれた慎一に「かまわないで」と言った直後であり、しかも、「彼はその顔をおぼえていた」とあることから、女は海ではなく慎一を見ていたと考えるのが自然である。よって、**ウ**が最適。(B)では、女は慎一の話に心を動かされながらも、まだかたくなな姿勢を崩しておらず、何も語っていない様子から、**エ**がふさわしい。(C)の時点では、女は自殺を思いとどまり、慎一に「笑いかけ」ているので、**オ**が適当。

33

問一 **ア** 隣家 **イ** 築山 **ウ** 一杯 **エ** 折角 **オ** 今朝

問二 **イ**

問三 **イ**

問四 **ウ**

問五 猫の祟りに対する浅之丞の恐怖心。(十六字)

問六 切腹を目前にした浅之丞が、死以外の恐怖を感じられなくなったため。

問七 猫の鳴き声を聞き取ることに意識を集中したこと。

問八 **ア・ウ**

解説 ユーモアの中に人間の感情の機微が表された文章である。登場人物の感情の変化や思惑をしっかり読み取ろう。

問一 **イ**の「築山」は、庭園に土砂や石で築いた山。

問二 吹矢で額を射られた猫はほぼ即死状態だったことがうかがえるので、**イ**の「辞世も何も詠まないで」が妥当。

問三 自分で猫を射殺しておいて、浅之丞は猫の「死様のむごたらしさをひどく気に病んでいた」のである。Bには「気の弱い」や「臆病な」などといった性格を表す修飾語を入れるのが妥当。

問四 厄介事を抱える甥に「少くとも一人は無くてはならない」のが「伯父」である。つまり、その厄介事を処理してくれたり、対処法を教えてくれたりと役に立つ存在なのである。

問五 伯父は本当に猫に祟られていると思ったわけではない。猫を無残に殺したことで猫の祟りにおびえる浅之丞に、切腹によって死ほど怖いものはないことを感じさせようと考えたのである。

問六 本当に切腹する際《きわ》になって死への恐怖に支配され、猫の祟りを恐れる気持が消え去ったからである。

問七 感覚・意識を聴覚だけに集中させたことを表している。

問八 「猫の逃出した下っ腹」に「いつの間にか『武士道』と『孟子』(=武士の精神)とが帰って来」たのだから、猫が居すわっていた時には「武士道」と「孟子」はどこかへ行ってしまっていたことになる。つまり、猫(に対する恐怖心)を取り除くことには何の役にも立たなかった。「遠慮して」という文言から考えると、「武士道」や「孟子」が居づらくて小さくなっているということなので、問われている浅之丞の思いとしては、「武士の児」としてふがいない自分は、「武士道」や「孟子」の教えにふさわしくない、とするのが妥当である。よって正答は**ア**と**ウ**。「武士道」や「孟子」が帰ってきたものの「ガマガエルのように遠慮してそっとため息をついていた」のである。

34

問一 **エ**

問二　難民

問三　医者として死の事実を正確に告げることよりも、残される家族が最期を見届けたと安堵できるようにとりはからうこと。（五十四字）

問四　ア

問五　ウ

問六　ア

問七　ウ

解説　医師である主人公は、かつて恋心を抱いた女性の死に際に直面している。彼は、どのような立場で、また、どのような思いで彼女の死を看取ろうとしているのかを読み解こう。

問一　「ぼく」は、タバコが「長い灰だけ」になるまでの間、ずっと難民たちと裸の幼児の様子を見続け、「ため息」をついたのである。

問二　「たくさんのうちの一人」とは、裸の幼児のことを指している。子どもであるがゆえに注目も同情も集まるが、公平性を保つために難民の一人だと思うほかない、と通訳のダンは言っているのである。

問三　「残された者の内に生まれる喪失感の深さの度合いだけ」が死に価値を与えると考える「ぼく」が、死者を見送るとき、第三者の医者としてしてきたことは、死亡時刻を偽ってでも残される側である患者の家族が最期を看届けたと安堵できるようにとりはからうことである。

問四　これまでは「第三者でしかあり得ない医者」として、「残される者の側に立って」死者を見送ってきたが、かつて恋心を抱いていた千絵子の死によって「初めて残される者になろうとしている」。つまり、「残される者の側」に立つ第三者ではなく、「残される者」という当事者として、大切な人を失くすことの大きさを初めて経験するのである。

問五　背筋に寒さを覚えるのは、恐ろしくてぞっとするときである。

問六　赤い胸水の色に、一日の終わりを示す夕焼けの色が重なったことに、看護婦は患者の運命について暗示的なものを感じているのである。

問七　千絵子の「ごめん、なさい」が泣き出したことに対してではなく、過去のことに対してだと感じた「ぼく」は、「千絵子にあの上野駅以後のことなど話して欲しくなかった」ために、カンボジアでの出来事を話し続けたのである。「上野駅以後のこと」とは、ふるさとに帰って互いに夢を実現させるという約束をして別れた（大問の説明文参照）後のことと判断できる。

35

問一　①ウ　②エ　③エ　④ア

問二　イ

問三　イ

問四　ア

問五　自分のために性能の良い臓器を選択しようというイーヨーの弟の考え方を不快に思ったから。（四十二字）

問六　エ

問七　ウ

問八　イーヨーの弟の発言を誤解していたことが分かったから。（二十六字）

問九 **ア**

問十 **イ**

解説 息子「イーヨー」の寄宿舎入りを軸に、家族それぞれの「イーヨー」に対する理解を、父である「僕」が語っている場面である。

問一 ① 緩慢 **ア** 悲観 **イ** 還付 **ウ** 緩和 **エ** 慣例
② 荘重 **ア** 伴奏 **イ** 総括 **ウ** 遭難 **エ** 別荘
③ 充血 **ア** 操縦 **イ** 難渋 **ウ** 重厚 **エ** 補充
④ 放免 **ア** 放送 **イ** 奉仕 **ウ** 大砲 **エ** 報酬

問二 イーヨーの「困ったような、かつはしみじみとしたような眼」や「僕がいない間、パパは大丈夫でしょうか？」などの発言から、父親の言葉をうっとうしがる様子は見られないので、**イ**があてはまらない。

問三 妻の取りなしの言葉は、「それよりイーヨーがしっかりしなければ」である。父親を心配するイーヨーの言葉を否定しないことが、妻からの「思いがけない一撃」だったのである。

問四 ⓒの理由は、次文に記されている。「兄の方がでなくて、今度は弟が病気だというのが気の毒だ」という先輩作家の言葉は、自分の「意識の底の方にあった、弟のかわりにイーヨーがという」思いを「僕につきつけてくるものであったから」である。

問五 「誰の腎臓をもらうつもりだった？」という質問に、弟は「イーヨーは『ヒダントール』をのんでいるからね」と答える。これを「僕」は、「先方の臓器の性能で判断するのか」と受け取り、「ムッとした」のである。

問六 「イーヨーの腎臓は、悪くなっていると思うかね？」という父からの問いかけに、弟は、父が自分の言葉を誤解していると気づいたのである。

問七 「父親の誤解における自分の像」とは、「ヒダントール」をのんでいるようなイーヨーの腎臓はもらいたくないという自分であり、そんなふうに誤解されていると気づいた弟は「みるみる真赤になった」のだから、**ウ**の「恥じた」が適切である。

問八 弟の発言は、兄イーヨーを思いやってのものだったと分かり、自分の誤解をあやまり、「そしてイーヨーの弟の配慮の適切を認めたのである」。

問九 「忸怩」とは、自分の行いについて心の中で恥じ入ること。イーヨーの弟に腎臓の病気の疑いがあると知ったときに「弟のかわりにイーヨーがという、一瞬の酷たらしいひらめきのような思い」を抱いた「僕」だったが、これに対し、「僕」の「誰の腎臓をもらうつもりだった？」という質問に対するイーヨーの弟の発言はイーヨーへの配慮に満ちたものであった。また、レコードを「選んでおけという僕の発案」にとまどうイーヨーを見て、妹はイーヨーが選ぶことができない理由を適確に言い当てた。親としてイーヨーに関心を集中しているにもかかわらず、妹や弟ほどイーヨーを観察し理解していなかった自分を恥じているのである。**イ**は、イーヨーの弟から諭されたのではないので誤り。**ウ**は、「両親の関心がイーヨーに集中している」と認めているので、「イーヨーだけに関心を傾けていたつもりはない」という部分が誤り。**エ**は、イーヨーから心配されてしまったことを恥じているのではないので誤り。

問十　イーヨーの「まいりました！」は、父から寄宿舎に持っていくカセットに録音するレコードを選べという指示に困惑しての発言であり、また妹が助言してくれたことへの感謝も含まれていよう。レコードの前に一時間も正座している様子には、音楽への集中もうかがえる。ここには父親を心配する気持ちは表現されていないので、**イ**があてはまらない。

36

問一　A　**ウ**　B　**エ**　C　**オ**　D　**イ**　E　**ア**

問二　苦渋や不安や恐怖の感情（十一字）
　爽やかな安息（六字）

問三　療養地の身を嚙むような孤独（十三字）

問四　遺棄された→遺棄させた

問五　毎夜、闇に姿を沈めること。（十三字）

問六　絶望への情熱

問七　苦渋や不安や恐怖から敢然と踏み出すこと。（二十字）

問八　闇と一如になる予感（九字）

解説　問題文が長く、しかも、かなり難解な文章である。主人公である「私」の「闇」に対する複雑な感情を理解するには、療養の身である「私」にとって、「闇」に対する感情は、「死」に対する感情を暗示していることを踏まえる必要があろう。そうすれば、「苦渋や不安や恐怖の感情」「絶望への情熱」「深い安堵」などの心理も、理解しやすくなるだろう。梶井基次郎の小説に登場する主人公の多くは、結核などを患っている青年で、その生活は病鬱に満ちた世界である。このような文学的知識があれば、読解の手助けになる。

問一　（A）は、「昼間」の「谿向うの枯萱山」の形容であり、「夜になると黒ぐろとした畏怖に変った」との対応から、**ウ**が適当。（B）は「黒ぐろとした山」の「中腹に一箇の電燈」を見たとき、「その光が……恐怖を呼び起した」とあるので、何かを呼び起こすときの形容として**エ**がふさわしい。（C）は、「呼吸困難」になって、「じっと」している「私」の「風」、つまり、様子を表す言葉としては、**オ**以外にはない。（D）は「大きな椎の木」を「見上げ」たときの印象で、「その木の闇は至って巨大だ」「梟の声がその奥にしている」という表現をヒントに考えれば、**イ**が適当とわかる。（E）は「夜空を劃」る「尾根」の形容であるので、**ア**と容易に結びつくであろう。

問二　第一段落で、「私」は「闇」のなかで一歩を踏み出すときの気持ちを「苦渋や不安や恐怖の感情で一ぱいになった」と表している。しかし、第一段落後半～第二段落では、そのような「感情で一ぱいになった一歩」を「敢然と踏み出すため」に必要な「絶望への情熱」という「意志を捨ててしまう」ことによって、「深い安堵」に包まれると述べている。この二つが「相反する両義の感情」であるが、字数制限を考慮して、後者については別な表現を探す必要がある。

問三　第四段落に、「私はながい間……療養地に暮していた。……其処で闇を愛することを覚えた」とある。さらに、闇のなかへ出かけ、その風景を眺めることは、「療養地の身を嚙むような孤独」とは切り離せないものだと、第六段落で述べている。

問四　「私自身を遺棄」とあるので、主語として「私は」を補うとわかりやすい。また、「わざと」の文言にも着目する。

問五　――線部②を含む会話部分の話者は、直前の「彼等」、すなわち「黒い山山」であり、「こんなこと」とは、太古より毎夜繰り返されて来た「闇のなかへ沈む」ことと考えられる。

問六　「闇」のなかでは「苦渋や不安や恐怖の感情」を抱かずにはいられず、そのような感情を抱いたまま「敢然と踏み出すために」は、「絶望への情熱」がなくてはならない。「絶望への情熱」とは、「苦渋や不安や恐怖」というマイナスの感情を前提とするプラスの感情であり、このようなどっちつかずのはっきりしない態度を、「煮え切らない」と称しているのである。「煮え切らない考えを振るい落して」という表現が、「そうした意志（＝絶望への情熱）を捨ててしまう」と照応していることが大きな手掛かりとなる。

問七　「絶望への情熱」という煮え切らなさを振るい落とすことによって、生ずる「新しい決意」であるから、その内容は「苦渋や不安や恐怖」そのものから解放されることを意味する。

問八　「苦渋や不安や恐怖」から敢然と踏み出せば、「私」は「深い安堵」に包まれるはずである。「深い闇のなかで味わうこの安息」は、「巨大な闇と一如になってしまった」という感情である。「闇のなかへ消えてゆく」という表現には、闇と一体となって姿がわからなくなる、というニュアンスがあることもヒントになるだろう。

37

問一　**ア**　ひた　**イ**　しぶみ　**ウ**　のうしゅよう
エ　はんもん　**オ**　きゅうだん　**カ**　わたくし
キ　せき　**ク**　かんすい　**ケ**　いちず

問二　一触即発

問三　重孝はかつて義父から国立博物館所蔵の『破墨山水図』を託された。それは義父が鑑査官という立場を利用して、国宝を私化したのも同然のことであった。ジャーナリストである重孝だが、義父の申し出は断れなかった。（九十九字）

問四　寿命の限られた人を相手に、自分だけに託された秘密の画を、やはり突き返すことはできなかったということ。（五十字）

問五　一番良い方法はわたしを共犯者に仕立てることだ。

問六　どんな理由があるにせよ、国民共有の宝物を私するのは犯罪だから。

解説　会話を中心とする場面を通して、登場人物の心情の変化や出来事をいかに的確に把握できるかをみる問題である。本問のように背景に込み入った事情がある場合は、人物関係やいきさつを示す部分に印を付けながら読み進めると整理しやすい。

問二　空欄の前後を見れば、抜き差しならない危険な状態を表す四字熟語が最適だとわかるであろう。ほかの選択肢を漢字に直すと、次のとおり。「一挙両得」「一石二鳥」「東奔西走」「閑話休題」。

問三・四　二問とも、制限字数は多いが、簡潔にまとめないとすぐに字数を超えてしまう。問三は、「誰が誰に何をどうしたか」という出来事のポイントを押さえてまとめること。ここでは、義父が重孝に託した絵が、国宝を私化したものであったことが最大のポイントである。また、問四は、「義父さんの……突き返せなかった。」という重孝の言葉を要約すればよい。

問五　「奇妙な別の考え」とは、直後の「国民共有の……」から、

「……一途なはずだった。」までの重孝の言葉の中にある。最も核心的な部分である「一番良い方法」「目的を完遂できる」という表現に着目しよう。

38

問一 **ア** 新興 **イ** 乾燥 **ウ** 栽培 **エ** 抑揚 **オ** 指摘

問二 「標準語」からはほど遠い言葉のクラスメイトが、自分の関西弁を笑うことに納得がいかない、という気持ち。

問三 多数派が正しく、少数派は切り捨てるという考え方のこと。

問四 自分と同じような違和感をおそらくもっているであろうに、そのことを気にしていないサンペイ君の存在が気になっているということ。

問五 サンペイ君がクラスメイトに無視されたりしても平気な理由がわかるかもしれないと思ったから。

問六 (Ⅰ) **ア** (Ⅱ) **ウ**

解説 場面や背景を理解して、博士の心情とサンペイ君の人物像を読み取ろう。

問一 **エ**の「抑揚」は、音の調子の上げ下げ、イントネーションのこと。

問二 転校生である博士の関西弁を笑った側の言葉も「標準語」からはほど遠いものだったことに、博士は「釈然としない思い」を持ったのである。

問三 「数の論理」とは、意見の集約を行うことなく、多数決によって結論を導こうとする考え方をいう政治用語である。関西弁は博士ただ一人で、ほかはみな地元なまり。よって、少数派の関西弁が勝てるはずもなく、博士が多数派である地元の言葉の抑揚を覚えることになるのである。

問四 ——線部③の「理由」とは、「お前がいるべき場所はここじゃないんだ、と……囁かれるような違和感」があらわれ、「そわそわした気分になった」時に、いつも「サンペイ君の……後頭部」を思い出す理由である。「昼休み学校を抜け出して釣りをしているサンペイ君」は、おそらく自分と同じように「この場所は違うぞ」と感じているのであろう。しかし、その違和感に「そわそわ」する自分とは対照的に、彼は「気にしていない」。そんな彼の存在が無意識のうちに気になっているために、前述のような違和感を感じる時には、「サンペイ君の強情な癖毛の後頭部」が思い出されるのである。

問五 直前に「自分だったら……クラスメイトに無視されたりしたらやっていけない。サンペイ君はなぜ平気なんだろう」と、「サンペイ君のことが知りたくなった」理由が記されている。

問六 (Ⅰ) 「一目置かれる」は、優れていることが認められて敬意を払われること。

(Ⅱ) 「かぶりを振る」は、頭を左右に振って否定や不承知を示すこと。

39

問一 **ア** といし **イ** くぼ **エ** うらや **オ** けんせい **カ** だま **キ** けが

問二 **ウ** 浪費 **ク** 我慢

問三 相手を羨むあまり、その存在が異常なほど意識されて、挙動のひとつひとつを気にせずにはいられないという思い。

問四 自分自身にいら立ち、思い切ったことをして兄に自分の存在を誇示したかったから。

問五　自分で自分を傷つけておきながら、どうすればよいかわからなくなり、兄に何とかしてほしいと思う甘えた気持ち。

問六　自分で自分の感情を抑え切れないうえに、それを持て余してしまうわがままな気持ち。

問七　すべてが兄の思いどおりになり、自分はどうしても兄にはかなわないという気持ち。

解説　心理描写が中心の場面である。兄と弟の関係、弟の兄に対する対抗意識・劣等感と、それとは矛盾する甘えた気持ちは理解できるだろうが、それを自分の言葉で説明するのはなかなか難しい。日ごろから、類題で表現力を身につけたい。

問三　「こんな思い」が指しているのは、同段落冒頭から直前までの「浩」の心情描写部分である。自分とは違い、小刀を周到にといだ兄を「羨んだ」弟にとって、兄の存在は「意識されてならなかった」のであり、兄が「どんな風にとぐか気になった」のである。

問四　浩は兄を羨み、その存在が意識されてならないのに、自分は「人（兄）をこんな思いにさせること」はない。自分がそんな小っぽけな存在にすぎないことに耐えられず、自分の存在を兄に知らしめようとして、自らを傷つけるという大胆な行為に出たのである。

問五　兄に自分の存在を誇示するために、自分で自分を傷つけたものの、兄には弟の怪我を気にする様子はなく、事の収拾がつかなくなってしまったのである。本来ならば、「嘘」をついた張本人が「後始末の仕方」を考えるのが当然である。しかし、浩は自分ではどうすることもできず、その「後始末の仕方」を、「嘘」をついた相手である兄に求めたのである。そこにあるのは、「甘え」にほかならない。

問六　「これ」、すなわち、「次から次へと出て来」る「血」の「流れ具合」が、「僕の気持」の象徴となっている。さらに、直後の「兄さん」のような「緊った気持」とは対照的な気持ちであるはず。

問七　宗一は小刀を周到にとぎ、浩を羨ましがらせているのに対して、浩はうまくとげず、自分自身にいら立ちを感じている。その間、兄は黙々ととぎ、浩の存在を気にする様子もない。そこで、浩は兄を振り向かせようと嘘を仕掛けたが、兄はそれに引っ掛からないどころか、嘘の後始末の仕方まで冷静に教えてくれる。浩の子供じみた行動とは対照的に、兄は何事にも動じることなく落ち着いている。このような様子に、浩は、どうやっても「兄さんのように緊った気持」になれない自分を省み、兄が自分より秀でていることを認めざるを得なくなったのである。

40

問一　(ア)　①　(イ)　②

問二　A　**ウ**　B　**オ**　C　**ク**

問三　まるで、田舎の寺の住職という職務をあまりにも忠実にやってのけたような父の死は、死に方を教え廻っていた者が自ら実演してみせてあやまって死んだような、一種の過失といった感じを与えるという意味。

問四　(1)　物質には精神がないから。(十二字)

(2)　父の精神が、死によって物質に変貌し、私から遠

い距離に存在するものになったことを、父の死顔が如実に語っているから。（五十六字）

問五　**ア**

問六　**オ・キ**

解説　三島由紀夫の小説『金閣寺』の、主人公であり語り手である「溝口」の少年時代の終わりを描いた場面である。父の死に対する場面で描かれている「私」の心情を読み解く。

問一　（**ア**）の「如実」は、実際の通りであること。（**イ**）の「類推」は、似ている点をもとにして他を推し量ること。ここでは、「生ける者」が死者との対面で見せる態度がおおむね同じであることから推し量られる様子のことである。

問二　A　第一段落に「まるきり人間的関心ともいうべきものの、欠けていた」とある。

B、C　「父の死を自分が少しも悲しんでいない」とある。

問三　「適切すぎて」というのは、「私」の父が、田舎の寺の住職という「職務をあまりにも忠実にやってのけた」ことを言っている。それが「異様」なものにとれるのは、父の死が「一種の過失といった感を与える」からである。

問四　（1）「その理由」とは、「五月の花々とか、太陽とか……そういう物質が何故あれほど私によそよそしく、私から遠い距離に在ったか」の理由である。それは、父の「精神が、死によって……物質に変貌する」ことで、「私」が物質の存在の遠さを実感しているところに起因する。つまり、物質には精神がないために、遠くに感じるというのである。

（2）「そういう局面に触れ得た」ことで、「その理由が呑み込めて来るような気がした」のである。「そういう局面」とは、父の死顔を見て、物質の存在が、われわれの手の届かない遠くにあることを実感したことで、「精神が、死によって、こうして物質に変貌すること」を目の当たりにしたことによる。よって、目の前にある父の死顔が、精神なき物質で、手の届かない遠い存在のものだと認識したためだと判断できる。

問五　「この言葉」とは、「最後の対面」を指す。死者との対面では、「生ける者」の様子や態度は、おおむね、生前の死者の姿を思い起こして悲しみにひたるというものであろう。

問六　「私」は、「まるきり人間的関心ともいうべきもの」が欠けており、「父の死を……少しも悲しんでいない」が、父の死については、物質の存在に絡めて深く考察していることがうかがえる。また、「大声で歌いもせず、叫びながら駆け回りもしない少年」と自分を言っているので、「思索的で内向的」と言える。

「物質があれほど私によそよそしく、私から遠い距離に在ったか」とあり、物質との距離と疎外を感じていることがうかがえる。そしてそれら「手の届かないもの」を「ただ見る」ことによって、自分の生を確かめ、物質とつながることができるのである。

41　**問一**　**ア**　し　**イ**　もっぱ　**ウ**　つぐな

問二　金沢市

問三　**ウ**

問四　詩ならとも

問五　**イ**

問六　他人に見せる自分を本当の自分と別なものにしてあるのに、そうとは知らないで、友人は私に近づき愛してくれたということ。（五十七字）

問七　だれにも本当の自分を見せていないことに対してうしろめたさを感じているということ。（四十字）

解説　当時高校生であった筆者の小説家に対する敵対心、特に同じ高校の一つ上の学年に在籍する小林多喜二への対抗心が表され、それが何から来ているものなのかを記している場面である。

問二　室生犀星は、石川県金沢市出身の詩人・小説家である。

問三　**ア**は夏目漱石、**イ**は森鷗外、**エ**は志賀直哉、**オ**は太宰治の作品である。

問四　「本の本当の中身がもう抜き去られているような気がした」のは、小林多喜二が「私に分からないカンジンの所を……みんな吸収してしまっているにちがいな」いと思っていたからである。

問五　「私」は、小説に対して「中身も表現も粗雑」と思い、詩人でありながら小説も書く室生犀星や佐藤春夫を「いくらか軽蔑」している。そして「彼等小説家の誰よりも詩人萩原朔太郎が偉い」と思っている。詩人が偉いということの動機付けを小説家を軽蔑することで保っているのである。

問六　「私は、他人に見せる自分を本当の自分と別なものにしておく」という傾向がある。よって、「私」に近づく友人は、「本当の自分」ではない「私」を愛してくれているのであり、こうした作為的な態度を友人の「愛を盗んだ」と表現しているのである。

問七　「私が彼等（自分を愛してくれる友人たち）を結果として愛するようになったとしても……本当の償いにならなかった」のは、「本当の自分」を見せないまま愛され、愛することの罪悪感で心が重いのである。

42

問一　**ア**　無辺際　**イ**　漆黒　**ウ**　狭量　**エ**　媒介　**オ**　損

問二　個の実体

問三　顔に表れる個の実体に美しさを感じるから。（二十字）

問四　セロファン膜みたいな私の偏見

問五　**ア**

問六　黒人であるとかエイズ患者であるとかの区別なく、ナサカの顔と私の顔をただ行き来する蝿によって、ナサカと自分は共に単なる二つの実体としてそこにあるということ。（七十七字）

問七　②

問八　**オ**

解説　前半（第六段落まで）で主人公の今の心の動きを描き、第七段落で「なぜ顔なのか」と問いかける。後半（第八段落以後）で、ナサカとの面会の場面を通してその答えを導き出し述べている。

問一　**ア**の「無辺際」は、果てしなく広いこと、無限の意。**イ**の「漆黒」は、漆のように光沢のある黒。**ウ**の「狭量」は、心のせまいさま。

問二　次文に「美は死にゆく者たちの顔という顔に発していた」

とある。「私」は、最後の段落でナサカの顔に「病に損なわれた醜く美しい……個の実体」を見ており、すなわち、「個の実体」を顔に発する「美」と捉えている。

問三　問二解説参照。顔に発する「個の実体」を「美」と捉えているから「憑かれる（＝魔性のものに乗り移られたような状態になる）」のである。

問四　「そのように」は、前文の「他の無数の黒人と同様に、とことわの黒い仮象（実際に存在するように感覚に現れながらも、それ自身客観的な実在性を持たない形象）のように」思うことを受けている。次文では、「広角レンズで、たくさんの対象をひとかたまりにして見る癖」と述べている。黒人を「ひとかたまり」にして自分とは永久にかけ離れたところにある存在と認識しているのである。この認識が、蠅により変化する。「仮象化して見ていたセロファン膜みたいな私の偏見」を突き破り、ナサカの顔が「個の実体となった」のである。

問五　病気がうつりはしないかと内心で思ってはいるが、彼女の手前、ハエを追い払うことができない。うわべを取り繕ってハエを追わないで我慢している様子から**ア**の「虚勢」が妥当。

問六　ナサカの顔と自分の顔を行き来する蠅は、エイズ患者か否か、黒人か否かといった区別なく、ただ、二つの実体を行き来しているに過ぎない。そう感じたとき、「私の偏見」は破られ、ナサカも自分も同様に「個の実体」であると感じられたのである。「原寸大」は広角レンズや望遠レンズで縮小拡大していないことを意味する。

問七　提示文にある「その美」の「美」についての記述があるのは、第四・五段落である。

問八　問六解説参照。

随筆

43

問一 **ア** 彫　**イ** 宮廷　**ウ** かくし（きゃくし）
エ 碑文　**オ** 没　**カ** むね
キ 誘惑　**ク** ふんぼ

問二 A **カ**　B **キ**　C **ク**　D **イ**　E **オ**

問三 ①『刺青』、『痴人の愛』、『細雪』、『春琴抄』、『蓼喰ふ虫』など
③『源氏物語』、『紫式部日記』
④『枕草子』

問四 故郷

問五 彼らは「故郷」を選び、自ら選んだ「故郷」に眠る喜びを得た人々である。

問六 画一主義

問七 （やはり）墳墓の地は選ぶべきである。

問八 谷崎やある英国人のように、私も魂の故郷を墳墓の地に選びたいが、本当にそれを見つけられるかという不安。（五十字）

解説 随筆とはある意味で、最もやっかいなジャンルである。なぜなら、小説と評論の両方の解法を必要とするからだ。これは、随筆の大きな特徴である。そこには、筆者の心情を追うという小説的解法と、筆者の論理的な思考を見抜く評論的解法の両方が必要である。しかも、筆者の論理はあくまでも筆者の主観であり、そのことを踏まえた読解が必要となってくる。

問一 客は「かく」と読む。過客、刺客も「かく」である。

問二 （A）は、直前の「少しも知らない。」と、あとの文の「知ったのみである。」の対比から判断できる。

（B）は、文末の「一本もない」にかかる。「石造の墓地」であれば、「樹木」が「一本もない」のは当然である。

（C）の直前では、「英国人の墓」と「大谷崎のお墓」はまったく「似ていなかった」と言いながらも、（C）のあとでは、「なお」筆者は「英国人」と「谷崎」の心情を「くらべてみたい」としている。

（D）を含む段落では、前文を受け、「英国人」と「谷崎」の心情を比較し、その共通点をまとめている。

（E）の前では、前述の二人が現実の故郷に故郷を見出せなかったという共通点を挙げ、その結果、別の地に眠ったことを述べている。

問四 「英国人」の「霧と鉛色の空」はロンドンを指している。また、ある英国人にとって、「なによりも愛したフィレンツェ（イタリアの都市）」が「魂」の何であったのかという点から考えてもよいだろう。

問五 「谷崎」と「英国人」に共通する心情こそが、筆者に「いいものだな」と思わせたものである。両者に共通する心情は、問二の（D）の解説でもわかるように、（D）＝「つまり」の直後の文に総括されている。

問六 「画一主義の現代でも……墳墓の地は選ぶべき」の部分と

「死んでからまで団地生活の愚をおかすべきではなかろう」を見比べれば、同意であることがわかるはず。

問七　問六の解説でわかるように、墳墓にまで「団地生活」つまり「画一主義」を持ちこむなと筆者は述べている。

問八　「**読解のために**」で述べたことを踏まえて、制限字数に合うようにまとめる。その際には、どのような「不安」か、筆者が本来はどうしたいのか、の二つを明確にすることがポイントとなる。

44

問一　**ア**　故障　**イ**　縁起　**ウ**　ひきょう
エ　衝撃　**オ**　滑

問二　①　擬人法（活喩）　③　直喩法（明喩法）

問三　飛行機が墜落するのではないかという恐怖心（二十字）

問四　**a**　気（心）　**b**　虫

問五　かっぱらわれ

問六　長音符を入れて伸ばすことによって、昔の飛行機ののんきでゆっくりとした感じを出すため。

問七　のどかだった昔を懐かしむ気持ち（十五字）

解説　向田邦子は看護・医療系入試の最頻出作家の一人である。彼女の随筆は小説的文芸技法を取り入れたものが多く、文芸的なタイプの随筆を練習するのにはちょうどよいので、この作家の作品にはも多く目を通すことを勧めたい。

問二　直喩法（明喩法）＝「まるで」「のように」などの言葉を用いて、比喩であることが明瞭にわかる形の方法。

隠喩法（暗喩法）＝比喩であることを外形的に示す言葉を用いずにたとえる方法。例／りんごの頬をした少女。

擬人法（活喩法）＝人間でないものを人間にたとえる方法。

擬態法（声喩法）＝擬態語や擬声語を使って、事物の状態などを音声的にたとえて表現する方法。――線部①の直前の「ブルブルブル」がこれに該当する。

問三　筆者は友人から、「元戦闘機のパイロットだった乗客が、飛行機の離陸直前におろせと大暴れして、力づくで下りていったところ、その飛行機は離陸後すぐにエンジンの故障で墜落した。」という話を聞いていたために、「プロペラが廻り出すと胸がしめつけられるようになった」のである。「胸がしめつけられる」というのは、飛行機が墜落するのではないかという恐怖や不安からくるものである。

問四　A　「気（心）を許す」＝心を開いて警戒を解くこと。「気を許していない」とは、ここでは、飛行機の安全性を信じてはいないことを意味する。

B　「虫が知らせる」＝何となく予感すること。ここでは、「万一のこと」、すなわち、飛行機の墜落を予感していたことをいう。

問五　オバサンたちの様子を描いたところに、「グズグズしてるとかっぱらわれるぞ」という記述がある。「かっぱらわれやしないか」、つまり、盗まれるのではないかという気持ちがどこかで働いているからこそ、荷物をすばやく手許に引き寄せると安心するのである。

問六　筆者の感覚では、飛行機と言えば、滑るような着陸をするスペースシャトルではなく、プロペラで「ゆっくり」と飛び、不時着ということばが使える飛行機であり、「のんきな顔」をしていた昔の飛行機である。長音符「ー」を入れて「ヒコーキ」と伸ばして表記すると、視覚的にも聴覚的にも、昔の飛行機の「ゆっくり」とした「のんきな」感じを出すことができるのである。

問七　筆者の感覚に合うのは、「ゆっくり」と飛び、「のんきな顔」をしていた昔の飛行機である。おもちゃ屋のガラス戸に「ヒコーキあります」と書いてある光景は、そんな飛行機が飛んでいた時代を象徴している。また、派手な宣伝をするのでもなく、ただ「ヒコーキあります」とガラス戸に張り紙をしただけのおもちゃ屋のたたずまいは、当時ののどかさそのものを象徴する光景でもある。そんなのどかな時代を懐かしむ気持ちが込められているのである。

㊺

問一　**ア**　面倒　**イ**　音沙汰　**オ**　他愛

問二　**ウ**　ひんこう　**エ**　ぶっそう

問三　思うとおりにならない。

問四　A　**エ**　B　**ウ**

問五　娘の部屋で空しく鳴っているコールサイン。（二十字）

問六　直通電話に娘が出ないと、余計な心配をすることになり、安心どころかかえって不安になるから。

問七　**ウ**

問八　⑤　直通電話で、地球のむこう側にいる娘とすぐに話ができるありがたさと安心感。

⑥　直通電話に娘が出ないことによって生まれた新たな不安と、いつでもすぐに連絡できる安心感から手紙を書かなくなり、母と娘の記念となるものがなくなったこと。

問九　せんでした

解説　平易な文章なので、読解力というよりは、答える際の表現力が問われていると言ってもよい。

問四　（A）の前では、「国際電話もままならぬありさま」だったのに対し、あとでは電話つきのアパートに住み始めたため、まったく逆の状態になったとあるので、逆接の**エ**「ところが」が適当である。（B）については、前後で場面が切り替わっているが、まったく別の話になっているわけではないので、話題を転換する場合に用いる**ア**「ところで」は不適。前の内容を受けて話を続ける場合に用いる**ウ**「さて」が適当である。

問六　ここでの話題は、直通電話に娘が出ないときの母親の不安であるから、それについてまとめる。その際気をつけたいのは、「いっそのこと」という言葉のニュアンスを生かした答え方をすることである。

問七　「余計なこと」の具体例となっているのが次文であり、それについて筆者は「よい記念になる」と述べているのだから、**ウ**か**エ**のどちらかに絞られる。しかし、「用件よりも」「重要」とまでは言えないので、**ウ**が最適である。

問八　「わが家に出現した新しい国際的情報化」とは、「直通電話」のこと。「光」とはそのメリット、「影」とはデメリットであるから、それぞれ本文中の言葉を用いつつ、自分の言葉も交えてまとめればよい。

問九　「心配」について述べているのは、（B）から始まる二つの段落である。「心配してもはじまらないと開き直っていることができ」たのは、「直通電話がつながらなかった」ときの話である。

46

問一 Ⅰ **ア** Ⅱ **エ** Ⅲ **ウ** Ⅳ **イ**

問二 A **イ** B **ウ**

問三 領域

問四 科学者にも素人にもおもしろくまた有益なもの

問五 ・科学の世界の表層に浮かぶ美しいシャボン玉を連ねた美しい詩

・素人の好奇心を刺激するような文明の利器を陳列したおもしろい見世物

問六 **イ**

解説 寺田寅彦の文章は過去に多数出題されている。評論的要素が強いが、個々の文における巧みな修辞技巧も、出題の的となっている。

問一 **ウ**の「いわゆる」は連体詞であり、直後には体言がこなければならないので、当てはまるのは（Ⅲ）以外にはない。**エ**の「不自然」についても、形容動詞「不自然だ」の語幹であるから、（Ⅱ）以外に入れることはできない。このように各選択肢の品詞が異なる場合、文法面からのアプローチも可能である。（Ⅰ）には、直前の「～と～との」という表現から**ア**の「交渉」が入り、（Ⅳ）には、前文の「大きなうそをこしらえ上げることになりやすい」という内容から**イ**の「誤解」が入ると判断できる。

問二 （A）の前には「つじつまを合わせようとする」とあるのに、あとでは「つじつまの合わぬ大きなうそをこしらえ上げる」と、まったく逆の結果となっているので、**イ**の「かえって」が適当。（B）の前段落では、「科学小説」の問題点を指摘しているのに対し、あとでは「科学者」が記述した「随筆」が「おもしろくまた有益」と対比して述べているので、**ウ**の「これに反して」が入る。

問五 解答を含む一文の冒頭「それら」が「科学小説」を指すとわかれば、簡単な問題である。ここで用いられている比喩法は、何かにたとえていることが形のうえからはわからない陰喩（暗喩）と呼ばれるものである。

問六 筆者が、「科学小説」と対比させながら、「科学者」による「随筆」のおもしろさや有益性を述べている点、すなわち、「科学小説」は対比材料にすぎない点に留意する。筆者の最大の主張は冒頭の一文にあり、題名はそれを一言にまとめたものが適する。

47

問一 A **ケ** B **キ** C **エ** D **オ** E **ク** F **ウ** G **ア**

問二 Ⅰ **ア** Ⅱ **ア** Ⅲ **イ** Ⅳ **ア** Ⅴ **ア**

問三 **ア** おおげさ **イ** 平素 **ウ** 雰囲気 **エ** 異変 **オ** ぼうぜん **カ** 不思議 **キ** 感受性

問四 伝心

問五 私たちはいかにも日本人らしく自然を感じていること

問六 一種の感じ

問七 ④ 柿本人麻呂、山上憶良、大伴家持など
⑤ 紀貫之、小野小町、在原業平など

問八　⑥　紫式部　⑦　清少納言　⑧　松尾芭蕉

問九　伝統的な感じ方が、ある場合にひょいと顔を出すようなもの。

問十　雪、花

解説　小林秀雄の文章も出題率が高い。昨今その勢いは衰えたものの、依然として出題され続けている作家の一人である。

問一　（A）は、「月見の宴をした」といっても、「月見の宴というような大袈裟なものではなく」という文脈である。

（B）は、月見をするための宴を催したのではなく、宴をした日が偶然十五夜だったという文脈。

（C）は、前の部分で皆が月を待っている状態を述べ、あとの部分で月が上ったことを述べているので、時間の経過を表す語が入る。

（D）のあとは月が上ってから「誰も」が「月のことしか考えていない様子を表した文で、「一座」が「お月見の気分に支配され」ている状態であることから判断する。

（E）は、「月見の宴」の「当たり前な話」であったのが、スイスからの客人がその場にいあわせたことによって、そうでなくなったことから判断する。

（F）は「スイスの人だって……知らぬわけはなかったろう」という事実の明白さを強調する語が入る。

（G）は直前の「だし」に着眼すると、「……口ではいえないもの」であることと、「……意識もしない」ことは並列の関係であることがわかるはず。

問二　（Ⅰ）の内容を受けた直後の文に、「日本人らしく自然を感じていることについて」とあるので、（Ⅰ）には「感じ方」が入る。よって、筆者が「自然の感じ方」を問題にしていることがわかる。（Ⅱ）と（Ⅴ）は、（Ⅰ）を含む段落の内容を受けて、「自然の感じ方」と「文化」の関係について述べたところであるから、同じく「感じ方」が入る。また、「意識できぬものの（Ⅳ）は容易には変わらない」ことを、「自分たちの感受性の質を変える自由のない」と言い換えているので、（Ⅳ）には「感じ方」が入り、一方、対となる（Ⅲ）には「考え方」が入る。

問四　「意心伝心」と書き誤りやすいので注意。

問五　「月見の宴」のときに「スイス人」といっしょにいることにより、外国文化との対比で気づくものである。——線部②を含む一文が前文を受けて、その内容をさらに詳述したものであることに気づけば、答えは自ずと絞られる。

問六　「ニュアンス」とは、微妙な意味合いや感じ方のこと。また、ごくわずかでありながら、確かに感じられるそれらの違い。

問九　「そういうもの」が指し示している内容が、筆者の考える「文化」である。

問十　日本人の自然を愛する心を表した言葉である。この「雪月花」のほかに「花鳥風月」も有名なので覚えておくこと。

48

問一　①　嫌悪　②　披露　③　生涯　④　富貴
⑤　豪傑　⑥　履歴　⑦　聖賢　⑧　陥
⑨　波紋　⑩　付（附）随

問二　**ア**　あんぎゃ　**イ**　あえ　**ウ**　へんさん
エ　はんぱつ　**オ**　とうた

問三　（松尾）芭蕉

問四　説話
問五　**エ**
問六　**ア**
問七　庶民、平民
問八　物欲を排し真実に生きること
問九　現実の生き方に嫌悪を感じたから。
問十　天災、疾病、社会動乱、貧乏などの不幸には無頓着で、それをはねのけようとはしない、平和で敢然として生きていた人々。
問十一　**ア**

解説　随筆には小説的要素の強いものと、評論的要素の強いものとあるが、これは後者にあたる。一種の幸福・人生論で、試験問題としては頻出の分野である。

問三　『奥の細道』の作者で俳諧の祖であり、江戸時代の俳人。これだけそろえば、すぐに松尾芭蕉だとわかる。逆に、芭蕉から前述の事柄が連想できるようにしておきたい。

問四　いずれも説話文学の代表作品である。特に、『今昔物語集』『宇治拾遺物語』はその中でも必須知識である。ほかに説話文学としては『十訓《じっきん》抄』『古今著聞集』なども覚えておきたい。

問五　和漢混交文とは、仮名の和文体に漢語や漢文訓読体、俗語などの交じった文体。『平家物語』などの中世の軍記物語に典型的に用いられたが、その源流は『今昔物語集』にある。

問六　語句の意味としてはかなりの難問である。ただ、こうした難解な語句も、それぞれの漢字から意味を推測したり、文脈から判断したりすることも可能である。ここでは「自分なり晏如として生きている人」が、「不幸には無頓着な」人、「一介の権兵衛さん」であることに気づけば、それが糸口となる。

問七　――線部**b**は、しばしば「史筆から除外されている人々」で、「史上の英雄豪傑、才人逸士でない」人々である。このことから、ごく普通の人々と判断できる。

問八　「聖賢、宗祖」が説いたのは、どのような生き方だったのかを考えれば、答えは容易。

問九　冒頭が「わたしの行脚は」で始まることに注目すれば、すぐに解答につきあたる。解答にあたる文の末尾「否定できない」は、明らかにそうだということを逆説的に表現したものである。

問十　「不幸」の「外的現象」の具体例は、第一段落中の「天災・疾病・社会動乱・貧乏」である。また、「不幸には無頓着なもの」が、「自分なり晏如として生きている人」→「一介の権兵衛さん」→「庶民」→「平和で敢然として生きてきたもの」と言い換えられていることに着眼したい。彼らには不幸が多いが、不幸を不幸ととらえていない点を読み取ろう。

問十一　この文章の最後を読むと、「生存競争」が人類の種の中にもあることを述べているため、一見、**ア**は解答とはならないように思える。しかし、文中の「一介の権兵衛さん」を代表とする一般の多くの人々は、不幸を不幸と考えないことによって、自分の置かれた環境に適応して生きてきたのであり、人類の種の中で生存競争はしていないのである。彼らが「富貴や権力」を勝ちとるための競争や物欲的競争を放棄し、平静、平穏を求めていることに気づけば、答えは**ア**しかなくなる。

49

問一 **ア** 綿密　**イ** 困却　**ウ** 納得　**エ** 述懐　**オ** 方策

問二 1 **ウ**　2 **オ**　3 **イ**　4 **エ**

問三 A **イ**　B **ウ**　C **ウ**

問四 X **ウ**　Y **イ**

問五 信頼をおきあう古くからの仕事仲間に不安を感じさせているから。（三十字）

問六 屋根が上ってくれたことで、五重の軒の端が端正に揃ったこと。（二十九字）

問七 謙遜な気持で、古法を窺い知ろうとする人。（二十字）

解説 法隆寺五重塔の修復作業の話を軸に、これにたずさわる宮大工のNさんの仕事に対する姿勢を述べている。

問一 **ア**の「綿密」は、細かく注意が行き届いている様子。**イ**の「困却」は、困りきること。**エ**の「述懐」は、心中を述べること。**オ**の「方策」は、手段、対策。

問二 1 古建築の手法様式をよく知ることに加え、さらに、より謙遜な気持で、古法を窺い知ろうとする姿勢も必要なのだから、付加の意味を表す接続詞を並べて用いている**ウ**の「しかもなお（しかも＋なお）」が妥当。

2 「西の方の言葉は総じて……滑らかに耳に流れ入」るということを、それはそれで知ってはいるが、「この最短の言葉あふれる情感の濃さ」は、また格別であるという意味の文である。よって、それはそれとして認めてもという意を表す**オ**の「それにしても」が妥当。

3 「屋根に恩恵をほどこされたみたいないいかた」にいっそう、「Nさんの助かったという思いもよくわかるし……苦悩の重さもよくわかります」という意の文である。そうであるからいっそうという意の接続詞**イ**の「それだけに」が妥当。

4 「もしまた誰かにこの話をするとき……軒はひとりでに上ったと話すこともあるでしょう」という仮定の文なので、ひょっとしたらという仮定の意を表す副詞**エ**の「あるいは」が妥当。

問三 A 綿密な計算をくり返しても手落ちが見いだせず居ても立ってもいられない焦燥だが、工事の進行を止めるわけにはいかず進退きわまりそうな苦悩だったことを回想してのNさんの話である。空欄前の「自分はなにもできなかった」は、塔に対してであるので、空欄にも当然、塔に対してしたことが入る。**ア**は対象が自分の「苦悩」であるので誤り。**ウ**は塔が上がってくれるとは予想だにしておらず、何に対して念ずるのかが不明瞭なので誤り。**エ**は「居ても立ってもいられない焦燥」だがなにもできないことに対してであるので誤り。よって**イ**の「塔を見上げる」が妥当。

B 「一番いいたくない相手に、一番いいたくないことを、敢えていいにきている」こと、「いいんやろか、とそっときくしかなかった」ことから、**ウ**の「ためらい」が妥当。

C Nさんには「進退きわまりそうな苦悩」だったのだから、返事ができるくらいなら、**ウ**の「苦悩はない」が妥当。

問四 X 「そちらへも迷惑をかけて」という気持ちなので、**ウ**の「詫びる」が妥当。

Y 前に「ともに愁う（思い悩む）気持」とあるので、Ⅱには N さんの苦悩を思いやる気持ちが入る。よって、**イ**の「いたわりの」が妥当。

問五 古くからの仕事仲間で、互いに信頼をおきあう間柄である屋根やが「一番いいたくない相手に、一番いいたくないことを、敢えていいにきている」ことが伝わる、つまり、それほどまでに屋根やを不安にさせていることが辛いのである。

問六 屋根が「自分ひとりの力で上ってくれた」ことでNさんは助かったのである。

問七 「上ってくれた」から伝わるのは、古建築に対する「謙遜な気持」である。

50

問一 **ウ**

問二 A **ウ** B **オ** C **ア** D **エ**

問三 **ウ**

問四 （例）生けた時に全部出来上がるような編集作業 （十九字）

問五 形を整えて勢いがつよくなった

問六 （例）花に任せて成り行きを楽しむこと

問七 何のためらいもなく

問八 （例）愛情（愛・愛着・配慮・思いやり…なども可）

問九 **ウ**

解説 生け花の生け方に関する芸術的評論である。花の咲く速度を計算し、自然の生命と生け手の呼吸を合致させることが重要であるという主旨を読み取れれば、容易に理解できる。

問一 空欄Ⅰの直前に「任せたかぎりにはもう自分の生け花ではない」という一文に、母の生け花に対する姿勢が現れている。自分で生けながらも、自分の花ではないという謙虚さの現れなのである。

問二 わりと紛らわしいものも見られるので、前後の脈絡や関係から検討していこう。例えば、Aであれば「〜だろう」に呼応するものは、「おそらく」が正しいと理解できる。

問三 「花は出来上がりの一歩手前で生けなければならない」「花の伸び咲く速度の計算が必要となる」がヒントとなる。

問四 出来上がりの余地を残して、一歩手前で生けるという内容のことを知ったのであるから、話を聞くまでは生けたときに完全であるように生けるものであると考えていたのである。

問六 「こんなこと」→「奥深く楽しめる」こと→「成り行きを楽しむ」ことというように、順に考えていくと理解しやすい。

問八 「藤なら藤、牡丹なら牡丹、花の伸び咲く速度」を知るには日頃から観察が必要である。ところが、現代では何事も即座主義である。花への気持ちや思いやりの現れであることが分かればよい。

問九 母の生け花の特徴を幾つかピックアップしてみるとよい。「自然の生命と生け手の呼吸の合致」「衰えを見せ始めると躊躇なく取り捨てる」など、現代の即座主義には見られない精神が込められている。

51

問一 **ア** 穏 **イ** 被 **ウ** 透 **エ** 容赦

問二 ① たかびしゃ・高圧的な態度。

⑤ りふじん・道理に合わないこと。

問三 (1) A **オ** B **ウ** D **エ**

(2) C **オ** E **ウ** F **ア**

問四 人間であれ

問五 感謝の気持ちが欠如している者や希薄な者。(二十字)

問六 ・親切な行為の背後に、相手の様々な思惑が透けて見えるときには、感謝の言葉を発したくなくなること。

・自分が受けた恩恵に対してありがたいと感じていながら、自分の不甲斐なさが無性に辛くなり、忘れたいから忘れてしまうということ。

問七 欠陥人間とみなす(八字)

問八 **ウ**

解説 筆者が「感謝の気持ち」を強制する人に嫌悪感をもつことについて書いた随筆である。どのような点が嫌いなのかとその理由を読み取ろう。

問二 ①「高飛車」は、将棋の飛車による攻勢の形から来ている。「たかびしゃ」が正しく、「たかぴしゃ」は誤読。

問三 (1) Aは、次文の「異端審問」という表現から「魔女裁判」を入れるのが妥当。Bは、直後に「よろしく」が付き「あたかも…らしく」という意味になるので、「相手が自分に何も期待しないでただ親切にしてくれる」ことを比喩するものとしては「日本昔話」が妥当。「昔話によくあるように」という意味である。Dは、「こうした言い訳を……のように嫌う」とあるので、嫌うものの喩えに挙げられる「蛇蝎《だかつ》」(へびとさそり)が入る。

(2) Cは、文末に「無性に辛いからです」とあるので、理由を述べている文である。よって、原因や理由の説明に用いる接続詞「なぜなら」が入る。Eは、感謝の気持ちを持てなかったり忘れたりするのにはそれなりの理由があるにもかかわらず、「常に感謝の気持ちを忘れない」ことをすべての人に要求する人を批判的に説明する前文までの内容を受けて、「私が嫌いなのは」そういう人なのかもしれないと結論的に述べている。よって、順接の接続詞「ですから」が入る。Fは、「私が誰かから絶大な恩恵を受けようと……いつまでも『ありがたかった…』と言いつづけたくない」という前文に続けて、「私は……他人からいつまでも『ありがとう…』と言ってもらいたくない」と述べているので、並列の接続詞「そして」が入る。

問四 「感謝の気持ちを忘れないこと」を「人間性指数」とみなしてすべての人に強制し、これが欠如している、あるいは希薄な者は欠陥人間とみなす風潮があり、そこにある「身動きのできない定型化」とは、つまり人間を一つの型＝固定概念にはめこんでがんじがらめにすることである。これが表わされているのは、第四段落の「人間であれば、恩を受けたからには……感謝の気持ちをもたねばならず、常に感謝の気持ちを忘れないようにせねば駄目なのです」の箇所である。

問五 「異端」とは、主流に属さない特異な存在という意である。

現代日本ではおうおうにして、「感謝の気持ちを忘れない人」が主流で、これが「欠如している者、希薄な者を欠陥人間とみなす風潮がある」のだから、これらの人々が「異端」とみなされる。

問六　「感謝の気持ちを忘れない人、忘れてはならないと信じている人」が「言い訳」と捉えることは、第二・第三段落で一つずつ述べられているので、これをまとめればよい。

問七　「感謝の気持ちのない人を切り捨てる」こと＝感謝の気持ちが「欠如している者、希薄な者を欠陥人間とみなす」ことである。

問八　**ア**　第五段落に「私が嫌いなのは、感謝の気持ちを忘れない人というよりむしろ……」とあり、感謝の気持ちを忘れない人を嫌いなわけではないので誤り。

イ　「私がそれにふさわしい人間ではないから」が誤り。

エ　「表向きには出さないようにしている」が誤り。

52

問一　**ア**　転勤　**ウ**　排除　**エ**　隣接

カ　縦断　**キ**　忌避　**コ**　美化

問二　**イ**　むえん　**オ**　さいじょう　**ク**　きょぜつ

ケ　しふく

問三　a　生きることの喜びを讃えること。

b　死を畏れ、かしこまること。

問四　引っ越してきた街の「瀟洒な住宅街」というイメージが、無理やりつくりあげたものだと分かったから。

問五　「死」の忌避が霊柩車の形状にまで及び、「死」にまつわるイメージまで根こそぎ拒絶してしまうこと。

問六　ニュータウンの人工的な清潔さ（十四字）

問七　学校の先生が病死した動物のなきがらをこっそり処分するというような、死のイメージをことさら消し去ろうという傾向が、死への畏怖を感じる機会を子どもたちから奪ってしまっているという点。

問八　子どもたちに命の重さを伝えるには、「死」のイメージを消すのではなく、むしろ広げるべきである。（四十六字）

解説　筆者自身の回想と現在の教育のあり方を取り上げ、「死」のイメージを消し去ることを問題視する文章である。「～してはならない」「～すべきだ」とあり、筆者の主張が明確で捉えやすい。

問一　**キ**の「忌避」は、きらってさけること。

問二　**オ**の「斎場」は、葬儀を行う場所。**ケ**の「紙幅」は、定められた原稿の枚数。

問三　aの「讃歌」は、讃える気持ちを表した歌。bの「畏怖」は、大いにおそれかしこまること。

問四　引っ越してきて間もなくご近所のひとに聞かされた「その話」とは、斎場の建設を受け容れるにあたって、霊柩車がニュータウンの区域内を走ることが禁じられ、通行を認められた幹線道路を通る場合の霊柩車は黒いワゴン車にかぎるというものである。このことについて筆者は、「死」の忌避が「霊柩車の形状にまで及ぶのは、『死』にまつわるイメージまで根こそぎ拒絶してしまうということになる」と述べ、自分が引っ越してきた街がそうやって「『瀟洒な住宅街』のイメージ」を「無理やりつくりあげた」街であることに「ちょっと複雑な気持ち」を抱いたのである。

問五　「そこまで」は、前段の、「『死』そのものを忌避する」ことが「霊柩車の形状にまで及ぶ」、すなわち「『死』にまつわるイメージまで根こそぎ拒絶してしまう」ことを受けている。

問六　③は、筆者が引っ越してきたニュータウンの「無理やりつくりあげた」イメージである。これと同義なのは第七段落の「ニュータウンの人工的な清潔さ」である。

問七　「命の重さを伝える教育」に関わる筆者の主張や考え方をまとめると、

①　子どもの成長にとって「死」の持つ意味はとても大きいと考えている。

②　生の讃歌だけで終わってしまうことに懸念を示し、「死への畏怖を忘れてはならない」と主張している。

③　学校での動物の飼育を具体例に挙げ、「根本的なところで思い違いをしているんじゃないかなあ」と述べている。

④　死のイメージをことさら消し去ろうとすると、別の無理を生んでしまいそうで、むしろ「死」のイメージを広げるべきだと思っている。

以上から、筆者は、「命の重さを伝える教育」では「死の畏怖を忘れてはならない」と考えており、よって現状の「死」の「イメージをことさら消し去ろうとする」やり方には問題があると述べているのである。

問八　筆者の主張は**問七**の解説で挙げたとおりで、これらを五十字以内に端的にまとめればよい。霊柩車の事例から「ニュータウンでの少年犯罪の数々」を想起し、「命の重さを伝える教育」では、死のイメージを消し去るよりも、「むしろ『死』のイメージを広げるべきだ」と明確に主張している。

53

問一　a　**ア**　b　**ウ**

問二　**イ**

問三　**エ**

問四　**イ**

問五　（1）　**ア**　（2）　人生　（3）　**ウ**

問六　**ウ・エ**

問七　（1）　自分だけの心地いい場所をつくるのに必要なそこそこの生活資金とたくさんの本を得るために、ただ毎日を何とか生き延びて、小金を稼いでいるところ。

（2）　本は読めないし、仕事はいそがしすぎるなかで、小説を書くのに、心と頭と身体の限界を、毎回すこしずつ超えるところ。

（3）　自分のいる場所でベストを尽くし、大切ななにかを守ること。

問八　二十五歳未満の、まだ大人になりきっていない人。（二十三字）

解説　勝ち組負け組といった人間の分別の無意味さについて述べている。過去の自分と現在の自分を書くことで、未来や可能性が予測不可能なものであり、自分のいる場所でベストを尽くし、今をいきいきと生きる以外にないと主張している。

問一　b「世をすねる」は、世間に対してひがむ、ひねくれるという意味である。筆者は「社会には自分の居場所などない」と「遊び暮らしていた」のだから、**ウ**が妥当。

問二　空欄Aの前には「遠い未来の」とあり、空欄Bの前には

「近い将来の」とある。Aの遠いところに漠然とあるものに対して、Bはある程度具体的に近いところにあるものである。Aの後に、「あっても作家なんて……いえない」とあることから、Aは「夢」、Bは「希望」とするのが妥当である。ちなみに「野望」、「野心」は分不相応の望みという意を含むので、これを挿入するのは唐突すぎて文意にそわないので不適。

問三　――線部①の「無数に引かれた線」とは、前文の「どんどん細かく、世知がらくなっていく」線引きのことで、大企業か中小企業か、ホワイトカラーかブルーカラーかといった就労先や職種による社会的立場の分別、また、年収やボーナスが平均以上か以下かといった経済的見地からの分別を具体例として挙げている。それらはほんの一端で、無数の分別があって細かくランク付けされているのが今の時代なのである。

問四　第一段落にあるような人間の線引き＝分別があることが、まるでゴミの分別を連想させるが、「人間はゴミではない」のだから分別されるべきではないと述べているのである。

問五　(1)「生きることの味わい」は、「目がくらむほど深い」ところにあるが、「それに気づかない程度の人生」は、「浅瀬で水遊びをする」＝人生を表面上でしか味わっていないということである。

(2)　前述に「それ（生きることの味わいは、目がくらむほど深いこと）に気づかない程度の人生なら」とある。

(3)　**ア**の「激流」は、激しい勢いの流れ。**イ**の「波乱」は、激しい変化。**ウ**の「大海」は、「井の中（＝狭い世界）」に対する広く大きい世界の意。**エ**の「深淵」は、底知れぬ奥深さ。ここでの「浅瀬」とは、深い味わいのある人生の浅い部分、つまり表面上の一部分ということである。これの対義は全体や大部分という意味なので、**ウ**が妥当。

問六　筆者は「数字」をどのように捉えているか。まず、「統計上の数字は単なる平均にすぎない」。つまり、実際は上下、大小、高低などがあるのに、それらをならして出した一つの数字にすぎない。しかも、統計という性質上、既存や現状のデータを扱うため、「つねに過去と現在だけしか映さない」。だから、「ひとりの人間」が「未来にどんなふうに成長するか」、「可能性は決して測れない（＝一つの数字で表せない→多様）」。「人の未来や可能性は……予測不能なもの」で、「ぼくの展望」も、「計算違いは明らか」なのである。

問七　(1)　二十五歳の頃の「今をいきいきと生きる」様子は第四・第五段落にある。

(2)　デビュー後の「今をいきいきと生きる」姿は第六段落にある。

(3)　――線部⑤の直後に筆者の主張がある。

問八　第二段落冒頭に、「二十五歳以上の大人なら、こんな分別には意味がないとすぐにわかると思う」とある。だから筆者は、二十五歳以下の、まだ大人でない「これを読んでいるきみ」に、人生は深く多彩で未来は予測不能だから、勝ち組負け組と分けることは無意味であり、今をいきいきと生きる以外にないことを伝えたいのだと推測できる。

54

問一　**イ**　翻訳　**ウ**　未練　**キ**　黙　**ク**　狭

問二　**ア**　ぞうしょ　**エ**　とくい　**オ**　かたみ
カ　かよ

問三　本棚を見上げ、ため息をつき、何も買わずに引きあげることを何度も繰り返すという少年の行動に対して、いら立ちを感じるようになったこと。

問四　本の値を下げて売ること。

問五　父親の蔵書だった本を見に来ることで、父に会いに来ているということ。

問六　少年は本が欲しいのではないため、安く売ってやろうとするのは無意味だし、かといって父親の蔵書だった本を少年に全部進呈すれば、自分が生活に困るから。

問七　父

問八　父の蔵書だった本が次々に売れて無くなっていくのを見て、父の死という現実を実感するということ。

解説　古書店での筆者の体験を綴っている。登場する少年の心情を筆者がどう捉えているかを読み取ることが解答のカギである。

問三　「業を煮やす」とは、思うように事が運ばずにいら立つ様子を表す慣用表現である。筆者は、少年が繰り返す行動にいら立ちを覚えたのである。

問四　「便宜をはかる（本文では『はからう』）」とは、その時々に応じたやり方、特別なはからいをすること。お金が足りないということに対する便宜なので、本を安く売ってやるということが最も考えられる具体例である。

問五　少年が見に来ているのは少年の父の蔵書だったもので、父の形見というより「父そのもの」だったのである。

問六　「なすすべ（も）ない」は、どのようにしたらよいか、方法や手段がないという意の慣用句である。少年の話を聞く前の筆者は、何度も来る少年に便宜をはからって本を売ってやろうと考えた。しかし、少年は本が欲しいのではなく、父親の蔵書だった本に会いに来ているだけだと言う。では、安くして売ってやることに意味はないし、食うに追われている筆者には本を進呈することも難しい。だから「なすすべなくした」のである。

問七　売れていく本は、少年にとって「父そのもの」だったとある。

問八　父の蔵書だった本が徐々に売れて無くなっていくのは、父はもういないのだという現実を目の当たりにする光景である。現実逃避に来ていた古本屋で、父の死という現実を実感しているのである。

55

問一　a　つ　b　吸収　c　すそ　d　体勢
e　仕草（仕種）　f　挨拶　g　脅迫
h　かいむ　i　奇異　j　年配（年輩）

問二　**オ**

問三　い　かぶれ　う　にこやか

問四　1　**イ**　2　**カ**　3　**ク**　4　**ア**　5　**ケ**
6　**キ**　7　**エ**　8　**ウ**

問五　公共の場におけるマナー

問六　市民となって仕事をし、税金を払うこと。（十九字）

問七　使用言語も仕事も日本を向いたまま、ただ住む場所を外国に移してみただけの、長期滞在旅行者といったような意識。

問八　無表情で他人に無関心、無愛想

問九　**ア**

解説　アメリカの文化や習慣に触れて、日本の「公共におけるマナー」の悪さを認識したことを綴った文章である。

問二　空欄の後の「よろしく」は、「あたかも〜みたいに」という意である。アメリカで一年を過ごし日本の文化を「忘れかけていた」のだから、竜宮城に行って長い時を過ごした話の「浦島太郎」が適切である。

問三　**い**の「『アメリカのほうがだんぜんいい！』と思われる点がいくつかある」ことは、前段の「アメリカかぶれ」の延長線上で「ついでに」言っていることなのだから、「かぶれ」とするのが妥当。**う**は日本の「公共の場におけるマナー」の悪さに「慣れずに腹を立て続け」、日本でもアメリカ社会のマナーを実行していこうとする態度なのだから、「にこやか」が妥当である。

問四　1　隣に座った男性は、筆者の上着の裾を敷いてしまっていることに、「失礼します」と声をかけられるまで気付かなかったのだから、**イ**の「ようやく」が妥当。

2　男性は「ただ黙々と、お尻を上げただけ」で、言葉も表情もまったく付け加えられていないのだから、**カ**の「いっさい」が妥当。

3　空欄前の内容を空欄の後で言いかえているので、**ク**の「いわば」が妥当。

4　「限りなく無責任に近い視点」で、「アメリカはいいなあ、いいなあ」と何も考えずに繰り返す様子から、**ア**の「むやみに」が妥当。

5　アメリカでは「見知らぬ者同士でもにこやかに挨拶を交わし合う」のと比較して、ショックを受けるほど「東京の人々」が無表情・無関心・無愛想なのだから**ケ**の「なんとも」が妥当。

6　見知らぬ人と口をきいたり目を合わせたりしたらすぐに「魔女に魔法をかけられて」しまうのだから、**キ**の「たちまち」が妥当。

7　日本人の「髪の毛や着ているものの色のせい」で「全体の雰囲気が暗くなる」という説を婉曲に肯定しており、また下に打消しの語もあるので、**エ**の「あながち」が妥当。

8　人と体がぶつかったときくらい、「おっ」とか「うっ」とか声を発するのが、生きている人の最小限の反応ではないかという意なので、**ウ**の「せめて」が妥当。

問五　「アメリカの文化や習慣」と「日本のそれとの違い」で、アメリカのほうが良いと筆者が感じているのは、「公共の場におけるマナー」である。

問六　住民としての義務である。

問七　前文にその説明がある。そこで住んではいるが、生活の基盤を移しているわけではない状態から生まれる意識である。

問八　筆者の目に映る日本人は、「無表情で他人に無関心、無愛想」なのである。

問九　筆者が「慣れずに腹を立て続け、誰よりもにこやかな表情で街中を歩き回る」つもりなのは、アメリカの「公共の場にお

けるマナー」のほうが日本より「だんぜんいい！」と思ったからである。

詩歌

56 **問一** 口語自由詩

問二 飛び込み台の板

問三 全神経が集中され、時間が凝縮したような感じ。

問四 水面に飛び込んだ状態。

問五 水

問六 すでに空の中だ

問七 ウ

解説 詩を鑑賞する場合に注意が必要なのは、それぞれの言葉がいったい何を表しているのかを見抜くことである。詩歌は小説と異なり、短い言葉を意図的に組織して作られる。それゆえに、省くことのできる部分は極力表面に出さない。だから、読む側は常にこのことを念頭においておく必要がある。

問一 形式を問う設問は頻出である。そして、多くは「口語自由詩」か「文語定型詩」の組み合わせである。しかし、たまには例外もある。萩原朔太郎の「旅上」は「文語」でありながら「自由詩」であり、例外の代表例と言える。

問二 詩全体から「僕」が海への飛び込みを行う場面であることがわかる。「一枚」と数えられるもので、その「端」まで「歩いてくる」のだから、飛び込み板と判断できる。

問三 前行の「大きく僕は反る」とは、「空の中」に飛び出す直前の動作である。空中に飛び出す力を溜めるために大きく反り、神経を集中させる。そのピーンと張り詰めた静止の中に、「時間」が「皺よる」ように凝縮されていると、筆者は感じたのであろう。

問四 飛び込みの終了地点は当然、海である。肉体が鋭く水面（海面）に接触した瞬間を、「つき刺さる」と表現しているのである。

問五 飛び込みが終了したあとであるから、「透明な触覚の中」とは水の中であるはず。

問六 挿入すべき行は、板を蹴り、空中へ飛び出す瞬間の動作を描写したものである。ならば、——線部②の前後に入るはず。——線部②は空中へ飛び出す直前の様子を描写したものであるから、そのあとに入れるのがよい。

問七 「僕」の居所の推移を追うと、板の端、空中、水面、水中、の順になる。

57 **問一** エ

問二 ウ

問三 作者

問四 せみ

問五 せみの声に幼少のころの自分を懐かしむ、しみじみとした情感。

問六 文語、自由詩

解説 室生犀星は大正から昭和にかけて活躍した詩人・小説家で、『抒情小曲集』は『愛の詩集』とともに彼の代表作と言われる詩集である。

問一 「みやこのまちの遠くより／空と屋根とのあなたより」か

ら、「故郷」が主題と考えがちだが、「せみの子を……けふ　いづこにありや」は自分の過去（幼少年期）への思いを歌ったものであり、その思いに感動の中心がある。

問二　「しいいと」鳴く、「せみ」の声がどこからともなく聞こえてきたときから、詩の世界が始まっている。また、「しいいとせみのなきけり」という言葉が最初と最後に繰り返し用いられている点にも着目する。作者はせみの声を聞き、かつてせみとりをして遊んでいた幼少時の自分を思い出しているのである。

問五　作者の感動は、「けふ　いづこにありや」に集約されている。すなわち、感動の中心は、過ぎ去りし幼少時の自分は「今、どこにいるのだろう」という感慨である。「しいい」という「せみ」の鳴き声には、心に染み入るような響きがあり、それが「みやこのまちの遠く」から、「空と屋根」の彼方から聞こえてくる。その響きや距離感が、作者の感慨をいっそう深いものにしているのだろう。

問六　「なきけり」「なりしか」など、文語が用いられている。また、リズムに規則性はなく、自由である。

58

問一　B
問二　B・C・D
問三　A
問四　D

解説　A〜Dはいずれも近代短歌の代表作。近代短歌からの出題は、中学・高校の教科書に載っているレベルのものが中心なので、目を通しておきたいものだ。

問一　枕詞とは、意味的、音的な類縁性を持つ一定の語にかかる修飾語。情緒的色彩やリズム感を与える役割を持ち、多くは五音からなる。Bの「足乳ねの」は「母」にかかる枕詞。

問二　Bの「玄鳥」はツバメのことで、「つばくらめ」と読む。二句の「つばくらめふたつ」と、四句の「たらちねのははは」が八音である。Cは、三句の「ほたるひとつ」が六音と、四句の「もうそうのやぶを」が八音。Dは、結句の「かきのおちばふかく」が九音。

問三・四　Aは、二尺ほど伸びている紅色のバラの芽のやわらかなとげに、春の雨がやさしく降りそそいでいる様子を描写した歌。Bは、「のどの赤いツバメが二羽、梁にとまっていて、その下で母はお亡くなりになるのである」という、母の死を悼む歌。Cは、「昼なのにかすかに光る螢一つを、竹藪のうす暗い中に見つけたと思うと、もう螢は藪を出て、輝く昼の日の中にその光を消してしまった」という情景を詠むことによって、螢のはかなさを象徴した歌。Dは、上の句で「庭におり立って今朝の寒さに驚いたことだ」と強い主観を打ち出し、下の句で「露がしっとり柿の落ち葉を濡らしている」と、その感動を裏付ける自然の様子を描写した歌。

59

問一　a キ　b ケ　c ア　d エ　e オ
問二　A 夏　B 春　C 冬　D 冬　E 夏
問三　ウ
問四　イ
問五　しぐれ

解説

問一　Aは、何の「花」を「運」んでくるのか。Bの「あかあかと」は「日」にかかる。どこに「日が入る（沈む）」のか。Cは、「時雨」の降る様子を形容する言葉が入る。「時雨」は、秋の末から冬にかけて降ったりやんだりする小雨のことである。Dは「夕づく日（夕日）」がどうなると、「空の色」が「黄」に染まるのか。**エ**「入りてしまらく」は、「（夕日が）沈んでもしばらくの間」の意。Eの「金の油」は日の光のこと。「日のちひささ（小ささ）」と対照される表現が入る。

問二 Aは「牡丹」、Cは「大根」と「時雨」、Eは「ひまわり」に着眼する。Dは、二句の「いつ春にならん（いつ春になるのだろう」から、冬の歌と判断できる。

問三 「な〜そ」で禁止を表す。

問四 ここでの「さる」は、現代語の「去る」とは意味が異なり、「近づく・来る」の意を表す自動詞。したがって、「ゆふされば」は「夕方になると」の意味になる。

60 **問一** A ① 椿 ② 春
B ① 露 ② 秋
C ① 曼珠沙華 ② 秋
D ① 枯れ野 ② 冬

問二 A・けり B・や D・かな

問三 A

解説 俳句は出題率は高くないが、もし出題された場合、俳句の基本的な約束事を知っていると大きな得点源となるので、最低限のことだけは知っておくとよい。

俳句は有季定型が基本で（中には無季俳句や無定型俳句といったものがあるが）、通常は五・七・五の十七音で構成され、季節を表す季語をもつ。五・七・五の定型より各句の音数が多いものを字余り、少ないものを字足らずと言う。季語は、「歳時記」によってその季節が決められ、立春から立夏の前日までが春、立夏から立秋の前日までが夏、立秋から立冬の前日までが秋、立冬から立春の前日までが冬となる。そのほか、正月に関係する季語を持つ場合、新年という季節の区分もあるので注意する。

問二 「かな・ぞ・か・や・よ・けり」などが代表的な切れ字である。

問三 Aの初句の「あかいつばき」が六音である。なお、Cの結句は「ま／ん／じゅ／しゃ／げ」で五音。

61 **問一** A ① 田作り ② 新年
B ① 鬼灯 ② 秋
C ① 柿・烏瓜 ② 秋
D ① 極月 ② 冬
E ① 蝉 ② 夏

問二 B

問三 E

解説 **問二** Bの句には「の」が三回繰り返されている。

問三 Eの句に蝉の声の直接の描写はないが、「鳴きやめて」より、今の今まで鳴いていたのは明らか。そして、鳴いていたときには見えなかった姿が、「鳴きやめて飛ぶ時」になって初めて見えたというのが、この句の面白さである。

漢字・語句

62

①あっせん ②いしょく ③いと
④えしゃく ⑤かんすい ⑥かつあい
⑦しゅうちゃく(しゅうじゃく) ⑧じゅんしゅ
⑨すいとう ⑩そうさい ⑪ちき
⑫とくめい ⑬にゅうわ ⑭はんぷ
⑮はんれい ⑯ひめん ⑰ふしん
⑱ふぜい ⑲らいさん ⑳るふ
㉑あいさつ ㉒かいこう ㉓かしゃく
㉔ききん ㉕きべん ㉖ぎまん
㉗ごびゅう ㉘さてつ ㉙しっと
㉚しゃれ ㉛しんし ㉜ずさん
㉝ぜいじゃく ㉞ねつぞう(でつぞう)
㉟ふいん ㊱あずき ㊲かし
㊳かぜ ㊴かや ㊵くろうと
㊶のりと ㊷みやげ ㊸もみじ(こうよう)
㊹ゆかた ㊺あく ㊻あくび
㊼いとこ ㊽かかし ㊾かっけ
㊿がらす (51)きりすと (52)こま
(53)しけ (54)せりふ (55)たいまつ
(56)ちょうちん (57)ほくろ (58)まね
(59)やけど (60)あんばい (61)かたぎ(きしつ)
(62)けなげ (63)さすが (64)どこ(いずこ)
(65)ゆえん (66)あじさい (67)いちょう(ぎんなん)
(68)おみなえし (69)かきつばた
(70)さるすべり (71)すいか (72)たけのこ
(73)たんぽぽ (74)つくし (75)なす(なすび)
(76)ひばり (77)ひまわり (78)ふぐ
(79)へちま (80)ほととぎす
(81)そや (82)からまつ (83)とうてん
(84)せっそく (85)ふにん (86)りこう
(87)かわせ (88)おおわらわ
(89)ほご (90)おもかげ (91)おかん
(92)たび (93)しせい (94)かいらい
(95)ちょうほう (96)かげろう (97)ぞうきばやし
(98)なだれ (99)つらら (100)あつれき

63

①ばくろ ②ふせつ ③ようぎょう
④とうりょう ⑤かんまん ⑥せっちゅう
⑦あいしょう ⑧えんかく ⑨かいこ
⑩かそう ⑪かぐら ⑫げんぞく
⑬しっぺい ⑭しなの ⑮おうみ
⑯むつ ⑰いざよい ⑱おおみそか
⑲くげ ⑳しゅんめ

64

①以外 ②意外 ③開放 ④解放 ⑤確信
⑥核心 ⑦課程 ⑧過程 ⑨器官 ⑩機関
⑪既製 ⑫既成 ⑬規制 ⑭検討 ⑮見当
⑯公演 ⑰講演 ⑱厚生 ⑲更生 ⑳荒廃

㉑ 興廃　㉒ 最後　㉓ 最期　㉔ 指示　㉕ 支持
㉖ 収集　㉗ 収拾　㉘ 慎重　㉙ 深長　㉚ 操業
㉛ 創業　㉜ 創造　㉝ 想像　㉞ 促成　㉟ 速成
㊱ 対象　㊲ 対照　㊳ 対称　㊴ 不詳　㊵ 不祥
㊶ 補償　㊷ 保証　㊸ 保障　㊹ 有終　㊺ 優秀
㊻ 合　㊼ 会　㊽ 遭　㊾ 暑　㊿ 熱
(51) 厚　(52) 厚(篤)　(53) 現　(54) 表　(55) 著
(56) 犯　(57) 冒　(58) 侵　(59) 収　(60) 納
(61) 修　(62) 治　(63) 備　(64) 供　(65) 勤
(66) 努　(67) 務　(68) 解　(69) 溶　(70) 説
(71) 執　(72) 採　(73) 捕　(74) 取　(75) 見
(76) 診　(77) 煩　(78) 患

65
問一　1 **エ**　2 **ウ**　3 **オ**
問二　1 **オ**　2 **イ**　3 **ウ**
問三　1 帰依　2 衰弱　3 婚姻　4 嗅覚
5 親展　6 羨望　7 鼓笛　8 鑑識
9 削減　10 諮問

66　① **エ**　② **ア**　③ **オ**　④ **カ**　⑤ **イ**　⑥ **ウ**
⑦ **キ**　⑧ **ケ**　⑨ **ク**

67　① **ケ**　② **シ**　③ **ウ**　④ **ス**　⑤ **ソ**　⑥ **エ**
⑦ **カ**　⑧ **ク**　⑨ **イ**　⑩ **コ**　⑪ **セ**　⑫ **キ**
⑬ **サ**　⑭ **オ**　⑮ **ア**　⑯ **タ**

68　① 巧言令色　② 無我夢中　③ 粉骨砕身
④ 渾然一体　⑤ 首尾一貫　⑥ 一石二鳥
⑦ 一朝一夕　⑧ 一日千秋　⑨ 一心不乱
⑩ 危機一髪　⑪ 孟母三遷　⑫ 天衣無縫
⑬ 傍若無人　⑭ 付(附)和雷同　⑮ 鶏口牛後
⑯ 唯唯諾諾　⑰ 意気揚揚　⑱ 前途洋洋
⑲ 気息奄奄　⑳ 興味津津

69　① **オ**　② **ウ**　③ **エ**　④ **イ**　⑤ **カ**　⑥ **ク**
⑦ **キ**　⑧ **ア**

70　1 **オ**　2 **ケ**　3 **キ**　4 **ア**　5 **コ**　6 **ウ**
7 **イ**　8 **カ**　9 **エ**　10 **ク**

解説　看護・医療系の入試では、漢字・語句の問題に非常に大きなウエイトを置いている学校が多い。しかし、出題されるものの八割ほどは、高校入試レベルで十分足りるものであり、残り二割ほどが難問であるにすぎない。だから、欲張らずに、まず基礎を固めることが肝心である。ただ、一部の学校では特に難題ばかりを集めて出題することもあるので、自分の受験する学校の傾向を知り、どの程度まで手を広げるべきかを検討することも大切である。

文学史

71
①**オ** ②**キ** ③**イ** ④**コ** ⑤**ク** ⑥**ウ**
⑦**ア** ⑧**ケ** ⑨**カ** ⑩**エ**

72
①A **カ** B h ②A **ケ** B d
③A **ク** B g ④A **ア** B j
⑤A **コ** B i ⑥A **シ** B f
⑦A **サ** B b ⑧A **イ** B a
⑨A **エ** B e ⑩A **オ** B c
⑪A **キ** B l ⑫A **ウ** B k

73
①芥川龍之介 ②夏目漱石 ③島崎藤村
④川端康成 ⑤三島由紀夫 ⑥萩原朔太郎
⑦太宰治 ⑧志賀直哉 ⑨森鷗外

74
①マーガレット・ミッチェル ②シェイクスピア
③ゲーテ ④カミュ ⑤ドストエフスキー
⑥魯迅 ⑦セルバンテス ⑧モーパッサン
⑨ゾラ ⑩バルザック ⑪イプセン
⑫カフカ ⑬ホメロス ⑭スタンダール
⑮トルストイ ⑯チェーホフ
⑰サン・テグジュペリ ⑱ヘミングウェイ
⑲ヘッセ ⑳ジード ㉑エミリ・ブロンテ
㉒ユーゴー ㉓メルヴィル

75
①方丈記　鴨長明 ②坊っちゃん　夏目漱石
③土佐日記　紀貫之 ④源氏物語　紫式部

76
問一　伊勢物語
問二　上田秋成
問三　高村光太郎
問四　芥川龍之介
問五　正岡子規

77
①A **ク** B **イ** ②A **オ** B **ア**
③A **エ** B **エ** ④A **キ** B **ア**
⑤A **ア** B **エ** ⑥A **ス** B **ア**
⑦A **コ** B **カ** ⑧A **サ** B **エ**
⑨A **タ** B **カ** ⑩A **シ** B **オ**

78
①古今和歌集 ②近松門左衛門 ③竹取物語
④伊勢物語 ⑤紀貫之

79
①**カ** ②**ウ** ③**イ** ④**エ** ⑤**ア** ⑥**オ**

80
①**ア**　言文一致　**イ**　浮雲　**ウ**　写実
②**ア**　夏目漱石　**イ**　自然　**ウ**　則天去私
③**ア**　紫式部　**イ**　本居宣長　**ウ**　もののあはれ
④**ア**　新古今和歌集　**イ**　有心　**ウ**　八代
⑤**ア**　川端康成　**イ**　谷崎潤一郎　**ウ**　第三

解説　文学史は当然、参考書などを頼りに覚えることになるであろうが、その際には、太字で書かれているものを確実に覚えることが重要である。なぜなら、細かい知識を問う問題の出題率は低く、たとえ出題されたとしてもほかの受験生もできない可能性が高いからである。無理に手を広げて細かい分野まで覚えるよりも、あくまで基礎をしっかり固めることが第一と考えておこう。

古典

81

問一 ① ウ　② イ　③ エ　④ ア

問二 ア

問三 イ

問四 エ

問五 ウ

現代語訳 うぐいすは漢詩などにもすばらしいものとして歌われ、声はもとより、姿・形もあれほど優雅で美しいわりには、宮廷の中で鳴かないことは非常にけしからぬことだ。ある人が「確かにそのとおりですね」と言ったのを、（私は）「そんなこともないでしょう」と思っていたところ、（この宮中に）十年ぐらいお仕えして聞いていたが、本当にまったく（うぐいすの）鳴く声はしなかった。それにしても、（宮廷の）竹の近くにある紅梅などは（うぐいすが）いかにもよく通って来そうなよりどころであるのに。（宮廷より）退出して聞けば、みすぼらしい家の見るべき風情もない梅の木などには、うるさいぐらいまでに鳴いている。夜鳴かないのも（うぐいすが）寝坊である感じがする（これもけしからぬことだ）が、今さら（うぐいすの習性も変わらないので）どうしようもない。

解説 『枕草子』は平安時代に書かれた日本最古の随筆である。作者は清少納言で、紫式部と並び平安時代の王朝かな文学を支えた女流作家の一人である。

問一 現代語訳を参照。①は「ふみつくる」で、漢詩文を作る意。

問二 「さぶらふ」は仕えるの意の謙譲語。作者がどこに仕えているかを考えると、文中の「九重」が目につくはずだ。「九重」は宮中を表す言葉である。

問三 bの「ぬ」は動詞の連用形「かよひ」に接続していることから、完了の助動詞の「ぬ」。完了の助動詞＋推量の助動詞「べし」の形なので、「ぬ」は強意の用法。

問四 ここでは、「あやしき家」と「九重」が対比されていることから、みすぼらしい・卑しいの意味の「賤《あや》し」である。エの「しづの男」は身分の卑しい男の意。

問五 ウ「いぎたなし」は、「寝汚し」と書く。ア「寝聡《いざと》し」は、その対義語である。

82

問一 猫間中納言という名のいわれは、住まいの名から来たものであるということ。

問二 イ

問三 （ただいま）あるべうもなし

問四 ④ 準備をさせる　⑤ そのまま

問五 たちゐの振舞の無骨さ、物いふ詞つづきのかたくななる事かぎりなし。

現代語訳 木曾左馬頭は、都の守護をしていた者であるが、立ち居振る舞いの無骨さ、物を言うときの話ぶりのみっともないことといったらひどいものである。（それも）道理なこと。二歳から信濃国木曾という山里に三十歳まで住み慣れていたのだから、どうして（礼儀や正しい都の言葉を）知ることができようか、いや、できはしない。

ある時、猫間中納言光隆卿という人が、木曾とご相談なさるべきことがあっていらっしゃった。郎等たちが、「猫間殿が（木曾殿に）お目にかかり、申し上げねばならないことがあるということで、おいでになっております」と申したところ、木曾は大笑いして、「猫が人に拝謁するのか」（と言うので、郎等が）「これは猫間の中納言と申す公卿でいらっしゃいます。（猫間とは）お住まいの名と思われます」と申したので、木曾は「それならば」と対面した。依然として猫間殿とは言えなくて、「猫殿がたまたまいらしたのだから、食べ物を持て」と言われる。猫間中納言がこれを聞いて、「今ご飯などとんでもない」とおっしゃると、「どうして、食事時にいらした方に御飯を出さない法がありましょうか」（と言う）。何でも新しいものは無塩《ぶえん》（塩気がなく新鮮なこと。転じて魚鳥肉）と言うと思いこみ、「ここに無塩の平茸もある。早く早く」と（食事の）準備をさせる。根井の小弥太が配膳をする。田舎で使っているふた付きの椀《わん》で、それはそれは大きくくぼんでいるのに、飯を大盛りによそい、おかず三品を出して、平茸の汁ものでもって差し上げた。木曾の前にも同じようにして配膳した。木曾は箸《はし》をとって食べる。猫間殿がお椀の不潔さに召し上がらなかったところ、（木曾は）「それは義仲の精進合子（観音講のときに使う椀）ですぞ」（と言う）。猫間中納言は、召し上がらないのもやはり不都合であるので、箸をとって召し上がるふりをした。木曾はこれを見て、「猫殿は小食でいらっしゃいますな。聞いていた猫の食い残しをなさる。かき込みなされ」と責めた。猫間中納言はこうしたことに興ざめして、相談なさるべきことも一言も出さず、そのまま急いでお帰りになってしまった。

解説　『平家物語』は、鎌倉時代に成立した軍記物語の最高傑作で、冒頭の「祇園精舎の鐘の声、諸行無常の響あり」はあまりにも有名。文学史でも必須の作品である。

問一　現代語訳を参照。

問二　ここでの「べし」は適当の意で、「も」は否定の意を強める係助詞であるから、「あるべうもなし」を直訳すると「あるのはまったく適当でない」となる。前の「物よそへ」という木曾の言葉を受けているので、**イ**の意味が最適である。

問三　文頭の「いかが」はここでは反語。「べき」は可能の意。直訳すると、「どうして、食事時にいらっしゃったのに、そのような状態にしておくことができようか」となる。直前の猫間殿の「（ただいま）あるべうもなし」という食事を拒む言葉を受けている。なお、「さてはあるべき」のように、「べし」の連体形で結ばれているのは、「いかが」に呼応しているからである。

問四　現代語訳を参照。④は他動詞「いそぐ」＋使役の助動詞。

問五　身分の高い貴族の「猫間殿」を「猫殿」と言ったり、「無塩」という言葉を間違って使ったり、不潔な器で大食を強要したり、といったことを列挙して、木曾の田舎者ぶりを活写したのである。

83

問一　a 春　b **イ**　c 冬　d 秋

問二　詞書

問三　② **イ**　③ **ア**　④ **ウ**　⑤ **イ**

問四　A **ウ**　B **ア**

問五　**ア** (6)　**イ** (2)　**ウ** (7)　**エ** (5)

現代語訳

(1) 立春の日に詠んだ歌

（去年の夏のころに）袖を濡らして手にすくった水が（冬の寒さに）凍っていたのを、立春の今日の風が溶かしているのだろうなあ。

(2) 日の光がのどかな春の日であるのに、どうして落ち着いた心もなく桜の花が散ってゆくのだろうか。

(3) 山里は、冬こそ寂しさがまさって感じられる。人の訪れもなくなり、草も枯れてしまうと思うと。

(4) 桜の花の色はあせてしまったことだなあ。なすこともなく、長雨の日を過ごしているうちに。そしてまた、私の容色も衰えてしまったことだなあ。むなしい恋の思いに明け暮れて、物思いにふけっているうちに。

(5) 秋が来たと目にははっきりとは見えないけれど、風の音に秋が来たのだなあと気づかされたことだ。

(6) 当て推量で折るのならば折ることにしよう。初霜が降りて、その白さのために霜か花か区別がつかなくなった白菊の花よ。

(7) 幾度も着て体になじんだ唐衣のように、なれ親しんだ妻が都にいるので、都から遠く離れて来てしまった旅のわびしさが身にしみることだ。

解説

すべての和歌の出典は『古今和歌集』で、作者は次のとおり。(1)紀貫之、(2)紀友則、(3)源宗于《むねゆき》、(4)小野小町、(5)藤原敏行、(6)凡河内躬恒《おおしこうちのみつね》、(7)在原業平。なお、(7)の歌は『伊勢物語』にも収められている。

問一 (2)の「光」にかかる枕詞は**イ**「ひさかたの」である。**ア**「くさまくら」は「旅」「露」など、**ウ**「しろたへの」は「衣」「袖」など、**エ**「あしひきの」は「山」「峰」などにかかる枕詞。

問四 (3)の歌においても、「離れ」と「枯れ」を掛けた掛詞の技法が用いられている。

問五 **ア** (6)の初句「こころあてに」が六音で字余り。初句～二句の「心あてに……折らむ」と、三句～結句の「初霜の……白菊の花」が倒置の関係にあることから、二句切れと判断できる。「白菊の花」が体言止め。

イ (1)の歌の季節は「立春」であるから、春の初めのころ。(4)は、「おおらかな調べ」をもった歌ではなく、掛詞を駆使して、春の終わりと自己の容貌の衰えとを重ね合わせて詠んでいる点に特色がある。

ウ 旅を題材にしている歌は(7)のみである。

エ (5)は、耳にした風の音に、秋らしいさわやかさがあることから、秋の訪れを感じたという繊細な歌である。

84

問一 **a** めでたき　**b** よき人

問二 おぼゆれ

問三 B ね　C ぬ

問四 にくまれん

問五 ② **イ**　③ **ウ**

問六 ④ どうしてかわいく思わないでいられようか

⑤ 決してできないことであるよ

問七 **イ・ウ・カ**

問八 紫式部

現代語訳

世の中で、やはり非常につらいことは、人から憎まれることであろう。いったいどんな変わり者が、私は人にそのように思われたい、などと思おうか。けれども、自然と奉公先でも、親兄弟の中でも、愛されるものと愛されないものがあるというのは、なんとも寂しいことであるよ。

身分・教養もある立派な人の場合は言うまでもないが、身分の低い卑しい者でも、親などがかわいがっている子は、自然と（周りから）注目され評判になって、大切に思われるものである。世話を見るかいのある子は当然の道理であって、どうしてかわいがらずにいられようかと思われる。（反対に、）格別とりえのない子であるときは、また、これもかわいいものだと思うのは、親だからこそであるなあと、しみじみと感動させられる。

親にでも、主君にでも、すべてを話したくなるような人にでも、（その相手の）人に愛されるということほどすばらしいことはあるまい。

＊　＊

どんなことよりも思いやりのあることが、男は言うまでもなく、女でもすばらしいことと思われる。ちょっとした言葉であっても、ひたすら心に深く思っているのではなくても、気の毒なことに対しては「お気の毒です」とも、かわいそうなことには「本当にどんなお気持ちでいることでしょう」などと言ったことを（人から）伝え聞いたときは、直接対面して言うことよりもうれしい。何とかしてその人に、（お情が）胸にしみたことを知らせたいものだと、常に思われることだ。

（自分を）必ず思ってくれるはずの人や、見舞いを言ってくれるはずの人は、当然のことであるから、特にうれしくもない。そんな関係ではないはずの人が、ちょっとした返事でも頼もしくかけてくれたのは、うれしいことだ。これはとても簡単なことだが、決してできないことであるよ。

一般に、気だての良い人で、真に才ある人は、男でも女でもめったにないことのようである。

解説 81にも『枕草子』の出題があるように、頻出作品である。このほか、今回扱っていない分野でも日記などはよく出題される。日記では『土佐日記』の出題頻度が高い。

問一 文中の対比関係から考えること。

問二 係助詞「こそ」の係り結びは已然形となる。

問三 Bの直後の「ど」は逆接を表す接続助詞で、已然形に接続する。Cは「ず」の連体形＋「は」（係助詞）の形である。

問四 現代語訳を参照。

問五 ②の「かなし」には「愛し」と「悲し」があるが、ここでは前者。③の「いたはし」は「労し」と書く。

問六 ④の「いかが」は反語の副詞である。⑤の「さらに〜ぬ（打消）」は「決して〜ない」の意、「え〜ぬ（打消）」は不可能の意を表す。「ぞかし」は係助詞「ぞ」＋終助詞「かし」で、感動をもった強意を表す。

問七 現代語訳を参照。**ア**は紛らわしい記述であるが、本文では、「男については当然であるが、女も情が深い人がいちばんすばらしい」としている。**イ**については、「おほかた心よき人の」の「の」は同格の格助詞である。また、「かどなからぬ」と二重否定になっているので、「才能のある人」の意になることに注意。

85 **問一** A そ　B ず
問二 ① a ア　b ア　c ア　d ウ
e ア　f イ　g ア
② a ア　b イ　c イ　d ア
e ウ　f ア　g ウ
問三 エ
問四 カ
問五 ア×　イ×　ウ○　エ×　オ○

現代語訳 ある姫君が、殿のもとへ嫁入りするはずであったのを、乳母が教えたことには、「上品にあたりさわりのないことを、物語に出てくるような典型的なお姫様のようにお話するのがよいと申します。何でもないつまらないことばかり、口やかましくおっしゃる癖がおありになることはふさわしくないと思われますので、殿が（そばにいて）お聞きになるときは、あまり物をおっしゃってはなりませんよ。（殿が）ああ、この姫御前、物をおっしゃいな。聞きたいものだなどとお思いになるとき、物を言われなさいませ。春のうぐいすが、籬の竹にやって来て鳴くのを聞くように、稀少なことにされるのですよ」と教え申し上げたので、「私は乳母より先に心得ていたわよ。どうして偉そうに教えるのよ」と（姫君が）おっしゃると、（乳母は）「（その）御心得さえございますならば、それこそ安心申し上げます」と言った。

さて、殿のもとへ嫁入りなさった後、（姫君は）二、三日はいっこうに何もお話しにならない。（乳母が）これもあんまりなことだと思っていると、殿と並んで食べ物を召し上がっているときに、このうえもなくよい酢茎があったのを、（姫君は）もっと欲しいと思われたのであろう、膝を立て、肩をすぼめ、羽をととのえるようにして、首をのばし、声色を作って、「酢茎を食べよう」と二声、うぐいすの鳴きまねでおっしゃった。乳母はあまりにも情けなく、驚きあきれたことと思って、また言わせまいとして「すぐに差し上げますよ」と言ったが、（酢茎の来るのが）遅かったので、（姫君は）「早く早く早く」と言った。心底興ざめだと殿もお思いになった。物事の真意を理解しないで言葉に従うことは、在家の人も出家した人もこのようであることだ。仏法もその真意を理解せずに言葉に従うときは、誤りを犯すことはこれと（同じでないことがあろうか、）同じである。

解説 『沙石集』は鎌倉時代の仏教説話で、作者は無住法師。説話物語は出題されやすいジャンルである。ほかに、86の『宇治拾遺物語』『十訓抄』『古今著聞集』などからの出題も多い。エピソードの背後の教訓を正しく読み取ることが大切である。

問一 （A）については、「な〜そ」で禁止を表す。（B）の前の「つやつや」は打消表現を伴って「いっこうに〜ない」の意となる。

問二 a〜d・fは会話文で、話し手は乳母であるから、すべて乳母からの敬意である。これに対し、e・gは地の文なので作者からの敬意。次に誰に対する敬意かは、敬語の種類によって異なる。尊敬語なら動作の主語となる人物、謙譲語なら動作を受ける人物、丁寧語なら聞き手である。

問三 「これ」とは、直前の「二三日はつやつや物ものたまはず」を指す。

問四 「やがて」には、「そのうち」と「すぐに」の両方の意味があるが、「(姫君に) 又言はせじ」として言った言葉であるから、後者の意が妥当。「参らす」は、謙譲語「参る」の未然形に使役の助動詞「す」がついた組成語で、「差し上げる」の意。

問五 現代語訳 を参照。

86

問一 i

問二 ① 皆連れ立って (残らず)
② 出ていらっしゃるはずがない
④ 従えて
⑤ じっと見つめて
⑦ うわさした (ということだ)

問三 エ

問四 柿の木の上に現れた仏が本物の仏ではなく、くそとびが化身したものだったこと。

問五 ア けれ　イ ける

現代語訳 昔、醍醐天皇の御時、五条の天神のあたりに、大きな柿の木で実のならないのがあった。その木の上に、仏が現れておいでになる。京中の人は、皆連れ立って (仏のもとに) 参上した。馬・車も止めておけず、人もせき止めきれないほどひしめきあって、拝み騒いだ。こうしているうちに五、六日がすぎたのだが、右大臣殿は納得できないとお思いになって、「本物の仏が、末世に出ていらっしゃるはずがない。私が行って試してみよう」とお考えになり、昼間の正装を立派に整え、檳榔の車に乗り、従者を大勢従えて、集まっている人々や車などをどかせて、車から牛を外し、棒を台にたてかけて、梢をまばたきもせず、わき目もせずにじっと見つめ、一時ほどそうしていらっしゃったところ、この仏は、しばらくの間は花を降らせたり光を放ったりなさっていたが、あまりにも長い間じっと見つめられて、どうにもならなくなってしまった。(すると) 大きなくそとびで羽が折れたのが、土の上に落ちて慌ててばたばたするのを、子供たちが寄って来て打ち殺したのだった。大臣は「案の定だ」と、お帰りになった。
　そこで、当時の人々は、この大臣をたいそう賢い人でいらっしゃるとうわさしたということである。

解説 『宇治拾遺物語』は鎌倉時代に成立した説話物語で、芥川龍之介が小説の題材を求めたことでも有名である。

問一 aはiとともに同格を表す。eが主格で、残りはすべて連体修飾格である。

問二 現代語訳 を参照。②の「給ふ」は尊敬の補助動詞、「べき」は当然・義務の意を表す助動詞である。

問三 現代語訳 を参照。

問四 大臣に長い間じっと見つめられた仏は、どうにもならなくなり、とうとう正体を現すはめになってしまった。大臣は、本物の仏ではないと考えていたから、「案の定」という言葉が出たのである。

問五 係り結びの法則により、「ぞ・なむ・や・か」があれば連体形、「こそ」があれば已然形で結ぶ。

87

問一 さつき

問二 b ウ　c イ

問三 ① 分け入ることなどできない様子である。
② とんでもない馬鹿者だなあ。
③ (誰が思いつかないであろうか。いや、) 誰でも思い

つくはずであるけれども。

問四　**オ**

問五　危険な木の上で居眠りをする法師の愚かさ。（二十字）

問六　非情のもの

問七　A　無常観

B　我等が生死〜もやあらん

現代語訳　五月五日、上賀茂神社の競馬を見物しましたときに、（私が乗っていた）牛車の前に群衆が立ちふさがって（競馬が）見えなかったので、（牛車に乗っていた人々は）それぞれ車から降りて、柵のそばに寄っていったけれども、特に多くの人が立て込んで、（その中に）分け入ることなどできない様子である。このようなときに、（柵の）向こうにある梅壇の木に法師が登って、木の股に腰かけて見物している。（その法師は）木につかまりながら、すっかり眠りこけて、今にも落ちてしまいそうなときに、目を覚ますことを何度も繰り返している。これを見る人は、あざけりあきれて、「とんでもない馬鹿者だなあ。こんなに危険な枝の上で、よくも安心して眠れるものだなあ」と言うので、（私は）自分の心にふと浮かんだままに、「私たちの死が到来することも、今すぐあるかもしれない。そのことを忘れて、（競馬）見物して日を暮らしている、その愚かなことは（あの法師よりも）いっそうはなはだしいものであるのに」と言ったところ、前にいる人たちは、「本当にそうでございました。何とも愚かなことでございます」と言って、皆、後ろを振り返って、「ここへお入りなさいませ」と言って、（自分たちのいる）場を空けて、（私を）呼び入れてくれました。

これくらいの道理は、誰でも思いつくはずであるけれども、（競馬見物という）ちょうどよい折りで、思いがけない（ことを聞く）心持ちがして、（人々は）心に強く感じたのであろうか。人間は木や石（のように非情のもの）ではないので、ときによっては、ものに感動することがないわけではない。

解説　『徒然草』は鎌倉時代の随筆で、作者は兼好法師である。『枕草子』や『方丈記』（作者は鴨長明）と並び、「日本三大随筆」の一つである。これらの随筆の有名な段はよく出題される。

問二　**b**は名詞「向ひ」に接続している。断定の助動詞「なり」には、「〜である」と「〜にある」の二つの用法があり、ここでは後者。**c**の「愚かなる」は、形容動詞「愚かなり」の連体形。

問三　現代語訳を参照。①の「ぬべき」は完了の助動詞「ぬ」＋推量の助動詞「べし」で、ここでは強意可能を表す。②の「かな」は詠嘆の終助詞。③の「かは」は反語の係助詞。「ども」は逆接の確定条件を表す接続助詞。

問四　ここでの助動詞「らん（らむ）」は原因推量の用法で、「など」（どうして、という意の副詞）が省略されている。直訳すると、「どうして安心して眠っているのだろうよ」となるが、ここでは原因を知りたい気持ちはなく、むしろ理解しがたい原因に対してあきれた気持ちを表現している。

問五　死の到来が今すぐあるかもしれないことを忘れて、見物に明け暮れている人々の愚かさは、危ない木の枝の上で居眠りをしている法師の愚かさよりもはなはだしい、ということ。

問六　ここでは、感情や心がないものの比喩として用いられている。

問七　『徒然草』は『方丈記』とともに、中世を代表する「無常観」の文学である。本文で兼好は、競馬における小さな出来事から、「我等が生死の到来、ただ今にもやあらん」という人生の無常に思いを馳せている。

88

問一　①　イ　②　オ　③　エ　④　ア　⑤　ウ

問二　①・④

問三　③

問四　たえ・ながらへ（弱り）

問五　③

問六　⑤　しのぶ

現代語訳

①　（人の代はもちろん）神代にも聞いたことがない、竜田川が（流れる紅葉で）真紅の色に水をくくり染めにしているということは。

②　大空をはるかに眺めやると（あの月は、かつて故郷の）春日の三笠山に出ていた月なのだなあ。

③　風雅を解さぬわが身にも、しみじみとした情趣はわかるものだ。しぎの飛び立つ沢の秋の夕暮れを見ていると。

④　私の命よ、絶えるなら絶えてしまえ。このまま生き長らえるなら、（この恋を）心に秘めて耐え忍ぶ力も弱って（人目につくようになって）しまうかもしれないから。

⑤　宮中の古い（建物の）軒端に生えている忍ぶ草を見るにつけても、昔の聖代のことが思い出され、偲《しの》んでも偲びきれないほど慕わしく思われることだ。

解説　古典の世界では、和歌はあらゆる場面で使用され、いわば意思伝達の道具であった（例えば、恋文などの手紙の役目など）。また、和歌は教養人のバロメーターであり、和歌を詠みこなすことが教養人に求められたのである。したがって、たとえ和歌集でなくても、あらゆるジャンルの作品に和歌の登場する機会があると考えておいたほうがよい。

問二　①の「千早ぶる」は「神」にかかる枕詞。④の「玉の緒（よ）」は「たえ（絶え）」にかかる枕詞。

問三　転成名詞に注意。③（エ）の「夕ぐれ」が体言止めである。

問四　ほかの例として、「ひも」に対して「とく」「むすぶ」など。掛詞と並行して使われることが多い。

問五　③は『新古今和歌集』に収められている歌で、「三夕の歌」の一つ。「三夕の歌」とは、同和歌集中、「秋の夕ぐれ」で結ぶ名歌のこと。

問六　⑤の「しのぶ」は「忍ぶ草」と「偲ぶ」の掛詞。ほかの例として、「まつ」に「松」と「待つ」の意味をかけるなど。

89

問一　ウ

問二　㋐　きちょう
㋑　室内で、身分の高い人のわきに立てて外と内とを仕切るために用いた道具。

問三　③　ウ　④　ウ

問四　さることのあなるは、まことにやあらん

問五　なんともおっしゃらずに、そのまま退席なさった。

現代語訳　不思議なことだが、源宰相頼定の君が（尚侍のところに）お通いになるというわさが世間に広がって、（尚侍は）里

邸にお下がりになったのである。そのうえ、懐妊されていらっしゃるとまで、三条院がお聞きになって、入道殿に、こんなうわさがあるというが、事実だろうか、とおっしゃったので、（入道殿は、）「退出して（様子を）見て参りましょう」と申し上げて、（尚侍のところへ）いらっしゃったところ、（尚侍は入道殿のおいでを）いつもと違って変だとお思いになって、几帳をお引き寄せなさった。それを（入道殿が）押しのけなさると、（尚侍は）もともと華やかな顔だちであるうえに、たいそうお化粧をしていらっしゃったので、いつもよりきれいにお見えになる。（入道殿は、）「皇太子のところにうかがったところ、これこれだとおっしゃったので、（様子を）拝見しに参りました。事実無根でもいらっしゃるかもしれないのに、そのようにお思いになることがあっては、とても気の毒なので」とおっしゃって、（尚侍の）御胸を引き開けなさって、お乳をひねられると、御顔にさっとほとばしりかかったではないか。（入道殿は）なんともおっしゃらずに、そのまま退席なさった。

解説　『大鏡』は、藤原道長を頂点とする藤原氏の栄華を、紀伝体で書いた平安時代の歴史物語。大宅世継と夏山繁樹という二人の老人の会話を作者が聞き書きする形式をとっている。本文の地の文は、実は老人の会話文にあたる。

問一　皇太子の妃が実家に戻るというのは、大変な事態であるが、それに加えて、別の男性の子を宿しているといううわさまで皇太子は聞いた、という文脈である。

問三　**現代語訳**を参照。

問四　入道殿が内侍の様子を見に来るきっかけとなった三条院の発言を本文より探せばよい。

問五　副詞「ともかくも」は下に打消の語（ここでは打消の接続助詞「で」）を伴って、「なんとも」「どうとも」の意。「のたまはす」は、「言ふ」の尊敬語「のたまふ」に尊敬の助動詞「す」がついた組成語。「やがて」には「すぐに」の意もあるが、ここでは「なんともおっしゃらないまま、退席なさった」という意味合いになる。「ぬ」は完了の助動詞。

90

問一　**ア**　てんじょうびと　**イ**　ふ

問二　A　うねべ　B　帝　C　帝

問三　帝をこのうえもなく素晴らしい人だと思っていたから。

問四　**ウ**

問五　帝はご存じになることができなかった。

問六　(1)　帝

(2)　うねべが猿沢の池に身を投げてしまったこと。

問七　池の水が乾いていれば、うねべは死なずにすんだから。

現代語訳　昔、奈良の帝にお仕え申し上げるうねべがいた。容姿がたいそう清らかで美しく、人々が言い寄り、殿上人なども言い寄ったが、なびかなかった。そのなびかなかったわけは、帝をこのうえもなく素晴らしい方だとお慕い申し上げていたからであった。（あるとき、）帝がうねべをお召しになった。ところがその後、再び帝からのお召しがなかったので、（うねべは）このうえもなく辛いことと思った。夜も昼も、（帝のことが）心にかかってお思いになり続け、恋しく、寂しくお思いになるのだった。（その後）帝はうねべを（再び）お召しになったが、取り立ててどうともお思いにならない。そうは言うものの、やはり（うねべはお勤めのために）いつも帝にお目にかかっている。これ以上この世に生きてゆくことができそうもない心地がしたので、夜ひそかに抜け出して、猿沢の池に身を投げてしまった。このように身を投げてしまったということも、帝はご存じになることができなかったが、ことのついでがあって、ある人が申し上げたので、お聞きになった。（帝は）たいそうひどくかわいそうにお思いになられて、池のほとりに行幸あそばされて、人々に歌を詠ませなさった。柿本人麻呂が、

　あのいとしい女の寝乱れた髪を、猿沢の池の藻と思って見るのは悲しいことです。

と詠んだときに、帝は、

　猿沢の池も恨めしいことだなあ。あのいとしい女が池に沈んで、藻の下になったら、水が乾いてしまえばよかったのに。

とお詠みになった。

解説 『大和物語』は歌物語のジャンルに属すもの。同じジャンルの代表作に『伊勢物語』がある。歌物語と作り物語の流れを受け継ぎ、これらを集大成したのが、物語文学の頂点に立つ『源氏物語』である。

問一 **イ**の直後の「まじき」は、打消推量（不可能）の助動詞「まじ」の連体形で、（ラ変型以外は）終止形接続である。

問二 現代語訳 を参照。

問三 理由は、直後の「そのあはぬ心は……」の一文に明記されている。うねべは帝を愛していたのである。

問四 二つ前の文の「こととおぼさず」の「こと」は、「異」と書き、「格別」の意。帝はうねべを再び召しはしたものの、うねべのことを格別に思っている様子もない。しかし、帝を愛するうねべは食事の奉仕役として、いつも帝と顔を合わせなければならない立場にある。それが辛くて、池に身を投じたのである。

問五 「え～ず」は不可能の用法。「しろしめす」は「知る」の尊敬語。

問六 ⑴の「奏す」は「言ふ」の謙譲語で、天皇や上皇に向かって言う場合に用いられる。⑵の内容に該当するのは「かく投げつ」、すなわち「猿沢の池に身を投げてけり」である。

問七 池の水が乾いていなかったために、藻が覆いかぶさってうねべが死んだという、猿沢の池への恨みを詠んだ歌である。

91

問一 **a** おおみき　**b** やよい

問二 **エ**

問三 完了の助動詞「ぬ」の連用形

問四 ① いつものように　② 末（下旬）　③ 所在なく

問五 A 早く帰ろう　B おやすみにならずに　D おそばにいたいものだ

問六 出家

問七 **オ**

問八 **イ**

現代語訳 昔、水無瀬の離宮に通っておられた惟喬親王が、いつものように鷹狩りをしにおいでになるお供に、馬の頭である翁がお

仕え申し上げた。幾日か経って、（親王は）京の御殿にお帰りになられた。（翁は御殿まで）お送りして早く帰ろうと思うのに、（親王が）お酒をくださり、祝儀をつかわそうと言って、放してくださらなかった。この馬の頭はじれったく思って、

（今夜はおそばにいて、）枕として草を引き結ぶ旅寝もいたしますまい。（親王とお話ししていますと、）秋の長い夜さえすぐに明けてしまいます。（まして春のことで、）夜長を頼みにはできないのですから。

と詠んだ。時節は三月の末であった。親王はおやすみにならずに、（歓談して）夜を明かされたのだった。このようにしては参上しお仕え申し上げたのに、思いがけなく（親王は）出家なさってしまった。正月に拝謁し申し上げようとして、小野に参上したところ、（そこは）比叡山のふもとなので、雪がたいそう高く積もっている。何とかして御庵室に参上して拝顔し申し上げると、（親王は）所在なく、たいそう悲しげなご様子でいらっしゃったので、やや長くおそばにお仕えし、昔のことなどを思い出してお話し申し上げた。そのままおそばにいたいものだと思うが、（正月で）宮廷行事などもあったので、おそばにいることもできず、夕方においとましようとして、

（今夜のご生活を拝見していますと、）ふと現実を忘れて夢ではないかという思いがします。かつて思ったことでしょうか、深い雪を踏み分けて、（このような所で）あなたのお姿を拝見しようとは。（思ってもみないことです。）

と詠んで、泣く泣く都に帰って来たのであった。

解説　『伊勢物語』は最古の歌物語で、主人公（本文中の「馬の頭」）は、「六歌仙」の一人である在原業平と考えられている。歌物語では、歌の詠まれた背景や経緯から、歌に込められた心情を読み取ることが特に重要である。

問二　**ア**「聞く」の尊敬語は「聞こす」「聞こし召す」、**イ**「聞く」の謙譲語は「承る」、**ウ**「言ふ」の尊敬語は「仰す」「のたまふ」など。

問三　完了の助動詞「ぬ」の連用形「に」は、助動詞「けり」「き」「けむ」「たり」、接続助詞「て」「して」を伴った形で用いられる。

問四　現代語訳を参照。②の「つごもり」は「月籠（つきごもり）」の略で、月が欠けて全く光が見えないところから、陰暦の月の下旬あるいは最終日のこと。③の「つれづれと」は、語る人もなく、手持ちぶさたで空虚な感じを表す副詞である。

問五　Aの「いなむ」は、「去《い》ぬ」の未然形＋意志の助動詞「む」の終止形。Bの「おほとのごもる」は「寝《い》ぬ」の尊敬語。「で」は打消の接続助詞。Cの「さぶらふ」は、貴人に仕える、貴人のそばにいる意の謙譲語。「てしがな」は自己の強い願望を表す終助詞。

問七　「馬の頭」は早く帰りたいと思っているのに、親王は酒や祝儀をくださるなど、一向に帰してくださらない。このような状況下で、もどかしい思いをしている「馬の頭」が詠んだ歌である。今夜は御殿で宿直《とのい》をせずに、自分の家に早く帰ってやすみたいという心情を歌に託したのである。

問八　出家した親王を見舞った「馬の頭」が、後ろ髪引かれる思いで帰るときに詠んだ歌である。雪深い地に住み、することも

なく寂しげに暮らしている親王の様子に、「馬の頭」は夢を見ているような思いをする。まさか、このような山里で親王の姿を見るとは、かつて仕えていたころには思いもしなかったことだと、親王の境遇を悲しみ、案じているのである。

92

問一 ① 御寵愛を受けていらっしゃる
② すばらしい心遣い
③ しっかりとした縁者
④ 粗末な

問二 **ア**が**エ**に

問三 **ア**

問四 歌詠みの方

問五 **ウ**

問六 (1) のうし
(2) 華やかな宮中生活を懐かしむ気持ち。（十七字）

問七 **ア** ×　**イ** ×　**ウ** ×　**エ** ○

現代語訳　檜垣の子である清少納言は、一条天皇が御在位の御時、中関白が世の中をお治めになっていらっしゃった（その）初期に、皇后定子が（一条天皇の）御寵愛を受けていらっしゃる全盛期にお仕えになって、他の女房よりも優れた者との思し召しを受けたあたりのことなどは、『枕草子』という作品に、自分自身で書き記していますので、事細かに申し上げるには及ばない。

歌詠みの方面こそ、元輔の娘で、それほど（の歌人の子）であったにしては、優れていなかったのではないかと思われる。『後拾遺集』などにも、全く少ししか（歌が）入っていないようである。清少納言自身もよくわかっていて、（皇后定子に）お願い申し上げて、そのような（和歌の方面の）ことには関わらなかったのでしょうか。そうでなければ、（『後拾遺集』に収められている彼女の歌が）あまりに少なすぎるようである。

その『枕草子』こそ、（彼女の）心の様子が見えて、たいそう興味深いものです。あれほど興味深くも、趣深くも、すばらしくも、優美でもある（宮中生活の）数々を残らず書き記した中に、皇后定子が立派で、栄華の盛りに、（天皇の）御寵愛を一身に集めていらっしゃったことばかりを、恐ろしいほどまざまざと書き出して、父関白殿がお亡くなりになり、内大臣が左遷されなどなさったあたりの没落（の様子）については、全くおくびにも出さないほどのすばらしい心遣いをした人が、（晩年は）しっかりとした縁者などもなかったのであろうか、乳母の子であった人に従って、遠い田舎に下って住んだのであるが、襖などというものを干しに、外に出ようとして、「昔の（宮中の貴人たちの）直衣姿が忘れられない」と独りごとを言っていたのを、（ある人が）見ましたところ、粗末な着物を着て、つぎはぎだらけの布を帽子にしておりましたのが、たいそう哀れである。本当に、どんなにか昔のことが恋しかったことであろう。

解説　『無名草子』は鎌倉時代に書かれた評論。『源氏物語』をはじめとする二十九の物語や、小野小町・清少納言などの女性について批評している。

問一 現代語訳を参照。②の「いみじ」は、『枕草子』に中関白一門の没落の様子を一切書かなかったことに対する形容なので、ほめ言葉として使われている。④の「あやしの」は、形容詞の終止形（ク活用の形容詞の場合は語幹）に格助詞「の」がついて、連体修飾語を作る用法。

問二 「さぶらひたまひ」の主語は、文頭の「檜垣の子、清少納言」である。その清少納言が、天皇の寵愛を受けている盛りのころの皇后定子に、女房として仕えていたのである。清少納言が定子に仕えていたことは、文学史の知識としても覚えておきたい。

問三 清少納言が、皇后定子に、他の女房より優れた者であると思われたのである。

問四 現代語訳 を参照。

問五 直前の「さらでは」の「さ」は、「みづからも思ひ知りて……交じりはべらざりけるにや」、すなわち、清少納言が和歌に関わらないように自ら懇願したことを指す。

問六 清少納言はかつては皇后定子に仕え、華やかな宮中生活の中に身を置いていた。その宮中生活を象徴するのが「直衣姿」である。しかし、現在は粗末な着物を着て、つぎはぎの布を帽子にするような境遇にある。最後に「いかに昔恋しかりけむ」と述べられているように、昔の華やかな宮中での生活が恋しくてたまらないのである。

問七 **ア** 中関白家の没落については、「かけても言ひ出でぬ」と述べられている。

イ 「みづからも思ひ知りて」とは、和歌の方面にあまり長けていなかったことを、清少納言自身もよく承知していたことを意味する。「申し請ひて」は、自分が和歌と関わらなくてもすむように（下手な歌を詠まなくてもいいように）、皇后定子に願い出たことをいう。

ウ 皇后定子が天皇の寵愛を一身に受け、栄華を極めていたことばかりを書き、定子の一族の没落には全く触れなかったところに、清少納言の心のありよう（定子を賛美する思い）が表れているのである。

エ 第二段落の冒頭文の内容に合致する。